AF010067

Albert Lortzing, Zeichnung von H. Varges

Albert Lortzing
und die Konversationsoper
in der ersten Hälfte des 19. Jahrhunderts

Bericht vom Roundtable
aus Anlaß des 200. Geburtstages von Albert Lortzing
am 22. und 23. Oktober 2001
in der Lippischen Landesbibliothek Detmold

Im Auftrag der Albert-Lortzing-Gesellschaft e. V.
herausgegeben
von Irmlind Capelle

Weitere Informationen über den Verlag und sein Programm unter:
www.allitera.de

Bibliographische Information der Deutschen Bibliothek

Die Deutsche Bibliothek verzeichnet diese Publikation in der
Deutschen Nationalbibliographie; detaillierte bibliographische Daten
sind im Internet über <http://dnb.ddb.de> abrufbar.

Dezember 2004
Allitera Verlag
Ein Books on Demand-Verlag der Buch&media GmbH, München
© 2004 Buch&media GmbH (Allitera Verlag)
       und Albert-Lortzing-Gesellschaft e.V., Freiberg/Sachsen
Umschlaggestaltung: Kay Fretwurst unter Verwendung
einer Zeichnung von H. Varges
Herstellung: Books on Demand GmbH, Norderstedt
Printed in Germany · ISBN 3-86520-076-1

Inhalt

Vorwort 7

Jürgen Lodemann
»Ehrt ihn hoch von heute an!« 9
Von den Leuten geliebt, von den Kennern ignoriert?
Zur wechselnden Popularität Albert Lortzings

Sieghart Döhring
Konversationsoper – Probleme und Forschungsstand 31

Sigrid Rüttiger (†)
Zar und Zimmermann von Albert Lortzing und *Il Borgomastro di
    Saardam* von Gaetano Donizetti 45
Eine Gegenüberstellung zweier Opern gleichen Inhalts

Irmlind Capelle
Konversationsoper als Hofoper? – Zu *Caramo oder das
    Fischerstechen* von Albert Lortzing 63

Sabine Henze-Döhring
Lortzing und die »traditionelle« Oper – Das Finale der *Undine* 83

Wolfgang Osthoff
Das stille Finale – Zum ersten Finale aus Lortzings *Waffenschmied*... 95

Joachim Veit
Musik über Musik? – Albert Lortzings *Zum Großadmiral* 109

Thomas Betzwieser
Die Dramatisierung des Bühnenliedes: Kotzebues
    Die Alpenhütte (1815) und ihre musikalischen Realisierungen.... 129

Reiner Nägele
»… gegen ein Heer von ini's und ani's« 153
Lindpaintners Versuch einer deutschen Volksoper

Till Gerrit Waidelich
Conradin Kreutzers *Die beiden Figaro* (Wien 1840) 173
Anknüpfungen an ältere Muster und aktuelle Tendenzen der opéra »comique« und »buffa« bei der Fortsetzung eines bewährten Sujets

Julia Liebscher
»Wo aber die Nation in ihrem Geschmack so geteilt ist, da weiß der Künstler nicht, wohin er sich zu wenden hat!« 215
National- und Universalstil in der deutschen Spieloper (1815–1848)

Arnold Jacobshagen
Konversationsoper und Opéra comique im europäischen Kontext ... 229

Irmlind Capelle
Albert Lortzing und das bürgerliche Musiktheater 259
Zur Abhängigkeit seines Schaffens von seinem jeweiligen Wirkungsort

Register 275

Vorwort

Obwohl Albert Lortzing bis in die 80er Jahre des 20. Jahrhunderts zu den meistgespielten Opernkomponisten gehörte und einige Nummern seiner Opern zum Grundbestand »populärer« Konzerte zählen, wurde sein Schaffen in der Wissenschaft so gut wie nicht beachtet. Zu Beginn des 20. Jahrhunderts erreichte Georg Richard Kruse durch intensive Sammeltätigkeit, daß die Quellen zu Leben und Werk des Komponisten gesichtet und gesichert wurden. Durch zahlreiche Veröffentlichungen (Biographien, Brief-Editionen, Textbücher und Klavierauszüge) machte er zudem Leben und Werk Albert Lortzings einem breiten Publikum bekannt. Doch diese Arbeiten fanden in der zweiten Hälfte des 20. Jahrhunderts zunächst kaum Fortsetzung oder Erneuerung. Erst 1994 erschien ein chronologisch-thematisches Verzeichnis der Werke, das erstmals einen vollständigen Einblick in das kompositorische Schaffen des Komponisten gewährte. 1995 wurde darüber hinaus eine historisch-kritische Briefausgabe, die die Kenntnis der Biographie Albert Lortzings wesentlich bereicherte, veröffentlicht. Da beide Publikationen eng mit dem Musikwissenschaftlichen Seminar Detmold/Paderborn und der Lippischen Landesbibliothek Detmold verbunden waren, bot es sich an, daß diese beiden Institutionen gemeinsam aus Anlaß des 200. Geburtstages von Albert Lortzing eine erste wissenschaftliche Tagung veranstalteten. Im Zentrum dieses Roundtables standen die Werke Lortzings, auf die sich bis heute sein Ruhm gründet: seine komischen (Dialog-)Opern, die auf Grund ihrer thematischen Breite besser mit dem zeitgenössischen Terminus »Konversationsoper« bezeichnet werden.

Hierbei sollte zum einen der Blick auf die bekannten Werke, zum anderen aber auch auf bis heute unbekannte Opern Lortzings wie *Caramo oder das Fischerstechen* und *Zum Großadmiral* gerichtet werden. Bewußt blieben dagegen die Opern mit ernsten Stoffen, *Hans Sachs* und *Regina*, ebenso unberücksichtigt wie die frühen Einakter. Gleichzeitig war es Ziel der Tagung, sowohl die grundsätzlichen Probleme in der Betrachtung dieser Gattung zu thematisieren, als auch den Blick auf Beiträge anderer Komponisten zu dieser in der Forschung bislang allgemein vernachlässigten Opernform zu richten.

Die Tagung fand am 22. und 23. Oktober 2001 in angenehmer und anregender Atmosphäre in den Räumen der Lippischen Landesbibliothek statt, die aus diesem Anlaß einige Kostbarkeiten aus ihrem Lortzing-Archiv in einer Kabinett-Ausstellung präsentierte.

Ein öffentlicher Festvortrag des wohl besten Kenners der Opern, Jürgen Lodemann, der zugleich seit 40 Jahren unermüdlich Regisseure, Intendanten und Publikum an Lortzing erinnert und zum Jubiläumsjahr eine umfangreiche Biographie vorgelegt hat, wollte einem breiteren Publikum den Komponisten und die Probleme bei der Rezeption seiner Werke näher bringen. Dieser Beitrag eröffnet den vorliegenden Band.

Die Durchführung des Rundgespräches wurde dankenswerter Weise von der Deutschen Forschungsgemeinschaft gefördert. Die wenige Tage nach dem Rundgespräch gegründete Albert-Lortzing-Gesellschaft war spontan bereit, diesen Band als ihre erste Publikation anzunehmen und seine Drucklegung finanziell zu unterstützen.

Die Herausgeberin dankt allen Autoren für ihre Geduld bis zur Publikation der Beiträge. Leider konnte in diesem Bericht das Referat von Peter Schütze zu Christian D. Grabbes Opernversuchen nicht aufgenommen werden. Es erschien unter dem Titel »›Komponiere mich! …‹ – Christian Dietrich Grabbe und die Oper« im *Grabbe-Jahrbuch* 2002, S. 57–69.

Der Beitrag von Thomas Betzwieser, der leider an der Tagung in Detmold nicht persönlich teilnehmen konnte, wurde für diese Publikation geschrieben. Er behandelt eine Gattung, die für Lortzings Entwicklung als Opernkomponist von großer Bedeutung war: das Bühnenlied.

Am Ende dieses Berichtes findet sich ein Beitrag der Herausgeberin, der auf Grund der Arbeiten an dem Werkverzeichnis und der Briefausgabe einige grundsätzliche Anmerkungen zu Lortzings Schaffen enthält. Da dieser Beitrag bislang unpubliziert blieb, jedoch nach dem Manuskript bereits zitiert wird, sei er hiermit allgemein zugänglich gemacht.

In diesem Bericht klafft eine empfindliche Lücke: Robert Didion, der sich schon seit langem für die intensivere wissenschaftliche Beschäftigung mit Albert Lortzing einsetzte, hatte für diese Tagung ein Referat zum *Wildschütz* übernommen. Leider erkrankte Robert Didion kurz vorher schwer und erlag wenig später dieser Krankheit. Ihm sei dieser Band in dankbarer Erinnerung an manch anregendes Gespräch über Albert Lortzing gewidmet.

Detmold, im Oktober 2004   Irmlind Capelle

Jürgen Lodemann

»Ehrt ihn hoch von heute an!«

Von den Leuten geliebt, von den Kennern ignoriert?
Zur wechselnden Popularität Albert Lortzings

Sommer 2001, Berliner Hochschule für Musik Hanns Eisler. Im oberen Foyer auf einer Video-Wand Fernsehbilder, Staatschef Honecker küßt Staatschef Breschnew, Breschnew küßt zurück, küßt Erich Honecker. Dann küßt Erich auch den Gorbi, Gorbi küßt ebenfalls zurück. Auch andere Politiker umarmen sich, küssen sich, das wiederholt sich im Foyer der Musikhochschule als Endlosschleife. Und zu den küssenden Politikern hört man sechs Männer, die singen *a cappella*, mit Tremolo: »Zum Werk, das wir beginnen, braucht es der Klugheit Macht. Drum prüfe sich ein jeder, jetzt ist dazu noch Zeit, auf daß dann keiner später Geschehenes bereut.« Und immerzu sieht man, wie die Staatenlenker sich vor der Kamera herzen, Kohl den Jelzin, Erich den Gorbi. Und man erkennt, wie Gorbatschow damals, 1989, seinen Kuß hastig appliziert, fast widerwillig küßt er Honeckers Mund.

Zeitsprung, aus dem Jahr 1838 heraus, aus den Musikspielen des vermeintlichen Urgroßvaters der Operngemütlichkeit hinüber in unsere Gegenwart. Diesen Mut hatten nicht nur Studenten der Hochschule Hanns Eisler, den hatten auch Regisseure, Dietrich Hilsdorf mit *Undine*, Peter Konwitschny mit *Waffenschmied* oder *Regina*. Und sobald da klar wurde, wie diese Stücke seismographische Signale senden, daß *Regina* ein akustisches Fenster öffnet in eine unserer wichtigsten Vergangenheiten, in die frühesten deutschen Versuche, demokratisch zu sein, verschärft sich das Staunen darüber, daß die Spielopern Albert Lortzings in den letzten Jahrzehnten abstürzten. Von den obersten Plätzen der Popularität im freien Fall nach ganz unten. 150 Jahre in Deutschland meistgespielter deutscher Opernmacher, heute fast völlige Abwesenheit. Könnte es sein, daß man sie nie wirklich wahrgenommen hat, die wörtlichen wie die musikalischen Mittel seiner Freiheitslust? seinen Spott etwa in »O sancta iustitia« aufs Feierlich-Pompöse, auf kirchenmusikalische Einschüchterungseffekte, choralhaftes Gehabe, was man sich im Land des Tiefsinns besser nicht hätte leisten dürfen, erst recht nicht in der Gewandhausstadt mit ihren Meistersingern? Kantatenkunst zu verulken in der Hauptstadt der Kantaten?

Vielleicht der eindrucksvollste Moment in Lortzings *Hans Sachs* ist der Augenblick nach dem Wettsingen, nach der Verkündung des Urteils der Meistersänger. Man weiß, aus Lortzings Oper machte Wagner seine *Meistersinger* und hat seine Quelle nie genannt, im Gegenteil, tat sich einiges zugute auf seine »Original-Erfindung«. Bei Lortzing fordert nach dem Wettsingen das Chor-Volk energisch: »Dem Sachs den Preis!« Aber Volkes Stimme wird nicht gehört, Nürnbergs Patrizier entscheiden sich für das infantil biblische Lied des Eoban Hesse, einer Vorfigur des Beckmesser. Die Maßgebenden ignorieren den Publikumsliebling, den Schuhmacherpoeten, lobpreisen stattdessen den reichen Sohn eines reichen Ratsherrn. Krasses Fehlurteil, städtischem Filz zuliebe.
Dagegen opponiert Lortzings Chor-Volk, das skandiert in drängendem Sprechgesang Protest: »Das ist ungerecht. Das ist ungerecht.« Der Zorn hilft dem Lortzing-Volk nichts, der Schuhmacher und Poet Hans Sachs ist für die Oberen eine Un-Person, wird aus Nürnberg verjagt. Und damit nimmt die »Hans Sachs«-Oper vorweg, was dem Autor wenige Jahre später in Leipzig tatsächlich widerfährt, zweimal wird auch er, unter Vorwänden, aus der Stadt der Gewandhausgrößen und der Reichen hinausgetrieben, heute spräche man von Mobbing. Beim zweiten Mal, nach seiner Preußen-Satire *Rolands Knappen* hat dies Mobbing den Komponisten in den Tod getrieben. Lortzings Frau schreibt: »Das AllerKränckendste« widerfuhr ihm in Leipzig. Inzwischen ist das detailliert nachgewiesen und nachzulesen. In Lortzings Sachs-Oper sind die Szenen, in denen der volkstümliche Schuhmacherpoet vertrieben wird, in bewegender Düsternis komponiert, in bedrohlichem Moll, als hätte der Autor geahnt, daß dies alles ihm selbst bevorsteht, ihm, der in Leipzig ähnlich wie Sachs in Nürnberg bei den Leuten hochbeliebt war, beim sogenannten einfachen Publikum, für Lortzing die »ehrlichen Seelen«. In all den Jahren, in denen er Gaukler war (noch in der *Zaren*-Premiere sang er den Zimmermann) war er ein Liebling der Leute, Popfigur in der Spaßkultur des Vormärz. In Schauspiel und Oper glänzt

er in hunderten Rollen, jugendlicher Liebhaber, »Naturbursche«, Narr im *King Lear*, »alleweil fideler« Schneider Zwirn in Nestroys *Lumpazi*, Don Juan bei Grabbe, aber auch Don Giovanni. Beaux, Dandy, Naturbursche und Clown, einer, der auf der Bühne wie im Alltag im Handumdrehen die Sympathien auf seiner Seite hatte und die Lacher, jedenfalls bei denen da unten. Unwohl fühlte er sich nur, wenn er vor die Maßgebenden geriet, vor die Kenner und Meistersänger.

Auf der Bühne wie im Alltag jonglierte dieser Berliner mit aktuellen Anspielungen. Der musikbegabte Komödiant, sobald er sich unter seinesgleichen fühlte, liebte Improvisationen, Kommentare auf den Leipziger Filz, auf die Zensurpraktiken im Metternichstaat oder auf die Preußen-Politik, der er seine letzte abendfüllende Oper gewidmet hat, die Märchensatire *Rolands Knappen* mit dem Fazit, daß wir alle Knappen bleiben, Knechte, Abhängige, Betrogene im politischen Narrenhaus. »Es ist die Welt ein großes Narrenhaus« heißt es in diesem seit mehr als 150 Jahren ignorierten Musikspiel. *Rolands Knappen* kam in zensurierter Fassung nur zu wenigen Aufführungen, unverändert blieb das unbekannt. Dieses Jahr 2001 wäre nicht nur doppeltes Gedenkjahr in Sachen Lortzing, es gilt auch als »Preußenjahr«. Eine traditionsreiche Detmolder Buchhandlung zeigt ein Fenster voller Preußenbücher, daß auch der langjährige Detmolder Publikumsliebling in dies Fenster gehörte, scheint fernzuliegen. Lortzings Leben von 1801 bis 1851 führt von der Sonnenseite des Preußenstaats, vom liberal tolerant aufgeklärten Friderizianismus zur Kehrseite dessen, was dann ebenfalls als preußisch galt, zum Militärstaat, zu den autoritär demokratiefeindlichen Anfängen des »Wilhelminismus«, der ihn bekanntlich vorbereiten half, den Faschismus.

Freunde überliefern, wie dieser Theatermann die Liebe der Leute gewann, indem er seine Karriere verdarb, den Erfolg im Spitzelsystem der Metternichstaats. Um es berlinerisch zu formulieren, Lortzing konnte die Klappe nicht halten. Schon in seinem Erstling mußte er spotten übers Spielcasino der Geldspekulanten, der Aktiengewinnler. Von seiner hugenottischen Mutter hatte er eine erstaunliche Geschwindigkeit des Mundwerks. Der Schauspieler Philipp Düringer berichtet, auch das ist nun detailliert nachzulesen, wie gefährlich es war, bei wichtigen Momenten in Lortzings Nähe zu sein, etwa bei Beerdigungen, auch da konnte er seine Maulfertigkeit nicht bremsen, komische Bemerkungen halfen ihm bei Gefühlsaufwallungen. Erst recht in feierlichen Augenblicken brauchte er Luft, und die fand er in Drolligkeiten, dort, wo das lauerte, was Heinrich Heine die »tödlichen Befreiungsgedanken« nannte, damals, als Heine in Italien bemerkte, diese Italiener hätten zwar keine Revolution, aber immerhin, sie hätten die opera buffa, sie hätten Rossini, und deren verkappte Freiheitsgedanken seien schließlich der Sinn dieser wunderbaren Institution »Komische Oper«.

Unmittelbar aus seinen persönlichsten Begabungen heraus liefert Lortzing kein Kraftwerk der Gefühle, keine egomanen Leidenschaften, nur selten Aussichten ins Erhabene und Heilige, so wie die Barockspiele und die bis heute in der Publikumsgunst unschlagbare *Zauberflöte*, nein, dieser Opernmacher aus Berlin bringt auf die in Deutschland stets so hochbedeutsame Opernbühne keine Erhabenheiten, sondern Alltag. Wenn bei Wagner der Vorhang aufgeht, dann, so ahnen wir, sind wir auf dem Dach der Welt, haben Durch- und Überblicke und dürfen schaudern. Wenn bei Lortzing der Vorhang aufgeht, sind wir, nur wenige Jahrzehnte zuvor, »ganz unten«, um einen Titel von Wallraff zu zitieren. Dann sind wir bei den »ehrlichen Seelen«, bei Zimmerleuten, Soldaten, Schuhmachergesellen, armen Mädchen, bei einem entlassenen Schulmeister, bei armem Landvolk, armen Fischern oder Schmiedegesellen, dann sind wir bei Knappen und Knechten, bei der Menge derer da unten. Und wenn er 1848, in diesem einzigen zensurfreien Moment in seinem Leben, den Opernvorhang aufgehen lassen will, dann sollten wir zum ersten und einzigenmal in einer deutschen Oper Arbeiter sehen, dann sollte die Bühne eine Fabrik zeigen, dann geht es um höheren Lohn, um Streik und Gerechtigkeit und ausdrücklich um »Freiheit«, und zwar um eine, die keines anderen Frei-Sein knechten soll. Das ist die Botschaft seiner '48er-Oper *Regina*. »Ich kann ihnen nicht helfen,« (den Kritikern, den »Kennern«), »[...] sie <u>müßen</u> mein neuestes Opus verdauen«. Nachdem er im rauschhaften März 1848 mitten hineingeriet in den Freiheitstaumel der Studenten und der Arbeiter und beobachten mußte, wie die jungen Leute die errungene Freiheit gefährden durch hirnlose Radikalität, da schreibt er nichts weniger als ein Lehrstück. In Sachen Freiheit. *Regina* ist so etwas wie eine Anti-Terror-Oper. Dieser Theaterprolet, von dem es heißt, er sei nicht nur unakademisch gewesen, sondern vollkommen theoriefrei, befindet sich mit dieser Botschaft seiner Freiheits-Oper in direkter Parallele zu den besten damaligen Intellektuellen, zu denen, die noch heute als liberal gelten und als links. Heinrich Heine formulierte seine Furcht vor dem »Greuel der Proletarierherrschaft«, seinen Horror vor der »Wildheit entzügelter Volksmassen«, dem »widerwärtigsten aller Tyrannen«. Und Friedrich Engels warnt 1850 vor dem »Lumpenproletariat«. Nichts anderes tut die *Regina* des Seismographen Lortzing.

Jede Figur, die sich in seinen Spielopern aus dem unteren Milieu heraus über die anderen erheben will und sie beherrschen will, ist in Gefahr. In *Undine*, *Regina* und *Rolands Knappen* sind sie in Lebensgefahr, in den komischen Opern in Gefahr, lächerlich zu werden, wie van Bett. Es sei denn, ein Höhergestellter versteht es, Brücken zu bauen nach unten, so wie der Zar, der insgeheim, so vertraut uns der einsame Herrscher an, nur das Beste wollte für die dort unten. Lortzing setzt noch einmal auf den friderizianischen Traum vom fortschrittlichen, vom aufgeklärten Herrscher. Sein Zar ist das ebenso wie der vernünftige Kaiser Max im *Sachs*.

Die Perspektive der zwölf Lortzing-Opern ist eindeutig. Schon beim Öffnen des Vorhangs bieten sie den Blick von unten, auf real alltägliche Verhältnisse – »wir armen armen Mädchen«, »trotz der Klagen müssen solche Fesseln tragen«, »Handwerksmann hat seine Plagen«, »ich armer abgesetzter Mann, was fange ich nun an«, »Welt, du kannst mir nicht gefallen«, »die Eifersucht ist eine Plage«, »A B C D, der Junggesellenstand tut weh«, »es gibt wohl auch ernste Komödien«, »und drückt euch manchmal auch der Schuh, ihr müßt es still ertragen«, »wahr bleibt es ewig doch | das Glück ist kugelrund | vor kurzem war ich noch | ein rechter Lumpenhund«, »besser was als nichts auf Erden | Hausfrau muß ich nun mal werden«, »bei diesem schlimmen Fall hilft weiter nichts« –

Lortzing eröffnet die Perspektiven derjenigen Besucher, die damals noch in Opern gingen, vor allem in die, die sich um Sachen drehten, die sie selber um die Ohren hatten, um Geld oder Liebe. Oder um die Zweifelhaftigkeit derer da oben und ihre krassen Fehlurteile oder auch ausdrücklich um »Freiheit«, selbst Lortzings Casanova singt in markanten Intervallen von »Frei – heit«, in dieser Oper geht es auf komisch verdrehte Weise um den »Geist der Republik!«, von dem es heißt, er würde »umgebracht«. »Freiheit« meint hier nur bedingt die erotische, so elegant und gelenkig und frei sich auch dieser Tenor Casanova laut Anweisung bewegen soll. Es geht um Befreiung von dem, was bedrückt. Darauf wagt der Autor freilich nur zaghaft zu hoffen, »ich glaube kaum den schönen Traum«. Die Traumziele seiner Opern erfüllen sich oft nur in Konjunktiven. »Ich wollt, ich wär kein Mädchen, | ich wollt, ich wär ein Mann«, »wer doch sein Leben lang so froh und fröhlich wär«, »Wenn jeder erglühte für Wahrheit und Recht, | wenn Hader und Zwietracht nicht wär [...] in Sachen des Glaubens kein Streit, | das wär eine köstliche Zeit«, »gern gäb ich Glanz und Reichtum hin« (wenn ich sie denn hätte). »Gern hätt' auch ich die Welt betreten als großer Herr, als Kavalier, doch hat man Geld dazu vonnöten [...]«, »Wenn du nun gingst und bätest [...] das wirkte, das wirkte [...] wär ich wohl ein ganzer Narr«. Am Anfang von *Regina* fragen die Arbeiter »Was hätten wir davon« und erklären dann: »Wir werden Recht uns jetzt verschaffen, | wenn nicht mir Worten, dann mit Waffen | [...] Beschlossen ist's, zu Ende sei | die Knechtschaft und die Tyrannei«. Zum Lehrspiel in Sachen Freiheit war die letzte Note noch nicht geschrieben, da waren Zensur und Militär wieder da, seine politische Oper mußte Lortzing zurücklegen, laut *Theaterchronik* »für bessere Zeiten«. Wenn die denn kämen – die kamen erst 150 Jahre später, Premiere der unveränderten Fassung war 1998.

Einen Publikumsliebling mit proletarischen Perspektiven, den sollte im Vormärz die Gewandhausstadt Leipzig ehren? Als es 1840 dem Poeten Hans Sachs in Nürnberg miserabel geht, befiehlt im Opernfinale als Überraschungsgast der deutsche Kaiser: »Ehrt ihn hoch von heute an!« Diese Anweisung von Lortzings Opern-Kaiser, dieser Wunsch in Sachen Sachs war eine Flaschenpost, die von den Meistersängern Leipzigs nie bemerkt wurde. Der musikantische Komödiant aus Berlin schien unangemessen, ja unziemlich. Seine erste Rolle auf der Leipziger Bühne war unterm Beifall des gemeinen Publikums im Lustspiel *Die Schachmaschine* gewesen, ein ungebildetes »heilloses Knäblein«, das alle an der Nase herumführt, das seinen Spott treibt mit den Bescheidwissern. Und seine erste Sängerrolle in Leipzig war der verwundete Freiheitskämpfer im eigenen Einakter *Der Pole und sein Kind*, wo es um die Wiedervereinigung einer zerrissenen polnischen Familie geht als Reflex auf eine damals mal wieder aktuelle Zerteilung Polens – nie habe er, schrieb der Autor an seine Mutter aus Detmold, so viele Tränen gesehen wie bei diesem »kleinen Ding«. Denn es war denen da unten ja klar, um welche Nation es in Wahrheit ging, nur vordergründig um die dreigeteilte, in Wahrheit um die 36fach geteilte.

Das Mißtrauen der Leipziger Aufsicht wuchs, als der Berliner 1837 in seinem ersten abendfüllenden Musikspiel *Die beiden Schützen* nicht etwa ein Stück ablieferte, das Hoheiten feierte, Feldherren oder Soldatenherrlichkeit, sondern Freundlichkeit. Endgültig Argwohn erregte sein nächstes Opernspiel, das als Hauptfigur eine städtische Obrigkeit aufbaute, die sich aufblies als »klug und weise«, als »größtes Licht« der Stadt, wobei sich, wie es im Text hieß, jeder glücklich preisen könne, »den verschonet sein Gericht«. Das Leipziger Gericht hat Lortzing nicht verschont. Wie die Zensur mit ihm umsprang, wie er in den Knast kam, auch das ist nun im Einzelnen nachlesbar, aber auch, wie das Publikum ihn bei der Rückkehr auf die Bühne feierte, vor allem die jungen Leute, die Studenten auf den billigen Plätzen, ja, wie die Zaren-Oper beim Publikum Begeisterung auslöste. Bei den Maßgebenden dagegen Argwohn. In den 12 Jahren, die dieser Komponist in Leipzig lebte, bekam er nie einen Kompositionsauftrag des Gewandhauses. Auch in diesem doppelten Gedenkjahr 2001 befaßt man sich dort lieber »mit wirklichen Musikern«. Unmöglich damals, in der Stadt des von Mendelssohn wieder aufgerichteten Genies der Kantatenkunst, unmöglich, daß Lortzing ausgerechnet hier seinen van Bett in einer mißratenen Kantate vorführt und steifleinernen Kirchengesang verulkt.

Im Gewandhaus war Lortzing immer nur Zuhörer, aufrichtig ergriffen nicht mehr nur von Mozart, der für ihn »göttlich« war, nun auch von Beethoven, aber auch von Mendelssohn, dessen Musik er rückhaltlos lobt. 1844 hat er auf die Frage eines Kritikers, welche deutschen Musiker denn wohl damals wirkliche »Kenner« seien, solche, die bleiben würden, zwei Namen genannt: Mendelssohn und Schumann. Welch ein Seismograph inmitten des auch damals schon massenhaften Gedrängels ehrgeizigster Größen. Über Mendelssohn äußert er sich stets positiv, obwohl er Grund gehabt hätte, den Berühmten, den Hofierten zu beneiden, der mit den besten Voraussetzungen hatte beginnen können, der nie Geldsorgen hatte, all das, was Lortzing lebenslang plagte. Daß in Lortzings fast 500 überlieferten Briefen, oft sehr persönlichen Plauderbriefen, auch nicht annähernd Antisemitisches zu finden ist, auch das erklärt, warum er bei den Etablierten ohne Chance war. Einfach auch deswegen, weil bei ihm das Volk, der Opernchor, zu Widerworten neigt, zu selbständiger Aktion. »Das ist ungerecht«.

Der Chef des Gewandhauses jedenfalls ignoriert ihn. Und Lortzing macht, was die Karriere betrifft, Fehler. Als Mendelssohns *Antigone*-Musik die Großkritiker der Handelsstadt verzückt und Leipzig in ein Griechendelirium verfällt, verhöhnt das der Berliner und läßt seine Gräfin im *Wildschütz* akuter Graecomanie anheimfallen, womit er gleichzeitig die Schürzenjagden ihres Gemahls bestens motiviert, die des eigentlichen Wildschützen.

Schumann wie Mendelssohn bleiben verständnislos gegenüber dem Publikumsliebling, bemerken erst gar nicht Lortzings ausgedehnt vielstimmige Ensemblesätze, sein filigranes Musiktheater, ignorieren seine eigentliche künstlerische Leistung. Aber auch die melancholischen Untertöne des Clowns. Kommt hinzu, daß Mendelssohn das Kotzebue-Stück, aus dessen Widerwärtigkeiten Lortzing in wunderbarer Dramaturgie ein Schulmeisterstück baut, mit Recht für geschmacklos hält. Noch Jahre später, in Wien, versucht Lortzing den Spott im *Wildschütz* klarzustellen, den verehrten Meister umzustimmen. Mendelssohn hat sein Kommen angekündigt, zur Begrüßung übt Lortzing mit Solisten und Choristen des Theaters an der Wien just die verhöhnte *Antigone* ein, den Text von Sophokles, die Musik von Mendelssohn, »eine Pferdearbeit«, schreibt er, wegen des Textes. Aber verhöhnt hatte er ja nicht Mendelssohns Werk, sondern allein die Besoffenheit der Verehrer. Nun endlich will er das ins richtige Licht rücken, da kommt die Nachricht, Mendelssohn ist tot. Alles umsonst, für immer mißverstanden. Er bleibt im Abseits.

Komik und Satire haben es schwer im Land des Tiefsinns. Mit seiner Adels-Satire *Caramo* glaubte er an der Berliner Hof-Oper anzukommen, mag sein, Friedrich Wilhelm III. hätte noch sein Vergnügen daran gehabt, aber als er *Caramo* fertig hatte und nach Berlin schickte, saß Nr. IV auf dem Preußenthron und der war nun sehr sehr tiefsinnig, alles andere als leutselig. In den hehren Höhen der heiligen Musik bitte keine Scherze, »man lache nicht« brüllt Goethe in das Weimarer Parkett hinunter. Einer wie Lortzing gerät zwischen alle Stühle. Bis heute ist er den Großdenkern zu volkstümlich. Und dem Volk ist seine filigrane Ensemblekunst zu kompliziert, z. B. *Caramo* oder schon die Gefängnisszene in der vermeintlichen Soldatenoper oder das Diplomatensextett oder das Billardquintett. Bis auf den heutigen Tag wird im letzten *Wildschütz*-Finale auch von den Dirigenten, die den *Wildschütz* für Lortzings beste Komposition halten, eine der verrücktesten Musiken gestrichen, zur Annäherung der Dorfbewohner das synkopierte Geholpere auf Holzpantinen durch fast alle chromatischen Möglichkeiten.

Zugegeben, denen, die in hohen Operngefühlen baden wollen, bleiben Lortzings Späße verschlossen. All diese Indirektheiten und Anspielungen, falls man sie bemerkt, stören die Traumwelt. Die deutschen Bühnen behalfen sich, betonten gut ein Jahrhundert lang Lortzings Lieder, pflegten ihn als Nationalkomponisten. Und wer je über Lortzing schrieb, schrieb von »Gemüt« und von »Humor«, ohne zu merken, daß Lortzing diese Wörter nie verwendet hat, »Humor« nie und »Gemüt« nur im Spott, als Wort für Stumpfheit, für Bewegungslosigkeit. »Der fromme Christ sieht aufs Gemüt«.

Ergebnis auf den Bühnen: Stumpfsinn, Bewegunglosigkeit. Als hätte der Autor nicht lebenslang geradezu gebettelt, nicht um den Sänger, sondern um den Sänger-Schauspieler, so als hätten zu seinen Freunden schon Walter Felsenstein gehört, Harry Kupfer, Götz Friedrich, Peter Konwitschny. Was Lortzing lebenslang verlästerte, das Herumstehen der Sänger, »als wenn er einen Harnisch oder ein Priesterhemd an hätte«, das war der Schlendrian, der ihn nach seinem Tod tatsächlich zu einem Urgroßvater der Gemütlichkeit machte, der das einreißen ließ, was er immer zu verhindern gesucht hatte, er, dessen eigene Bühnenwirkung, so berichteten alle zeitgenössische Rezensenten, auf einer ungewöhnlichen Beweglichkeit basierte, auf elegant wirbelndem Körperspiel, ein Berliner Kritiker meldete gar: Er »tanzte seine Rolle«. Man könnte behaupten, daß die bis etwa 1968 anhaltende immense Beliebtheit Lortzings in Deutschland auf Mißverständnissen beruht. Auf Verbiedermeierung, auf Sentimentalisierung. Früh hatte man ihn entstellt, »auf scheußliche Weise«, wie er selber noch wenige Wochen vor seinem Tod über eine *Undine* in Berlin bemerkt. Aber so wurde er fast 150 Jahre lang gefeiert. Und wurde dann, in dieser Entstellung, ab '68 mit Recht fallengelassen. Ausgerechnet ab '68, als man sich viel einbildete, endlich alles politisch zu durchschauen.

1839, im Berlin des Vormärz spürte man noch, worum es in einem Spiel wie *Zar und Zimmermann* ging. Bei der Berliner Premiere wurde jede Nummer bejubelt, so frenetisch wie zuvor beim *Freischütz*. Ein Jahr später sollte in Berlin in einem öffentlichen Konzert gezeigt werden, welche Fortschritte die dramatische Musik in den letzten hundert Jahren gemacht hatte. Von jedem Dezennium ein Beispiel, und das letzte Jahrzehnt, das 1840 gegenwärtige, repräsentierte van Betts mißratene Kantatenprobe. Diese Schlußnummer, diese Szene von der Absetzung eines Oberhaupts (»besser wird es uns gelingen, wenn wir ganz alleine singen«) mußte komplett wiederholt werden. Man weiß, wie das endet, in 16 Takten weit ausholenden Walzerschwungs. Im Drehschwindel des ach so unberechenbaren Volks, »endlich, endlich, ist es uns gelungen!«

Dem walzernden Volkswirbel gehörte bekanntlich früh der Argwohn derer da oben. Und so wird Lortzing in *Regina* von 1848 kurz vorm Finale den Entführer mit der Fabrikantentochter auf einem Pulverturm ein Walzerduett singen lassen, einen Todestanz auf dem Vulkan, »er tanzte seine Rolle«, der Kidnapper mit offenem Feuer, als Teufelstanz über dem Pulverfaß, so inszenierte das im Ruhrrevier Peter Konwitschny, der fünffache »Opernregisseur des Jahres«. Konwitschny oder Hilsdorf oder die Studenten der Musikhochschule Hanns Eisler, sie machen es mit Lortzing anders als 150 Jahre lang üblich, jenseits der alten Wunschkonzertgemütlichkeit.

Zugegeben, nicht selten hat der Gaukler mit der vielköpfigen Familie, die er zu ernähren hatte, dem sentimentalen Affen auch Zucker gegeben. Hat er die liedhaften, die strophischen Bögen voll und behäbig ausgekostet, was Generationen von Theatermachern verführte, eben dies als Lortzings eigentliche Leistung vorzuschieben. Da wurde übersehen, wie dieser Berliner sich zwar sehr gern für alles Herzergreifende Luft schafft oder eben Töne, wie er aber immer auch Abstand wahrt, Ironie, Distanz, stets dieses »ich glaube kaum | den schönen Traum«. Bevor das Lied vom flandrischen Mädchen beginnt, wird ausdrücklich ums »Schmachten« gebeten, damit im Hintergrund um so besser die Intrigen blühen. Und beim Sauflied im *Weihnachtsabend* ließ die Freiberger Regie ab Strophe 2 das junge Paar unter einen Tisch kriechen und Sachen machen. Und ausgerechnet die reiche Baronin Eberbach im *Wildschütz* besingt wundersam »inniglich« und »rein idyllisch« das »schlichte Kind vom Lande«. Ergreifend singen sie da alle von der Stimme des Natur, »wenn auch ein Zweifel preßt die Brust«. Da ist stets eine Doppelwirkung zu inszenieren, ein Zwiespalt, ja, ein romantisches Mittendazwischen, zwischen Skepsis und Hingabe, Verstand und Empfindung. Das wurde zugekleistert von dickem und tümlichem Rampengesang. Einem Kritiker erklärte Lortzing, Opern seien im Grunde »reiner Unsinn«. Nichts sei unnatürlicher, als wenn auf der Bühne mehrere Personen gleichzeitig Verschiedenes sängen. Aber eben hierauf verstand sich dieser Theatermusiker am besten, auf das Gleichzeitigkeitswunder, auf bewegte Sextette, Septette, Oktette und Finali und Doppelchöre, auf eben diesen »Unsinn«, immerhin den »reinsten«. Auch auf den wirkungsvollen Wechsel zwischen Sprechen und Singen, auf all die Nuancen der Dialog-Oper, die freilich bei den Meisterdenkern von Beginn an als minderwertig galt, als überholt. Die Tendenz ging zum großen Durchkomponierten, in Richtung Wagner. Lortzing kommt von Text und vom Theater her und verbindet beide unlöslich mit seiner Musik, woraus sich erklärt, warum das in andere Sprachen kaum übersetzbar scheint.

Von Beginn an blieb dieser Autodidakt im deutschen Bildungsbürgertum Außenseiter, war nur bei den »ehrlichen« Seelen das, was Pfitzner in ihm sah, ein »Sonntagskind«. Noch in seinen ernst-komischen Märchen-Opern *Undine* und *Rolands Knappen* witterte die Kritik seine Herkunft aus Verhältnissen der Geschmacklosigkeit, vertrieb ihn aus den Gewandhaus-Höhen. Mit wieviel Häme machte sich Moritz Saphir lustig über die Trinkgesänge in *Undine* – dabei hätte ein einziger Blick in Fouqués Novelle genügt, um zu sehen, daß dort doppelt so viel gebechert wird. Lortzing reagierte empfindlich, sobald ihn jemand – wie der Dichter Grabbe als Rezensent – an seine Vergangenheit erinnerte, an den Kaufmannssohn, das führte ins »ganz unten«, über den Lederhandel der Eltern hinab in den Abschaum der Gesellschaft, hinab zu den Gerbern, den Abdeckern, den Sondermüll-Entsorgern und, im

Tiefpunkt, zu den Scharfrichtern. Staatliche Totmacher stehen am Anfang von Lortzings Ahnenreihe, Henker.

Die väterliche Bedächtigkeit wurde zum Glück schwungvoll überspielt vom gelenkigen Soubrettencharme der leut- und redseligen Mutter. »Er tanzte seine Rolle«. Aus der konträren Mitgift der Eltern machte er das Beste, seine Spielopern, die in der Komik gern sentimental und im Sentimentalen komisch sind. »Wäre nicht mein Inneres – das gewiß von festem Zeuge war – nicht so zerissen«. Konjunktiv.

Auffallend das lange Zögern des Autodidakten, bis er es endlich wagte, ein durchweg selbstkomponiertes Musikspiel zu produzieren. Da stand er schon in der zweiten Hälfte seines vierten Lebensjahrzehnts. Warum und wie sollte denn auch einer Opern machen, der Mozart als unerreichbar bewunderte, allem voran den *Don Giovanni*. Es gehörte zu seinen Grunderfahrungen, daß, als er in Münster sein Oratorium *Die Himmelfahrt Christi* aufführte, das Regierungspräsidium sich empörte, weil ein Werk dieses Clowns in allem Ernst auf Münsterschem Terrain aufgeführt worden war, wo doch dieser Gaukler »als Kompositeur«, so hieß es wörtlich, »durchaus keinen Ruf« habe. Das blieb so, auch in den zwölf Jahren in der Gewandhausstadt, das blieb so bis heute, wenn man etwa sieht, mit welcher Brutalität er in diesem doppelten Gedenkjahr 2001 von den deutschen Opernhäusern ignoriert wird. Von denen, die ihn 150 Jahre einträglich ausplünderten und nicht selten so entstellten, daß man gut verstehen kann, wenn heute bei der Nennung des Namens Lortzing die Schultern gezogen werden und von Staub und Biedermeier die Rede ist. Als wäre nicht das Biedermeier der Vormärz gewesen, für jeden Liberalen aufs Elendeste ungemütlich.

Da Lortzing nie eine Lobby hatte außer all denen, die nie was zu sagen hatten, geriet er in das, wofür es das Wort Ausbeutung gibt. Tantiemen waren noch nicht erfunden, von den Theatern bekam er winzige Einmalbeträge für die unbegrenzten Aufführungsrechte, für 600 Seiten Partitur samt selbstgefertigtem Text. Er bekam die bescheidensten Summen, die damals ein Komponist erhielt. Die Musik des Komikers galt nun mal als nur komisch, Zeitgenosse Marschner bekam meist das doppelte, dessen Werke waren ja ernsthaft. Von Lortzings Sümmchen ging ein Drittel an die Kopisten. Reich wurden die Theaterdirektoren. Leipzigs Chef Ringelhardt, für den Lortzing 12 Jahre rackerte als Sänger, Schauspieler, Komponist, Textdichter und Regisseur, konnte sich am Ende ein Landgut kaufen. Dabei hatte sich das Multi- und Pop-Talent gerade für diesen Ringelhardt waghalsig eingesetzt. Als die

Leipziger Obrigkeit auch den loswerden wollte, weil man mehr Tragödien und weniger Komödien wünschte, verfaßte Lortzing in einem offenen Brief an den Stadtrat einen Lobpreis auf Direktor Ringelhardt mit einer genauen Schilderung der sozialen Lage des Ensembles, und ließ diesen Brief von seinen Kollegen unterschreiben, eine Aktion wie die einer Künstlergewerkschaft, Jahrzehnte vor der Erfindung der Gewerkschaften. Dem Direktor half das, Ringelhardts Vertrag wurde um vier Jahre verlängert. Half das auch dem Komödianten? Im Stadtrat redete man von »Lortzing und Consorten«. Zweimal mußte er Leipzig verlassen, und eines seiner vielen Kinder (elf hat ihm seine Frau geboren) hat in einem Brief genau festgehalten, wie die jungen Leute im Theater reagierten, wie die Studenten sich zu wehren versuchten gegen die Entlassung ihres Lieblings. »Lortzing, hierbleiben!« das riefen die Jugendlichen so lange, bis der Nachfolger des Ringelhardt vor den Vorhang trat und im Grunde nichts weiter hören ließen als »Worte voll Salbung, voll Demut und Moral«. Man kennt dies Zitat aus der Kantatenprobe – Demuth, so hieß in Leipzig der Zensor.

Richard Wagner machte den Vorschlag, die Entwicklung der deutschen komischen Oper an drei Beispielen vorzuführen, an Hillers *Jagd*, an Lortzings *Zar*, an seinen eigenen *Meistersingern*, der Vorschlag wartet auf Realisierung. Obwohl der junge Wagner in Dresden den älteren Theatermann in Leipzig schätzte, hat er ihn doch ebenfalls ausgeweidet, hat Lortzings *Hans Sachs* detailreich für seine *Meistersinger* benutzt. Auch bei Wagner geht es natürlich um ein Kunstkonzept, freilich um ein höheres, nicht um Lortzings Perspektive von unten. Schon im *Hans Sachs* geht es um die borniertenMeistersänger, gibt es das Wettsingen, gibt es auch den Ideendiebstahl und auch die Lächerlichkeit des Konkurrenten. Und nach so viel Anregungen muß sich dann wohl auch in Wagner sowas wie ein künstlerisches Gewissen gerührt haben und weil in seinem Musikdrama der Sachs kein Junger ist, sondern ein Alter, mußte als Liebhaber ein Neuer gefunden werden und für den bildete Wagner den Namen aus den Buchstaben dessen, den er benutzt hatte, fast als Anagramm: Stolzing/Lortzing.

Die Kette der Ausbeutung Lortzings bei Lebzeiten kürze ich hier ab, wie gesagt, das ist nun alles im Einzelnen nachzulesen, auch die Tiefpunkte in jenen letzten Monaten, in denen der bekannte Komponist nochmal, um seine Familie nicht verhungern zu lassen, zurück auf die Bühne mußte und das Publikum sich daran ergötzte, wie der inzwischen Gichtkranke seine elegant tanzenden Paraderollen nochmal aufgriff, das »heillose Knäblein« in der *Schachmaschine* oder den Dorfdeppen Peter in den *Beiden Schützen*: »Jetzo vorwärts, jetzt zurücke | seitwärts mannigmal die Blicke | tanze ich voll Kunstgeschicke | wie 'ne junge Grasemücke. | Seht ihr, wie ich mich jetzt bücke | mit den Fingern zierlich schnicke | meiner Tänz'rin freundlich nicke | und die Hand ihr zärtlich drücke« – usw usw. Lortzing, eine Popfigur des Vormärz, die das Zeug gehabt hätte zu einem berlinischen Offenbach.

Als er aus den Provinzen zurückkam in seine Geburtsstadt Berlin, blieb ihm nur noch die Freiheit, auszubrennen in einem elenden Possenbetrieb, im letzten Lebensjahr Tag für Tag ausgenutzt gegen die niedrigste Monatsgage seiner Karriere. An seinem letzten Abend standen an vier Berliner Theatern Stücke von ihm im Programm, *Undine, Zar, Die beiden Schützen, Der Pole und sein Kind.* Er hatte nichts davon. Wie hätten seine Fabrik-Arbeiter singen sollen? »Was hätten wir davon.« Man kann sagen, daß er im Anblick üppig gedeckter Tafeln so gut wie verhungert ist. Seine letzte überlieferte Äußerung: »Euer Berlin ist sehr langweilig«. Euer Berlin? War's denn nicht sein's?

Nach seinem Tod großes Erschrecken, dann die unablässige Lobpreisung als deutscher Humor- und Gemütsmusikant. Seine Lieder als geflügelte Büchmannsche Familienmelodien. Und sein Freiheits-Drama *Regina* 1899 in Berlin auf Anweisung Kaiser Wilhelms verstümmelt zu einer preußischen Anti-Franzosen-Oper. Im grandiosen Finale sangen Chöre und Solisten dort, wo die Robert Blumsche Paulskirchen-Vision von 1848 zu hören sein sollte, nämlich »Freiheit dir, du Völkerzier«, da sang man »Hoch, Blücher, hoch!«

»Auf scheußliche Weise« legte sich über seine Stücke der Schlendrian der Stadttheater und der zweiten Garnituren. In *Zar, Undine* und *Waffenschmied,* wenn nach den herzergreifenden Sololiedern der Beifall der Weinenden nicht enden wollte, wurden Zusatzstrophen gesungen, zum Beispiel in *Undine*: »Blicktest aus dem Reich der Geister du herab, o theurer Meister, ja, dann sähst du, wie die Welt, Lortzing, dich in Ehren hält.« »Die Welt«? Schon nebenan in Flandern blieb das flandrische Mädchen unbekannt.

Zu Beginn des Nazi-Regimes, im Theaterwinter 1933/34 rangierte unter den in Deutschland meistgespielten Opern *Der Waffenschmied* an zweiter Stelle. Knapp hinter *Freischütz.* Worum es im *Waffenschmied* eigentlich geht, daß es sich beim Spielopernmeister um einen demokratisch humanen

Ensemblekünstler handelt, um einen pazifistischen sogar, blieb verschüttet unterm Inszenierungsmüll. Man hätte seine scheinbar so unbeschwerten Stücke beim Wort, man hätte sie ernst nehmen müssen, auch die Komik. Schon die Schildwache im scheinbar harmlosen *Weihnachtsabend* (bei der Premiere Lortzings Rolle) teilt mit, was der Autor vom Militär denkt. Und im Liederspiel um Hofer beschwören Andreas Hofer und seine besten Freunde um die Wette »der Freiheit Morgen«, die Hoffnung auf Licht, auf Aufklärung. Weswegen dies Spielchen auch nie auf eine Bühne durfte. Der Waffenschmied macht keine Waffen, sondern heilt Krankheiten, ist Arzt, im *Zar* ist der Zimmermann Deserteur. Von den kriegsunlustigen *Schützen* war schon die Rede, *Undine* beginnt mit »Da lieg, du altes Mordgewehr« und endet mit »wo nur ew'ger Friede wohnt«, der Wildschütz trifft nur den eigenen Esel, und Rolands Knappen schimpfen auf das Totschießen. Aber 1933 – da lag Lortzing mit 1096 Vorstellungen vorn. Vor Mozart, vor Händel, Rossini, Richard Strauss, Puccini.

Auf diese mißverstehende Weise lief das bis weit nach 1945, gegen alle neuen und nun freien Tonsprachen. Das Gedenkjahr 1951 vor nun 50 Jahren kann ich aus eigener Anschauung vergleichen mit dem derzeitigen. Man sah und hörte Lortzings Spiele kaum anders als die Heimatfilme aus Heide und Hochgebirge. 1951 stand in der Reihe der meistgespielten Musikwerke die Zaren-Oper an zweiter Stelle. Nun hinter *Fidelio*. 1958 endete ein vierstündiges Funkporträt des NDR mit der Erkenntnis: »Heute weiß die Welt, daß er in Wahrheit ein Genie war«. Die Welt? Über die deutschen Grenzen kam er in seiner Zerschrumpftheit nie. In Deutschland aber, 1959, an einem Sonntagabend im Ersten Programm, da kam nach der Tagesschau kein »Tatort«, sondern die Oper von der Raserei in Sachen Gerechtigkeit, »o sancta iustitia«. Und *Hör Zu* druckte begeisterte Briefe, »Wir waren beglückt. Es wurde gesungen und gespielt in höchster Vollendung«, »Die Fernseh-Oper war das Bürogespräch des Montags«.

Ab '68, der Absturz. Während die *Zauberflöte* auch in der Zeit der Musicals Jahr für Jahr Platz 1 behauptet, fielen die Lortzingstücke aus den charts, '82/83 lief in Österreich 187 mal *Gräfin Mariza*, keinmal Lortzing. Auf die Idee, die Bregenzer Seebühne wäre eigentlich ideal für die Werft-Oper um den Zaren als Zimmermann, kam niemand. In Wien Null Lortzing, obwohl sein Anspruchsvollstes in Wien entstand, 1848, damals, als er mit den Studenten im Theater an der Wien, das sie zum »Nationaltheater« ausgerufen hatten, wilde neue Freiheitschöre eingeübt hatte, »Sieg der Freiheit oder Tod!«, wo er »Freiheit« nicht als »Deutschlands Zier« besang, sondern als »Völkerzier« – in vaterländisch aufgeheizten Zeiten. 1990/91 gab es in Deutschland zwar noch 149 mal den *Zar*, aber *Das Phantom der Oper* 730 mal. *Die Zauberflöte* 889 mal. *Zar* nun an 30. Stelle. Schluß mit dem »Bürogespräch des Montags«.

Warum seit ungefähr 1968 der Absturz? Eigentlich hätte man ihn gerade damals als 48er entdecken können, neu lesen. Aber Umdenken braucht Zeit. Und die Medien wurden nach 1970 segregiert, endgültig zertrennt ins vermeintliche E, ins vermeintliche U. Und in den Klassik-Gettos hat Lortzing keinen Zutritt. Das Komische, das – so weiß es eigentlich jeder Theaterteufel – das seit je das Schwerere ist, zumal in Deutschland, dies Komische gilt hierzulande als das Leichte, und das Leichte gehört nicht zwischen Bach und Boulez. Seit Jahren schon scheint Lortzing nie eine Ouvertüre komponiert zu haben oder Oktette, ausgedehnte Finalsätze oder in fast jeder Oper Ballettmusiken, er, der seine Rollen tanzte. Und beim Freiberger Festkonzert zum 200sten Geburtstag spielten die Musiker die *Don Juan*-Ouvertüre von Lortzings fotokopierter Handschrift.

Aus den Meisterklassen vertrieben oder nie hineingelassen wie sein Hans Sachs in Nürnberg. Falls er auftaucht in der sogenannten Unterhaltung oder Untenhaltung, ist er der fremde Vogel im Schwarm, viel zu vielstimmig, geradezu kontrapunktisch im Vergleich zum Schlagerschwachsinn, zum Musical-Dünnpfiff, zum Stimmen-Fetischismus, auf den Knien vor Tenören. Keiner in der deutschen Musikgeschichte hat so dauerhaft wie er gelästert über Großsänger und ihre Anbeter, die sich bei der Prostitution ihres Organs den Deubel kümmern um Szene und Spiel.

In seiner Geburts- und Sterbestadt Berlin gab es im doppelten Gedenkjahr in den dortigen Opernpalästen keinen Gedanken an den, dem deutsches Operntheater einiges zu danken hätte. In der Berliner »Komischen Oper« keine komische Oper des Berliners. Die letzte 1959. Und im letzten Januar, zum 150sten Todestag, da war nun mal zugleich der 100ste des »großen Verdi«, da gab es allein in Berlin an 30 Abenden Verdi-Opern, keine des Berliners. Für Jüngere keine Chance, ihn dort kennenzulernen, wo er hingehört, auf der Bühne.

Kommt hinzu, daß in der Globalisierung des Musikmarkts Theatermusik wie die Lortzingsche inkompatibel scheint, diese Musik ist Note für Note untrennbar von Bühne und Sprache, nicht mal von den Silben läßt sie sich lösen, »o du der du die Tugend selber bist!« Schon in Holland funktioniert das nicht, dort, wo man den vermeintlich niederländisch deftigen *Zar und*

Zimmermann gar nicht erst kennt. Stattdessen, über die gleichen Zaren-Geschichte, die Donizetti-Oper.

Die *Zauberflöte* aber bleibt an der Spitze, als leuchte dieses Werk wie eine Art Weltmusik, wie ein globaler Traum, wie eine quasi-religiöse Feier gegen das finstere Reich des Bösen, zugleich aber auch wie eine Rechtfertigung alles Geharnischten, alles selbstherrlich Imperialen, denn was wird verkündet? »Wen solche Lehren nicht erfreun, | verdienet nicht, ein Mensch zu sein.« Weg mit dem. Wie heißt es dagegen in *Regina*? »Denn leiden soll kein Mensch auf Erden« und »Denn frei geboren sind wir alle«. Und im *Waffenschmied*: »In Sachen des Glaubens kein Streit – das wär eine köstliche Zeit«.

Wer sich heute über den *Waffenschmied* informieren wollte, müßte zurückgreifen auf eine Langspielplatte von Emi/Electrola und nicht etwa jetzt, im doppelten Gedenkjahr, auf eine CD dieser Firma. In einer Aufnahme von 1964 folgen im Lied des Stadinger nach dem »Jüngling im lockigen Haar« nur die harmloseren Strophen, in denen es ums Saufen geht, nicht etwa die mittelbar politischen (1846 war Politisches nur mittelbar mitteilbar), nicht etwa: »wurden der Kummer und Jammer zu laut, | so wehrte man sich mit dem Schwert seiner Haut« oder »Ein Schwert, nur dem Guten geweiht, | das wär eine köstliche Zeit«. Auf diese Weise verpaßt man die Pointe auch dieser Oper, denn Stadinger, den der Ritter betrügt, singt in seinem Lied auch über die Ritter, die es wagen, »das Volk gar so hart zu bedrohn«. Professor Gerd Rienäcker beschreibt *Waffenschmied* als Geschichte von einem alten Mann, der weggeräumt wird, »betrogener armer Mann« heißt es im Septett zuvor. »Ritter« klingt natürlich schöner als Großgrundbesitzer. 1846, am Beginn der Moderne und der Industriezeit erschien die neue Massen-Industrie, erschien der Stahlfabrikant, vor dem das Handwerk verschwinden mußte. Und in Lortzings Oper geschieht eben dies, unterm Getöse des längsten und heftigsten Marsches, den er je komponierte, oft weggekürzt, eines Marsches, der Stadingers Haus mit Gesinde plattzuwalzen scheint zugunsten der Krupps, der Thyssens. Am Ende dieser Musik, die eher zu *Lohengrin* zu passen scheint, fordert das Libretto »Heil«-Rufe.

Konsequent so hat Konwitschny das inszeniert, 1989 in Kassel, wo die Henschel-Panzer gebaut werden, entsprechend wütend reagierte das Publikum. Skandal in Sachen Lortzing. Drei Jahre zuvor hatte Konwitschny das auch in Leipzig gezeigt, wo dann die Zensur eingriff, wo die Zensur den Triumph des Schwarz-Weiß-Rot als Bedrohung nicht begriff und das Hissen dieser Fahne untersagte. Andere Pointen aber waren zu retten, etwa wenn da in Konwitschnys Regie, laut Libretto, vom Mauerbrechen die Rede war, dann wurde im Publikum hämisch gelacht. Und wenn der Konflikt zwischen Ritter und Bürger auf den Höhepunkt kommt, die Umzingelung dieses eigensinnigen Dickkopfs Stadinger, dann kommt laut Libretto »ein Brief vom Rat der Stadt« – da hörte man 1986 auf der Leipziger Bühne die Schritte des Boten schon lange vorher, schon aus den Kulissen tönte da ein energisches TekTok wie von spitzen Stiefeln, und dann erschien – drei Jahre vor den Montagsumzügen rund um die Leipziger Innenstadt, immer auch um das Opernhaus herum – erschien auf der *Waffenschmied*-Bühne im grauen Kostüm eine Volkspolizistin mit der Anweisung der Obrigkeit, laut Libretto: »Es ist ein Aufstand zu befürchten. Wir bitten und widrigenfalls befehlen wir euch, zur Aufrechterhaltung der Ruhe unserer lieben Stadt [...]« – das weitere ging unter in Gelächter und Beifall aus dem dunklen Leipziger Publikumsraum. Und als dann der Riesenraubrittermarsch begann, rief Hans Stadinger, so steht's in der Partitur: »Was ist denn das für eine Musik? Ich glaube, sie wollen mein Haus mit Sang und Klang stürmen?« Auch hier nahm Konwitschny Text wie Ton ernst und ließ Stadingers Bürgerhaus »stürmen«, wegräumen. Statt der kleinen Werkstatt erschien pompös und panzerhaft gewalttätig wie ein Drache die neue Großbürgerzeit der Konzernchefs, eine Stahlfabrik, egal, wie sehr Stadinger sich wehrt, in seiner Ohnmacht flucht er exakt die Worte, die man schon immer hätte ernstnehmen dürfen: »Stahl und Amboß, so ward ich betrogen. [...] Gesindel ihr alle!« Da wird er angeherrscht »Gib nach Alter!« In den letzten Takten endet dann auch diese Oper in der Unwahrscheinlichkeit des Konjunktivs. Der neue Konzernherr singt mit Emphase: »Gern gäb ich Glanz und Reichtum hin«. Die Geschichte hat es uns gelehrt, keineswegs gab er die je her.

Kürzlich traf ich einen sehr alten Bibliothekar, der mir gestand, daß er 1943, kurz nach Stalingrad, eingezogen wurde an die Ostfront, daß er nach dem Gestellungsbefehl noch fünf Tage Zeit hatte, damals in Frankfurt. Und daß er in Ausweglosigkeit und Angst an diesen fünf Tagen dreimal in der Oper gewesen sei, Lortzing, *Undine*. In diesen Traum von einer Elementarwelt der ehrlichen Seelen, »wo nur ewiger Frieden wohnt«.

Möcht ja sein, es finden sich weitere seismographische Regisseure, die lesen können, was in den Stücken des Seismographen lauert. Gleich seine erste Oper belästerte neben der Geldspekulation die damals brandneue Eisenbahn.

Im *Wildschütz* gibt's zum ersten und einzigenmal die Opernwörter »Kapitalist« und »Kapital«. Und noch immer steht er aus, der Moment, in dem in einem unserer ersten Theater nicht der Nachwuchs und nicht die Ausgebrannten, sondern die besten Könner realisieren, was, weil es das Leichte ist, das Schwere bleibt. Könnte ja sein, irgendwann wäre Schluß mit der – sagen wir mal – Großzügigkeit, Lortzing-Opern immer mit der zweiten und dritten Garnitur zu besetzen. Wenn doch einmal eine Stimme von Weltformat in solch ein Stück gerät, zum Beispiel Lucia Popp als Undine und wenn die Popp in der Undinen-Arie die Paracelsusworte von den Geistern singt (die Fouqué in seinem Libretti ignoriert hat), dann ist es, als hörte man eine neue Musik, als öffneten sich Abgründe.

Und heute? Der Blick in die Großfeuilletons ist hilfreich. Mediale Höchststrafe. Nichtbeachtung. Totschweigen. Kein Gedanke daran, daß es sich hier um eines der so sehr seltenen Stücke deutscher Demokratie-Tradition handeln könnte. Der Blick in einen gut sortierten Klassikladen ernüchtert. Lortzing existiert nicht. Aber zehn Meter Wagner-CDs, zwanzig Meter Verdi. Wenn es von der neusten Andy-Warhol-Ausstellung hieß, in Warhol spiegele sich die Alltagsgeschichte des 20sten Jahrhunderts, jedenfalls die zweite Hälfte, dann wäre zu sagen: Welche Fundgrube aus dem Alltag des 19. Jahrhundert, jedenfalls der ersten Hälfte, sind die Lortzing-Stücke, geradezu eine Grube Messel, voller Leitfossilien von den Anfängen unseres demokratischen Miteinanders. Vorläufig freilich verschüttet, von den Überwältigungsdramen, den Hinreißmusiken der Wagner und Verdi.

Aber es passiert ja nun fast ein Wunder, es sieht so aus, als bekäme endlich auch unser Mann eine Lobby. Eine »Lortzing-Gesellschaft«. Zu seinen Lebzeiten war da nie ein Mäzen, ein Gönner, der ihm Luft verschafft hätte. Auch jetzt ist natürlich kein Gedanke an sowas wie ein Festival, womöglich an ein kleineres Bayreuth, an ein ebenfalls staatlich subventioniertes. Zur historischen Eröffnung von Bayreuth lud Wagner den erklärten Demokratenhasser ein, jenen, der in Berlin im März 1848 als 50jähriger Kartätschenprinz die Freiheitskämpfer »niedermachen« ließ (so wörtlich Wilhelms Befehl). Dagegen arbeitete Lortzing bis zuletzt mit einem Ur-Demokraten, mit Robert Blum, schon 1833 an einer gemeinsamen Freiheits-Oper, danach, mit Blum, an der Schiller-Kantate. Könnte sein, eine Lortzing-Gesellschaft ginge unseren Staat irgendwie was an. Auch die Gewerkschaften hätten sich für ihn interessieren dürfen, für den ersten und einzigen Lohnstreik in einer Oper. Die neue »Lortzing-Gesellschaft« plädiert für den *ganzen* Lortzing. Also vom Horn-Konzert des 19jährigen übers Oratorium bis zu den letzten politischen Possenmusiken in Berlin, die der Dichter Gottfried Keller sehr bewundert hat.

Zu den Hoffnungszeichen gehört nicht nur die Initiative aus Freiberg, nicht nur Regie wie von Konwitschny oder Hilsdorf, sondern auch die Riesen-Editions-Arbeit der Irmlind Capelle. Ihr chronologisch-thematisches Werkverzeichnis und ihre historisch-kritische, ungekürzte Ausgabe sämtlicher überlieferten Briefe. Dazu authentisches Aufführungsmaterial, Noten und Text zur 48er-Oper *Regina*, publiziert bei Ricordi. Hoffnungszeichen auch die zahlreichen Positiv-Reaktionen auf die neue Biographie, Zeichen, daß nun die Stücke dieses solitären Theatermanns wahrgenommen werden könnten als früher Versuch, in härtesten Zeiten menschenfreundliche Ensembleschritte zu tun, in Richtung aufs Demokratische. Auch dort, wo <u>nicht</u> von Freiheit gesungen wird – allein die Struktur dieser Spielopern verkörpert gesellschaftliche Gegenbilder. Freiheit als Stimmrecht im Ensemble, gegen das Unisono. Daß dies Lortzings Spielen nichts aufbürdet, was nicht drin ist, beweisen *Regina* und *Rolands Knappen*. Wie sehr *Regina* auch rein musikalisch aus ungewöhnlichem Ton ist, dafür einige Tonbeispiele. Zuerst aus Akt I. Da wird die typische Lortzing-Situation, ein Fest, umzingelt von Bewaffneten, Gewehrmündungen richten sich auf die Arbeiter, da stellen Freischärler Forderungen, Extremisten, »Terroristen« hieße das derzeit. Zwei Chöre stehen da gegeneinander, die Extremen bedrohen Gemäßigte, diejenigen, die drei Jahrzehnte später »Sozialdemokraten« hießen. Das Wort der Radikalen führt Vorarbeiter Stephan, der Politisches und Privates mischt, der Regina haben will, die Frau, »die mich erschauen ließ | ein irdisch Paradies«. Und plötzlich, vor den Mündungen der Gewehrläufe, ist das sonst immer so bewegte Lortzingspiel wie zu Eis erstarrt, und zwar zu den Worten: »Entsetzen und Schrecken erstarren das Blut, | wir flehen zum Himmel um Fassung und Mut«.

Die Radikalen schlagen zu, plündern, brandschatzen, exakt so wie im März '48 in Wien oder Berlin und wie noch heute. Am Ende von Akt I ist die Fabrik ruiniert, ist Regina gekidnapt. Über die Toten und Verwundeten abgrundtiefe Trauer, Melancholie, in einem Vorspiel zum zweiten Akt, im Rauch der Trümmer.

Lortzing arbeitet mit allen Mitteln des damaligen Musikdramas, auch schon in der Untergangs-Arie des Undinen-Ritters, die, wenn sie denn tatsächlich auf die Bühne kommt, gekürzt wird, weil Tenöre sich fürchten vor dieser Szene, die eher bei E. T. A. Hoffmann zu erwarten gewesen wäre. In hochromantischem Wechsel konträrer Seelenlagen, verschobener Realitäten: Alptraum, Zerrissenheit, Idyllen, Angst, trotziges Macho-Gehabe. Der »Romantiker« Fouqué, der für E. T. A. Hoffmann das Libretto zur älteren Undinen-Oper schrieb, verzichtete in keinem Moment auf Reime und leierndes Versmaß, auch nicht beim Liebestod, wo Fouqués Undine singt: »Verfallen bist du meinem Graus | Aus ist es, Aus!«. Darauf der Ritter: »Ich bin verloren, bin vernichtet | o lägen Tote rings geschichtet! | Nicht einen einen Kuß?« Antwort von Undine: »Ja, Lieber, weil ich muß«. Während Fouqué und E. T. A. Hoffmann auf leiernden Reimen beharren, gibt es bei Lortzing freie Rhythmen, keine Reime, statt dessen den furiosen Wechsel in den Aufgeregtheiten des Ritters, eines Zerrissenen in Todesangst. Der Liebestod ist bei Lortzing der Eintritt in die ewig schöne Todeswelt der »Kristallgewölbe«, in eine elementare Anderswelt, so wie es in Fouqués Märchen angedeutet war. Im Liebestod verzichtet er nicht nur auf Reime, sondern läßt Undine nur noch stumm agieren, unter Licht- und Ton-Kaskaden. Seit solchen Vergleichen müßte klar sein, daß nicht, wie bisher ein Kenner vom anderen abschrieb, die ältere *Undine* die »romantische« ist. Und was ist dann die jüngere? Könnte es sein, daß in Lortzings Oper um einen weiblichen »Naturburschen« mit der Elle »Romantik« gar nicht zu messen ist, sondern womöglich mit Menschenrechtsmoral, mit dem Partei-Ergreifen für die da unten. »Wir verlassen dich nicht« heißt es in Finale II, und der Schlußchor der Oper (»in den Kristallgewölben wohnt sich's schön«) beschwört das Ende allen »Meineids«, den »ewigen Frieden«. »Vernehmt's, ihr Seelenvollen, [...] | so rächen sich die Seelenlosen«.

Undine als Natur, die betrogen wird und mißbraucht. 1989 endete das bei Hilsdorf in Wiesbaden in Erschütterungen, als bebte der Rheintalgraben, da flackerte im Finale der golden prunkende Saal des Staatstheaters, zitterte das große Licht, der riesige Kronleuchter schwankte überm Publikum, blinkten fatale Signale und von der Bühne tönte der Schlußchor: »Es rast der Sturm, die Mauern stürzen ein! | Allmächtiger, Du wollest gnädig sein.«

Gnädig? Was denn anderes sollten wir uns wünschen, für die Welt wie für den Jubilar Lortzing, der, wenn man ihm wieder Bewegung gönnte und Zeitsprünge, sich als einer erwiese, der auf realistische Weise Zeitloses ausspielt, auch in seiner vermeintlich vorgestrigen *Undine*. Da wird die Natur des Mannes zur Natur-Katastrophe.

»Ehrt ihn hoch von heute an!« wünscht in Lortzings Nürnberg-Oper der Kaiser dem volkstümlichen Sachs. Auch Lortzing »hoch« zu ehren, das ließe der sich kaum gefallen, der würde protestieren. Gegen alles »hoch« hatte der was. Ihm würde reichen, wir ersetzten »hoch« mit »genau«, mit Notentreue, mit unverfälschtem Wortlaut, aber auch mit »in ständiger Bewegung«, bis ins Extempore, bis in den Zeitsprung, hinüber in die jeweilige Gegenwart, unter vollem Auskosten des »reinen Unsinns« Oper. <u>Das</u> womöglich empfände er als Ehre. Konjunktiv.

Immerhin, 1998 sahen und hörten in 13 Aufführungen zehntausend Besucher im Ruhrrevier die zum erstenmal unveränderte *Regina*, gab es ein authentisches Hineinhören in die Ängste und Hoffnungen von 1848, in den frühesten deutschen Demokratie-Versuch, in die Visionen der Paulskirche, ohne daß wir davon nun freilich irgendeine CD hätten oder sonst eine Gesamtaufnahme, etwa durch einen öffentlich-rechtlichen Sender.

In diesem europäischen Dokument namens *Regina* stürmen am Schluß laut Bühnen-Anweisung »Arbeiter aller Klassen« auf die Bühne und feiern die Freiheit, nicht die Deutschlands, sondern ausdrücklich die der »Völker«. Und der Vorsänger verkündet hochpathetisch: »Nun kommt der Freiheit großer Morgen« – jene Wendung, die Lortzing schon im Liederspiel *Andreas Hofer* formuliert hatte. Das *Regina*-Finale nutzt Bibeldeutsch, partiell klingt das wie Oratorium, hebt ab ins *a cappella*: »Das macht den Feind zu Schanden«, »In diesem Zeichen siegen wir« (im Zeichen von Schwarz-Rot-Gold), »Das Volk läßt sich nicht spotten«, denn nun kommt doch endlich, worauf Lortzing lebenslang gewartet hat: »Friede«, »Glanz« und »Ehre«. Ehre? – es kommt das Ende der lebenslänglichen Demütigung, der Willkür, der Zensur- und Polizeischikanen, des Lügens. Und in <u>diesen</u> Angelegenheiten soll das Vaterland »einig« sein, soll »voran« gehen, »voran voran voran!«. Am Schluß verdoppelt sich das Tempo, das stampft, das hüpft, als höben sie alle ab ins Überwirkliche – auch die da unten steigen nun endlich hoch hinauf zu den schwarz-rot-goldenen Leitbildern der Paulskirche. Aus denen erst 100 Jahre später, nach einem blutigen Umwegjahrhundert, unser Grundgesetz wurde. In diesem Opernfinale hören wir das Pathos der damals entstehenden Nationalhymnen. Dabei wahrt Lortzing die europäische Weitsicht des Prä-Sozialdemokraten Robert Blum, in einer Vision, die in der Wirklichkeit brutal niederkartätscht wurde. Während Lortzing in Wien noch an diesem Finale arbeitet, wird nebenan, am 9. November 1848, sein Freund, der Paulskirchenmann Blum exekutiert »mit Pulver und Blei«. Und mit Blum Mitteleuropas erster Republikversuch und zugleich und endgültig die Hoffnungen des Albert Lortzing, der sie anschließend nur noch einmal als Satire formulieren kann, in seiner Märchensatire auf den autoritären preußischen Machtstaat, in seinen *Rolands Knappen*. Dies Thema breche ich hier ab. An anderer Stelle ist das nun erzählt auf sechshundertsiebzig Seiten, die Anfänge deutschen Demokratisch-Seins – am Beispiel Lortzing.

Sieghart Döhring

Konversationsoper – Probleme und Forschungsstand

Der österreichische Komponist und Musikschriftsteller Ignaz von Mosel hat 1820 in einer Abhandlung, die sich über mehrere Nummern der *Allgemeinen Musikalischen Zeitung, mit besonderer Rücksicht auf den österreichischen Kaiserstaat* erstreckt, Ordnung in die verwirrende Gattungsterminologie des deutschen Musiktheaters zu bringen versucht. Schon der nüchtern-sachliche Titel (*Vaudeville, Liederspiel, Singspiel, Oper*) unterstreicht den Willen des Autors zu einer an den musikdramatischen Sachverhalten orientierten Systematisierung, die sich nicht im Dschungel reiner Begrifflichkeiten verliert. Für die letzten beiden Gattungen – sie vor allem sind in diesem Zusammenhang von Interesse – konstatiert er als wichtigstes Unterscheidungsmerkmal, daß das »Singspiel« – hierin dem »Vaudeville« und dem »Liederspiel« vergleichbar – zwischen den Nummern gesprochene Dialoge verwendet, an deren Stelle in der »Oper« Rezitative treten: »[...] hier, wo es auf ein poetisches Ganzes, auf ununterbrochene Gesammtwirkung [sic] ankommt, ist der Wechsel der Rede und des Gesanges ganz und gar unzulässig.«[1] Mosel »outet« sich hier als Anhänger des Natürlichkeitspostulats in der musikalischen Ästhetik, das damals in den Kreisen der Fortschrittlichen schon als veraltet galt, sowie als glühender Verehrer Glucks und der durch diesen repräsentierten klassischen Oper. Glucks Œuvre gilt Mosel als wichtigster Schritt in die Richtung des idealen Ziels einer Verschmelzung von Oper und Trauerspiel, die beide in ihrer bisherigen Form überflüssig machen würde. Auf dem Weg dorthin sieht Mosel die Oper als am weitesten fortgeschritten, sie ist für ihn die vornehmste Gattung des musikalischen Theaters, jedoch gesteht er auch den geringeren Gattungen ihre eigene Bedeutung zu, insbesondere dem Singspiel. In ihm würden die Gesangsstücke keineswegs

---

[1] Ignaz von Mosel, *Vaudeville, Liederspiel, Singspiel, Oper*, in: *Allgemeine musikalische Zeitung, mit besonderer Rücksicht auf den österreichischen Kaiserstaat*, Nr. 86, 25. Oktober 1820, Sp. 681–685; Nr. 87, 28. Oktober 1820, Sp. 689–692; Nr. 88, 11. November 1820, Sp. 697–701; hier: Nr. 87, Sp. 689.

nur »zur Schilderung von Gefühlen einzelner Personen verwendet, wie z. B. in der Arie [...], sondern es wird auch ein grosser Theil der Handlung in die Gesangsstücke, vorzüglich in die mehrstimmigen gelegt, und diese zuweilen durch den Chor noch mehr belebt.«[2] Und was die Stoffwahl betrifft, heißt es: »Beynahe jeden Stoff, der dem Lustspiele, dem Drama, oder dem romantischen Schauspiele angemessen ist, nimmt auch das Singspiel auf [...],«[3] – ausgenommen solche Stoffe, die von Göttern und Heroen, erhabenen Charakteren und mächtigen Leidenschaften handeln; diese blieben der Oper vorbehalten. Obwohl Mosel betont, daß in der Hierarchie der Gattungen des musikalischen Theaters dem Singspiel lediglich der zweite Rang nach der Oper zukomme, lassen doch seine Ausführungen faktisch das Singspiel als die universalere Gattung erscheinen. Folgt man seiner Argumentation, so erweist sich das Singspiel als Gattung der Wahl gerade für romantische Sujets, und versteht man mit Ernst Theodor Amadeus Hoffmann und anderen den Einbruch des Wunderbaren ins alltägliche Leben als Grundkategorie des Romantischen, so entspräche dieser Ambivalenz auf musikdramatischer Ebene das Changieren zwischen Sprache und Musik als Chiffren des Realen und des Poetischen in geradezu perfekter Weise.

Am Schluß seiner Abhandlung macht Mosel einen Vorschlag: Man möge doch verschiedene Theater einrichten: ein den »classischen Opern und classischen Singspielen« vorbehaltenes, sowie ein anderes für »alle übrigen Singspiele und Singspielchen (Operetten), Liederspiele, verdeutschte Opere serie u. dgl.«[4] Vorbild für gattungsspezifische Theater ist ihm Paris, wo es in der Tat, wenn auch mit anderem Zuschnitt als von ihm vorgeschlagen, solcherart Theatervielfalt seit längerem gab. Damit spricht Mosel einen für das künstlerische Profil des damaligen deutschen Musiktheaters wie des Theaters überhaupt entscheidenden Sachverhalt an: die fehlende Spezialisierung und den damit einhergehenden Mangel an Professionalität mit den unvermeidlichen Folgen für die Qualität der Kompositionen und Produktionen, – ein Dilemma, das wenige Jahre zuvor Carl Maria von Weber unverblümt so beschrieben hat: »Die italienische Oper hat ihre feststehenden Figuren und Gesangsfächer für die Opera seria und buffa, die französische desgleichen. Von einer deutschen Operngesellschaft aber verlangt man nebst dem

---

[2] Ebda., Nr. 86, Sp. 684.
[3] Ebda., Nr. 86, Sp. 683.
[4] Ebda., Nr. 88, Sp. 701.

ihr Eigentümlichen auch die Vereinigung alles obigen, da die Werke der beiden genannten Nationen in Übersetzungen auf die deutsche Bühne gebracht werden. Hieraus folgt ein mehrzähligeres, vielseitigeres, und daher schwer bis zu einem gewissen vollkommenen Grade zusammenzubringendes Personal.«[5]

Die Entwicklung der deutschen Oper seit den zwanziger Jahren des 19. Jahrhunderts hat die gattungsästhetischen Überlegungen Mosels zugleich bestätigt und widerlegt. Die deutsche große Oper mit Rezitativen anstelle von gesprochenen Dialogen stieg in der Tat zur Leitgattung auf, aber – anders als Mosel gefordert hatte – nicht als klassisch-heroische, sondern als romantische Oper, d. h. in der ursprünglich dem Singspiel zugehörigen Stoffsphäre. Spohr *Jessonda* und Webers *Euryanthe*, beide 1823 uraufgeführt, fungierten als Modelle für das neue Genre, das bald darauf durch Spontinis monumentale *Agnes von Hohenstaufen* (1829) auch die Historie als Stoffsphäre einbezog, die dann aufgrund von Pariser Einflüssen seit den späten dreißiger Jahren immer stärker an Bedeutung gewinnen sollte, man denke etwa an die einschlägigen Werke Lindpaintners, Lachners, Marschners und des jungen Wagner. Trotz verschiedener gegenläufiger Tendenzen, die sich z. T. auf örtliche Sondertraditionen zurückführen lassen (Webers *Oberon*, 1826, als Ableger der englischen Semi-Opera), errang die deutsche große Oper immer höheres Prestige, wie nicht zuletzt eine Reihe von Umarbeitungen früherer Singspiele zu Rezitativ-Opern belegen (u.a. von Kreutzer, Lindpaintner, Spohr). Spätestens seit den vierziger Jahren ist die Präferenz der Komponisten für die große Oper eindeutig, mögen sie Wagner oder Flotow heißen. Über die Gründe braucht man nicht lange zu spekulieren: Von der außerdeutschen Oper waren inzwischen kompositorische Standards geschaffen worden – in Italien im Hinblick auf formale Großräumigkeit, in Frankreich im Hinblick auf die motivische und klangliche Strukturierung des Satzes – mit der Folge einer immer stärkeren musikalischen Integration, der gegenüber sich gesprochene Dialoge mehr und mehr als sperrig erweisen mußten – Standards, denen sich auch die deutschen Opernkomponisten zu stellen hatten und denen sie sich auch stellen wollten.

---

[5] Carl Maria von Weber, *Versuch eines Entwurfes, den Stand einer deutschen Operngesellschaft zu Dresden in tabellarische Form zu bringen, mit kurz erläuternden Anmerkungen* [1817], in: Georg Kaiser (Hrsg.), *Sämtliche Schriften von Carl Maria von Weber. Kritische Ausgabe*, Berlin u. Leipzig 1908, S. 39–43; hier: S. 39.

Phasenverschoben vollzog sich die nämliche Entwicklung auch in Frankreich, wobei in Paris durch das System der mit bestimmten Bühnen verbundenen Privilegien die Konstanz der Gattungen länger Bestand hatte als anderswo. Aber auch hier hatte das Musiktheater mit gesprochenen Dialogen, nachdem es in der Restaurationsepoche eine neuerliche Blütephase erlebt hatte[6], zunehmend mit Akzeptanzproblemen zu rechnen. Dies betraf zunächst das Mélodrame, »l'opera senza canto«[7], das nach 1830 seine frühere Schlüsselstellung als Experimentierfeld für neue theatrale Darstellungsformen sehr schnell verlor und auf das Niveau konventionellen Unterhaltungstheaters herabsank. Um diese Zeit vollzog sich die Ablösung der Opéra comique als Leitgattung des französischen Musiktheaters durch die Opéra, wenngleich erstere in den folgenden Jahrzehnten noch eine Reihe spektakulärer Erfolge aufzuweisen hatte, zumal in ihrer Transformation zur Opéra bouffe. Ihr universaler Charakter hingegen, auf dem ihre einstige Größe gründete, schwand mehr und mehr dahin und überlebte allenfalls noch in nostalgischen Reprisen vergangener »Hits« aus dem 18. Jahrhundert. Als endlich 1864 das Privilegiensystem fiel, beeilte man sich an der Opéra-comique, das Repertoire um alte und neue durchkomponierte Opern zu erweitern, während man sich an der Opéra mit der Aufnahme von Dialogopern weitaus länger Zeit ließ. In den übrigen Ländern Europas[8] ergab sich in etwa das gleiche Bild: schwindende künstlerische Akzeptanz der Dialogoper, statt dessen ihre Reduktion auf musikalisches Unterhaltungstheater als Massenkunst. Für Italien haben

---

[6] Vgl. Olivier Bara, *Le théâtre de l'opéra-comique sous la restauration. Enquête autour d'un genre moyen*, Hildesheim u. a. 2001 (= *Musikwissenschaftliche Publikationen*, Bd. 14).

[7] Vgl. Emilio Sala, *L'opera senza canto. Il mélo romantico e l'invenzione della colonna sonora*, Venedig 1995.

[8] Eine Bestandsaufnahme vollzog das Forschungsinstitut für Musiktheater (FIMT) der Universität Bayreuth in Kooperation mit den musikwissenschaftlichen Instituten der Tschechischen Akademie der Wissenschaften und der Karlsuniversität in Prag auf zwei Symposien in Thurnau 1998 (*Giacomo Meyerbeer und die Opéra comique um die Mitte des 19. Jahrhunderts*) und Prag 1999 (*L'Opéra-comique et son rayonnement en Europe au XIXe siècle*), deren Berichte inzwischen erschienen sind: Milan Pospíšil u. a. (Hrsg.), *Le Rayonnement de l'opéra-comique en Europe au XIXe siècle. Actes du colloque international de musicologie tenu à Prague 12–14 mai 1999*, Prag 2003; Arnold Jacobshagen/Milan Pospíšil (Hrsg.), *Meyerbeer und die Opéra comique*, Laaber 2004 (= *Thurnauer Schriften zum Musiktheater*, Bd. 20).

jüngst Marco Marica und Sebastian Werr die Bedeutung lokaler Sondertraditionen der Dialogoper herausgestellt; sie dürfte größer gewesen sein als bisher angenommen, ohne indes den gegenläufigen Gesamttrend wesentlich zu beeinflussen.[9]

Wenn bislang von Albert Lortzing nicht die Rede war, so befand er sich doch stets im Blick des Vortragenden. Erst vor dem Hintergrund der operngeschichtlichen Entwicklung nämlich wird in voller Schärfe deutlich, daß sich Lortzing mit seinem lebenslangen Festhalten an der Dialogoper für seine Zeit in einer Außenseiterposition befand. Dafür mag es von Werk zu Werk unterschiedliche Gründe gegeben haben – von der Auftragslage über die Besetzung bis zur Publikumserwartung – gleichwohl wird man das Ergebnis in seiner Eindeutigkeit auch und vor allem als eine künstlerische Entscheidung interpretieren dürfen. Ganz offenkundig erblickte Lortzing in der Dialogoper die seinen Vorstellungen von musikalischem Theater gemäße Gattung. In der Operngeschichte freilich geriet Lortzing damit ins Abseits, und um die Beschreibung dieser seiner Sonderrolle kreisen seitdem die Bemühungen der Musikhistoriker. Durch die Diskussionen um die Spiel- und/oder Konversationsoper zieht sich wie ein roter Faden der Versuch, Lortzings operngeschichtliche Stellung über eine vor allem auf sein eigenes Œuvre bezogene Gattung zu definieren.[10] Die damit verbundenen Probleme hat Irmlind

---

[9] Marco Marica, *L'opéra comique in Italia (1770–1830). Rappresentazioni, traduzioni e derivazioni*, Phil. Diss. Rom 1998 (Druck in Vorb.); Sebastian Werr, *Musikalisches Drama und Boulevard. Französische Einflüsse auf die italienische Oper im 19. Jahrhundert*, Stuttgart u. Weimar 2002.

[10] Aus neuerer Zeit seien hier genannt Albrecht Goebel, *Die deutsche Spieloper bei Lortzing, Nicolai und Flotow. Ein Beitrag zu Geschichte und Ästhetik der Gattung im Zeitraum von 1835–1850*, Diss. Köln 1975; Jürgen Schläder, *»Undine« auf dem Musiktheater. Zur Entwicklungsgeschichte der deutschen Spieloper* (»Orpheus«. Schriftenreihe zu Grundfragen der Musik, Bd. 28), Bonn-Bad Godesberg 1979; Julia Liebscher, *Biedermeier-Elemente in der deutschen Spieloper – Zu Otto Nicolais »Die lustigen Weiber von Windsor«*, in: Mf 40 (1987), S. 229–237; Jürgen Lodemann, *Lortzing. Gaukler und Musiker. Leben und Werk des dichtenden, komponierenden und singenden Publikumslieblings, Familienvaters und komisch-tragischen Spielopernweltmeisters aus Berlin*, Göttingen 2000.

Capelle in einem grundlegenden Aufsatz schlüssig aufgewiesen.[11] Demnach sind beide Termini – »Spiel-« und »Konversationsoper« – keine Gattungsbezeichnungen im strengen Sinne, vielmehr – wie auch Opera seria und Opera buffa, Grand opéra und Musikdrama – in zeitgenössischen Schriften verwendete Fachbegriffe. Weder bei Lortzing noch bei anderen Komponisten erscheinen sie auf den Titelseiten der Opern oder auf Theaterzetteln. Lortzing selbst gebraucht zumeist die Bezeichnung »komische Oper« (*Die beiden Schützen*, 1837; *Zar und Zimmermann*, 1837; *Wildschütz*, 1842; *Waffenschmied*, 1846 u.a.), daneben auch »romantische Zauberoper« (*Undine*, 1845), »komisch-romantische Zauberoper« (*Rolands Knappen*, 1849), »Festoper mit Tanz« (*Hans Sachs*, 1840), »große komische Oper« (*Caramo*, 1839) oder auch einfach nur »Oper« (*Regina*, 1848/1998). Gleichwohl kann man sich für beide Begriffe auf Lortzing selbst berufen, wenn auch kaum auf das »Gespräch mit Lortzing«, das Johann Christian Lobe geführt haben will; bei ihm wie bei anderen »Gesprächen« Lobes mit Komponisten handelt es sich um literarische Fiktionen in der Tradition der romantischen Künstlernovelle.[12] Wenn in Briefen Lortzings von »Spieloper« die Rede ist[13], dann meint er ein Werk, dessen Charakter durch »Spielpartien« bestimmt wird, worunter er Partien versteht, deren schauspielerische Anforderungen den sängerischen zumindest nicht nachstehen. Als selbstverständliche Voraussetzung dafür gilt Lortzing der gesprochene Dialog, jedenfalls nennt er in diesem Zusammenhang nur solche Werke, die entweder von vornherein als Dialogopern konzipiert oder doch in der deutschen Theaterpraxis als solche rezipiert wurden: »[...] unsern deutschen Sängern mangelt durchschnittlich die Leichtigkeit des Spiels, des Vortrags, mit einem Worte die zu dieser Operngattung erforderliche Salongewandtheit,« heißt es in einem

---

[11] Irmlind Capelle, *»Spieloper« – ein Gattungsbegriff? Zur Verwendung des Terminus, vornehmlich bei Lortzing*, in: Mf 48 (1995), S. 251–257.

[12] Johann Christian Lobe, *Ein Gespräch mit Lortzing*, in: *Consonanzen und Dissonanzen. Gesammelte Schriften aus älterer und neuerer Zeit*, Leipzig 1869, S. 300–313. Die überzeugenden Argumente gegen die Authentizität dieses »Gesprächs« finden sich zusammengefaßt bei Petra Fischer, *Vormärz und Zeitbürgertum. Gustav Albert Lortzings Operntexte*, Stuttgart u. Weimar 1997, S. 24–30.

[13] Die einschlägigen Stellen zu den Begriffsfeldern »Spiel« und »Spielen« im Zusammenhang mit musikalischem Theater listet Capelle auf (s. Anm. 11, S. 253f.).

Brief an Karl Gollmick.[14] Hier fällt nun zwar das Wort Gattung, doch sollte man den im lockeren Briefstil gefallenen Ausdruck nicht gleich terminologisch beim Wort nehmen. Für eine Gattungsbezeichnung mangelt es ihm entschieden an Bestimmtheit und erst recht muß der Versuch mißlingen, »Spieloper« als eine genuin deutsche Musiktheatergattung zu postulieren, wie es mit latent »rassischen« Obertönen seinerzeit Kurt Lüthge[15] unternommen hatte. Jedenfalls kann ein derartiges Vorgehen sich nicht auf Lortzing berufen, dessen Gebrauch des Begriffs »Spieloper« jeglicher nationaler Konnotation entbehrt und Opera buffa, Opéra comiques und Singspiele gleichermaßen umfaßt. Voraussetzungen sind lediglich das komische Sujet und der gesprochene Dialog.

In dem zitierten Brief an Gollmick verwendet Lortzing auch den Begriff »Konversationsoper«: »Meiner langen Rede kurzer Sinn,« so führt er aus, »ist demnach, daß wir in Deutschland schon Konversationsopern geben können, daß nur nicht jede Gattung für uns paßt [...]«.[16] Konkret ergibt sich ein ähnliches Bedeutungsfeld wie für »Spieloper«; gemeint ist auch hier keine eigentliche Gattung, sondern eine spezifische »Couleur« von Text und Musik, nicht als fester Terminus, sondern als eine »unprätentiöse, werkbezogene Kurzcharakteristik«[17], wie sie Lortzing selbst auf seinen *Wildschütz* sowie Mozarts *Le nozze di Figaro* (1786) und zuvor schon Carl Maria von Weber auf Boieldieus *Jean de Paris* (1812) angewandt hatten.[18] Ganz in diesem Sinne äußern sich auch zeitgenössische Lexika, so Gollmicks *Kritische*

---

[14] Irmlind Capelle (Hrsg.), *Albert Lortzing. Sämtliche Briefe. Historisch-kritische Ausgabe*, Kassel u. a. 1995 (= Detmold-Paderborner Beiträge zur Musikwissenschaft, Bd. 4), S. 174 (Brief Lortzings an Karl Gollmick vom 21. März 1844).

[15] *Die deutsche Spieloper. Eine Studie*, Braunschweig 1924. Zu den ideologischen Implikationen des Begriffs »Spieloper« vgl. auch Sabine Henze-Döhring, *Renaissance des komischen Genres: Lortzing und Nicolai*, in: Sieghart Döhring und dies., *Oper und Musikdrama im 19. Jahrhundert*, Laaber 1997 (= Handbuch der musikalischen Gattungen, Bd. 13), S. 109–112; hier: S. 109f.

[16] *Sämtliche Briefe*, s. Anm. 14, S. 175.

[17] Vgl. Henze-Döhring, s. Anm. 15, S. 110.

[18] Vgl. *Weber, Sämtliche Schriften*, s. Anm. 5, S. 287–289; hier: S. 287: »Sie [= die Konversationsopern] sind die musikalischen Schwestern der französischen Lustspiele und geben uns, wie diese, das an jener Nation Liebenswürdigste. Heitere Laune, spielender, fröhlicher Witz, auf angenehme Weise durch einige hübsche Situationen herbeigeführt, sind diesen Opern eigentümlich [...].«

Terminologie (»*Conversations-Opern* sind solche, wobei Musik die in der *Conversation* gewöhnlichen Begriffe und Gefühle ausdrückt. Ihre Handlung ist gewöhnlich launigen Inhalts, und der musikalische Styl leidenschaftslos, einfach und fliessend«[19]), Robert Blums, Karl Herloßsohns und Hermann Marggraffs *Allgemeines Theater=Lexikon* (»Conversations-Oper [...], die moderne komische Oper, wie sie in der jüngsten Schule Frankreichs sich entwickelt hat. [...] Die Handlung der C.=Oper bewegt sich in der Sphäre der gebildeten Gesellschaft, ist einfach und heiter, wie die Musik. In Frankreich hat dieses Genre außerordentliches, in Deutschland bisher nur wenig Glück gemacht, weil unsere Sänger zur Darstellung eines Lustspiels gar zu wenig geeignet sind, weil die Conversation und ihr Ton ihnen gar zu fremd ist«[20]) oder Philipp J. Düringers und Heinrich L. Barthels *Theater=Lexikon*. (»Eine Conversationsoper ist fast schwerer zu geben, als eine große, ernste, in dem darin sehr viel *gesprochen* wird [die schwache Seite der deutschen Opernsänger] und die Ansprüche in Bezug auf Spiel und leichten Gesang durch die französischen Operisten zu hoch gesteigert sind.«[21]). Wenn im Artikel aus dem *Allgemeinen Theater=Lexikon* Auber als »Vater und Erhalter« der Konversationsoper tituliert wird, so greift dies historisch sicher zu kurz, trifft in der Wahrnehmung des Phänomens jedoch ins Schwarze, war es doch in der Tat die neuere, auf Eugène Scribes Texten basierende Opéra comique mit Auber als dem führenden Komponisten, die der Gattung wichtige Impulse gab und sie gegen den Mainstream der durchkomponierten Oper stützte. Dabei kam es vorübergehend sogar zu einer Aufwertung der dialogischen Partien, weil diese im Gefüge der komplizierten Intrigenstrukturen der Handlungen

---

[19] Carl Gollmick, *Kritische Terminologie für Musiker und Musikfreunde, nebst einem alphabetisch geordneten und kurz angedeuteten Inhalts-Register*, Frankfurt/Main 1833, S. 121. Als Beispiele nennt Gollmick hier italienische Opern von Mozart (*Le nozze di Figaro, Così fan tutte*, 1790) und Cimarosa (*Il matrimonio segreto*, 1792).

[20] Robert Blum, Karl Herloßsohn, Hermann Marggraff (Hrsg.), *Allgemeines Theater=Lexikon oder Encyklopädie alles Wissenswerthen für Bühnenkünstler, Dilettanten und Theaterfreunde*, 7 Bde., Altenburg u. Leipzig 1836–1841, Bd. 2, S. 219.

[21] Philipp J. Düringer, Heinrich L. Barthels, *Theater=Lexikon. Theoretisch=practisches Handbuch für Vorstände, Mitglieder und Freunde des deutschen Theaters*, Leipzig 1841, Sp. 225.

zum unverzichtbaren Träger der Dramaturgie avancierten. Scribes Libretti aus den dreißiger und vierziger Jahren, vorzugsweise für Auber, aber auch Vernoy de Saint-Georges' *Le Val d'Andorre* (1848) für Halévy, repräsentieren diesen Opéra comique-Typus, dessen dialogbetonte Faktur nicht selten die Komponisten zu neuartigen Gewichtungen von Sprache und Musik innerhalb einer gattungsspezifischen Tableau-Dramaturgie anregte.[22] Die französische Perspektive des Lortzingschen Œuvres betont auch Irmlind Capelle, und zwar nicht nur aufgrund der Affinität im Ton zahlreicher Szenen, sondern auch und ganz wesentlich im Hinblick auf die thematische Breite, die sich die Opéra comique, im Unterschied zum zeitgenössischen Singspiel, nach wie vor bewahrt hatte.

Versteht man also »Spieloper« und »Konversationsoper« nicht als förmliche Gattungsbezeichnungen, sondern, wie Lortzing sich an anderer Stelle ausdrückte, als »*Genre* von Operndarstellungen«[23], so ergibt sich als kleinster gemeinsamer Nenner der gesprochene Dialog. Dieser ist, als Garant des spezifischen »Tons« der Werke, ihre »conditio sine qua non«. Die Einlösung von Lortzings Forderungen an die »Operndarstellung« setzt den gesprochenen Dialog voraus, selbst in den vertonten Teilen, deren dramatischer Sinn nach Lortzings Verständnis auf das Engste mit dem Wort verbunden ist, und was beide verbindet, ist das szenische Spiel, das Theater. Die Ästhetik der Dialogoper steht mithin im Zentrum der Gattungsdiskussionen um Spiel- und Konversationsoper, die damit in einen erweiterten historischen Kontext gerückt werden, der nicht nur alle Gattungen der Oper außer der durchkomponierten, sondern auch verwandte Gattungen wie Operette, Melodram und Schauspiel umfaßt, – letzteres im historischen Verständnis als Schauspiel mit Musik.

Insofern sie sich dieser Frage stellt, befindet sich die Lortzing-Forschung auf der Höhe der aktuellen Musiktheater-Forschung, die im Zuge der Besinnung auf »Theatralität« als kategoriale Bestimmung ihres Gegenstandes sich

---

[22] Verwiesen sei hier auf den Beginn von Aubers *Le Domino noir* (1837) mit dem erstmaligen Einsatz von Musik gegen Ende der 3. Szene (als Bühnenmusik hinter der Szene!); vgl. die Analyse vom Verfasser aus: *Wandlungen der Opéra comique zwischen Romantik und Realismus*, in: *Oper und Musikdrama im 19. Jahrhundert*, s. Anm. 15, S. 79–91; hier: S. 88ff.

[23] Brief Lortzings an Philipp Düringer vom 1. August 1850, in: *Sämtliche Briefe*, s. Anm. 14, S. 430.

zunehmend auf jene Bereiche des Musiktheaters einläßt, deren geschichtliche Entwicklung sich nicht im Zeichen der Emanzipation der Musik, vielmehr im Zeichen des Wechselspiels zwischen Musik, Text und Szene vollzog.[24] Im Mittelpunkt steht dabei die Opéra comique als der älteste und entwickeltste Gattungstyp der Dialogoper, erwies sich diese doch seit ihren Anfängen immer wieder als Experimentierfeld für die Wechselbeziehungen von Sprechen und Singen im Medium von Theatralität, und in Frankreich vor allem fanden sich Theoretiker (oder theoretisierende Komponisten wie André Modest Grétry), die das Beziehungssystem aus sprachlichen, musikalischen und szenischen Zeichen, dessen Wurzeln in die Theaterpraxis reichen und das daher stets der Publikumswirklichkeit verpflichtet blieb, beschrieben und in seinen Möglichkeiten ausgelotet haben. Eine Schlüsselrolle kommt dabei dem Melodram als musikbegleitetem Sprechen zu; sein dramaturgisches Potential erschließt sich kaum je allein in der musikalischen Analyse, vielmehr in den Referenzen zwischen den verschiedenen Darstellungsparametern. Zwar spielt das Melodram im Lortzingschen Œuvre keine so zentrale Rolle wie in der Opéra comique und im älteren Singspiel, jedoch beherrscht auch Lortzing perfekt die »Kunst des Übergangs«, das Changieren zwischen gesprochenem und gesungenem Wort, wie Thomas Betzwieser eindrücklich an zwei Nummern aus den *Beiden Schützen* demonstriert hat: dem Lied des Peter »Es kommt drauf an nur in der Welt« sowie dessen »Contretanz«-Arie.[25] Letztere war noch nicht Bestandteil der ersten Fassung der Oper von 1837, sondern fand erst 1839 im Zusammenhang mit der Berliner Erstaufführung Eingang in das Werk. Geschrieben wurde sie für den Berliner Schauspieler Louis Schneider, der Lortzing um die Komposition ersucht und zugleich den Entwurf eines Textes mitgeliefert hatte, für den ihm eine Arie aus Grétrys *Les Méprises par ressemblance* (1786), der Vorlage für *Die beiden Schützen*, gedient hatte.[26] Lortzing lieferte ein formidables Bravour-

---

[24] Als beispielhaft sei hier auf die einschlägigen Publikationen Thomas Betzwiesers verwiesen, insbesondere: *Sprechen und Singen. Ästhetik und Erscheinungsformen der Dialogoper*, Stuttgart u. Weimar 2002; vgl. auch ders., *Opéra comique als Geschichte und Gegenwart: Ästhetische Positionen – historische Tendenzen – historiographische Konsequenzen*, in: Jacobshagen/Pospíšil (Hrsg.), s. Anm. 9, S. 9–29, hier bes. S. 10–15.

[25] Betzwieser 2002, s. Anm. 24, S. 317–324.

[26] Vgl. Irmlind Capelle, ›*Les méprises par ressemblance*‹ von Grétry und Lortzing ›*Die beiden Schützen*‹, in: Herbert Schneider/Nicole Wild (Hrsg.), *Die Opéra co-*

Stück, aber nicht aufgrund gesanglicher Virtuosität, sondern durch das hier auf die Spitze getriebene »Wechselspiel verschiedener Text- und Sprecherebenen«[27], als da sind: »narrativer Bericht, Imitation dialogischen Sprechens mittels verstellter Stimme, Einbeziehung gesprochener Fragmente und pantomimischer Aktion, die ihrerseits ein narratives (vergangenes) Moment widerzuspiegeln hatte.«[28] Hier zeigt sich, daß Lortzing das Wechselspiel von Sprechen und Singen gleichsam in das Singen selbst verlegte, als eine Art »dialogisches Prinzip«. Ist einmal die Aufmerksamkeit für derartige Phänomene geschärft, so werden einem aus Lortzings Œuvre unschwer zahlreiche weitere Belege ins Auge fallen, in denen das Prinzip zwar nicht in so beherrschender Weise in Erscheinung tritt wie hier, dafür aber und nicht minder wirkungsvoll in der andeutenden Form einer überraschenden dramatischen Pointe. Den Konversationston gebrauch Lortzing als Stilmittel, mit dessen Hilfe er die musikalischen Strukturen beweglich und geschmeidig macht, sie durchlässig werden läßt für Darstellungs- und Spielelemente: es entsteht gestische Musik.

Damit bewegte sich Lortzing in einer genuinen Tradition der Opéra comique, die zurückreicht in ihre Anfänge als Vaudeville-Komödie. Die damals entwickelten Techniken des Spiels mit Zitaten und Bedeutungen, zunächst den Zwängen des Privilegien-Systems geschuldet, erwiesen sich im Verlauf ihrer Geschichte als ästhetischer Gewinn, verhalfen sie doch der Gattung zu einem Repertoire musikdramatischer Ausdrucksmittel, aus dem bald darauf auch Komponisten anderer Gattungen schöpfen konnten. Eine Erweiterung erfuhr dieses Repertoire in der Opéra comique der Revolutions- und Restaurationsepoche auf dem Felde des Melodrams, und zwar als Versuch, zwischen gesprochenem Dialog und Musiknummer zu vermitteln (so in Méhuls *Mélidore et Phrosine*, 1794, und *Ariodant*, 1799; Cherubinis *Les Deux journées*, 1800 u. a.). Verstand sich das Melodram in Frankreich vorzugsweise als Medium des Übergangs zwischen Sprechen und Singen, so entwickelte es sich im deutschen Singspiel zu einem eigenständigen Nummerntyp, zeitweilig sogar zu einer eigenständigen Gattung. Das deutsche Opernmelodram – von Weigls *Schweizerfamilie* (1809) bis zu Marschners *Hans Heiling* (1833) –

---

mique und ihr Einfluß auf das europäische Musiktheater im 19. Jahrhundert, Hildesheim u. a. 1997, S. 347–361.
[27] Betzwieser 2002, s. Anm. 24, S. 321.
[28] Ebda., S. 322.

entfaltete die Möglichkeiten des Mediums in der Richtung eines Ausdrucks- und Affektträgers. Die vollendete Synthese von französischer und deutscher Melodramentradition – der Ausblick sei hier gestattet – schuf Jules Massenet in *Manon* (1884), also zu einem Zeitpunkt, da die Opéra comique als Gattung bereits ihrem Ende zuging, indem er Dialoge und Musiknummern nicht mehr blockhaft gegeneinander absetzte und auch nicht durch Übergänge verband, sondern ineinander verschränkte.[29]

Weder als Technik noch als Nummerntyp spielt das Melodram bei Lortzing eine bedeutende Rolle; entscheidender als die Häufigkeit des Vorkommens ist die Gültigkeit des Prinzips einer referentiellen Verbindung von Sprechen und Singen im musikdramatischen Kontext. Diesem Prinzip fühlte sich Lortzing als Komponist zeitlebens verpflichtet, auf ihm gründet sein ganz persönlicher Stil und der von diesem Stil geprägte Operntypus, und in diesem Sinne auch mag man bei ihm von »Spiel-« oder »Konversationsoper« sprechen. Diese ist als durchkomponierte Oper schwerlich vorstellbar, weil sie des gesprochenen Wortes als Voraussetzung des gesungenen bedarf, und hier wohl liegt das eigentliche – das künstlerische – Motiv für Lortzings unzeitgemäßes Festhalten an der Dialogoper. Dies gilt selbst für *Regina*, obwohl sich hier – und innerhalb des Lortzingschen Œuvres nur hier – der Eindruck aufdrängt, daß Gattungs- und Werkästhetik auseinanderfallen. Gesprochene Dialoge gibt es in dieser Oper nur noch an je zwei Stellen im I. und II. Akt; der III. Akt ist vollständig durchkomponiert. Derart zurückgenommen erscheinen die Dialogpartien nur mehr als Unterbrechung des musikalischen Verlaufs, nicht als dessen Begründung. Offenkundig liebäugelte Lortzing bei der Komposition der *Regina*, für deren Uraufführung er die Ressourcen des Wiener Kärntnertortheaters einplante, mit der großen Oper französischer und italienischer Provenienz, die das aktuelle Repertoire dieses Hauses bestimmte. Innerhalb der weiträumigen musikalischen Strukturen mit ihrem formalen Eigenleben können die sporadisch auftretenden Dialoge kaum anders denn als störende Fremdkörper erscheinen, und es spricht für die prägende Wirkung der Dialogoper auf das kompositorische Schaffen Lortzings, daß die Konventionen des

---

[29] Vgl. Jean-Christophe Branger, *Le mélodrame musical dans «Manon» de Jules Massenet*, in: Paul Prévost (Hrsg.), *Le Théâtre en France au XIX^{e}siècle* (= *La Lyre moderne*, Vol. 1), Metz 1995, S. 239–277.

Genres für ihn selbst dort noch Gültigkeit behielten, wo sie mit Form und Stil des konkreten Werkes nicht mehr übereinstimmten.

Der Sinn für die dramatische Plausibilität der Dialogoper war damals durchaus noch vorhanden, wie aus zwei zeitgenössischen Stimmen erhellt, die sich zwar nicht ausdrücklich auf Lortzing beziehen, jedoch seinen ästhetischen Standpunkt vertreten. Richard Wagner – einer der beiden Gewährsmänner – war gewiß kein Verfechter der Dialogoper, nahm aber dennoch für diese Partei, als er sich angesichts der *Freischütz*-Einstudierung an der Pariser Opéra (1841) mit Rezitativen von Berlioz gegen die Durchkomposition dieser Oper aussprach, und zwar nicht, weil er die neukomponierten Rezitative als solche für mißlungen hielt, vielmehr weil diese seiner Auffassung nach die Balance zwischen gesprochenem Dialog und musikalischer Nummer, die raison d'être der Ästhetik dieser Oper, außer Kraft setzten.[30] Ein Plädoyer *Für die Oper mit gesprochenem Dialog* – so der Titel seines Aufsatzes von 1855 – trug auch Johann Christian Lobe vor, und dies zu einer Zeit, da die Präferenz für die durchkomponierte Oper im Wagnerschen Musikdrama ihre für lange Zeit gültige Gestalt gefunden hatte, wenn er den auch von ihm empfundenen unbefriedigenden Eindruck des gesprochenen Wortes in der Oper nicht auf einen Mangel der Gattung, sondern auf falsche Handhabung des Verfahrens zurückführt, und die Motivierung des gesungenen Wortes durch das gesprochene jedenfalls für das komische Genre als unerläßlich einfordert.[31] Die Betonung der essentiellen Bedeutung des gesprochenen Wortes in seiner reinen und seiner vermittelten Form bei Lortzing soll die eminenten musikalischen Qualitäten von dessen Opern – die schlagerhafte Prägnanz der Melodik, die

---

[30] Richard Wagner, *Der Freischütz in Paris (1841)*. 1. »Der Freischütz.« *An das Pariser Publikum*, in: Ders., *Gesammelte Schriften und Dichtungen*, Bd. 1, Leipzig 1871, S. 257–273; hier: S. 269: »Und, so glücklich auch diese Rezitative erfunden sein können, so kunstvoll sie mit der allgemeinen Färbung des Werkes harmoniren [sic] dürften, sie werden nichtsdestoweniger die Symmetrie desselben zerstören. Es ist offenbar, daß der deutsche Komponist beständig den Dialog berücksichtigt hat: die Gesangstücke sind wenig umfangreich; diese müssen durch die hinzuzufügenden riesigen Rezitative vollständig erdrückt werden, nothwendig an Sinn, und folglich an Wirkung verlieren.« Der Text erschien zunächst in französischer Sprache in der *Revue et Gazette musicale* 1841.

[31] Johann Christian Lobe, *Für die Oper mit gesprochenem Dialog* [1855], in: Ders., *Consonanzen und Dissonanzen*, s. Anm. 12, S. 319–329.

Meisterschaft der formalen Disposition auch großer Formen – nicht verdunkeln. Diesen Qualitäten analytisch nachzuspüren, lohnt sich auch weiterhin, gleichwohl würde die eigentliche Intention des Musikdramatikers Lortzing verkannt, bliebe dieser zentrale Aspekt des Verhältnisses von Sprechen und Singen bei der Interpretation ausgeblendet. Sollte die Diskussion um Spiel- und Konversationsoper sich auf diese Frage konzentrieren – und betrachtet man die Tendenz der neueren Forschung, so hat es durchaus diesen Anschein – wäre sie möglicherweise an ihrem Ziele angekommen. Am Umgang mit Lortzings Opern als Dialogopern entscheidet sich nicht nur ihre musikgeschichtliche Bewertung, sondern auch ihr Schicksal auf der Bühne. In der Wissenschaft wie in der Praxis hat die Dialogoper noch (!) einen schweren Stand, dabei ist es doch gerade sie und nicht die durchkomponierte Oper, die in idealtypischem Sinne Musiktheater verkörpert. Die wissenschaftliche und praktische Auseinandersetzung mit Lortzings Bühnenwerken könnte dazu beitragen, das Verständnis dafür zu befördern.

Sigrid Rüttiger (†)

Zar und Zimmermann von Albert Lortzing und *Il Borgomastro di Saardam* von Gaetano Donizetti

Eine Gegenüberstellung zweier Opern gleichen Inhalts*

Im Sommer 1837 arbeitete Lortzing an seiner Oper *Zar und Zimmermann*.[1] Während dieser Zeit wurde am Königstädter Theater in Berlin die italienische opera buffa *Il Borgomastro di Saardam* von Gaetano Donizetti (UA: Neapel 19. August 1827) in deutscher Sprache aufgeführt.[2] Wie Lortzings *Zar und Zimmermann* schildert diese opera buffa die Episode um Zar Peter den Großen, der als Zimmermann auf einer Werft im holländischen Saardam unerkannt die Schiffsbaukunst erlernte. Leider wissen wir nicht, ob Lortzing eine Aufführung dieser Oper von Donizetti besucht oder ob er auf irgendeine andere Weise dieses Werk kennengelernt hat.[3]

---

* Die Autorin, die bereits bei der Tagung in Detmold schwer krank war, verstarb 2003. Sie konnte den Haupttext des Referates für die schriftliche Fassung abschließen, die Drucklegung aber nicht mehr betreuen. Diese Aufgabe hat freundlicherweise ihr akademischer Lehrer, Prof. Dr. Wolfgang Osthoff, übernommen. Die Anmerkungen wurden von der Herausgeberin ergänzt.

[1] Die Entstehungszeit des *Zar und Zimmermann* läßt sich nicht genau begrenzen; vgl. Irmlind Capelle, *Chronologisch-Thematisches Verzeichnis der Werke von Gustav Albert Lortzing*, Köln 1994, LoWV 38, hier bes. S. 147.

[2] Die Erstaufführung am Königstädtischen Theater in Berlin fand am 3. August 1837 statt.

[3] Nach Loewenberg fanden in Deutschland nur an zwei Orten Aufführungen dieser Oper statt: seit 1836 in Wien und eben seit 1837 in Berlin. An beiden Aufführungsorten kann Lortzing die Oper in dieser Zeit nicht gesehen haben, da 1837 von ihm keine entsprechenden Reisen überliefert sind. Seine Theaterferien verbrachte Lort-

In seiner Abhandlung über die Operndichtung Lortzings weist Laue an Hand eines Vergleiches der Libretti dieser beiden Opern eine Begegnung Lortzings, gleich welcher Art, mit der Oper Donizettis nach: »Die Übereinstimmung der Dichtung Lortzings mit der Oper Donizettis im Aufbau des Ganzen, besonders in der Einfügung der Musikstücke in den Ablauf der Handlung, ist überraschend. Nicht selten stimmen Lortzings Verse auch inhaltlich mit denen der italienischen Oper überein.«[4]

Übereinstimmungen lassen sich aber auch aus der Tatsache erklären, daß beide Opern auf die gleiche Vorlage, nämlich die französische Comédie héroique *Le Bourgmestre de Sardam ou les deux Pierres* von Mélesville, Merle und Boirie, zurückgehen. Donizettis Textdichter Domenico Gilardoni gestaltete sein Libretto zu *Il Borgomastro di Saardam* unmittelbar nach der französischen Comédie, während Lortzing die deutsche Übersetzung des französischen Mélodrame, das Lustspiel *Der Bürgermeister von Saardam oder die beiden Peter* von Georg Christian Römer, zu seinem Libretto umarbeitete.[5]

Il Borgomastro di Saardam von Donizetti ist heute weitgehend unbekannt[6], und es ist auch kaum gedrucktes Notenmaterial zu dieser Oper erhalten.[7] Das Partiturautograph ist im Archivio Storico des Hauses Ricordi in Mai-

zing in diesem Jahr zu einem Gastspiel in Coburg. Vgl. Albert Lortzing, *Sämtliche Briefe. Historisch-kritische Ausgabe*, hrsg. v. Irmlind Capelle, Kassel u. a. 1995, VN 66–69. Da Donizettis Oper zu dieser Zeit auch noch nicht im Druck zugänglich war, ist es sehr unwahrscheinlich, daß Lortzing vor der Komposition des *Zar und Zimmermann* von ihr Kenntnis hatte.

[4] Hellmuth Laue, *Die Operndichtung Lortzings. Quellen und Umwelt, Verhältnis zur Romantik und zu Wagner*. Bonn 1932, S. 75.

[5] Zur Bewertung der Vorlagen vgl. Petra Fischer, *Vormärz und Zeitbürgertum. Gustav Albert Lortzings Operntexte*, Stuttgart/Weimar 1997, S. 137–138. Fischer beruft sich dabei ebenfalls auf die Arbeit von Hellmuth Laue.

[6] Dies äußert sich z. B. auch darin, daß die Herausgeber von *Pipers Enzyklopädie des Musiktheaters* (hrsg. v. Carl Dahlhaus und dem Forschungsinstitut für Musiktheater der Universität Bayreuth unter Leitung von Sieghart Döhring, München/Zürich 1986ff.) diese Oper nicht mit einem Artikel gewürdigt haben.

[7] In den Quellenangaben der Lexika wird ein Klavierauszug aus dem Jahr 1864 genannt, doch läßt sich dieser z. B. in deutschen Bibliotheken nicht nachweisen. Verbreiteter ist dagegen ein Klavierauszug des Duetts »Senza tanti complimenti«, der 1864 bei Ricordi in Mailand (PN 4837) erschienen ist.

land aufbewahrt. Nach mehrmaligen schriftlichen Anfragen an den Verlag Ricordi in Mailand wurde mir diese Handschrift als Mikrofilm für kurze Zeit zu meinen Studien überlassen.

Bei der Entzifferung von Donizettis zügiger Handschrift war mir eine Live-Aufnahme aus dem Jahre 1973 von einer Aufführung dieser Oper in Zaandam, dem damaligen Saardam[8], und eine weitere Kopistenhandschrift, die im Besitz der Hamburger Staats- und Universitätsbibliothek ist[9], sehr hilfreich. Zum Schluß meiner langwierigen Suche nach Notenmaterial zu Donizettis Oper stieß ich noch unter dem Titel »Der Bürgermeister von Saardam | Komische Oper in zwei Acten | Nach dem Italienischen des Gilardoni. | Musik | von | Donizetti« auf eine Kopistenhandschrift der Partitur mit deutschem Text, die in der Staatsbibliothek zu Berlin – PK aufbewahrt ist. Leider ist der Bibliothek über die Herkunft dieser Handschrift nichts bekannt.[10] Doch nachdem *Il Borgomastro di Saardam* in Berlin in deutscher Sprache gespielt wurde, ist es naheliegend, daß dieses Notenmaterial für die Aufführung in Berlin verwendet wurde.

---

[8] 2 MCD 991. 202 Donizetti: Il Borgomastro di Saardam. J. Schaap – Zaandam – 1973.

[9] Bei dieser Handschrift (Sign.: M A/274) handelt sich um ein einbändiges Manuskript (Umfang: 269 fol.), das die Oper nicht vollständig wiedergibt. Vorbesitzer der Partitur war Friedrich Chrysander. Ich danke Dr. Jürgen Neubacher, dem Leiter der Musikabteilung der Staats- und Universitätsbibliothek Hamburg, für seine freundliche Auskunft.

[10] Gegenüber 2001 lassen sich heute folgende Angaben zu dem Berliner Material machen: In der SB zu Berlin ist folgendes Material erhalten: Mus. ms. 5120 = Partitur (3 Bde.); Mus. ms. 5120/2 = Particell (2 Bde.); Mus. ms. TO 854,1 = Soufflierbuch (1 Bd.); Mus. ms. TO 854,2 = Inspicirbuch (zugleich Zensurvorlage, 1 Bd.) Seit 1945 verloren ist der dazugehörige handschriftliche Stimmensatz (Mus. ms. 29893). Diese Materialien stammen aus dem Königstädtischen Theater, was jedoch nur an der Art des Einbandes, nicht z. B. an einem Stempel zu erkennen ist. Laut Inspicirbuch wurde die Oper am 12. Februar 1837 zur Zensur gegeben und am 20. Februar 1837 zur Aufführung genehmigt. Die Herausgeberin dankt Frank Ziegler von der Staatsbibliothek zu Berlin – PK herzlich für seine umfassende Auskunft zu dem Material (vgl. auch Tabelle 1). Ein weiteres Exemplar der deutschen Fassung hat sich in der ÖNB Wien erhalten.

Im Gegensatz zu Laue, der sich bei seinen vergleichenden Betrachtungen in erster Linie auf die Gestaltung des Librettos bezieht, habe ich es mir zur Aufgabe gemacht, die musikalische Gestaltung dieser beiden Opern gleichen Inhalts an Hand von einigen ausgewählten Beispielen gegenüberzustellen.

Schon die Tatsache, daß Lortzing den Zaren in seiner Oper nicht nach seiner unmittelbaren Vorlage, dem Lustspiel von Römer, Peter Braß, sondern wie in Donizettis Oper Peter Michaelow nennt, spricht für die Vermutung, Lortzing habe die Oper von Donizetti bei der Ausarbeitung seines Librettos gekannt. Doch eine Vielzahl von gravierenden Unterschieden hinsichtlich der Personengestaltung und die zusätzlichen Episoden, die die Handlung bei Lortzing erweitern und dramaturgisch wie musikalisch auflockern, sprechen für das Gegenteil. Auch die unterschiedliche Namensgebung der beiden Opern ist auffallend. Donizetti läßt die Person, die in seiner Oper für den Verlauf der Handlung von Wichtigkeit ist, dem Werk den Namen geben: nämlich *Il Borgomastro di Saardam*, während Lortzing mit dem Titel *Zar und Zimmermann* den russischen Zaren und zugleich den Zimmermann Peter Michaelow in einer Person schildert und diesen in den Mittelpunkt seiner Oper stellt.

Für den Italiener Donizetti war die Gattung der italienischen opera buffa Vorbild. Neben der Introduktion und dem Finale zeigt der musikalische Verlauf dieser opera buffa eine starre Folge von virtuosen Gesangsteilen, die im Wechsel mit verbindenden und handlungsantreibenden Rezitativen stehen (vgl. die Übersicht in Tabelle 1).

Tabelle 1: Übersicht zu Gaetano Donizetti, *Il Borgomastro di Saardam* (nach der Berliner Partitur)

Donizetti	Vgl. Lortzing	
Ouvertüre D-Dur		
Akt I		
Nr. 1 Introduzione [Sz. I/1–2]		
Flimann, Czar, Chor (nur Männer)	Nr. 1	»Regt die Hände zur flinken Arbeit«
Recit. Lefort		»Ihr Freunde eben traf ich den Bürgermeister«
Allegro Flimann, Czar, Lefort, Chor		»Nicht von hier fort zu gehn was soll das«

Donizetti	Vgl. Lortzing	
Nr. 2 Cavatina [Sz. I/3] Marie mit Chor (gemischt)		»Bin ich entfernt von dir flieht mich die Freude« / »Der Himmel erstrahlet im rosigen Glanze«
Nr. 3 Aria des Bürgermeisters [Sz. I/4]	Nr. 4	»Platz da Platz dem Bürgermeister«
Nr. 4 Terzetto [Sz. I/4] Flimann, Czar, Bürgermeister	Nr. 5	»Wie den Blick er auf mich heftet«
Nr. 5 Coro (gemischt) [Sz. I/6]	Nr. 8	»Nur voll eingeschenkt und trinket«
Nr. 6 Finale [Sz. I/8–10] [Duett] Czar, Van Bett [das eigentliche Finale] Charlotte, Marie, Van Bett, Czar, Flimann, Lefort, Uffiziale [Offizier], Ali, Chor	Nr. 12	»Freund, du weißt, daß nach ich spüre hier im Hause einem Fremden« »Ach mein Vater, ach mein Vormund«

Akt II

Nr. 6 ½ Introduction [Sz. II/1] Choeur(!) (Männer)		»Lustiges Matrosenleben«
Nr. 7 Duetto [Sz. II/6] Marie, Flimann		»Wenn Nacht und stilles Schweigen der Erde Kreis umgeben«
Nr. 8 [Recit. accomp. und] Aria [Sz. II/9] Czar	Nr. 3	[Recit.] »Verräther! Tod sey ihr Loos« / Aria »Auf! auf und laß die Segel schwellen« / »Mein theures Vaterland, dich zu erheben«
Nr. 9 Duetto [Sz. II/10] Marie, Van Bett		»Ohne viele Komplimente, ohne etwas zu verhehlen« / »Wenn man einen Mann mir wähle«
Nr. 10 Finale 2do [Sz. II/13] Marie, Flimann, Czar, Charlotte, Chor (gemischt)		»In dem herrlichsten Morgenglühen steigt herauf unsers Glückes Sonne«

Lortzing dagegen hat sein Werk als Spieloper bzw. deutsche komische Oper verfaßt. Eine sowohl geschickt ausgewählte wie angeordnete Vielfalt von Musiknummern – vom sentimentalen Lied mit Chorrefrain über Arien, eine Ariette und ein Duett bis zu kunstvoll ausgearbeiteten Ensemblesätzen – kennzeichnet die musikalische und bühnenwirksame Gestaltung seines Librettos. Anstelle von gesungenen Rezitativen, die Lortzing in der komischen deutschen Oper ablehnte[11], setzt er gesprochene Dialoge.

Wenn der Vorhang sich öffnet, befinden wir uns in beiden Opern auf einer Schiffswerft in Saardam. Zimmerleute sind bei der Arbeit, unter ihnen Zar Peter I. von Rußland, der unerkannt als Peter Michaelow (bei Donizetti Pietro Mikailoff), die Techniken des Schiffbaus erlernen will. Ein weiterer Russe, Peter Iwanow (bei Donizetti Pietro Fliman), der aus der russischen Armee desertiert ist, ist ebenfalls unerkannt auf der Werft tätig.

Lortzing[12] beginnt seine Introduktion, noch bevor sich der Vorhang hebt, mit einem achttaktigen Vorspiel (T. 1–8). Diesem Vorspiel obliegt mit einer gleichmäßigen Achtelbewegung in den tiefen Streichern nicht nur die Hinführung zur Grundtonart F-Dur, sondern auch die musikalische Schilderung des Treibens auf der Schiffswerft. Die Sforzati der chromatischen Aufwärtsbewegung (des, d, es, e) zur Tonika von F-Dur, wie die permant auftaktigen Tonwiederholungen im Unisono der Holzbläser verkörpern das emsige Hämmern und Schlagen der arbeitenden Zimmerleute.

Im folgenden Hauptthema der Introduktion (T. 9–16) wechselt im Unisono der Streicher die Achtelbewegung in ein Staccato, das durch ein Sechzehntelmotiv aufgelockert wird. Das viermalige Erklingen dieses Sechzehntelmotives verleiht dem Thema einen hämmernden und rhythmisch klopfenden Charakter.

»Greifet an und rührt die Hände, | Baut des Schiffes stolze Wände«. Diese gleichmäßige Folge von einer betonten und einer unbetonten Silbe der ersten beiden Verszeilen des Librettos wandelt Lortzing in zwei rhythmische Ein-

---

[11] Vgl. den Brief an Gollmick vom 30. November 1843 (VN 194) in: *Sämtliche Briefe* (s. Anm. 3), S. 167f.

[12] Da Lortzings *Zar und Zimmermann* in Noten sehr verbreitet ist, wird im folgenden auf die Wiedergabe von Notenbeispielen aus dieser Oper verzichtet. Die Analyse basiert auf dem Partiturdruck hrsg. v. Gustav Kogel, Leipzig 1900 (Neudruck 1958) bzw. auf dem Klavierauszug von G. R. Kruse, Leipzig 1920ff.

heiten »Greifet an!« und »und rührt die Hände!«. Diese Modelle bestimmen den rhythmischen Verlauf des vierstimmigen Männerchores, der – unterstützt von den Bläsern – die Wiederholung des einstimmigen Hauptthemas in den Streichern harmonisch bindet.

Die Anfangsaufforderung »Greifet an!«, die schon im Text als Bindeglied fungiert, umrahmt in der Vertonung mit ihren häufigen Wiederholungen nicht nur den ganzen Chor, sondern verleiht dem Chorsatz auch den anfeuernden und schwungvollen Charakter eines Handwerkerliedes.

Ab T. 25 erkennen wir die zwei rhythmischen Modelle als kurze Unisono-Einwürfe mit einem Oktavsprung auf dem Orgelpunkt c: das erste Modell im Chor als Aufforderung »Rastet nicht in der Pflicht« und das zweite Modell in den Streichern als Hämmern der Zimmerleute und als Überleitungsmotiv. Ab T. 33 werden im Unisono von Chor und Streichern die Takte 11/12 des Hauptthemas und das zweite rhythmische Modell mit der anschließenden Achtelpunktierung aus Takt 20 – die einzige Achtelpunktierung im ganzen Chorsatz – zu einem neuen musikalischen Gedanken verknüpft. Die kurzen Wiederholungen wie der Moll-Charakter dieses neuen musikalischen Gedankens gestehen dem Handwerksmann »seine Plagen« zu.

Ab T. 37 verschmelzen die bisherigen Gestaltungselemente, nämlich die Staccato-Achtelbewegung mit dem Sechzehntelmotiv, die harmonische Begleitung über einem Orgelpunkt und der vierstimmige Chorsatz zu einer Einheit. Den Höhepunkt vorbereitend, erfolgt zugleich im Orchestersatz eine Dreitaktgruppe (T. 37–39), die auf der Dominante beginnt und eine ungleiche harmonische Gliederung von Orchester und Chor bewirkt. Dadurch erhält die Musik einen zum Höhepunkt drängenden Charakter. Zusätzlich hebt Lortzing neben der Steigerung vom Piano zum Forte die »Lust zur Arbeit« durch einige kleine, aber treffende musikalische Mittel hervor: z. B. die sequenzähnliche Wiederholung der ersten Viertaktgruppe im Chor mit dem chromatischen Anstieg zum melodischen Spitzenton a; in den Takten 37/38 die eintaktige Wiederholung des leicht variierten Taktes 11 bzw. 13; in T. 38 die Terzverdopplung zu dem Wort »Arbeit« in den hohen Holzbläsern und in T. 42 die unmittelbare Aneinanderreihung des Sechzehntelmotives.

Weiterhin drängen ab T. 44 die Wiederholung des Anfangstaktes des Hauptthemas und der Wechsel von Tonika und Dominante innerhalb eines Taktes mit einer einstimmigen Wendung zur VI. Stufe (T. 47), um abschließend, zeitlich gedehnt, vierstimmig und im Fortissimo, unterstützt vom ganzen Orchester mit der Aufforderung »Greifet an!« wirkungsvoll und überzeugend zu enden.

Auch in Donizettis Oper *Il Borgomastro di Saardam* folgt nach der Ouvertüre und bevor sich der Vorhang hebt, ein Vorspiel. Zu einem Orgelpunkt mit formgliedernden Achtelmotiven auf der Tonika G in den Hörnern mit Paukenwirbel (Gliederung 5+5+7) erklingt ein viertaktiger chromatischer Abstieg innerhalb einer Sexte im Piano und Unisono der Streicher mit seiner Wiederholung. Eine Beantwortung der Holzbläser, die mehrstimmig, melodisch aufsteigend, in der Oboe zum Teil auch chromatisch, verläuft, strebt zum Forte-Abschluß auf der Dominante, der mit einem Takt Pause mit zwei Fermaten offen verklingt.

Während bei Lortzing das Vorspiel ausschließlich Einleitung ist und im weiteren Verlauf der Introduktion nicht mehr aufgegriffen wird, gestalten bei Donizetti das Vorspiel und das unmittelbar folgende Hauptthema den Verlauf der Introduzione.

Das Hauptthema (vgl. NB 1) stellt sich ab T. 19 als eine beschwingte und graziöse Walzermelodie vor. Die ersten Violinen führen mit ihren punktierten Auftaktbewegungen zum Taktschwerpunkt, während die übrigen Streicher im Pizzikato mit den Fagotten und Hörnern dezent den Walzertakt andeuten.

Diese achttaktige melodische Einheit des Hauptthemas wird in den Takten 26 bis 28 von einer zwischendominantischen (Fis –h) und einer dominantischen Schlußwendung (D^7 – G) erweitert. Ein vorübergehender Wechsel zum »arco« in den begleitenden Streichern und Akzente im Forte des erstmals vollen Orchesters heben diesen Einschnitt deutlich hervor. Im Gegensatz zu dem kadenzgebundenen harmonischen Verlauf dieses Vordersatzes ist der nun folgende Nachsatz durch harmonische Effekte charakterisiert: Wechsel in die gleichnamige Molltonart (T. 29/30) und deren Paralleltonart (T. 31/32), wie der abrupte Wechsel zu A-Dur, der Dominante von D-Dur (T. 32/33). Der viertaktige Abschlußgedanke in den hohen Holzbläsern mit seiner Wiederholung zusammen mit Piccoloflöte und den Klarinetten (T. 38–46) bestätigt G-Dur als Grundtonart, deren Abschlußakkord wiederum deutlich im Orchester hervorgehoben ist.

Wie in dem CD-Begleitheft angedeutet, könnte man in Donizettis Vorspiel auch das Schaffen der Zimmerleute erahnen. Das Hauptthema wirkt gefällig, trifft aber nicht, wie das Hauptthema in Lortzings Oper, die Schilderung der arbeitenden Zimmerleute.

Zu der Wiederholung des Hauptthemas (T. 57) beginnt auch bei Donizetti der Einleitungschor. Eine einfache einstimmige Chormelodie, die im zweitaktigen Wechsel von Tenor- und Baßstimme stark vom Dreiertakt eines Wal-

NB 1:
Donizetti, Introduktion T. 56–72 (entspricht im Orchester T. 18–34)

zers und vom gleichmäßigen Skandieren des Textes geprägt ist, ist den Versen 1 und 2 unterlegt. Diese Verse spornen die Zimmerleute zu harter Arbeit an und umrahmen als Refrain die übrigen Verse, die in zwei weiteren Chorteilen und einer Coda von ruhmreichen Taten und Erfolgen der Zimmerleute berichten. Zum Ende des 1. Verses erweitert sich im Chor die Einstimmigkeit zur Dreistimmigkeit und die akzentuierten Choreinwürfe mit der Aufforderung »Forza!« passen sich den synkopisch betonten Schlußwendungen an.

Diese immer wiederkehrenden »Forza!«-Rufe ähneln in ihrer Wirkung Lortzings »Greifet an!«-Aufforderungen. Auch die unmittelbare Aufeinanderfolge von Vorspiel und Hauptthema und der Beginn des Chores zu der Wiederholung des Hauptthemas sind in beiden Opern gleich, doch kompositionstechnisch arbeiten beide Komponisten unterschiedlich: bei Donizetti werden Achttaktgruppen mit stets wechselndem Material aneinandergereiht, während Lortzing sein motivisches Material im Orchester verarbeitet und die Chorstimmen dem Orchesterpart anpaßt.

Im Mittelpunkt der Opernhandlung steht sowohl bei Lortzing wie bei Donizetti neben den beiden Russen namens Peter der Bürgermeister von Saardam.

Während bei Lortzing der Bürgermeister, mit dem Namen van Bett, in seiner Auftrittsarie sich in selbstgefälliger Überheblichkeit ganz auf die Schilderung seiner eigenen Person konzentriert, schafft sich der Bürgermeister bei Donizetti in seiner Auftrittsarie unter den Zimmerleuten Platz zum Agieren und mahnt in militärischem Ton zur Ruhe und Aufmerksamkeit. Anschließend öffnet er den Brief der Behörden und wundert sich, daß er erst jetzt von seinem Auftrag, einen Fremden namens Peter zu suchen, erfährt. Verärgert, fast argwöhnisch bezeichnet er sich als »Esel«: »Nur daß ein großer Esel ich, | ist's, das gewiß ich weiß!« (»Ma se son proprio un asino e questo poi lo so.«)

Naheliegend ist es, diesen Ausspruch mit van Betts Eigenlob: »O, ich bin klug und weise | und mich betrügt man nicht!« in seiner Auftrittsarie zu vergleichen (vgl. NB 2). Während in Donizettis Oper sich der Bürgermeister bei seinem Ausspruch sowohl hintergangen, wie seiner Aufgabe nicht gewachsen fühlt, rühmt sich van Bett mit seinem »O, ich bin klug und weise und mich betrügt man nicht!« stolz als untrüglich.

NB 2:

Donizetti,
Arie des
Bürger-
meisters,
Nr. 3

Lortzing,
Arie des van
Bett, Nr. 4

Mozart,
*Die Zauber-
flöte*, Nr. 5

In ihrer Vertonung sind beide Aussprüche durch eine Wiederholung und durch umrahmende Pauseneinschnitte wirkungsvoll hervorgehoben. Sowohl bei Donizetti wie bei Lortzing lenken in der Gesangsstimme der Anfangston als melodischer Spitzenton – bei Donizetti mit seinen Wiederholungen bzw. bei Lortzing durch seine Tondauer – und der darauffolgende absteigende größere Intervallschritt die Aufmerksamkeit auf die Textaussage. Bei Lortzing läßt ein weiterer Ton, der sowohl durch seine Länge wie von einer aufsteigenden Quarte und einer abfallenden Quinte hervorgehoben ist, auch van Betts »weise Sein« nicht überhören.

Betrachtet man den Melodieverlauf beider Aussprüche transponiert in die gleiche Tonart (D-Dur), so sind weitere verblüffende Ähnlichkeiten zu erkennen: der Tonumfang umfaßt eine kleine Septime, die am Ende des 1. Teiles von a zu fis herabsinkt und sich am Ende der Wiederholung mit dem Quintsprung a–d zur Oktave erweitert. Weiterhin ist zu bemerken, daß der harmonische Verlauf der Begleitung in beiden Aussprüchen einer Kadenz folgt, die durch die Subdominante mit hinzugefügter Sexte und die Tonikaparallele erweitert ist.

Die dezente Piano-Streicherbegleitung bei Donizetti wird bei Lortzing durch den Wechsel der Streicher zum Pizzikato und durch den Holzbläsersatz im Pianissimo bereichert.

Während der Bürgermeister in Donizettis Oper beim Vortrag seines »Nur daß ein großer Esel ich, ist's, das gewiß ich weiß!« von der flüssigen Achtelbewegung seines italienischen Parlando nicht abweicht, ist van Betts Melodie, durch ihre Schwerfälligkeit, fast Naivität, der Bühnenpersönlichkeit van Betts und seiner sich prahlenden Aussage angepaßt.

Nachdem in Lortzings Oper van Bett sich mit seiner Auftrittsarie »O sancta justitia« selbstgefällig dem Publikum als ein von »Amtspflichten« aufgeblasener Vorstand und Rat vorgestellt hat, zeigt er in dem folgenden Dialog mit der Meisterin Browe, der Inhaberin der Werft, einen Brief der Behörden. Darin werden Informationen über das »Tun und Lassen eines Fremden Namens Peter, der gegenwärtig auf den Werften zu Saardam arbeitet«, angefordert und »die allernötigsten Maßregeln« angeordnet, »damit dieser Fremde sich nicht von Saardam entfernt«. Peter Michaelow, der russische Zar, und auch Peter Iwanow, der russische Deserteur, befürchten nun erkannt zu sein.

Um diese »äußerst verwickelte Sache« – einen »casus confusus«, wie van Bett mit seinen wichtigtuerischen, lateinischen Begriffen meint, zu klären, muß Meisterin Browe alle Arbeiter der Werft herbeirufen. In dem nun folgenden Ensemble verhört van Bett die Zimmerleute.

Bei Donizetti umfaßt das Öffnen des Briefes und das Verhör der Zimmerleute die Szene Nr. 4 mit der Auftrittsarie des Bürgermeisters, einem längeren Rezitativ und dem Terzetto Nr. 4. Dieses Terzett ist wie Lortzings Ensemble in drei Abschnitte gegliedert, deren tonaler Verlauf Es-Dur – G-Dur – Es-Dur ist. Auch ist bei beiden Opernausschnitten der mittlere Abschnitt ein selbständiger und in sich geschlossener Teil, der die eigentliche Handlung beinhaltet, während die Rahmenteile musikalisch und inhaltlich das Ganze abrunden.

In diesen Außenteilen läßt Donizetti das Geschehen stillstehen, und die Protagonisten überdenken zu einer Aneinanderreihung von Achttaktgruppen im Stil des italienischen Schöngesangs ihre persönlichen Probleme. Die Zimmerleute, die nach ihrem Eingangschor arbeitend und das Geschehen beobachtend auf der Bühne geblieben sind, wirken während des Verhörs des Bürgermeisters nur als stumme Beteiligte. Ein einziger kurzer Einwurf »Ich«

ist ihnen gewährt, wenn der Bürgermeister im Rezitativ nach den Zimmerleuten mit dem Namen Peter forscht.

Lortzing dagegen belebt die beiden Außenteile seines Ensembles (Nr. 5) dramaturgisch geschickt durch Aktionen des Chores. Die Zimmerleute beteiligen sich am Geschehen, geben beim Verhör, wenn nötig auch unaufgefordert, ihre Meinung wieder und äußern sich kritisch und belustigt über van Betts Gehabe.

Im ersten Teil läßt Lortzing die Zimmerleute mit einem gemeinsamen Chor auftreten (T. 1–32). Daraufhin eröffnet van Bett in einer Überleitung sein Verhör, das er im im mittleren Abschnitt (T. 60ff.) abhält, und lobend entläßt van Bett die Zimmerleute (T. 165ff.), bevor diese ihren Chor wiederholen (T. 180ff.). In einem abschließenden Presto (T. 199ff.) wundern sich die Zimmerleute über van Betts Gehabe, während dieser stolz seinen »Spürsinn« rühmt.

Bei der musikalischen Ausarbeitung des Mittelteils beschränkt sich Lortzing auf zwei gegensätzliche musikalische Einheiten, die mit ihren Wiederholungen und ihrer motivisch-thematischen Verarbeitung das musikalische Geschehen gestalten. Dabei überträgt Lortzing dem Orchester die Führung, während die Gesangsstimmen sich entweder der Melodielinie im Orchester anschließen oder mit Dreiklangstönen der zugrunde liegenden Harmonien ihre Gesangslinie führen.

Die erste musikalische Einheit (T. 60–68) beginnt mit einer dreitaktigen, gefälligen Melodie in Sexten der Violinen über dem Baßfundament G in den Violoncelli. Korrespondierend schließt ab T. 66, von den Flöten und Klarinetten in Terzen verstärkt und über dem Dominantgrundton D der Hörner diese musikalische Einheit in einer etwas variierten Form. In den Zwischentakten wird zunächst die Tonika bekräftigt und ab T. 64 umkreisen Sechzehntelfloskeln im Forte die Dominante bzw. die Zwischendominante und leiten zur Dominanttonart.

Zu dieser musikalischen Einheit eröffnet van Bett sein Verhör. Etwas zögernd beginnt er erst im 2. Takt, und behutsam, die kleinen Sekundschritte der Melodie aufgreifend, fragt er »Wer von euch allen wird Peter genannt?«. Entschlossen beendet er seine Frage mit einem gebrochenen G-Dur-Dreiklang, woraufhin der Zar mit dem absteigenden Dominantdreiklang reagiert. Die Zwischenrufe Iwanows und der Zimmerleute bricht van Bett mit einem sfp im Orchester energisch ab und mahnt wichtigtuerisch zur Ruhe: »Schreit doch nicht so fürchterlich!« Dabei schließt sich seine Gesangsstimme wieder der Melodie, jetzt in den Flöten und Klarinetten, an.

Zu der Wiederholung dieser musikalischen Einheit (T. 68–76), die ohne Zäsur folgt und sich ab T. 71 mit einer chromatischen Fortschreitung in den 2. Violinen nach A-Dur als Dominante zu D-Dur (T. 76) wendet, forscht van Bett noch einmal verwundert: »Ihr heißt alle Peter?«

Die folgende musikalische Einheit (ab T. 76) wird von einem zweitaktigen Motiv gestaltet, das abgesehen von einem Quartsprung aufwärts und einem Quartsprung abwärts, die eine kadenzierende Floskel umrahmen, nur von Sekundschritten und einer gleichbleibenden, dem Versmaß angepaßten Rhythmusfolge von einem Viertel und zwei Achteln beherrscht wird. Dieses Motiv erklingt mit seiner Wiederholung (ab T. 78) über einem orgelpunktartigen Baßfundament in D-Dur im Mezzoforte und Staccato der Bläser.

Einstimmig und im Unisono mit den melodieführenden Instrumenten äußern die Zimmerleute zu diesem Viertakter spontan ihre Verwunderung über van Bett, der wiederum zu einer Wiederholung dieses Viertakters in h-Moll und im Pianissimo der Streicher ärgerlich und auch etwas verwirrt reagiert. Er sucht ja nur einen Peter und nicht »ein ganzes Dutzend gleich«.

Ein Sechzehntellauf im Fortissimo der Violinen und der Piccoloflöte führt in T. 84 zu einer zweiten Wiederholung dieses Viertakters. Wieder im Fortissimo des vollen Orchesters und in G-Dur kommentieren die Zimmerleute belustigt van Betts Gehabe.

Das dreimalige Erklingen dieses Viertakters wird durch die wechselnde Folge der Gesangsstimmen – (T. 76) Zimmerleute, (T. 80) van Bett und (T. 84) Zimmerleute – zu einer dreiteiligen musikalischen Einheit geformt. Auch der Wechsel der Instrumente (Bläser ab T. 76, Streicher ab T. 80, volles Orchester ab T. 84), die unterschiedlichen harmonischen Ebenen (D-Dur, h-Moll, G-Dur), wie die gegensätzliche Dynamik (mf, pp, ff) unterstützen diese Gliederung.

Zur Wiederholung der ersten musikalischen Einheit ab T. 92 in B-Dur beginnt van Bett noch einmal Fragen zu stellen, jetzt aber in kurzen und prägnanten Wortstellungen auf Tonwiederholungen der Harmoniebaßtöne. Ab T. 106 führt das Fagott mit dem Motiv der zweiten melodischen Einheit, das nun über einem Kadenzverlauf in d-Moll statt eines Orgelpunkts erklingt und in D-Dur endet, van Bett zu seinem »O, ich bin klug und weise und mich betrügt man nicht.«

Ab T. 118 spalten sich im eintaktigen Wechsel Motivteile der zweiten musikalischen Einheit auf. Sie nehmen gegensätzlichen Charakter an (T. 118/119, T. 120/121), werden zum Unisono reduziert (T. 122, T. 124) oder durch einen Akkord ersetzt (T. 123, T. 125). Diese geraffte Bewegung in der motivisch-thematischen Verarbeitung überträgt sich auch auf die Handlung. Die nun folgenden Fragen und Antworten werden als kurze melodische Einwürfe aneinandergereiht. Zum Mittelteil der ersten musikalischen Einheit ab T. 126 finden die Zimmerleute Gefallen an van Betts Agieren, werden aber mit den abschließenden Takten der ersten musikalischen Einheit von van Bett wieder zur Ruhe gemahnt.

Wieder taucht ab T. 131 ein Motivausschnitt der zweiten musikalischen Einheit, sowohl in den Orchesterstimmen (T. 131, T. 133), wie in van Betts Gesangsstimme (T. 132) auf und die weiteren Fragen und Antworten werden auffallend kurz, bis die Sechzehntelfiguren der ersten musikalischen Einheit den musikalischen Verlauf fast versiegen lassen, und wirkungsvoll werden in den Pausen die beiden Peter von van Bett aufgefordert ihren Namen zu nennen.

Kopfschüttelnd und verunsichert überlegt van Bett nun zu Tonwiederholungen, die zu einem letzten Erklingen der gekürzten ersten musikalischen Einheit in As-Dur und Es-Dur führen. Wieder hat er zwei statt eines Peter ausfindig gemacht.

Das im Mittelpunkt dieses Ensembles wieder aufgenommene »O, ich bin klug und weise« (es erscheint auch im weiteren Verlauf der Oper) erinnert uns unwillkürlich an Lortzing als glühenden Mozart-Verehrer. Der auftaktige gleichmäßige Viertel-Rhythmus der Tonwiederholungen und das fast stumme mehrmalige »Hm, hm, hm [...]« am Beginn des Quintetts Nr. 5 aus Mozarts *Zauberflöte*, wenn Papageno hilflos mit einem Schloß vor dem Munde stammelt, ähnelt dem »Motto« van Betts in auffallender Weise. Betrachten wir den melodischen Verlauf dieser Takte bei Mozart, so entdecken wir die gleiche Intervallfolge (vgl. NB 2). Ist das Zufall oder von Lortzing beabsichtigte Huldigung an Mozart?

Bevor im Mittelteil des Terzetts von Donizetti der Bürgermeister sein Verhör fortsetzt, bestätigt ein fünftaktiges Orchesterzwischenspiel G-Dur als neue Grundtonart. In aufsteigenden Dreiklangsmotiven (vgl. NB 3), die von kurzen Einwürfen der Streicher unterbrochen sind, befragt der Bürgermeister zuerst Pietro Flim und nach einem Forte-Klang, der als Schlußakkord mit einer Fermate den ersten Viertakter auf der Dominante beendet, den Zaren, wo sie geboren sind. Beide nennen jeweils zu dem fallenden Tonikadreiklang, der auf die aufsteigenden Motive des Bürgermeisters antwortet, in gleicher Knappheit Rußland als ihr Heimatland. Nach der kurzen Bemerkung »du auch dort?« beendet ein Forteklang auf der Tonikaparallele diesen Teil des

NB 3: Donizetti, Terzett Nr. 4, T. 55–71
(in der deutschen Übersetzung der Berliner Handschrift)

Verhörs und wieder gestattet eine Fermate dem Bürgermeister eine Pause zum Nachdenken.

Diese Pause trennt aber auch diesen kurzen Teil, der mit seinen knappen Fragen und Antworten im Konversationsstil gehalten ist, von dem nun folgenden wieder in weitausladenen Melodien schwelgenden musikalischen Verlauf. Zu einem neuen melodischen Gedanken wiederholt der Bürgermeister seine Fragen und überlegt sich, wer wohl der gesuchte Peter sein kann. Diese stereotype Gliederung in immer wieder neue melodische Taktgruppen mit ihren unmittelbaren Wiederholungen ist für Donizettis Kompositionsstil auch in diesem Terzett typisch und unterscheidet sich von der kompositorischen Arbeit Lortzings.

Am Ende meiner Betrachtungen kann ich, wie Laue, vermuten, daß Lortzing die Oper *Il Borgomastro di Saardam* von Donizetti gekannt hat und daß er sich bei der Komposition seiner Oper *Zar und Zimmermann* durch dieses Werk in einigen Einzelheiten beeinflussen ließ. Doch darf bei dieser Behauptung die eigene schöpferische Erfindungsgabe Lortzings nicht übersehen werden, mit der er die verschiedensten Anregungen zu einem ausgereiften Meisterstück der Opernliteratur verarbeitet hat.

Irmlind Capelle

Konversationsoper als Hofoper? – Zu *Caramo oder das Fischerstechen* von Albert Lortzing

Unmittelbar nach der umjubelten Erstaufführung des *Zar und Zimmermann* an der Hofoper in Berlin schrieb Albert Lortzing aus Leipzig an Adolf Glaßbrenner in Berlin: »Hinsichtlich der Primadonna, die in meiner Oper fehlt, muß ich Dir bemerken, daß ich mich nach der Decke strecken mußte; ich schrieb die Oper für unser Personal, denn wenn hier meine Oper nicht gefällt, so kann ich sie nirgendwo zur Aufführung bringen; jetzt hat sich die Sache schon geändert, denn der Graf [Wilhelm Graf von Redern, Generalintendant der Königlichen Schauspiele in Berlin 1832–1842] hat mir geschrieben, ich möchte ihm meine ferneren Producte gleich zuschicken. Nun kann ich schon andere Kräfte in Anspruch nehmen.«[1]

Zu dieser Zeit war Lortzing mit der Komposition seiner Oper *Caramo* beschäftigt, deren Libretto er am 28. April 1839 an die Berliner Hofbühne übersandte.[2] Die Partitur schickte er erst am 7. November 1839 nach, obwohl sie bereits Ende Juni 1839 fertiggestellt worden war, denn Lortzing hatte es doch vorgezogen, die Uraufführung auch seiner dritten abendfüllenden Oper in Leipzig stattfinden zu lassen, obwohl er nach eigenen Angaben *Caramo* »eigends für die Königl. Hofbühne berechnet« hatte[3], denn nach dem herausragenden Erfolg seines *Zar und Zimmermann* in Berlin machte sich Lortzing

---

[1] Brief vom 13. Januar 1839, vgl. Albert Lortzing, *Sämtliche Briefe. Historisch-kritische Ausgabe*, hrsg. von Irmlind Capelle, Kassel u. a. 1995, S. 102.

[2] Ebda., VN 88, S. 107.

[3] Ebda., VN 102, S. 114. Übrigens ist dies die erste seiner Opern, in der Lortzing bei der Uraufführung nicht gesungen, sondern dirigiert hat. – Alle Angaben zur Entstehung der Oper nach Irmlind Capelle, *Chronologisch-Thematisches Verzeichnis der Werke von Gustav Albert Lortzing*, Köln 1994, S. 150ff.

große Hoffnungen bezüglich weiterer Aufführungen und eventuell sogar eines Engagements als Kapellmeister.[4]

Das Libretto weist im Vergleich mit den übrigen Opern in der Grundstruktur keine Unterschiede auf[5], doch ist sein Inhalt sehr adelskritisch, so daß es schon dadurch wenig »hofbühnentauglich« ist. Von der Qualität der Musik war Lortzing jedoch immer überzeugt und er blieb es auch, als schon abzusehen war, daß Berlin die Oper nicht annehmen würde[6] und nachdem Breitkopf & Härtel und andere Verleger den Druck des Klavierauszuges abgelehnt hatten.[7] Lortzing schrieb an seinen Verleger Raimund Härtel im Zusammenhang mit den Verhandlungen um *Hans Sachs* am 11. November 1840: »Sie wünschen den *H. Sachs* zu stechen; die Oper geht ausgezeichnet und fehlt es mir nur an Kopisten um den vielen Bestellungen schnell genug nachkommen zu können; ich gestehe dieß mit eben der Offenheit, mit der ich bekennen muß, wie *Caramo* nur *dato* sehr wenige Abnehmer gefunden und dennoch halte ich *Caramo* – was die Musik anbelangt – von meinen sämtlichen Opern für das Bessere, was ich geschrieben; leider stoßen sich viele Direktoren an dem Arrangement der letzten Dekoration, die allerdings – namentlich für Provincial=Bühnen Schwierigkeiten bietet; außerdem hatte ich das Pech, daß *Blum's* Oper ›Bergamo‹ nach demselben Sujet bearbeitet ist, sonst wäre die Meinige schon in *Berlin* gegeben worden und hätte vielleicht dadurch ein *Renomée* erhalten.«[8]

---

[4] Daß Lortzing bezüglich einer eventuellen Anstellung am Berliner Hoftheater und der Möglichkeit eines eigenen Dirigats anläßlich der Erstaufführung des *Caramo* in Berlin eine krasse Fehleinschätzung unterlaufen ist, hat Jürgen Lodemann eindrücklich aufgezeigt. Vgl. Jürgen Lodemann, *Lortzing. Leben und Werk des dichtenden, komponierenden und singenden Publikumslieblings, Familienvaters und komisch tragischen Spielopernweltmeisters aus Berlin*, Göttingen 2000, S. 211–222, bes. 213ff.

[5] Vgl. Petra Fischer, *Vormärz und Zeitbürgertum. Gustav Albert Lortzings Operntexte*, Stuttgart 1996, S. 146–152.

[6] Vgl. die Briefe an Louis Schneider vom 23. Mai und 16. September 1840 in: Lortzing, *Briefe* (s. Anm. 1), S. 122–125.

[7] Vgl. die Briefe an Breitkopf und Härtel vom 2. Oktober 1839, an Traugott Trautwein vom 12. Oktober 1839 und an die Gebrüder Schott in Mainz vom 28. November 1839 und 15. Dezember 1839 in: Lortzing, *Briefe* (s. Anm. 1).

[8] Ebda., S. 128. Bis Ende 1840 war die Oper nur von Schwerin und Danzig angefordert worden.

Caramo oder das Fischerstechen ist bis auf den heutigen Tag eine der am wenigsten bekannten Opern Lortzings. Sie wurde zu seinen Lebzeiten wenig gespielt, erlebte auch im 20. Jahrhundert nur selten Aufführungen[9], und die zur Verfügung stehenden Materialien erschweren ihre Analyse.[10] Eine Analyse scheint aber andererseits deshalb lohnend, weil Lortzing so nachdrücklich betont, daß er die Musik für gelungen hält. Im folgenden soll umrissen werden, inwiefern Lortzing die Oper »eigends für die Hofbühne berechnete« und was sie musikalisch über seine beiden vorangehenden Opern hebt[11].

Kronprinz Enrico wird wegen seines flüchtigen Lebenswandels aufs Land, d. h. zum Urlaub beim Marquis de Farambolo geschickt. Dieser ist ein Beispiel typischen verarmten Adels: sehr stolz auf seine Ahnenreihe und seine Verwandten, aber völlig mittellos. Er beschließt deshalb sofort, seine Tochter Rosaura, die zwar eigentlich schon versprochen ist, mit dem Prinzen zu verkuppeln. Hierzu muß Rosaura den Prinzen mit dem einzigen Mittel, was den einfachen und hohen Adel verbindet, beeindrucken – mit ihrem Gesang. Der Prinz entzieht sich diesen Versuchen, in dem er vor der ersten Begegnung mit dem Marquis seine Kleidung mit dem Fischer Caramo tauscht und flieht. Caramo wird nun als Prinz hofiert und bekommt dadurch Gelegenheit, seine Geliebte Angela, die vor wenigen Tagen entführt worden war, zu rächen, denn Angela wurde von einem Vertrauten des Prinzen für diesen geraubt. Als der Prinz als Fischer den Fehler macht, mit seiner Geldbörse zahlen zu wollen, wird er als Dieb verhaftet und Caramo vorgeführt.[12] Caramo verurteilt ihn – ebenso wie später dessen Vertrauten – zu einem Kampf beim Fischerstechen. Bei diesem Volksfest wird die Verwechslung aufgeklärt. Caramo bekommt seine Angela, Rosaura erhält ihren ursprünglichen Verlobten, der Marquis wird »geheimer Oberkammerherr« des Herzogs und der Prinz kehrt an den Hof zurück.

[9] Die »Uraufführung« der Fassung des *Caramo* von Georg Richard Kruse fand am 27. Februar 1937 mit großem Erfolg im Nationaltheater Mannheim statt und es folgten in den nächsten Jahren Aufführungen in Berlin (1938), Chemnitz (1939) und Bielefeld (1941).

[10] Zu den vorhandenen Quellen und Ausgaben vgl. die Angaben im Werkverzeichnis (s. Anm. 3), S. 167.

[11] Ob Lortzing die Musik auch über den *Wildschütz* oder die *Undine* setzte, läßt sich nicht sagen. Es ist aber bemerkenswert, daß er in der über den ersten Band nicht hinausgekommenen Edition seiner Operntexte (*Albert Lortzing's komische Opern*, Bd. 1, Leipzig 1847, S. 155–270), neben *Der Pole und sein Kind* und *Zar und Zimmermann* auch den *Caramo* veröffentlichte.

[12] Mit demselben »Fehler« (er bezahlt mit seinem Ring) verrät Kronprinz Heinrich sein Inkognito in *Zum Großadmiral*.

Die Kritik an der Übermacht der männlichen Rollen in *Zar und Zimmermann*[13] setzt Lortzing hier sogleich um: *Caramo* hat – wie alle seine nachfolgenden Opern, wie aber auch schon *Die beiden Schützen* – zwei anspruchsvolle weibliche Rollen, Rosaura und Angela.[14] Im übrigen besetzt Lortzing vier Männerpartien: Prinz Enrico als Baritonpartie ohne besondere Herausforderungen, Marquis von Farambolo als Baßbuffo: Der Marquis ist sehr viel auf der Szene präsent, die gesangstechnischen Schwierigkeiten halten sich jedoch in Grenzen.[15] Eine kleinere Tenorpartie schuf Lortzing in Graf Arnoldo, dem Vertrauten des Prinzen: Von ihm wird nur in zwei Ensembles ein Stimmumfang von e bis f' verlangt, somit ist diese Rolle auch für einen singenden Schauspieler geeignet. Mit Caramo jedoch schuf Lortzing eine höchst anspruchsvolle Tenorpartie: Er hat als einziger neben zahlreichen Ensembles zwei Solonummern und zwei Duette zu singen mit einen Stimmumfang von f (cis) bis max. cis'', wobei b' und c'' häufig verlangt werden. Die einzige weitere Solonummer, eine Romanze, wird von Angela gesungen. Rosaura kann sich nur innerhalb des ersten Finales und in der Introduktion zum III. Akt ausführlicher solistisch vorstellen, im übrigen ist sie nur in Ensembles eingesetzt. Darüber hinaus schrieb Lortzing auch in dieser Oper für seinen Freund Max Ballmann (1798–1859) eine Sprechrolle, Willibaldo, Haushofmeister des Marquis.[16]

Betrachtet man diese kurze Übersicht der Partien, so fällt auf, daß das Personal grundsätzlich dem der übrigen Opern Lortzings entspricht (Baßbuffo; Spieltenor; zwei Frauenrollen, eine eher im Gesang, die andere eher im Spiel

---

[13] Vgl. das Zitat aus dem Brief an Adolf Glaßbrenner (s. Anm. 1). Aber auch Ludwig Rellstab hatte in seiner Uraufführungs-Kritik geschrieben: »Der Componist hat immer nur auf's Ganze gewirkt; er giebt fast lauter Ensemblestücke: nirgend hat er darauf gedacht das Werk blos für den Triumph des einzelnen Sängers einzurichten. so ist z. B. gegen sechs Männer-Gesangsrollen nur eine weibliche, und diese auch nicht, wie es heutige Primadonnen verlangen, als einziger Mittelpunkt des Werks hingestellt.« (*Vossische Zeitung*, Nr. 5, 7. Januar 1839, Beilage).

[14] Daß Rosaura sogar die Bezeichnung »Primadonna« verdient, wird im folgenden noch zu zeigen sein.

[15] Bei der Uraufführung sang diese Rolle Leberecht Berthold, für den auch die Rollen des van Bett und Baculus geschrieben worden sind.

[16] Ballmann brachte auch die Rolle des Meister Stott in *Hans Sachs* und des Pancratius im *Wildschütz* zur Uraufführung. Letztere war in der frühesten Fassung der Oper noch singend angelegt.

gefordert etc.), daß aber nicht die Standespersonen die großen Solonummern haben, sondern die Personen des einfachen Volks: der Fischer Caramo und seine Verlobte Angela.[17] D. h., ausgehend vom Sujet und seiner textlichen Gestaltung, stimmen die Verhältnisse nicht: Nicht die Standespersonen, der Prinz, der Marquis und Rosaura, haben die großen Partien, sondern der »falsche« Prinz und dessen Verlobte.

Doch der Blick auf die Tessitura der Partien und die Zahl der Arien[18] sagt wenig über Anspruch und Qualität der Musik aus, vielmehr ist diese bei charakteristischer Musik, wie sie Lortzing immer schreiben wollte, sehr abhängig vom jeweils gewählten Stoff.[19] Ein Blick auf die Introduktionen seiner ersten drei abendfüllenden Opern macht dies deutlich: *Caramo* ist die einzige Oper Lortzings[20], die durchgängig an einem Hofe spielt, wobei allerdings das Volk, hier das Fischervolk, in ungewohnter Weise in diese Sphäre eindringt. Dieser Unterschied in der Szene zeigt sich schon in den Eröffnungen dieser Opern: Während *Die beiden Schützen* mit den Worten beginnen »Nun erscheint die frohe Stunde, | Die so lange Ihr ersehnt | Und zu der aus frohem Munde | Unser Glückwunsch hier ertönt«[21], die eine kurze Szene zwischen Bürgern und dem Gastwirt Busch eröffnen, und im *Zar* mit den Worten »Greifet an und rührt die Hände | Baut des Schiffes stolze Wände!«[22] ein Handwerkerchor

---

[17] Ähnlich ist es auch in Lortzings letzter Oper *Die Opernprobe* (1850).

[18] Zahlenmäßig enthalten die vorangegangenen Opern sogar deutlich mehr Solonummern: *Die beiden Schützen* enthalten je eine Arie für Wilhelm, Gustav und Caroline und je ein Lied für Schwartzbart und Peter, *Zar und Zimmermann* eine Ariette für Marie, je eine Arie für den Zar und van Bett, und die Lieder mit Chor für den Marquis und Marie sowie das berühmte Zarenlied.

[19] Daß Lortzing sich der notwendigen Niveau-Unterschiede in Text und Musik für die einzelnen Genres der Oper sehr bewußt war, belegen z. B. seine Briefe zu *Undine* und zu *Regina*. So schreibt er gleich zu Beginn der Arbeit am Text zu *Undine*: »Ich habe jetzt die *Fouqué'sche Undine* unter meiner dichterischen Feder und versuche sie zu einer romantischen Oper zu gestalten. Leider aber reichen hier meine Kräfte nicht aus und ich muß mir einen <u>ernsten</u> Versmacher anschnallen, da der Text mehr tragisch wird [...]« (Lortzing, *Briefe*, s. Anm. 1, S. 162).

[20] Ebenfalls nur am Hof spielt die einaktige Oper *Die Opernprobe*.

[21] *Die beiden Schützen. Komische Oper in drei Aufzügen [...] von Albert Lortzing.* Vollständiges Buch, durchgearbeitet und hrsg. von Carl Friedrich Wittmann, Leipzig: Reclam (Nr. 2798) [ca. 1900], Szene I, 1 (S. 15).

[22] Albert Lortzing, *Zar und Zimmermann* [...]. Vollständiges Buch neu hrsg. und eingeleitet von Wilhelm Zentner, Stuttgart 1979, Szene I, 1 (S. 11).

beginnt, so sind in *Caramo* die Worte »Festlich schmücken wir die Hallen | Für den Hocherhab'nen Gast! | Ja, dem Prinzen zu gefallen | Eifert sonder Ruh und Rast«[23] die Eröffnung einer großen Szene, die den verstaubten Hof des Marquis de Farambolo charakterisiert. Bei metrisch gleicher Textvorlage und ohne auffällige sprachliche Niveau-Unterschiede komponiert Lortzing eine der Szene entsprechende, jeweils andere Musik: Wählt er in den *beiden Schützen* den 6/8-Takt und deutet damit Volksfest(tanz)-Atmosphäre[24] an, so in *Zar und Zimmermann* einen Polonaisen-Rhythmus, um ein kräftiges, homophones Handwerkerlied zu schreiben.[25] In *Caramo* verwendet er dagegen einen 4/4-Takt und schafft durch die gezirkelte, steife Melodie der Violinen eine vornehm stilisierte Atmosphäre. Die Harmonik bewegt sich hier nur zwischen F- und C-Dur, die Rhythmik ist nicht prägnant. Man spürt die Enge und Abgeschiedenheit des Hofes: Die Singstimmen beim Chor der Bedienten bleiben musikalisch wenig charakteristisch, auch wenn sich die Bässe vorab mit dem Violinmotiv ein wenig profilieren.

NB 1: Introduktion T. 21–25

Wie bewußt Lortzing diese Mittel eingesetzt hat, zeigt sich bei den Worten des Chores »Nein, wir halten das nicht aus«: Ohne jede »Vorwarnung« ver-

---

[23] *Caramo* Szene I, 1 in: *Lortzing's komische Opern* (s. Anm. 11), S. 157.
[24] Vgl. zu diesem Typus auch die Introduktionen von *Wildschütz* und *Casanova*.
[25] Vgl. hierzu auch die Introduktion aus *Hans Sachs*.

läßt Lortzing im *fortissimo* den F-Dur-Bereich und leitet unvermittelt mit A-Dur nach d-Moll über. Lortzing greift hier also zu der deutlich eleganteren Lösung, den Ausbruch harmonisch und nicht nur dynamisch darzustellen.

NB 2: Introduktion, T. 49–52

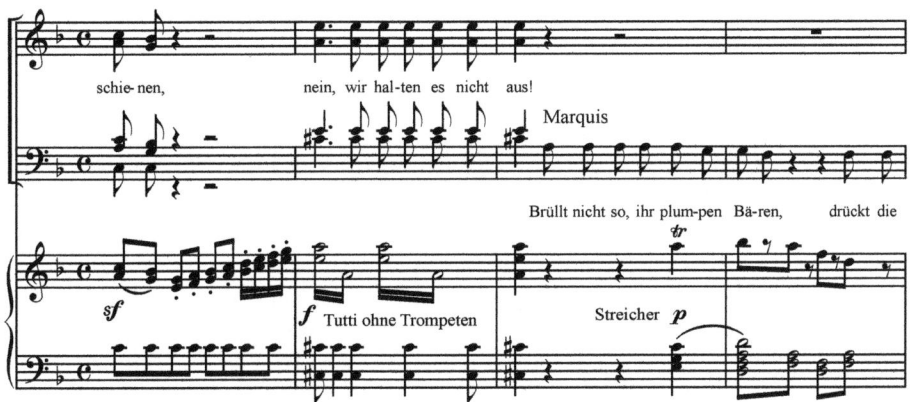

Der Aufbau der Introduktionen[26] der drei ersten abendfüllenden Opern Lortzings ist im Prinzip gleich: Nach einer Orchestereinleitung folgt ein Chor (musikalisch geschlossen), dann ein solistischer Einwurf (bei *Schützen*: Wechselrede Solo/Chor, bei Zar monologisch mit einem Lied) und anschließend die Wiederholung des Eingangschores. Dieses Modell verfeinert Lortzing in *Caramo*, indem er sehr bald den Chor wiederum mit dem Solisten zusammenfaßt und dann zur zweiten Solostelle öffnet. Hierdurch gibt sich die Gelegenheit zu einem weiteren Solo für den Marquis mit einem neuen Thema (T. 61ff., G-Dur), das dann wiederum vom Chor begleitet wird. Anschließend greift Lortzing musikalisch auf den Eingangschor mit Einleitung zurück, verzichtet jedoch auf eine Textwiederholung: Vielmehr leitet er in dem Solo des Marquis geschickt zu diesem Motiv zurück und mündet erst

---

[26] Die Analysen zu den *beiden Schützen* und *Zar und Zimmermann* basieren auf den gängigen Klavierauszügen (vgl. Werkverzeichnis, s. Anm. 3, S. 126/127 und S. 145). Für die Analyse des *Caramo* war neben der Partitur der LLB Detmold der Klavierauszug von Georg Richard Kruse (ebda., S. 167) sehr hilfreich, der musikalisch weit weniger bearbeitet ist als textlich.

mit den letzten vier Takten in eine musikalisch wörtliche, aber neu textierte Wiederholung des Eingangschors. D. h. Lortzing verfeinert hier seine musikalischen Mittel, ohne daß dies zwingend vom Text vorgegeben wäre.

An dieser Stelle endet die Introduktion der *Schützen* bzw. des *Zaren*, doch in *Caramo* führt Lortzing die Handlungsexposition musikalisch weiter: Es folgt ein Marsch der Pagen, ein Cantabile des Marquis und anschließend noch die zweite Szene des Stücks mit dem Auftritt der Rosaura.[27]

Lortzing integriert damit in die Introduktion sowohl die Auftrittsarie des Marquis und in gewissem Sinne auch diejenige seiner Tochter. Abschließend greift Lortzing im Chor auf den Anfangstext zurück, doch musikalisch verzichtet er auf eine Wiederholung: Der Chor bildet nur den akkordischen Untergrund zu der frei geführten Oberstimme Rosauras. Der Marquis parliert in den Pausen und das Ganze wird getragen von einem neuen Orchestermotiv, das nur im Nachspiel kurz an den Eingang der Introduktion anklingt.

Diese, wenn auch oberflächliche, Betrachtung, der Introduktion des *Caramo* macht deutlich, daß Lortzing hier höhere musikalische Ansprüche erfüllen will und erfüllt, denn seine Eröffnung ist komplexer und musikalisch feiner ausgearbeitet als die der beiden vorangegangenen Opern, ohne dabei weniger charakteristisch zu sein. Der Marquis wird eindrücklich in seinem Standesdünkel und mit seinen Sehnsüchten zur Aufnahme in den Hochadel präsentiert. Dabei ist seine Partie allerdings musikalisch bei weitem nicht so populär gehalten wie die des van Bett, dessen Auftrittsarie und Singschulen-Einstudierung sich bis heute in allen Sonntags-Konzerte gehalten haben. Doch van Bett ist als Rolle auch derb-komisch angelegt, während der Marquis feiner gezeichnet ist: Seine Sprache ist nicht nur in den Dialogen höfisch gedrechselt[28], sein Anstand begrenzt auch seine musikalische Ausdrucksweise: Ganz abgesehen davon, daß er keine Solonummer zu singen hat, ist gelegentlich auch die Melodiebildung seiner Stimme sehr »beschränkt«.[29]

---

[27] Diese Erweiterung der Introduktion auf zwei Szenen hat Lortzing später noch häufiger vorgenommen, vgl. *Casanova* und *Wildschütz*.

[28] So heißt es z. B. in Szene I, 6: «Gott, was seh' ich! Sr. Hoheit sind also wirklich höchst eigenhändig aufgestanden? belieben nicht mehr zu morpheusiren? und haben sich höchst selbst angekleidet?« (*Lortzing's Komische Opern*, s. Anm. 11, S. 181).

[29] Vgl. z. B. den Kontrast zwischen der schlichten, fast volkstümlichen Melodiebildung des Marquis zu den Koloraturen seiner Tochter am Ende des Duetts Nr. 2. Da der Marquis zudem häufig im parlando singt, ist sein Part wenig einprägsam.

Die Welt des Adels wird besonders sichtbar in der Rolle der Rosaura, denn trotz ihrer z. T. eher bürgerlichen Ansichten, auf Grund derer sie sich den Heiratsplänen ihres Vaters widersetzt, hat sie eine Fähigkeit, die im 17. Jahrhundert, der Zeit, in der die Oper spielt, nur Adelige erwerben konnten: Sie kann professionell singen und soll damit den Prinzen bezaubern, d. h. sich als hochadels-würdig ausweisen. Diese Fähigkeit Rosauras gibt Lortzing die Möglichkeit, diese Rolle als Koloratursopran anzulegen.

Nach der Introduktion bleibt Rosaura alleine mit ihrem Vater zurück und verlangt endgültige Aufklärung über das, was im Hause vorgeht. Der Vater enthüllt ihr seine Pläne und auch das Mittel, mit dem sie den Prinzen für sich gewinnen soll: Sie soll singen und damit den Prinzen für sich einnehmen.[30] Hatte Lortzing bis dahin die Partie der Rosaura anspruchsvoll, aber sonst »gewöhnlich« gestaltet (vgl. Introduktion T. 247ff. die Oberstimme im Tutti und Nr. 2 T. 20ff. – von Kruse stark gekürzt), so bietet sich jetzt die Gelegenheit, »Rouladen und Triller« als bloßen Selbstzweck vorzuführen (T. 73ff.). Lortzing hält diese Szene mit einem einheitlichen Motiv im Orchester zusammen (T. 74), das auch schon vorher präsent war, wenn von Singen und vom Konzert die Rede war.

Das Duett mündet in ein *Allegro vivace* (T. 126–170), in dem nun mit den Stimmfähigkeiten der Rosaura gespielt wird: Einerseits ist sie im Dialog mit ihrem Vater, doch verselbständigt sich ihr Widerspruch (»nein«) dann in Koloraturen, so daß der Marquis aus dem Dialog fällt und erneut ihre Stimmkünste bewundert. Daß Lortzing hier im Orchester eine typische Begleitfloskel wählt (T. 132ff. – vgl. die Arie der Rosaura im ersten Finale), dem Marquis dazu aber eine harmonisch wie melodisch sehr platte Melodie in die Stimme legt, gehört zu den zahlreichen Details, die den feinen Humor des Textes sinnfällig unterstreichen.

Im ersten Finale bietet sich nun Gelegenheit zum Theater auf der Bühne und damit zur Präsentation von Rosauras Stimme. Der Marquis veranstaltet für den Prinzen ein Konzert, das mit einem »Duett« zwischen Rosaura und Caramo beginnt und einem »Ariettchen« schließt.

---

[30] In der Vorlage zu *Caramo*, in *Cosimo* von A. Vilain de Saint-Hilaire und Paul Duport, Musik von M. E. Prévost, hat die Protagonistin noch die Wahl zwischen Tanzen und Singen. Diese Oper wurde am 13. Oktober 1835 erstmals an der Opéra comique in Paris aufgeführt. Vgl. den Abdruck des Librettos vor dem Partiturdruck Paris 1835. Wie Lortzing diese Oper, die er selbst als Quelle angibt, kennen gelernt hat, ist noch unbekannt.

Das Duett (T. 140ff.) beginnt Lortzing schlicht mit einem Wechsel zwischen einem festen Orchester-Motiv und typischem Rezitativgesang. Bei dem emphatischen Text »Nur Dir geliebter Freund, will ich fortan gehören, | ich trotze allen Schrecken, die mich auch bedroh'n« geht Lortzing in kürzere Phrasen über, bestätigt von Orchesterakkorden und betont zwei Silben mit langen Koloraturen – natürlich die falschen Silben »fortan« und »auch«, um sinnlosen Gebrauch der Koloraturen vorzuführen.[31] Wenn die Begleitung dann von der Bühne ins Orchester wechselt, so könnte dies musikalisch die Überleitung zu Caramos Einsatz im Duett sein, d. h. Lortzing hält die Illusion des Duetts noch aufrecht, obwohl Caramo gar nicht daran denkt – denken kann (da er nicht lesen kann) –, dieses fortzusetzen.

Konnte Rosaura in dem kurzen Rezitativ nur wenig von ihrer Kunst zeigen, so darf sie dies in dem nachfolgenden »Ariettchen«, in dem wie angekündigt »Schnörkel, Sprünge und dergleichen« vorkommen[32], ausgiebig nachholen. Im Textbuch nennt Lortzing das Stück selbst »brillante Arie mit Chor«, wobei jedoch der Chor nicht in die Arie integriert ist, sondern diese als Kommentar der Anwesenden unterbricht.[33]

Die Textgrundlage bildet ein Frühlingsgedicht, das deutlich in vier Abschnitte zerfällt, aus denen der dritte mit den Worten »Und Wonnegedanken, | sie wuchern und ranken | sich auf in der Brust« sprachlich wie bildlich herausfällt.[34] Lortzing vertont die Arie in drei Teilen, begleitet von einer Klarinette, zwei Flöten und Streichern: Im ersten Teil eine Naturbetrachtung, bei der er auch im Orchester keine Gelegenheit zur Lautmalerei ausläßt, im zweiten Teil mit geschlossener Melodik und nur wenigen Koloraturen und im Schlußteil wiederum kleingliedrig mit zahlreichen Koloraturen. Anschließend werden Teil 2 und 3 stärker ausgeziert wiederholt, wobei dann der Chor nicht nur kommentiert, sondern direkt untermalt. Beachtenswert ist der Schluß, bei dem Rosaura nur noch auf »la« singt und der ganze Satz ausläuft.[35]

---

[31] Vgl. hierzu die Ausführungen von Robert Blum im Artikel »Arie« zum Begriff »Bravour-Arie«: »mit dem Gesange Kehlenkunststückchen und musikalische Luftsprünge zu verbinden«; vgl. *Allgemeines Theaterlexikon*, hrsg. von Robert Blum, Karl Herloßsohn und Hermann Marggraff, Bd. 1–7, Altenburg 1841–1843, Bd. 1, S. 127–129, hier S. 128.
[32] Worte des Marquis in I, 9; vgl. *Lortzing's Komische Opern* (s. Anm. 11), S. 195.
[33] Vgl. ebda. die Regiebemerkung vor der Arie.
[34] Ebda., S. 196.
[35] Diese Arie ist in dem Klavierauszug von Georg Richard Kruse sehr stark gekürzt.

Diese Arie (vgl. NB 3 auf den zwei folgenden Seiten) ist eine Stilkopie, aber keine Parodie: Die Wortbetonungen stimmen, die Koloraturen betonen die richtigen Silben und die lautmalerischen Effekte im Bühnenorchester entsprechen den Gewohnheiten des späten 18. Jahrhunderts. D. h. im I. Akt des *Caramo* gibt Lortzing der Primadonna Gelegenheit, sich als solche zu präsentieren: Da die szenische Situation es so verlangt, komponiert er hier »gute« Musik, um die Kehlfertigkeit zu demonstrieren. Nur allmählich, spätestens aber am Schluß, bei dem »la-la«, läßt er durchblicken, daß für ihn Koloraturen eigentlich keinen Ausdruckswert haben.

Im II. und III. Akt ist Rosaura nur in Ensembles und wenig charakteristisch eingesetzt. Als hoher Sopran verleiht sie allerdings den homophonen Abschnitten sehr viel Glanz. Erst in den folgenden Opern und am deutlichsten in denen mit ernsten und romantischen Sujets gelingt es Lortzing, die Ansprüche an eine erste Sängerin nicht als »Zitat« vorzuführen, sondern in seine eigene Tonsprache einzubinden.[36]

Andererseits ist Lortzings zweite Frauenrolle, die wie üblich auch viel schauspielerisches Talent verlangt, sängerisch ebenfalls anspruchsvoll. So hat Angela nicht nur neben Caramo die einzige Solonummer (Romanze Nr. 8), sondern sie verbindet sich mit diesem auch zu einem höchst anspruchsvollen Duett (Nr. 13), in dem sie fast die Funktion einer ersten Sängerin übernimmt – wenn da nicht die Standesunterschiede wären, die sich in Text und Musik gleichermaßen ausdrücken: In dem Duett freuen sich Caramo und Angela auf das gemeinsam Glück als Fischerehepaar »Dort ein Hüttchen wir bewohnen, | Sei es auch ganz eng und schmal. | Welch' ein gottgefäll'ges Leben | Lacht uns fern von Saus und Braus!«[37] Dieses Duett ist anspruchsvoll, doch alles andere als ein großes Liebesduett eines ersten Paares (das aber vielleicht auch generell in einer komischen Oper unpassend wäre): Da hier nicht große Liebesschwüre ausgetauscht, sondern begrenzte, kleine Freuden besungen

---

[36] Vgl. z. B. *Hans Sachs*, wo Lortzing selbst die beiden Frauenpartien Kunigunde und Kordula in Vergleich zu Agathe und Ännchen aus dem *Freischütz* gesetzt hat, (vgl. den Brief an Louis Schneider vom 23. Mai 1840 in: Lortzing, *Briefe*, s. Anm. 1, S. 122f.). Besonders gelungene erste Sopranpartien schreibt Lortzing für Undine in der gleichnamigen Oper und für die Titelpartie der *Regina*.

[37] *Lortzing's komische Opern* (s. Anm. 11), S. 261. Eine inhaltlich sehr ähnliche Arie hat Lortzing 1847 in seinem *Großadmiral* vorgelegt; vgl. Nr. 13, Arie des Eduard: »Fern vom Treiben dieses Hofes«.

NB 3: »Ariettchen« der Rosaura im Finale I, T. 229–330 (Singstimme)

werden, ist die Musik heiter, leicht, über weite Strecken im 2/4-Takt mit zahlreichen parlando-Abschnitten und engen Melodieschritten.[38]

Ähnlich sieht es auch bei den beiden Arien Caramos aus: Die erste (Nr. 3) singt er als fröhlicher Fischer, der seinen Kummer mit einem Lied vertreibt. Auch hier setzt Lortzing gewissermaßen Musik in der Musik ein: Die Melodie, mit der Caramo sich »frei« singt, ist schlicht und lebhaft und erinnert an sein Fischerlied. Seine zweite Arie (Nr. 6) zu Beginn des II. Akts ist nach traditionellem Modell groß angelegt: Rezitativ, Cantabile, Arie, Rondo – so bezeichnet er selbst im Textbuch die einzelnen Abschnitte.[39] Caramo reflektiert seine Situation und schwankt zwischen Angst und Spaß – eine völlig andere Situation als z. B. bei der Arie des Zaren, der zwischen Machtgewalt und Güte schwankt. Und wenn dann Caramo über sein Bild als Herrscher reflektiert, dann kann dies nur in eine Parodie umschlagen: »D a s wird ein Herrscher, werden sie dann sagen, | Von dem sich einst etwas erwarten läßt. | Er lacht und singt, | Thut Keinem was zu Leide; | Er ißt und trinkt, | S' ist eine wahre Freude. | Und Alle rufen: ›Heil dem Fürstensohn! | Heil i h m und seiner Constitution!‹«[40]

Ab dem Text »Er lacht und singt [...]« steigt die Melodie chromatisch an, die Begleitung verdichtet sich, das Orchester bekräftigt »Heil ihm« mit Akkordrepetitionen und bejubelt die »Constitution« mit herrschaftlichem Trompetengeschmetter. Doch durch das Buchstabieren des für Caramo ungewohnten Worte in fünf Silben, Con-sti-tu-ti-on, bekommt diese Stelle deutliche ironische Distanz.[41] (vgl. NB 4)

---

[38] Vgl. hierzu im Gegensatz das Duett Nr. 12 zwischen Kunigunde und Hans Sachs in *Hans Sachs*, das Duett in Nr. 5 zwischen Rosaura und Casanova in *Casanova* und vor allem die beiden großen Duette, Nr. 2 zwischen Regina und Richard und Nr. 7 zwischen Regina und Stefan, aus *Regina*.

[39] Vgl. *Lortzing's komische Opern* (s. Anm. 11) S. 198–200.

[40] Ebda., S. 199f.

[41] Es ist sehr fraglich, ob 1839 das Wort »Constitution« die Theaterzensur passiert hätte. Doch Lortzings ironischer Umgang mit dieser Zeile wären den Zensoren sicherlich entgangen, da sie nur das Libretto bewerteten und nicht dessen musikalische Umsetzung.

NB 4: Arie des Caramo Nr. 7, T. 219–228

Da Caramo selbst seine Herrscherrolle als Spiel sieht, endet die Arie mit dem munteren Rondoteil »Was nützet der Kummer«, der auch die Ouvertüre prägt.[42]

Übrigens ist bei der Rolle des Caramo die kompositorische Rücksicht auf einen bestimmten Sänger besonders auffällig: Lortzing schrieb diese Partie für Eduard Mantius (1806–1874), der neben einer hervorragenden Stimme auch großes schauspielerisches Talent besaß.[43]

Nach diesen grundsätzlichen Bemerkungen zu einigen einzelnen Nummern des *Caramo* sei noch ein kurzer Blick auf deren Eigenheiten insgesamt gelenkt. »Große komische Oper« bedeutet für Lortzing offensichtlich die Verwendung großer Formen: Fast alle Nummern des *Caramo* sind sehr umfang-

---

[42] Dies ist genau jener musikalische Abschnitt der Ouvertüre (T. 87ff.), den Lortzing bei der Übernahme dieses Stücks als Ouvertüre der *Regina* hat stehen lassen (T. 106ff.). Vgl. Albert Lortzing, *Regina*. Oper in drei Akten nach den Handschriften hrsg. v. Irmlind Capelle, München 1998.

[43] Vgl. den Brief an die Berliner Hoftheaterintendanz vom 28. April 1839: »Die Parthien des *Caramo* u. des *Marquis* (nach meiner Intention für die Herren *Mantius* u. *Blume* vorzüglich geeignet) werden den Darstellern Freude machen« (*Briefe*, s. Anm. 1, S. 107). Daß Lortzing sein Leipziger Personal aber nicht aus den Augen verloren hatte, belegt die Uraufführungskritik, die hervorhebt, daß Herr Schmidt [Heinrich Maria Schmidt] die Partie des Caramo »im Gesang und Spiel vortrefflich ausgeführt« habe, und fortfährt: »man möchte wohl lange suchen müssen, ehe man einen Tenoristen fände, welcher in diesen und ähnlichen Partien mit Herrn Schmidt in die Schranken treten könnte« (*Allgemeine Theater-Chronik* Jg. 8, Nr. 118 (27. September 1839), S. 471).

reich und auch die Romanze der Angela ist kein strophisches Lied, sondern im Mittelteil frei ausgearbeitet. Es fehlen so die kleinen Formen wie Lied oder Couplet völlig.[44] Auch das Lied des Caramo füllt diese Stelle nicht aus, weil es dramaturgisch völlig anders eingebunden ist und nur eine Strophe davon als »Erkennungsmelodie« vorgetragen wird. »Große« Oper bedeutet vielleicht auch einen höheren Anspruch an die Ausstattung, zumal vor allem das von Lortzing selbst erwähnte letzte Bühnenbild mit dem Fischerstechen aufwendig ist. »Große« Oper bedeutet aber in jedem Fall für Lortzing gute, durchgearbeitete, variantenreiche und charakteristische Musik.

Hierzu sei noch ein weiteres Beispiel genannt: Nach Rosauras Arie im Finale des ersten Akts meldet der Haushofmeister, daß im Garten die Gäste »heit're Spiele« erwarten. Nachdem der Prinz diesem Wechsel des Schauplatzes zugestimmt hat, erkling ein Schlußtutti, wonach die Gesellschaft abzieht. Doch vor das Tutti hat Lortzing acht Takte gesetzt, in denen die Gesellschaft – die der Marquis als »die ältesten Geschlechter« vorgestellt hatte, was Caramo kommentiert mit »alt sind sie, ja« –, sich in Bewegung setzt: das Finale beginnt zögernd, fast ächzend, nur mühsam in Gang kommend, als denke es mit Schrecken an die Umsetzung der Worte: »Laßt uns tanzen, laßt uns singen« (vgl. NB 5).

Lortzing setzt im *Caramo* allerdings noch keine Erinnerungsmotive ein, wie sie in seinen Vorbildern, den französischen *opéras comiques*, durchaus üblich sind. Für ihn scheinen diese erst bei romantischen Sujets dazu zu gehören, denn in seiner *Undine* übernehmen sie eine wichtige Funktion.[45]

Bedeuten diese feinen musikalischen Ausarbeitungen aber gleichzeitig einen Mangel an Popularität? Es wurde schon darauf hingewiesen, daß die Rolle des Marquis, die in der Literatur mehrfach als seine feinste Baßbuffo-Partie bezeichnet wird[46], nicht die Wirkung eines van Bett oder eines Baculus

---

[44] Wie sensibel Lortzing auf diese stilistischen Unterschiede der Formen reagiert, belegt die Tatsache, daß er im *Wildschütz* das couplethafte Lied »'S kommt Alles im Leben auf Grundsätze an« nach der Uraufführung herausgenommen hat. Vgl. die Anmerkungen zu LoWV 59 im Werkverzeichnis (s. Anm. 3).

[45] Vgl. den Beitrag von Sabine Henze-Döhring in diesem Band.

[46] So z. B. Georg Richard Kruse: »Der ahnenstolze Marquis, die am feinsten gezeichnete Buffopartie, die Lortzing geschrieben, [...]« in: *Albert Lortzing*, Berlin 1899, S. 63 und Heinz Schirmag: »Der Marquis von Farambolo, eine der trefflichsten Lortzingschen Baßbuffo-Partien, [...]«, in: *Albert Lortzing, Glanz und Elend eines Künstlerlebens*, Berlin 1995, S. 161.

NB 5: Finale I, T. 354–361

erreichen kann: Der Marquis hat keine charakteristische Solonummer und bleibt trotz seiner großen Bühnenpräsenz wort- und melodienblaß. Wenn der Marquis auf Caramos Bemerken, er scheine ihm »confus«, antwortet: »Geniren sich Ew. Hoheit nicht – confus soll heißen gemeinhin: Hirnkastenlädirung. (lächelnd) ah, Hoheit sind sehr pläsant, gemeinhin Spaßvogel, als, daß mir so etwas in meine gehorsamste Nase fahren dürfte«[47] – so ist das zwar »fein komisch«, aber nicht gerade zitatfähig oder gar sprichworttauglich wie »O, ich bin klug und weise«.

[47] I, 5; vgl. *Lortzing's Komische Opern* (s. Anm. 11), S. 182.

Auch fehlen der Oper gut vereinzelbare Charakterstücke wie Jagdchöre oder Handwerkerlieder, doch hat der Schlußteil von Caramos Arie Nr. 6 – wie auch die Verwendung in der Ouvertüre zeigt – durchaus die melodische Kraft, sich allgemein in Erinnerung zu halten. Geradezu als Motto aufgebaut ist die Wendung: »In verhängnisvollen Lagen | Hilft uns Schlauheit und Genie; | Wer nicht vor den Kopf geschlagen, | Der kommt durch, er weiß nicht wie.«[48]

Doch zurück zur Eingangsfrage »Konversationsoper als Hofoper?« Im Prinzip hatten Hoftheater nichts gegen Konversationsopern. Die französischen *opéras comiques* wurden dort genauso begeistert aufgenommen wie an den städtischen Theatern und es gab auch an den deutschen Hoftheatern – anders als z. B. in London – keine grundsätzliche Ablehnung von gesprochenen Dialogen in Opern.[49] Dies heißt aber auch, daß es um 1840 keinen eigentlichen Hofopern-Stil in Deutschland gab. Wenn also Lortzing bei der Übersendung der Partitur bemerkt, er habe diese Oper eigens für die Königl. Hofbühne in Berlin berechnet, so ist dies wohl sehr viel konkreter gemeint, als man zuerst vermutet: Er hat bei der Komposition auf Einschränkungen in den Fähigkeiten einzelner Sänger an seinem Hause in Leipzig keine Rücksicht genommen,[50] sondern vielmehr die speziellen Fähigkeiten der Berliner Sänger berücksichtigt.[51]

---

[48] Erstmals in Szene I, 5 (Duett Nr. 4), *Lortzing's Komische Opern* (s. Anm. 11), S. 179.

[49] Vgl. zu diesem Themenkomplex den Beitrag von Arnold Jacobshagen in diesem Band.

[50] Wie sehr Lortzing mit diesen Fähigkeiten an anderer Stelle spielt, zeigt zum Beispiel T. 111 in der Arie des van Bett (Nr. 4) aus *Zar und Zimmermann,* wo sich der Sänger beim tiefen F vom Fagottisten aushelfen läßt. Wahrscheinlich konnte Leberecht Berthold diesen Ton wirklich nicht singen.

[51] Offensichtlich gehörte Mantius zu dem seltenen Typus von Tenören, die Lortzings Freund Philipp Düringer ausdrücklich in seinem Artikel »Tenor« anspricht: »Der T. ist die höchste Mannsstimme, nicht sowohl ihrer Seltenheit, denn namentlich in Deutschland finden sich 10 Baßstimmen, ehe eine Tenorstimme, als vielmehr ihrer Schönheit wegen sehr hoch geschätzt. [...] Sänger, welche die Tenorpartien in den neuesten Opern vortragen wollen, müssen sich einerseits fleißig auf Bildung der Kopfstimme (s. d.) u. Verbindung derselben mit den Brusttönen legen; anderseits

Ist *Caramo* also keine Hofoper, so ist es aber doch in jedem Fall eine »große komische Oper«: in allen Bereichen deutlich anspruchsvoller als z. B. *Die beiden Schützen*, denen auch von der zeitgenössischen Kritik der Vorwurf gemacht wurde, es handele sich dabei eher noch um ein Singspiel.[52]

aber – besonders in den sogenannten französ. Spiel-Opern der neuesten Zeit, welche von allen Sängern mehr oder minder Spiel (Menschendarstellung) verlangen – muß der Tenorist besonderen Fleiß auf die dramatische Kunst verwenden, und wenigstens einigermaßen Schauspieler sein. Die sogenannten guten S p i e l t e n o r e, leider ein eigenes Fach, sind zwar eben so selten, als die vorzüglichen Tenorstimmen überhaupt, trotzdem man den Mangel einer besonderen Stimme bei gutem Spiele u. fertiger Gesangskunst leichter übersieht.« (Philipp Düringer/Heinrich Ludwig Barthels, *Theater-Lexikon. Theoretisch-practisches Handbuch für Vorstände, Mitglieder und Freunde des deutschen Theaters*, Leipzig 1841, Sp. 1038–1039).

[52] Vgl. die Kritik der Münchner Erstaufführung in *Allgemeine Theater-Chronik* Jg. 9, Nr. 131 (28. Oktober 1840), S. 524 und Petra Fischer (s. Anm. 5), S. 131.

Sabine Henze-Döhring

Lortzing und die »traditionelle« Oper – Das Finale der *Undine*

Mit seinem in den Lebensdokumenten erstmals im Juni 1843[1] erwähnten neuen Opernprojekt, aus dem die im April 1845 uraufgeführte »Romantische Zauberoper« *Undine* hervorging, betrat Lortzing – wie er sich unmittelbar nach der Hamburger Erstaufführung ausdrückt – »fremdes Terrain«[2]. Im Anfangsstadium in der Terminologie noch schwankend – mal bezeichnet er das Werk als »große(n) romantische(n) Oper«[3], mal als »romantische(n) Oper«[4] –, lag er letztlich in der Einschätzung richtig, sein »neuestes *Opus* [...] die *Undine* nach *Fouqué*« sei von ihm »äußerst schlau bearbeitet, große lyrisch romantische Oper mit allerlei Kanaillerien.«[5] Julius Cornet, Kodirektor des Hamburger Stadttheaters, hatte das Textbuch als erster angefordert.[6] Er beabsichtigte mit diesem Auftrag ohne Zweifel, innerhalb seines Spielplans im kommenden Frühjahr einen deutlichen Akzent zu setzen: Die Saison war bestimmt von Jenny Linds Gastspiel in Bellinis *Norma*, das ganz Hamburg in »Verzückung« versetzte; mit eigenen Kräften realisierte Cornet eine Aufführung von Saverio Mercadantes *Il giuramento*, ferner – offenbar als Reaktion auf ein erfolgreiches italienisches Gastspiel

---

[1] Brief an Philipp Düringer vom 17. Juni 1843 (alle Briefe werden zitiert nach: *Albert Lortzing, Sämtliche Briefe, Historisch-kritische Ausgabe*, hrsg. v. Irmlind Capelle, Kassel etc. 1995 (= *Detmold-Paderborner Beiträge zur Musikwissenschaft*, Bd. 4), S. 157f. (im folgenden *LB*).
[2] Brief an Karl Gollmick vom 3. Mai 1845; *LB*, S. 240.
[3] Brief an Franz Abt vom 13. März 1844; *LB*, S. 173.
[4] Brief an Helmina de Chézy vom 13. Juli 1844; *LB*, S. 191.
[5] Brief an Philipp Düringer vom 16. Mai 1844; *LB*, S. 177f., hier S. 177.
[6] Brief an Philipp Reger vom 28. September 1844; *LB*, S. 204ff., hier S. 205.

mit der deutschen Erstaufführung von Giuseppe Verdis *Nabucco* – eine Einstudierung dieses Werks in deutscher Sprache. Als einzige Premieren von Opern deutscher Komponisten waren diejenigen von Heinrich Marschners glückloser großer Oper *Kaiser Adolph von Nassau* (uraufgeführt im Januar 1845 in Dresden) sowie von Lortzings *Undine* geplant.[7] Daß Cornet nach Einsicht des Textbuches sogleich daran dachte, für dieses Projekt den renommierten Theatermaler und Maschinisten Joseph Mühldorfer (1800–1863) zu verpflichten[8], ist ein erstes Indiz dafür, in welche Operntradition Lortzing, auf jeden Fall aber Cornet die neue Oper gestellt sehen wollte: in die des Wiener Singspiels mit »romantisch-komischem« Stoff, für welches Ferdinand Kauers *Donauweibchen* (Wien 1798) mit seiner aufwendigen Bühnenmaschinerie musiktheatergeschichtlich als exemplarisch angesehen werden kann. Mühldorfer, Experte vor allem für Theatermaschinen, wirkte seit 1832 in Mannheim und belieferte von dort aus eine Vielzahl von Theatern im In- und Ausland mit spektakuläre Schaueffekte erzeugenden bühnentechnischen Vorrichtungen und Dekorationen. Die Fähigkeiten und das Renommee Mühldorfers für sein Hamburger Theater mit Gewinn einzusetzen – als Kontrast zur sogenannten »Gesangoper« der Italiener – dürfte für Cornet den Ausschlag gegeben haben, *Undine* an seinem Haus zur Aufführung zu bringen. Nach Lektüre des Textbuchs, das Ende Oktober 1844 in Mannheim eintraf[9], stand für Mühldorfer recht bald fest, wie er die in ihn gesetzten Erwartungen erfüllen werde: »Am Schluß des dritten Aktes« – so Lortzing – »und bei der Verwandlung im 4ten, wo durch die angeschwollenen Wellen der Krystallpalast des Waßerfürsten sichtbar wird, will er Nebelbilder anwenden. Nur eine Ausstellung hat er gemacht: daß *Hugo* stirbt und sich am Schluß als Leiche präsentirt. Er wünscht, daß *Kühleborn* seinen Spruch ändern und um *Undine* willen, die doch ganz schuldlos gelitten, ihren Geliebten in's Leben zurück rufe. Er meint, der Eindruck sei wohlthuender und die letzte glänzende Schlußdecoration harmonire schlecht mit dem Tode *Hugo's*.«[10] Daß die optische Seite bei der szenischen Realisation des neuen Werks eine ent-

---

[7] Alle Angaben nach Joachim E. Wenzel, *Geschichte der Hamburger Oper 1678–1978*, Hamburg 1978, S. 58.
[8] Wie Anm. 6.
[9] Brief an Philipp Düringer vom 21. Oktober 1844, *LB*, S. 208f., hier S. 209.
[10] Brief an Philipp Reger von Ende November 1844; *LB*, S. 216ff., hier S. 217.

scheidende, wenn nicht die entscheidende Rolle spielte – zumindest aus der Sicht Cornets –, unterstreicht der nüchterne Sachverhalt, daß weder Cornet noch Mühldorfer sich mit der Frage beschäftigen, in welchem Verhältnis Lortzings Musik zu den geplanten Bühneneffekten stehe oder stehen werde. Das bemerkenswert geringe Niveau der Besetzung deutet ebenfalls darauf hin, daß die musikalische Seite von untergeordneter Bedeutung war: »Die Darstellerin der *Bertalda (Mad: Fehringer)*«, klagt Lortzing, »wird drei Tage vor der Vorstellung krank und *Mad: Cornet* übernimmt die Parthie. *Undine* ist ein junges halbwachsenes Mädchen mit einer guten Stimme, Anfängerinn im höchsten Grade und kaum sechs Mal auf der Bühne gewesen; der Tenorist ist höchst unbeliebt beim Publikum.«[11] Er soll laut Lortzing keinen »reinen Ton« gesungen haben.[12]

Steht damit fest, in welchem gattungsgeschichtlichen Kontext das Werk anzusiedeln ist, steht fest, daß es nicht die zeitgenössische italienische Oper oder die Opéra comique mit phantastischem Sujet war, welche den äußeren Rahmen für Lortzings erste Oper abgab, mit der er – wie eingangs bereits zitiert – »fremdes Terrain« betrat, so stellt sich die Frage, wie er im konkreten Fall der *Undine* mit seinem Modell, dem Wiener Singspiel in Richtung *Donauweibchen* bzw. – textlich naheliegender – Ignaz Xaver Ritter von Seyfrieds Zauberspiel *Undine* (Wien 1817), verfuhr.

Jürgen Schläder ist in seiner *Undine*-Monographie[13] zu dem Ergebnis gekommen, daß Lortzing seine Vorlage mit der Tendenz bearbeitete, »alles Wunderbare aus dem Geschehensverlauf zu eliminieren«; die Handlung sei aller »konstitutiven Romantik und Zauberwirkung entblößt«, die »Rückführung auf einen dramatisch wirksamen, realen menschlichen Konflikt ist in Gänze gelungen«[14]. Die Einführung der komischen Ebene mit Veit und Hans sowie die Uminterpretierung der Rolle Kühleborns, der bei Lortzing das alte Buffa-Experiment der »Liebsprobe« durchführt, wobei ihm seine Zauberkraft hilfreich zur Seite steht, sind nach Schläder weitere Indizien der von

---

[11] Brief an Philipp Reger vom 2. Mai 1845; *LB*, S. 238f., hier S. 238.
[12] Brief an Philipp Düringer von Anfang Juni 1845; *LB*, S. 244f., hier S. 244.
[13] Jürgen Schläder, *Undine auf dem Musiktheater. Zur Entwicklungsgeschichte der deutschen Spieloper*, Bonn-Bad Godesberg 1979 (= *Orpheus*-Schriftenreihe, Bd. 28).
[14] Ebda., S. 378f.

Lortzing eingeschlagenen Bearbeitungstendenz. Nur als Aperçu sei an dieser Stelle eingefügt, daß Lortzing vermutlich nicht allein und ausschließlich – wie es in der Lortzing-Forschung übereinstimmend heißt – auf der Basis des Fouqué'schen Textes gearbeitet hat, sondern daß ihm möglicherweise der Text zu Seyfrieds Zauberspiel, dem er die komische Figur des Veit als Knappen Hugos entnommen haben könnte, zur Verfügung stand, vor allem aber Johann Peter Hartmanns 1842 in Kopenhagen uraufgeführtes »romantisches Abenteuerdrama« *Undine*. Die Grundzüge der Handlung, insbesondere der Schluß weisen gegenüber Lortzings Text Parallelen auf, die auf den Faktor »Zufall« zurückzuführen schwerfällt: Hugo geht mit Bertalda zur Jagd, während Undine in ihrer Einsamkeit zum Fluß hinabgeht. Dort trifft sie alle ihre Schwestern, die Wassernixen, die um sie herum singen und tanzen. In dem Moment kommt Huldbrand und verflucht sie, so daß sie in ihr Wasserreich zurück muß (Schluß III. Akt bei Lortzing). Später bereut er seine Handlung und wünscht Undine zurück (IV. Akt, Scena ed Aria Hugos, hier erster Satz Larghetto »Mir schien der Morgen aufgegangen«). Doch gelingt es Berthalda, ihn zur Hochzeit mit ihr zu überreden (dieser Prozeß vollzieht sich bei Lortzing als innerer Monolog innerhalb der Arie; Zwischensatz und Allegro non troppo »Ha! Eben recht, ihr Jubeltöne!«). Als sie in der Kapelle vor dem Altar knien (bei Lortzing die Situation des Hochzeitstanzes), »schlägt ein Blitz ein, ein Unwetter setzt ein, in dessen Folge Kühlebrand mit den Nixen und Undine erscheint. Undine gibt ihrem treulosen Ehemann den Todeskuß.«[15] Zieht man in Betracht, daß die Lortzingsche Oper in ihrer ursprünglichen Version ebenfalls mit dem Todeskuß endet, daß die Ausstattung des Kristallpalasts ja auf Mühldorfer zurückgeht, so ist auch ohne Belege dokumentarischen Charakters nicht von der Hand zu weisen, daß Hartmanns Werk oder eine Bearbeitung davon hier Pate gestanden hat. Zugleich wird nochmals unterstrichen, welches Genre es war, das Lortzings Bearbeitung Orientierung gab.

Schläders Textinterpretation behutsam korrigierend, hat Petra Fischer in ihrer Dissertation über Lortzings Operntexte im Blick auf *Undine* herausgearbeitet, daß das Phantastische zwar nicht ständig gegenwärtig, aber auch

---

[15] Alle Angaben zur Handlung nach Irene Krieger, *Undine, die Wasserfee. Friedrich de la Motte Fouqués Märchen aus der Feder der Komponisten*, Herbolzheim 2000 (= *Reihe Musikwissenschaft*, Bd. 6), S. 44f.

nicht restlos eliminiert ist: »vielmehr scheint das Phantastische im Laufe der Oper mehr und mehr Einfluß auf die zunächst durchaus realistisch gezeichnete Handlung zu gewinnen.«[16] Fischer sieht dieses Eingreifen des Phantastischen erstmals am Schluß des II. Aktes realisiert, wenn Kühleborn versinkt, »das Numinose in den Ablauf der Dinge ein(greift) und [...] sich als furchterregende Macht (erweist).«[17] Weitere Stationen sind – so Fischer – das Ende des III. Akts, als Hugo Undine verstößt und Geister in Erscheinung treten, sowie vor allem das IV. Finale. Verknüpft man diese Beobachtung Fischers als Grundidee mit dem analytischen Befund aus dem Partiturstudium, so läßt sich Lortzings musikdramaturgische Strategie unschwer erkennen.

Es ist ohne Zweifel richtig, daß auf der Handlungsebene Kühleborn die Fäden seines Experiments in der Hand hält, um Undine von der moralischen Unterlegenheit des »beseelten« Menschengeschlechts und der moralischen Überlegenheit der »unbeseelten« Wassergeister zu überzeugen.[18] Während er sein Experiment durchführt, erweist sich die Intaktheit der Liebe zwischen Undine und Hugo zunehmend als brüchig, erliegt Hugo der Verführung der moralisch durch Leugnung ihrer sozialen Herkunft ebenfalls beschädigten Bertalda, bis er Undine verstößt, um schließlich mit Bertalda zur Hochzeit zu schreiten. Parallel nun zu diesem stringenten Handlungsverlauf vollzieht sich im I. Akt noch hinter den sichtbaren Ereignissen, vom II. Akt an auch szenisch wie musikalisch zunehmend sinnfälliger die Vergegenwärtigung der Elementarwesen. Kühleborn legt am Ende des II. Akts (II, 11) seine Camouflage ab und »outet« sich als Geist; im Duett (III, 6) vor dem Finale des III. Akts erhebt der Chor der Wassergeister unter der Bühne mit der Warnung Hugos erstmals seine Stimme. Nach Hugos Verstoßung Undines treten Kühleborn und die Wassergeister erstmals in Erscheinung als treue Gefährten Undines (III, 8). Sie wird von Kühleborn mit dem musikalisch eingehenden, anrührend wirkenden »Oh kehr zurück« in die Gemeinschaft der Wassergeister wieder aufgenommen. Hugos Traumerscheinung in der *Scena* vor seiner

---

[16] Petra Fischer, *Vormärz und Zeitbürgertum. Gustav Albert Lortzings Operntexte*, Stuttgart 1997, S. 240.
[17] Ebda., S. 241.
[18] Alle Angaben zum Text nach Wilhelm Zentner (Hrsg.), *Albert Lortzing, Undine. Romantische Zauberoper in vier Aufzügen [...] Vollständiges Buch*, Stuttgart 1978.

Arie zu Anfang des IV. Akts verweist zeichenhaft auf den Schluß der Oper, ja nimmt ihn vorweg: Bald darauf – begleitet von einem Naturereignis – kehrt zunächst Undine aus dem Kreis der Wassergeister zum Schauplatz ihrer Demütigung zurück (IV, 3), Punkt Mitternacht geht ebenfalls im Zuge eines Naturereignisses, eines Unwetters, die irdische Welt – Hugos Burg – zugrunde und erscheint in aller Pracht die Unterwelt, der Kristallpalast Kühleborns, als Hort des wiedervereinten Paars. Die ärmliche Fischerstube, intakter Bezirk der Menschenwelt, steht am Beginn der Oper, an ihrem Ende der glanzvolle Kristallpalast als intakter Bezirk der Wassergeister. Zwischen diesen Polen vollzieht sich Zug um Zug die Destruktion der Menschenwelt und verschafft sich ebenfalls Zug um Zug die Geisterwelt »sichtbar« Geltung. Diese musikdramaturgische Idee und ihre stringente Realisierung sind Lortzings ureigene Idee und lassen sich auf Gattungstraditionen meines Wissens nicht zurückführen.

Sie stellten Lortzing, den Komponisten, vor die Aufgabe, Lösungen zu finden, die zum einen die Ebenen Menschenwelt und Geisterwelt musikalisch deutlich voneinander abgrenzten, die zum anderen den allmählichen Wechsel der Schaubilder bis zur Schlußapotheose als Steigerungs- oder Verdichtungsprozeß sinnfällig machten. Lortzing realisierte diese Aufgabe, indem er gezielt aus dem Reservoir der Opéra comique bzw. des Singspiels der 1820er Jahre schöpfte, aus Gattungen, die zu dieser Zeit musikdramatische Komponenten der italienischen Oper, insonderheit der Opera buffa, rezipiert hatten, und orientierte sich bei der Darstellung der Geistererscheinungen und Naturereignisse möglicherweise auch an der Schauspielmusik seiner Zeit. Letztere war ihrerseits tief in französischen Operntraditionen verwurzelt, was Lortzing vermutlich verborgen war.

Wie bereits Rose Rosengard dargelegt hat, ist aufgrund des Zusammenwachsens der Genres seit Ende des 18. Jahrhunderts in Hinsicht auf die von Lortzing angeeigneten Operntraditionen kaum mehr zu unterscheiden, ob er im konkreten Fall von der Opera buffa, dem Singspiel oder der Opéra comique gezehrt hatte.[19] Nicht viel anders verhält es sich im Falle von *Undine*; hier setzt er aufgrund des Stoffes lediglich andere Akzente bzw. rezipiert

---

[19] Rose Rosengard, *Popularity and Art in Lortzing's Operas: The Effects of Social Change on a National Operatic Genre*, Phil. Diss. Columbia University 1973, Ann Arbor, Michigan 1984, S. 417–421.

Techniken und Elemente, die er tatsächlich erst beim Betreten des ihm »fremden Terrains« benötigte.

Eine Grundentscheidung war es, die Ensembletechniken letztlich italienischer Provenienz lediglich in den beiden ersten Akten anzuwenden, also bis zu Bertaldas »coming out« als Fischerstochter. Die Schlußszenen des III. und IV. Aktes sind hingegen anderen, letztlich französischen Traditionen verpflichtet, wobei nochmals in Erinnerung zu rufen ist, daß sie in den 20er Jahren des 19. Jahrhunderts vom Schauspiel wie von anderen Operngattungen breit angeeignet worden waren. Im IV. Finale nun kam Lortzing zu einer recht originellen Lösung, wobei ihm die Motivtechniken der Opéra comique hilfreich zur Seite standen. Ganz entscheidend für die Wirkung und innere Struktur des Finales ist es, daß es kompositorisch »von langer Hand« vorbereitet ist, daß sich das sukzessive Eindringen des Wassergeisterreichs bis zum apotheotischen Schluß auch musikalisch als allmählicher Prozeß herauskristallisiert (vgl. Tabelle 1, S. 92).

Bereits Richard Kruse und nach ihm viele andere[20] haben diese Technik erkannt und beschrieben, die sich ohne Ausnahme der Elementarwelt, Undine, Kühleborn und den Wassergeistern, zuordnen lassen. Lortzing wendet dabei mit der Wiederkehr einzelner Motive bzw. des Chorsatzes der Wassergeister unterschiedliche Arten der sogenannten Reminiszenztechnik der Opéra comique an. Diese Motive[21] – sieht man von der Ouvertüre ab – treten erstmals in Nr. 8 auf, als Undine sich gegenüber Hugo als Wassergeist zu erkennen gibt und den Palast, zukünftiger Hort ihrer gemeinsamen Existenz nach der Katastrophe, detailliert beschreibt. Wichtig ist die klangliche Färbung dieses Motivs (T. 1–2, s. NB 1) durch Hörner, Klarinette und Fagott. Für den weiteren Verlauf der Oper ist aber auch die klangliche Untermalung der als Arioso in das Rezitativ integrierten Beschreibung des Palasts (T. 12–15, s. NB 2) von Bedeutung.

»Störfaktoren« vor diesem »Coming out« vermittelt Lortzing nicht motivisch, sondern – wie zum Beispiel im Quintett (Nr. 2) des I. Akts – bei

---

[20] Vgl. z. B. Georg Richard Kruse, *Albert Lortzing*, Berlin 1899 (= *Berühmte Musiker. Lebens- und Charakterbilder nebst Einführung in die Werke der Meister*, hrsg. von Heinrich Reimann, Bd. 7), bes. S. 79–81; Schläder (s. Anm. 12), S. 387–413.

[21] Alle Angaben zur Musik nach dem Klavierauszug hrsg. v. Georg Richard Kruse, Leipzig 1905 und öfter. Vgl. auch die Partiturausgabe hrsg. von Kurt Soldan, Leipzig 1926. Beide Ausgaben geben die sogenannte »Wiener Fassung« wieder.

NB 1: Nr. 8, T. 1–2

NB 2: Nr. 8, T. 12

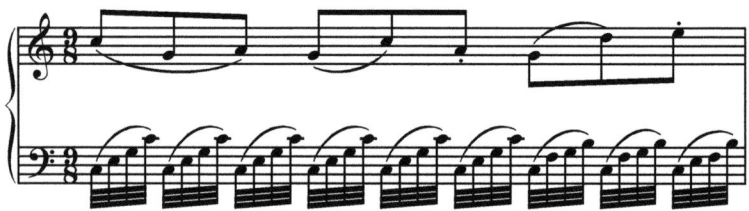

NB 3: Nr. 8, T. 196–197

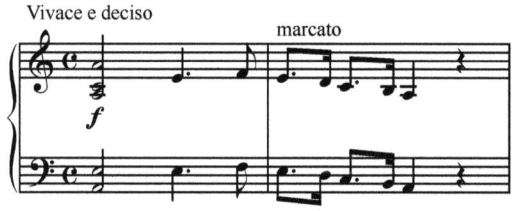

Undines Schock auslösendem »ist denn nicht Seele nur ein Wahn« – über den probaten musikalischen Störfaktor »verminderter Septakkord« (vgl. Nr. 2, T. 137).

Beide Motive kehren wieder, als Undine erstmals vor Bertalda steht und der Konflikt sich schürzt (vgl. Nr. 10 T. 31/32 und T. 39).

Von wichtiger Bedeutung unter dem Aspekt der Einführung wiederkehrender Motive noch in den ersten beiden Akten ist das Duett Undine/Kühleborn Nr. 11 im II. Akt. Hier erklingt erstmals das Kühleborn und »seinem Gesetz« zuzuordnende Motiv (T. 196f., s. NB 3), welches hier repetierend die

Phrase »Wohlan, es sei beschlossen; | Du wandelst Deine Bahn, | doch bleibst dem Elemente | du ewig untertan« begleitet und – vor allem klanglich verändert – während des gesamten weiteren Verlaufs des Duetts beibehalten wird. Es ist auch Kühleborns Drohung unterlegt: »Weh' ihm [Hugo], wenn er den Schwur der Treue bricht« (T. 242ff.).

Die wesentlichen Bausteine, aus denen sich das IV. Finale zusammensetzt, sind damit schon hier, inmitten des II. Akts, hintergründig als Motive eingeführt, deren semantische Funktion sich jedoch erst im III. und IV. Akt offenbart. Dies sei anhand einer Übersicht (s. Tabelle 1) verdeutlicht.

Das Undine-Motiv kehrt erstmals wieder (Nr. 15, T. 359ff.), als Undines Glück zerstört und sie dem Wassergeisterreich wieder zugeführt wird (erstmalige optische Präsenz der Geisterwelt im Schlußtableau zu tonmalender Musik).

Gleiches gilt für das Kühleborn«-Motiv, das gleichsam Chiffre des Beweises wird, daß Hugo seine Treue gebrochen hat. Von entscheidender Bedeutung ist jedoch die Wiederkehr jener Phrase, die erstmals als Chiffre des Kristallpalastes in Erscheinung trat und nun dem Chor der Wassergeister (»Schwanensang«) unterlegt ist (T. 416ff.), der zunächst als Zwischensatz in den »a due«-Satz innerhalb des Finales »Oh kehr zurück« integriert ist. Am Schluß (T. 467ff.) mutiert dieses Phrase zu reiner Szenenmusik, begleitet sie wiederum als Chiffre des Kristallpalastes Mühlendorfs Schaustück (Szenenanweisung: »gegen Schluß besteigen alle die Wellen, die nun im hellen Silberglanze leuchten und mit Wasserlilien besät scheinen. Der Horizont prangt voller Sterne. Alle versinken langsam in den Fluten«).[22]

Von elementarer Wichtigkeit für die Wirkung des letzten Finales ist nun, daß sich in diesem dritten Finale die Tableaustruktur aus der Nummer – dem sentimentalen Gesang Kühleborns – allmählich erst herausschält und das gesamte szenische Ereignis, das deutlich seine Schatten auf das IV. Finale wirft, äußerst knapp gefaßt ist.

Das IV. Finale (Nr. 18) beginnt mit einer rein tonmalenden, das Brausen des Wassers kommentierenden Musik (Skalen, Dreiklangsbrechungen im Sechzehntelmetrum), ist von Anfang an als Tableaukomposition gekennzeichnet. Mit dem Wechsel zum Prunksaal (T. 40), wo Bertaldas und Hugos Hochzeit gefeiert werden soll, wird diese Struktur konsequent beibehalten. Sowohl der Trinkgesang (»Füllt die Pokale«, T. 56ff.) als auch der Hoch-

---

[22] Zitat der Regiebemerkung nach dem Textbuch (s. Anm. 18, S. 68).

Tabelle 1

II. Akt	
Nr. 8 Rezitativ und Arie (Undine)	»Undine«-Motiv »Elementarreich«-Phrase (Beschreibung Kristallpalast; später Schwanensang)
Nr. 10 Rezitativ, Quartett und Chor	»Undine«-Motiv »Elementarreich«-Phrase (später Schwanensang)
Nr. 11 Rezitativ und Duett (Undine/Kühleborn)	»Kühleborn«-Motiv
III. Akt	
Nr. 15 Duett und Finale Duett (Bertalda/Hugo) Finale	Chor der Wassergeister (unter der Bühne) T. 119ff. Lautmalende Musik Szenische Musik (Erscheinen der Wassergeister, und Kühleborns) T. 232ff. »Undine«-Motiv (verfremdet) T. 334ff. »Kühleborn«-Motiv (Blick auf die Burg als Ort des Treubruchs) T. 393ff. Chor (Schwanensang; Verweis auf Kristallpalast) T. 416ff. Szenische Musik (»Schwanensang«)
IV. Akt	
Nr. 16 Entreakt, Rezitativ und Arie (Hugo)	»Kühleborn«-Motiv »Elementarreich«-Motiv (Vision)
Nr. 18 Finale	Szenische Musik (lautmalend; Erscheinen Undines) Brindisi Reigen/Menuett Zwölf Schläge um Mitternacht »Kühleborn«-Motiv (Verlöschen der Lichter, Donner, Sturmwind) »Undine«-Motiv (»Todes«-[Betäubungs-]kuß) Szenische Musik (lautmalend; Sturm; lautmalendes Motiv abgeleitet aus »Kühleborn«-Motiv) Abebben des Sturmes (lautmalend; Erscheinen des Kristallpalastes) Rezitativ (Aufnahme Hugos in das Geisterreich) Chor »Schwanensang« – Schlußapotheose

zeitsreigen (T. 148ff.) sind als Bühnengesänge bzw. -ereignisse in dieses Tableau integriert. Auf die bevorstehende Katastrophe verweist Lortzing durch Verfremdung des Trinkgesangs, als Hugo plötzlich von Angst befallen wird (T. 118). Beim letzten Schlag um Mitternacht (T. 176ff.) erhebt sich ein Unwetter und erscheint Undine, beleuchtet vom bläulichen Licht; es ereignet sich das schon eingangs beschriebene, von Mühldorfer entworfene Spektakel. Lortzing behielt die Tableaustruktur dieser Nummer konsequent bei, wobei er sich wesentlich der lautmalerischen Mittel bediente, die sich sowohl im Singspiel als auch in der Opéra comique, als auch in der Schauspielmusik damaliger Zeit seit Jahrzehnten bewährt hatten. Das also war alles andere als neu, im Gegenteil: höchst »abgedroschen«. Gleiches gilt auch für die erinnerungsmotivische Verwendung einzelner Motive und Gesänge, selbst wenn sie – wie auch hier – verändert und verarbeitet werden.

***

Die allen Respekt abnötigende Leistung Lortzings besteht in der Art und Weise, wie er die tradierten kompositorischen Mittel aus Singspiel und Opéra comique seiner werkspezifischen Konzeption der *Undine* unterwarf und als Mann des Theaters, der er war, auch Mühldorfers bühnentechnische Wunderwerke integrierte. Diese werkspezifische Konzeption besteht einerseits im zunehmenden Wechsel zu tableauhaften Strukturen, analog zur ebenfalls zunehmenden szenischen Vergegenwärtigung der Wassergeister; sie besteht andererseits im Entwurf von Motiven und Phrasen, die zunächst indirekt, dann zunehmend deutlich in einem kompositorisch konsequent realisierten Verdichtungsprozeß auf das »Ende der Geschicht'« verweisen: auf Hugos Treulosigkeit als Chiffre des der Menschenwelt eigenen Gebrechens und das Obsiegen Kühleborns und der Wassergeister, der »Seelenlosen« gegenüber den »Seelenvollen«.

Daß Lortzings Musik in Hamburg, wo man im Unterschied zu Magdeburg, dem Uraufführungstheater, Vergleiche zur zeitgenössischen modernen Oper ziehen konnte, ebenso schlecht ankam wie in Wien und andernorts, daß einzig Mühldorfers Dekorationen beifällig aufgenommen wurden, mag damit zusammenhängen, daß der Aufriß der Gattung, ohne Zweifel auch die eingesetzten kompositorischen Mittel nicht mehr dem Geschmack und den Standards der Zeit entsprachen. Daß das Werk originell und auf der konzeptionellen Ebene anspruchsvoll war – insofern erscheint Lortzings vielfach artikulierte Selbstzufriedenheit durchaus angemessen –, steht außer Frage.

Wolfgang Osthoff

Das stille Finale – Zum ersten Finale aus Lortzings *Waffenschmied*

In der allgemeinen Vorstellung ist das Finale I einer traditionellen Oper – speziell einer komischen Oper – bis mindestens zur Mitte des 19. Jahrhunderts ziemlich eindeutig festgelegt, und dies gilt auch noch für neueste wissenschaftliche Literatur.[1] Das Finale des 1. Aktes ist demnach ein großes Ensemble-Finale in der Art, wie es Lorenzo Da Ponte unübertrefflich karikiert hat: »[...] trovar vi si deve ogni genere di canto. L'adagio, l'allegro, l'andante, l'amabile, l'armonioso, lo strepitoso, l'arcistrepitoso, lo strepitosissimo, con cui quasi sempre il suddetto finale si chiude; [...] In questo finale devono per teatrale domma comparir in scena tutti i cantanti, se fosser trecento, a uno, a due, a tre, a sei, a dieci, a sessanta, per cantarvi de'soli, de'duetti, de'terzetti, de'sestetti, de'sessantetti [...]«.[2]

Wenn wir aber etwas nachdenken, fallen uns Ausnahmen von dieser Regel ein. Lärm und Allegro können am Ende des Aktes auch mit einer einzigen Person verbunden sein, mit einer schlußkräftigen Soloarie: Beispiele sind Figaros »Non più andrai« und von Lortzing die »Fünftausend-Taler«-Arie des Baculus[3]. Ein solistischer Aktschluß kann aber auch langsam und im piano erfolgen, etwa die Cavatina am Ende des 1. Aktes von Paisiellos *Barbiere di Siviglia*, »Giusto ciel, che conoscete«[4], oder auch – als Duo – wie in dem

---

[1] Vgl. z. B. Daniela Tortora, *La cerimonia interrotta: Sul finale primo dell'*Elisabetta rossiniana, in: *Analecta musicologica* 30, 1998, S. 721–739.

[2] Lorenzo Da Ponte, *Memorie*, Milano 1960, S. 96.

[3] Jürgen Schläder, *Das Solo-Finale. Zu Form und Funktion der Baculus-Arie ›Fünftausend Taler‹*, in: *Festschrift Rudolf Elvers zum 60. Geburtstag*, hrsg. v. Ernst Herttrich und Hans Schneider, Tutzing: Schneider, 1985, S. 447–461.

[4] Giovanni Paisiello, *Il Barbiere di Siviglia*, hrsg. v. Francesco Paolo Russo, Laaber 2001 (= *Concentus Musicus*, Bd. XI, 1), S. 367–384.

Nocturne des 1. Aktes von Berlioz' *Béatrice et Bénedict*[5]. Das sind jedoch, wie gesagt, solistische Nummern, nicht Finales im eigentlichen Sinn. Andererseits gibt es wirkliche Finales mit Musik im forte, denen wenige nachhallende piano-Takte folgen, z. B. im jeweils 2. Akt der Lortzingschen *Undine* und des Weberschen *Freischütz*. Dieser Piano-Nachhall des Wolfsschlucht-Finale ist verwandt mit den Piano-Schlüssen furchterfüllter Ensemble-Finales bei Mozart – *Idomeneo*, 2. Akt, und *La Clemenza di Tito*, 1. Akt – und bei Beethoven: *Fidelio*, 1. Akt.

All dies deckt sich formal nicht mit dem einzigartigen Ensemble-Finale, über das ich hier sprechen will: dem 1. Finale von Lortzings *Waffenschmied*. Daß diese Nummer 4 der Oper ein einheitliches Ganzes ist, geht schon – aber nicht allein – aus der umschließenden Grundtonart Es-Dur hervor. Ungeachtet dessen steht an seinem Ende – im Gegensatz zu der Beschreibung Da Pontes – eine solistische Szene in langsamem Tempo und mit piano-Schluß. Daß diese Konzeption völlig Lortzings Eigentum ist, wurde immer wieder zu Recht betont[6], gerade auch deshalb, weil er im übrigen ja viel seiner Vorlage, *Liebhaber und Nebenbuhler in einer Person* von Friedrich Wilhelm Ziegler (1790) entnommen hat.[7] In diesem Stück hat Lortzing in Detmold sogar mitgespielt.

Ich möchte nun entgegen dem zumeist schulterklopfenden Wohlwollen, das man Lortzing seitens der Musikwissenschaft spendet, zu zeigen versuchen, wie sich in dieser Konzeption Dramaturgie, Text, poetische Sensibilität und musikalische Kunst – Satzkunst! – durchdringen, ergänzen und jenes einheitliche Ganze hervorbringen, von dem ich sprach.

---

[5] Hector Berlioz, *Béatrice et Bénedict*, hrsg. v. Hugh Macdonald, Kassel u. a. 1980 (= Hector Berlioz, *New Edition of the Complete Works*, Bd. 3), S. 173–187.

[6] Albert Lortzing, *Der Waffenschmied*. Komische Oper in drei Aufzügen. Vollständiges Buch. Hrsg. und eingeleitet von Georg Richard Kruse, Leipzig: Reclam, o. J. (3. Auflage), S. 7. Ebenso Kruse im Klavierauszug des *Waffenschmied*, Leipzig: Peters, o. J., S. 4.

[7] Hellmuth Laue, *Die Operndichtung Lortzings. Quellen und Umwelt. Verhältnis zur Romantik und zu Wagner*, Bonn 1932 (= *Mnemosyne*, Heft 8), S. 128–141. – Zu Ziegler auch Kruse im Libretto (s. Anm. 6), S. 6.; Petra Fischer, *Vormärz und Zeitbürgertum. Gustav Albert Lortzings Operntexte*, Stuttgart 1996, S. 176–182 und Julia Liebscher, *Der Wildschütz*, in: *Pipers Enzyklopädie des Musiktheaters*, München/Zürich 1989, Bd. 3, S. 565–568.

Die dramatische Gesamtdisposition des Finales ist von größter Stringenz. Anfang und Ende führen die Grundkonstellation des Stückes vor: »Liebhaber und Nebenbuhler in einer Person«, wie es bei Ziegler hieß.[8] Objekt dieses Liebens und Buhlens ist Marie, die weibliche Hauptperson, derer sich Lortzing mit besonderer Wärme angenommen hat. Zu Beginn des Finales wird Marie von dem Grafen Liebenau stürmisch umworben, in welchem sie nicht ihren Geliebten Konrad erkennt. Am Schluß des Finales denkt sie an Konrad, nicht ohne sich eine vorübergehende Erinnerung an den »art'gen«[9] Herrn Grafen zu gestatten. Marie zwischen zwei Männern, die in Wirklichkeit ein und derselbe sind, das ist der Rahmen des Finales, wobei an der Treue Maries zu ihrem Konrad im Grunde nicht zu zweifeln ist. Der Anfang ist »real«, indem der Liebhaber/Nebenbuhler in persona um Marie wirbt, unterstützt von der leicht kupplerischen Irmentraut; der Schluß ist »irreal«, da der Liebhaber/Nebenbuhler nur in Maries Gedanken präsent ist.

Musikalisch ist dieser Rahmen des Finales, wie bereits erwähnt, in der Grundtonart Es-Dur gefaßt. Beide Rahmenteile weichen jedoch in eine Mediante aus, sobald der Graf – entweder in persona oder in der Vorstellung Maries – entschieden dominiert: im eröffnenden Rahmenteil ist es das Andantino con espressione in h-Moll/H-Dur (= ces-Moll/Ces-Dur), »Du läßt mich kalt von hinnen scheiden«; im abschließenden Rahmenteil das Allegretto affabile in G-Dur, »'s mag freilich nicht so übel sein«. Innerhalb dieses Rahmens steht das große, schnelle und lärmende Ensemble in e-Moll, auf das ich später eingehe.

Dies ist also dramaturgisch-musikalisch eine symmetrische Anlage: in der personellen Disposition (zu Beginn Terzett, am Ende Solo, dazwischen Ensemble), in der tonartlichen Disposition und in der Tempofolge (Moderato bzw. Andantino in dem eröffnenden Rahmenteil, Allegro in dem zentralen Ensemble, dann nach einem Übergangsabschnitt wieder Andantino in dem abschließenden Rahmenteil, unterbrochen durch das Allegretto in G-Dur). Dieser Aufbau steht, was seine Dynamik betrifft, in klarem Gegensatz zu der Karikatur einer Steigerung à la Da Ponte. Lortzing steigert nicht, sondern schlägt einen Bogen. Damit bietet er hier eine höchst originelle Lösung des

---

[8] Eine Mailänder Opernbearbeitung des Zieglerschen Lustspiels von Josef Weigl hieß entsprechend *Il rivale di se stesso* (1808/1809).
[9] Albert Lortzing, *Der Waffenschmied* [...]. In Partitur hrsg. v. Gustav F. Kogel, Leipzig: Peters, o. J. [Nr. 10291], S. 133 (T. 460).

Finalproblems. Daß es ihm dabei trotzdem gelingt, eine innere Spannung und Intensität bis zum Aktschluß durchzuhalten, erweist die künstlerische Qualität dieser Nummer.

Ihre spezielle musikalische Qualität zeigt sich, wenn wir Einzelheiten ihrer Struktur ins Auge fassen. Der erste Abschnitt des Finales[10], prinzipiell in Es-Dur stehend, beruht auf zwei Themen bzw. Motiven. Das erste gehört im wesentlichen dem Grafen und formt eine Versart aus, die im Deutschen ziemlich selten ist: einen Zweiheber, dessen Rhythmus dem des italienischen Fünfsilblers[11], des Quinario, nachgebildet ist:

»Bei nächtgem Dunkel
    Schleich ich herein [...]«

Lortzings rhythmische Ausformung dieses Verses (vgl. das erste Motiv in NB 1) kommt auch in der italienischen Oper nur vereinzelt vor. Friedrich Lippmann bringt in seiner großen Studie über den italienischen Vers und den musikalischen Rhythmus[12] nur e i n genau entsprechendes Beispiel für diese Art der rhythmischen Vertonung: aus Donizettis *Torquato Tasso*. Ich kann ein weiteres hinzufügen: *La Traviata*, Finale II, das es-Moll-Motiv des beschämten Alfredo:[13] »Ah sì! che feci! [...]«.

Mit dem ersten Thema beginnen Lortzings Bläser das Finale in Es-Dur, der Graf setzt danach, von den Streichern pizzicato begleitet, in c-Moll ein. Schon am Schluß dieser ersten Stelle des Grafen bemerken wir eine lyrisch ausgeweitete Variante des Themas:

---

[10] Partitur (s. Anm. 9), S. 99–110 (T. 1–156). Alle weiteren Stellenverweise werden im Haupttext angegeben und beziehen sich auf diese Partiturausgabe.

[11] Entsprechendes findet sich auch schon in der französischen Oper des 18. Jahrhunderts. Vgl. zu der ganzen Frage des komponierten Fünfsilblers: Wolfgang Osthoff, *»Liebliches Kind/Kannst du mir sagen«* – *Zur Beziehung von Singspielarie und Sololied*, in: *Muzyka w kontekscie kultury* [Festschrift Mieczyslaw Tomaszewksi], Kraków 2001, S. 213–227.

[12] Friedrich Lippmann: *Der italienische Vers und der musikalische Rhythmus. Zum Verhältnis von Vers und Musik in der italienischen Oper des 19. Jahrhunderts, mit einem Rückblick auf die 2. Hälfte des 18. Jahrhunderts*, in: *Studien zur italienisch-deutschen Musikgeschichte* VIII, Köln 1973 (= *Analecta musicologica* 12), S. 291.

[13] Hier handelt es sich um Quinari doppi. – Genau der Lortzingsche (Donizettische, Verdische) Rhythmus findet sich in dem Hauptthema des Finales aus Haydns Streichquartett in Es-Dur op. 76, Nr. 6 (= Hob. III/80).

Das stille Finale

NB 1

Ein erstes kleines Beispiel für Lortzings Verarbeitungskunst!

Das zweite Thema (Motiv) gehört im wesentlichen der Marie und erscheint zuerst in den 1. Violinen in g-Moll (NB 2). Marie deklamiert dazu sozusagen in Quinari doppi (»Ich weiß vor Angst – kein Wort zu sagen«). Schon diese Tonarten (Es-Dur/g-Moll) legen die Vermutung nahe, daß wir es hier mit etwas zu tun haben, das der Sonatenanlage sehr nahe steht: mit einem Hauptthema für den Mann und einem Seitenthema für die Frau.

NB 2

Ich will Sie nun nicht mit einer Analyse ermüden, sondern nur einige formale Hinweise geben. Die Schlußgruppe dieser Exposition (T. 35–56) faßt erstmals alle drei Personen zusammen und besteht aus dem erweiterten Hauptthema. Es folgt eine Durchführung mit der Verarbeitung beider Themen: Modulation nach c-Moll (T. 56–60), bald Aufhebung der Generalvorzeichnung. Wenn der Graf seinen Zweifel an Mariens Treue schwinden sieht (T. 96/97), ist schon H-Dur erreicht. Doch durch enharmonische Verwechslung lenkt Lortzing, indem er wieder Es-Dur vorzeichnet, in die Reprise ein (T. 104–125), welche die Schlußgruppe der Exposition wiederholt. Wir sehen, wie Lortzing in diesem ersten Abschnitt des Finales nicht einen Disput in einer irgendwie gearteten realistisch-rhapsodischen Form musikalisch nachzeichnet, sondern wie er diesen Disput des männlichen und weiblichen Antagonisten in die Sonatenanlage mit ihrem sogenannten männlichen und weiblichen Prinzip übersetzt. (Irmentraut bleibt marginal). Aus der Komödienkonversation wird musikalische Struktur.

Nach einer kurzen Überleitung, in welcher Marie sich eindeutig erklärt (T. 125–156), setzt der Graf gefühlvoll zu der erwähnten mediantischen Aus-

99

weichung (h-Moll/H-Dur) an (T. 157–188).[14] Daß diese noch zum eröffnenden Rahmenteil des Finales gehört, zeigt nicht nur das unveränderte Metrum (3/4-Takt), sondern geht auch aus motivischen Ableitungen hervor:

NB 3

Das Solo des Grafen öffnet dominantisch die Tür zu dem großen Ensemble des Finale-Mittelteils (T. 189ff.), das hauptsächlich in e-Moll steht. Zunächst eilt Georg hinzu (T. 191), dann Stadinger (T. 206), schließlich kommen die Gesellen (T. 223). Das ist also, obwohl der Graf entkommt (T. 212/213), die Da Pontesche Steigerung, das wilde Durcheinander eines Finales. Deshalb merken wir gerade hier, wie Lortzing in der klassischen Tradition steht. Das ganze e-Moll-Allegro (bis T. 304) basiert auf einem primär instrumentalen Motiv, mit dem es bereits beginnt:

NB 4

Der Anfang dieses Motivs, sein eigentlicher Kern, ist ja nicht ganz unbekannt. Es ist das instrumentale Hauptmotiv aus Schuberts »Erlkönig«:[15]

---

[14] Beide Gedanken bilden schon in b-Moll/B-Dur das Larghetto der Ouvertüre (T. 42–73) des *Waffenschmied*. Der Dur-Gedanke (»Gern gäb ich Glanz und Reichtum hin …«) erscheint auch im Duett Nr. 5 des 2. Aktes, T. 165–178 (in D-Dur) sowie im Schlußgesang des 3. Aktes, T. 2–11 (in C-Dur).

[15] Ab T. 214ff. reduziert sich das Motiv oft auf die ersten sieben Töne.

NB 5

Lortzing hatte das natürlich im Kopf.[16] Wichtig erscheint aber weniger die Reminszenz als vielmehr das, was Lortzing daraus macht, besonders in metrischer Hinsicht.

NB 6a

NB 6b

[16] Georg Richard Kruse (*Albert Lortzing*, Berlin 1899, S. 15) findet in Lortzings Lied des Serini aus *Viola* eine Ähnlichkeit mit der Romanze »Der Vollmond strahlt« (Nr. 3b) aus Schuberts Schauspielmusik zu *Rosamunde*, was jedoch kaum überzeugt.

Das stille Finale

NB 6d, Forts.

Die sieben Anfangstöne des Motivs beginnen bei Schubert *stets* auf der guten, betonten Hälfte des Taktes, sozusagen auf der ersten Hälfte eines 12/8-Taktes. Das entspricht dem insistierenden, obsessiven Charakter seiner Ballade. Lortzing metrisiert zweitaktig, und auch bei ihm beginnen die sieben Anfangstöne zunächst auf dem ersten, dem guten und betonten Takt der Zweitaktgruppe (NB 4). Doch dabei bleibt es nicht. Wenn Georg mit einer langen Lanze herumsticht, »als ob er den Grafen verfolge« (NB 6a), beginnt das Motiv auf dem zweiten, auf dem metrisch schwächeren Takt (T. 214ff.). Beim Hinzukommen der Gesellen erscheinen nur die ersten sechs Töne (zu jetzt halbtaktigem Harmoniewechsel) als ostinates Motiv (NB 6b, T. 223ff.). Wenn die Gesellen sich nach verschiedenen Seiten verteilen, erklingt das Motiv – in Singstimmen und Instrumenten – plötzlich auftaktig (NB 6c, T. 253ff.), übrigens quasi auch als Umkehrung bei Stadingers »Still! Altes Plappermaul!« (T. 255/256). Ebenso auftaktig erscheint das Motiv dann in der sequenzierenden Überleitung zu einer eher kantablen Episode (T. 266 bis 273), in welcher Marie dominiert (dolce). Und wenn Stadinger endlich schlafen gehen will (Meno mosso, Wechsel nach d-Moll/F-Dur, T. 305ff.) klingt das Motiv in der Umkehrung ab (T. 307; NB 6d). Ich habe damit durchaus nicht alle Details dieses kunstvollen Satzes erwähnt. Doch dürfte es genügen, um Lortzing hier als den Schüler Mozartscher Ensembletechnik zu erkennen.

Nach so viel Künsten darf auch das abschließende und zugleich überleitende Calmato (T. 321ff.) trotz seiner Beruhigung nicht ganz auf dergleichen verzichten. Es gliedert sich harmonisch ganz einfach und quadratisch: 4 Takte Tonika, 4 Takte Dominante, 4 Takte Tonika, 4 Takte Dominante, bis hierhin alles über Bordun F. Dann taktweise Tonika, Dominante, Tonika, Dominante, schließlich 2 Takte Tonika und 2 Takte Dominante (Quartsextakkord mit Auflösung), bevor mit dem letzten gesungenen Akkord ein wunderbares rein instrumentales Verklingen einsetzt, wiederum ganz quadratisch gefaßt. Die gesungene Passage hat einen Anflug von Polymetrie[17], denn man kann über dem harmonischen Gerüst hauptsächlich zwei unterschiedene Viertaktgliederungen ausmachen: Gesellen + Hörner und Oboen, dann zwei Takte später einsetzend Marie + Soloklarinette. Mit der ersten »echten« Dominante vereinigen sich die Stimmen a cappella in reiner Homorhythmik und Homometrik.

Zu Beginn des abschließenden Rahmenteils überrascht Lortzing mit einer singulären riskanten Finalidee: »Die Bühne bleibt eine Zeitlang leer und dunkel[18], dann öffnet Marie leise die Seitentür und tritt, die Lampe in der Hand, wieder ein« (T. 348ff.). Entsprechend überraschend ist hier Art und Gattung von Text und Musik: Recitativo accompagnato, Blankverse (italienisch: Endecasillabi sciolti), eine bei Lortzing sehr seltene Versart – also Mittel der Tragödie und der ernsten Oper: »Er schläft! Wir alle sind in Angst und Not, | und er kann schlafen! das begreif ich nicht! [...]«

Nach einem präludierenden Klarinettensolo (T. 389) mildert sich Maries Pathos zu rührender Innigkeit in dem Arioso des abschließenden Rahmenteils (T. 390ff.): Marie denkt an ihren Geliebten, der nun – anders als im eröffnenden Rahmenteil – nur noch in ihrer Vorstellung anwesend ist. Wenn der

---

[17] Ich verwende den Ausdruck »Polymetrie« im Sinne des grundlegenden Aufsatzes von Thrasybulos Georgiades, *Aus der Musiksprache des Mozart-Theaters*, in: Georgiades, *Kleine Schriften*, Tutzing 1977 (= *Münchner Veröffentlichungen zur Musikgeschichte*, Bd. 26), S. 9–32, hier S. 29 (vorher in *Mozart-Jahrbuch* 1950, Salzburg 1951).

[18] Eine Spur von dieser musikdramatischen Idee findet sich am Schluß des *Rosenkavalier* von Richard Strauss: Ziffer 307 »(Die Bühne bleibt leer)«, 5 Takte danach »(Dann geht nochmals die Mitteltür auf. Herein kommt der kleine Neger, mit einer Kerze in der Hand.–)«.

eröffnende Rahmenteil mit den kurzatmigen Fünfsilblern (Quinari) begonnen hatte (»Bei nächtgem Dunkel | Schleich ich herein«) – so erscheinen die Quinari nun zu *einem* Vers zusammengezogen, zu kantablen Vierhebern: »Er ist so gut, so brav und bieder, | Sein redlich Herz find't man nicht mehr.«

Die musikalischen Mittel sind von eindringlicher Schlichtheit: reine Streicherbegleitung (mit Violoncello solo) ohne Kontrabässe; diese setzen erst, mit den Bläsern, zur Wiederholung des Schlußverses ein. Als zu Beginn des Finales die ersten Worte des Grafen pizzicato begleitet wurden, konnte man damit die Assoziation »Ständchen« verbinden. Nun gegen Schluß begegnet in reinem legato eine wiegende Bewegung, die etwas von einem Schlaflied an sich hat: Marie glaubt ja, daß Konrad schläft.

NB 7

Besonders mit der zwanglosen imitatorischen Floskel des Solocellos (T. 390ff.) erinnert der Charakter der Musik an eine Satzart, die von Haydn und Beethoven gelegentlich als »innocente« bezeichnet wurde.[19]

Wenn Lortzing jetzt damit das Finale beenden würde, wie er es später wirklich tut (vgl. T. 523ff.), wäre die dramatische Spannung gefährdet. Ganz so fraglos darf Marie sich der einwiegenden Stimmung nicht überlassen. Also kommt es zu einer Unterbrechung mit nochmaligem Recitativo accompagnato, wieder in Blankversen (T. 438–462). Deutlicher als im ersten Rezitativ treten hier auch die für dieses pathetische Deklamieren typischen Appoggiaturen in Erscheinung:

NB 8

[19] Vgl. z. B. Beethoven, *Elf neue Bagatellen* op. 119, Nr. 11: »innocentemente e cantabile«.

Das tragische Genus erscheint hier nicht von ungefähr[20], denn Maries Gedanken richten sich noch einmal, und nicht ohne Sympathie, auf den Grafen, also den vermeintlichen Nebenbuhler. Erinnernd zitieren (T. 448–450) Klarinetten und Fagotte das Motiv vom Anfang des Finale (Hauptthema des eröffnenden Rahmenteils), mit der kleinen Variante, daß es jetzt auf der Dominante beginnt. Maries Versuchung ist an dieser Stelle (T. 451/452) durch das Fensteröffnen und den hereinbrechenden Mondschein angedeutet. Mit Recht hat man darin eine Reminiszenz an die große Agathen-Szene des *Freischütz* gesehen.[21] Bei Lortzing heißt es: »O schöne Nacht! wie hell die Sternlein flimmern!«. Bei Weber: »Welch schöne Nacht! [...] O wie hell die goldnen Sterne, | Mit wie reinem Glanz sie glühn!«[22] Doch einerseits macht Lortzing musikalisch nichts daraus – es fehlen jene wundervollen sich öffnenden Harmonien des *Freischütz* –, andererseits hat das Fensteröffnen bei ihm eine andere Funktion, nämlich eine komödienhafte. Denn Marie, die den Grafen zu erblicken glaubt, »riegelt schnell den Laden zu und stellt sich mit dem Rücken dagegen, als wolle sie ein Eindringen verhüten; dann sieht sie durch die Spalte« (T. 455ff.). Und wieder präludiert die Soloklarinette (T. 457–460). Offenbar tut sie das immer, sobald Marie an einen der angeblich zwei Männer denkt.

Mit dem Allegro affabile (T. 463ff.), das dem Grafen gilt, führt Lortzing diskret etwas von jenem Element ein, das man von einem Aktschluß erwartet: schnelle Bewegung, instrumentale Pracht. In die Verse »Zu thronen beim Turniere/in mitten schöner Fraun« schallt sogar, allerdings pianissimo, eine Trompete (T. 478ff.), welche in dem ganzen Finale sonst niemals eingesetzt ist, dazu piano kriegerische Pauken (T. 482ff.). Sogar in Maries Gesang deuten sich hier fanfarenhafte Dreiklangsfiguren an, und die oktavierende Soloflöte (T. 482ff.) erinnert an militärische Pfeifer. Wenn sich Marie aus ihrem anfänglichen scherzando (T. 463 und 497) immer mehr (zweihebige Verse in der Art italienischer Quinari tronchi) in das Ausmalen von Bankett und goldnem Saal hineinsteigert (T. 505ff.), schraubt sich in den Celli in drohen-

---

[20] Die dramaturgische Parallele – eine Frau zwischen zwei Liebhabern, die in Wirklichkeit ein und derselbe sind – in einer Tragödie findet sich in Schillers *Räubern*, Schauspiel-Fassung IV, 4 und vor allem Trauerspiel-Fassung IV, 10–12; *Schillers Werke*, Nationalausgabe, Bd. III, Weimar 1953, S. 100–103 und 203–208.

[21] Vgl. z. B. Hermann Killer, *Albert Lortzing*, Potsdam 1938, S. 92.

[22] Carl Maria von Weber, *Der Freischütz*, Nr. 8 Szene und Arie (II, 2), T. 12ff. und 35f.

den Sequenzen crescendierend eine Figur herauf, welche die ornamentalen Sechzehntel des zweiten Gesangstaktes krebsförmig umkehrt:

NB 9

Die Perversität von Maries Gedanken deutet sich an, doch rechtzeitig hält sie inne (T. 510) –»Was ficht dich an, du töricht Mädchen« – und kehrt zur Sentenz ihres Andantino zurück (T. 514ff.), wobei den begleitenden Streichern nun ausdrücklich »dolce« vorgeschrieben ist: »Reichtum allein tut's nicht auf Erden.« Und nun offenbart sich der Schlaflied-Charakter der Musik auch im Text: »So schlummre sanft, du Trauter du! | Dir wünscht dein Liebchen süße Ruh!« (T. 533ff.)

Es offenbart sich aber auch die Einheit dieses Finales. Kurz vor Erreichen der allerletzten Tonika (T. 539–545) läßt die 1. Klarinette aus dem Verklingen des Andantino heraus zweimal ein Motiv ertönen, das sich als Fragment des Seitenthemas aus dem eröffnenden Rahmenteil (vgl. NB 2) erweist, hier in Dur:

NB 10

Wir sahen, daß dieses Seitenthema dort der Marie zugeordnet war, es trat zuerst zu Maries ersten Worten im Finale auf. So ist es sinnvoll, daß es nun zu ihren letzten Worten in versöhnlichem Dur erklingt.[23] Bevor bloße Streicherakkorde den Akt im pianissimo abschließen, beginnt der Vorhang langsam zu fallen (ab T. 551). Ich weiß nicht, ob diese Vorschrift bei Lortzing

---

[23] Auch gegen Schluß des folgenden Entr'acte tritt das Motiv mit leichter Variante und der Vorschrift dolcissimo auf; vgl. Partitur S. 142f. (Violinen).

noch an anderer Stelle vorkommt, jedenfalls korrespondiert sie völlig mit der dramatischen Situation und Stimmung.[24]

Ich hoffe, mit meinen Bemerkungen deutlich gemacht zu haben, daß Lortzing hier eine überaus originelle und poetische dramatische Konzeption – die Bogenform eines stillen Finales – in eine ebenso originelle und in sich schlüssige musikalische Struktur umgesetzt hat – nicht im Sinne einer Überlagerung oder Untermalung, sondern im Sinne vollkommener Korrespondenz. Dies geschieht ohne jede Künstelei, ohne ostentatives Hervorkehren ästhetischer Reflexion und professioneller Könnerschaft. Dennoch läßt die musikalische Satztechnik, wo man auch hinschaut, den Meister erkennen, der seinesgleichen sucht. Ich halte es deshalb nicht für das Bonmot einer vorübergehenden Laune, wenn Gustav Mahler 1901 äußerte:[25] »Es gibt wahrhaftig nicht mehr als drei vollkommene deutsche Opernkomponisten: Mozart [...], Wagner und – ihr werdet euch wundern, wer der Dritte ist! [...] Der Dritte, den ich meine, ist Lortzing. Sein ›Zar‹, sein ›Wildschütz‹ läßt ihn im Text, in Handlung und Musik als das größte Operntalent neben Mozart und Wagner erscheinen.«[26]

---

[24] Etwas verwandt ist der Schluß des 3. Aktes der *Undine*.
[25] Herbert Killian (Hrsg.), *Gustav Mahler in den Erinnerungen von Natalie Bauer-Lechner* mit Anmerkungen und Erklärungen von Knud Martner. Rev. und erweiterte Ausgabe, Hamburg 1984, S. 200.
[26] Wie sich Hofmannsthal während der Arbeit an *Arabella* im Hinblick auf das erträumte »musikalische Lustspiel« auch an Lortzing orientierte, zeigt sein Brief vom 14. September 1928. Vgl. Richard Strauss/Hugo von Hofmannsthal, *Briefwechsel – Gesamtausgabe*, Zürich 1964 (3. Auflage), S. 663–665.

Joachim Veit

Musik über Musik ? – Albert Lortzings *Zum Großadmiral*

»Und so ist denn auch Lortzing's ›Großadmiral‹ nach spärlichem Aufflackern von der Bühne verschwunden, in die Bibliotheken gewandert und dort eingesargt worden.«

Das wenig schmeichelhafte Bild von den Aufgaben eines Bibliothekars, das Hermann Mendel hier als Schlußsatz seiner Einführung in Lortzings *Großadmiral* entwirft[1], wurde mit dieser, in einer Bibliothek stattfindenden Tagung sicherlich zur Genüge widerlegt – gelingt dies aber auch bei dem Gegenstand seiner Kritik, Lortzings komischer Oper in drei Akten *Zum Großadmiral*?

Blickt man auf die spärlichen Dokumente zur Rezeption, ist man zunächst einmal überrascht: Die von Lortzing zwischen September 1846 und August 1847 während seiner Kapellmeistertätigkeit am Theater an der Wien geschriebene Oper ging am 13. Dezember 1847 in Leipzig erstmals über die Bühne und hat dort, wie es in einer kurzen Besprechung der Leipziger *Theater-Locomotive* heißt,[2] »wie die früheren Opern des beliebten Comp., den

---

[1] »Einführung in die Oper«, in: *Zum Groß-Admiral. Komische Oper in drei Akten. Nach dem Französischen bearbeitet. Musik von Albert Lortzing [...]. Neu revidirte vollständige Ausgabe des Musiktextes und Dialogs, mit Angabe des Inhalts der Oper und einer Einführung in dieselbe von Hermann Mendel. Einzig rechtmäßige Originalausgabe*, Berlin: S. Mode's Verlag (Gustav Mode), o. J., S. 7. »Wenig schmeichelhaft« ist auch Mendels Umgang mit dem Urheberrecht: Seine Einführung ist im Kerntext eine sehr vergröbernde Paraphrase von Eduard Hanslicks ausführlicher Besprechung, die in der Beilage zum *Morgenblatte* der *Wiener Zeitung* vom 17. Februar 1849 erschien; vgl. Eduard Hanslick, *Sämtliche Schriften. Historisch-kritische Ausgabe*, Bd. I, 2: *Aufsätze und Rezensionen 1849–1854*, hrsg. u. kommentiert von Dietmar Strauß, Wien u. a. 1994, S. 43–47.

[2] *Theater-Locomotive* (Leipzig), Jg. 3 (17. Dezember 1847), S. 587. Weiter heißt es dort: »Die Repräsentanten der Hauptpartien, die Damen Günther-Bachmann,

vollständigsten Succeß davongetragen«[2]. Der Berichterstatter des *Leipziger Tageblatts* schreibt in ähnlichem Sinn: »Es genüge daher zu bemerken, daß sich das Interesse des Publicums, das sich durch wiederholten Applaus bei zahlreichen einzelnen Piecen kund gab, mit dem Weiterschreiten des Stückes sichtlich steigerte, dessen zweite Hälfte die erste an Reiz und Gehalt jedenfalls überbietet. [...] Die Darstellenden wurden sämmtlich am Schlusse gerufen«[3]. Auch im *Humoristen* ist vom »ständig sich steigernde[n] Beifall«[4] die Rede, und vom Korrespondenten der *Allgemeinen Theater-Chronik* wurde der »Totaleindruck der Oper« sogar als so günstig empfunden, daß »dieselbe gewiß auch bald auf den übrigen deutschen Bühnen zur Aufführung kommen wird«[5].

Ähnlich reagierte das Publikum, als das Werk am 7. Februar 1849 am Josephstädter Theater in Wien unter Lortzings eigener Leitung mehrfach aufgeführt wurde. Bäuerles *Theater-Zeitung* resümiert: »Hr. Lortzing wurde oft gerufen, die Oper dürfte einige Häuser machen«[6]. In der *Theaterchronik* heißt es: »Jedenfalls wird sich die Oper nun von hier die Bahn brechen, was ihr von Leipzig unbegreiflicherweise nicht gelingen sollte«[7].

Dennoch setzte sich das Werk nicht durch und wurde wohl nur noch von München zur Aufführung angenommen[8], obwohl bereits 1848 ein Klavierauszug im Druck bei Breitkopf und Härtel erschien.[9]

Grünberg und Schwarzbach, wie die Herren Widemann, Brassin und Behr wurden am Schluß verdientermaßen hervorgerufen.«

[3] *Leipziger Tageblatt* (15. Dezember 1847), S. 4034, wo es zur Besetzung heißt: »Die Hauptrollen befinden sich in den Händen der Frau Günther-Bachmann (Page), und der Herrn Widemann (Heinrich), Behr (Gastwirth zum Großadmiral) und Brassin (Graf von Rochester)«.

[4] *Der Humorist*, Jg. 11 (23. Dezember 1847), S. 1224.

[5] *Allgemeine Theater-Chronik*, Jg. 16, Nr. 153 (17. Dezember 1847) S. 609.

[6] *Allgemeine Theaterzeitung* (Bäuerle), 9. Februar 1849. Nach Angaben von Eduard Hanslick (vgl. Anm. 1) fanden bis zum 17. Februar 1849 drei Wiederholungen statt.

[7] *Allgemeine Theater-Chronik*, Jg. 18, Nr. 24 (17. Februar 1849), S. 94.

[8] Vgl. dazu Lortzings Brief an seine Frau vom 12. April 1849, in: Albert Lortzing, *Sämtliche Briefe. Historisch-kritische Ausgabe*, hrsg. von Irmlind Capelle, Kassel u. a. 1995, S. 355f.

[9] „ZUM GROSS-ADMIRAL. | Komische Oper in drei Akten. | (Nach dem Französischen bearbeitet) | von | ALBERT LORTZING. | Vollständiger Clavierauszug | VON F. L. SCHUBERT. | Eigenthum der Verleger. | Leipzig, bei Breitkopf und

Dieser anfänglich so positiven Publikumsreaktion steht eine teilweise recht herbe Kritik gegenüber. Schon Eduard Hanslick gibt zwar in seiner Besprechung der Wiener Aufführungen zu, daß die Oper dem Publikum »sehr gefallen hat«, erklärt aber das Werk im Vergleich zu früheren Schöpfungen Lortzings »für schwach« und erkennt darin den »Verfall seiner musikalischen Erfindungskraft«[10]. Auch der Rezensent des Klavierauszugs in der *AmZ* hat allerlei auszusetzen.[11]

Um die wichtigsten Kritikpunkte besser verstehen zu können, sei nachfolgend zunächst der Inhalt des Werkes skizziert. Die knappste Charakteristik findet sich in der *Theater-Chronik*:[12]

»Das Süjet der Oper ist einfach. Heinrich, der Thronerbe von England, ein junger, leichtfertiger Roué [d. i. ein vornehmer Lebemann/gewissenloser Mensch], wird unter Mitwissen seiner Gemahlin durch Vermittelung des Grafen von Rochester von seiner Sucht zu allerlei Abenteuern geheilt, und wie man präsumiren muß, fortan ein guter Ehemann.«

Diese »Heilung« geschieht im II. Akt in der Hafenschenke »Zum Großadmiral«, wo Heinrich nach eifriger Zecherei die Nichte des Wirtshausbesitzers Copp Movbrai namens Betty mit seiner Begierde verfolgt; diese wiederum ist in einen als Musikmeister verkleideten Pagen verliebt. Graf Rochester sorgt dafür, daß Heinrich die Geldbörse gestohlen und er als Zechpreller und Dieb zugleich festgesetzt wird, da er in dieser Notsituation einen Ring zum Pfande bietet, dessen »höfische Abstammung« man leider sofort erkennt. Auf dem Weg zum Gefängnis läßt Rochester den Prinzen aber befreien.

Der III. Akt spielt dann wieder bei Hofe, mit allerlei Komik, da der Gastwirt mit seiner Nichte kommt, um den Ring zurückzubringen und den Dieb anzuklagen, aber nach und nach zu seiner größten Verwirrung die Gesichter der vergangenen Nacht erkennen muß.

Härtel. | Pr. 7 Thlr. | [PN:] 7761. | Eingetragen in das Vereins-Archiv." (191 S.), vgl. dazu die Angaben bei Irmlind Capelle, *Chronologisch-Thematisches Verzeichnis der Werke von Gustav Albert Lortzing*, Köln 1994, S. 305f.

[10] Eduard Hanslick, „Zum Großadmiral", Beilage zum Morgenblatte der Wiener Zeitung (17. Februar 1849), abgedruckt in: *Sämtliche Schriften* (s. Anm. 1), S. 43, Z. 5f. bzw. S. 44, Z. 7 und 9f.

[11] Vgl. die mit *Dn.* gezeichnete Rezension in: *AmZ*, Jg. 50, Nr. 24 (14. Juni 1848), Sp. 388–393.

[12] S. Anm. 5, S. 609.

Welche Züge dieses Werkes wurden nun vor allem kritisiert? Der Rezensent der *AmZ* hat den Eindruck, daß nach der geschickten und schnellen Exposition das Interesse besonders im I. Akt ermatte, der Komponist habe hier sehr viele Gesangsstücke gewollt, »die Handlung aber nicht«[13]. Hanslick tadelt vor allem den »allgemeinen Fehler a l l e r Lortzing'schen Musik«, den »der haltlosen, zerfahrenen Form«, vermißt die »charakteristischen, guten Melodien« und findet die Strophenlieder schwach. »Noch bedeutungsloser« aber seien die größeren Arien, insbesondere die der Prinzessin im I. Akt und Richards [gemeint ist wahrscheinlich Rochesters] im III. Akt.[14] Eine Singlektion im II. Akt gemahnt ihn zu sehr an die ähnliche in Halévy's *Blitz*, das Larghetto im Finale des III. Akts an den entsprechenden »unendlich besseren« Satz in *Undine*.[15] Reminiszenzen macht auch Bäuerles *Theater-Zeitung* Lortzing zum Vorwurf: Zwar sei das Finale der Oper »komisch und voll Effect«, aber »zum Unglücke« lasse Lortzing ein »zweites, unnatürlich welsch-serioses Finale *à la Verdi* folgen« und zerstöre damit fast den »guten Eindruck des Vorhergegangenen«[16]. Tiefer ins Mark zielen die Vorwürfe der *AmZ*:

»Seine [also Lortzings] Natur ist auf das Heitere und Komische angelegt, und darin gelingt ihm das Meiste und oft in bedeutendem Grade. Das Ernste dagegen, die tieferen Gefühle, die starken Leidenschaften liegen nicht in seinem Gemüthe. Daher fühlt man bei solchen Schilderungen in seinen Opern wohl den Willen, aber nicht die That: man merkt leicht, dass er hier nicht wirklich entflammt ist, sondern nur so thut. So ist z. B. auch in dieser Oper die Gemahlin Heinrich's ohne eindringliche Wahrheit des Charakters und Gefühles [...] gezeichnet.«[17]

Als Beispiel ist auch die Einleitung zum Duett zwischen Prinzessin Catharina und Graf Rochester im I. Akt aufgeführt. Es heißt dazu:

»Diesen Auftritt kündet folgendes Vorspiel mit ganzem Orchester fortissimo an. [folgt ein Notenbeispiel] Mit solchem Bombast eines noch dazu der Erfindung nach gewöhnlichen Concerttutti's tritt ein feiner und intriguanter Hofmann nicht in das Zimmer und vor eine hohe Fürstin und Frau. Das ist allenfalls Hohn eines triumphirenden Siegers über eine für immer macht-

---

[13] *AmZ* (s. Anm. 11), Sp. 389.
[14] Hanslick (s. Anm. 1), S. 44.
[15] Ebda, S. 44f.
[16] *Allgemeine Theaterzeitung* (s. Anm. 5), S. 136.
[17] *AmZ* (s. Anm. 11), Sp. 389.

und einflusslos gewordene Fürstin, aber nicht Ansprache einer, die man wohl zu fürchten hat, und der man Ehrfurcht schuldet und zeigen muss.«[18]

Und weiter heißt es: »Von so leichtfertigem, auf Charakter, Situation und daraus entspringender Gefühlsweise gar nicht Rücksicht nehmendem Hinwurf der Gedanken, wie sie eben im Augenblicke sich zuerst anbieten, ohne Prüfung, ob sie sagen was sie sagen sollen und müssen«, liefere die Oper weitere Beispiele. Insbesondere Lortzings Modulationen seien kein »Analogon der Gemüthsmodulation«, d. h. letztlich, es fehle die »Wahrheit« der Darstellung.[19]

Diese Kritik wurde so ausführlich zitiert, weil sie offensichtlich einen Kern des Stückes trifft, und man kann den Rezensenten zum großen Teil in der Sache, keineswegs aber in deren Bewertung zustimmen. Dieser Eindruck sei im folgenden durch die Analyse einiger ausgewählter Stellen illustriert, wobei die Ausführungen als Thesen zu einer Diskussion, nicht als sichere Feststellungen zu verstehen sind.

1. Lortzingsche Akzente bei der Adaptation der Textvorlage

Lortzings Libretto geht zurück auf ein französisches Boulevardstück, Alexandre Duvals *La Jeunesse de Henri V.* von 1806, das unter dem Titel *Heinrich's des Fünften Jugendjahre* in der Übersetzung August Wilhelm Ifflands in Deutschland verbreitet war.[20] Wie schon Petra Fischer feststellte, hält sich Lortzing im wesentlichen an die Dramaturgie von Ifflands dreiaktiger Lustspielfassung[21], ja er hat sogar viele Details übernommen, die man auf den ersten Blick für typisch Lortzingsche Zusätze halten könnte, so z. B. die Tatsache, daß der Gastwirt sich am Königshofe immer wieder selbst daran erinnern muß, daß die Flüche, die er gerade ausgesprochen, eigentlich durch

---

[18] Ebda., Sp. 389f.
[19] Zitate ebda., Sp. 390 u. 391.
[20] Vgl. Petra Fischer, *Vormärz und Zeitbürgertum. Gustav Albert Lortzings Operntexte*, Stuttgart 1996, S. 184. Das Werk Ifflands (»Heinrich's des Fünften | Jugendjahre. | Lustspiel in drei Aufzügen | von | Alex. Duval, | übersetzt und bearbeitet von | August Wilhelm Iffland.«) steht in der Ausgabe von 1808 auf den S. 95–156, Mylady Clara ist in der Personenübersicht als »Lieblingsdame der Prinzessin« bezeichnet.
[21] Ebda., S. 185.

die Hofetikette untersagt sind.[22] Für Petra Fischer liegt der bedeutendste Unterschied zwischen Vorlage und Libretto »in der Politisierung der Handlung. Während in Ifflands Stück die Eskapaden des Prinzen Heinrich dessen Privatangelegenheit sind und nur seiner Gemahlin Anlaß zur Klage geben, gefährdet in der Oper der Prinz das Wohl seines Volkes«[23].

In der Tat verschärft Lortzing die vorhandenen Gegensätze, u. a. auch dadurch, daß er Heinrich nicht bloß mit der moralisierenden Hofdame seiner Gattin konfrontiert, sondern beide Ehepartner stets direkt aufeinandertreffen läßt (während bei Iffland die Prinzessin selbst überhaupt nicht vorkommt[24]). Auch die beiden ersten Solonummern des Thronfolgerpaares könnten unterschiedlicher kaum sein: Auf der einen Seite die larmoyante Arie der Catharina: »In des Geliebten Blicken | Lag Wonne mir und Lust«[25], auf der anderen Seite Heinrichs draufgängerische Arie »In der Jugend Wonnetagen | Lust auf Lust mir zu erjagen, | Sei mein Streben, sei mein Ziel! | Stets der Freude hingegeben, | Zieh' ich fröhlich durch das Leben, | Treib' mit Sorgen ich nur Spiel!«[26] – wahrlich als politisches Bekenntnis eines englischen Prinzen schon im 19. Jahrhundert kaum akzeptabel.

Als Heinrich sich im I. Akt mit fadenscheinigen Begründungen von dem für ihn gegebenen Geburtstagsfest zurückziehen will, um auf neue Abenteuer auszugehen, bringt er die Ausflüchte bei Lortzing ebenfalls direkt seiner Gattin vor, die aber inzwischen mit dem Grafen Rochester einen Plan zu seiner »Heilung« geschmiedet hat und um die Fadenscheinigkeit der angeblichen politischen Gründe weiß.[27] Eine ähnliche Zuspitzung findet sich bei Lortzing zum Ende des II. Akts in der Schenke *Zum Großadmiral*. Während Prinz

---

[22] Vgl. die Szenen III/6 und III/10 bei Iffland.
[23] Fischer (s. Anm. 20), S. 185.
[24] Ebda., S. 185: »Einen dritten Handlungsstrang, der Ifflands Stück den Rahmen gegeben hat, die Werbung Rochesters um Lady Clara, eliminiert der Komponist folgerichtig. Clara tritt gar nicht auf, ihren Part ersetzt bei Lortzing die Gemahlin Heinrichs, Prinzessin Catharina.«
[25] Nr. 1: Introduktion, T. 197ff., Klavierauszug (s. Anm. 9), S. 20ff. (Textzitate aus *Zum Großadmiral* im folgenden nach dem Textbuch, das dem Klavierauszug vorgeheftet und auch separat bei Breitkopf und Härtel erschienen ist.
[26] Szene I/7, Nr. 4: Chor und Arie, T. 60ff.
[27] Bei Iffland ist dagegen in Szene I/7 Lady Clara die Gesprächspartnerin Heinrichs; auch sie ist von Rochester ins Vertrauen gezogen worden.

Heinrich bei Iffland aus dem Zimmer im Gasthof, in das man ihn eingeschlossen hat, mit Hilfe Bettys und ihres angeblichen Gesanglehrers entfliehen kann[28], wird diese Flucht bei Lortzing vereitelt – der Akt endet damit in einer wirklichen »Katastrophe«: Heinrich und sein Fluchthelfer werden, wie es im Textbuch heißt »unter Lärmen und Geschrei abgeführt«[29], d. h. der Prinz scheint seiner gerechten Strafe zugeführt zu werden. Damit erreicht Lortzing zugleich einen geschickten Übergang zum III. Akt.

Verschärft hat Lortzing auch die Situation im letzten Finale. Wiederum treffen Heinrich, seine Gattin und der Intrigant direkt aufeinander, die Auflösung spielt sich in Gegenwart des ganzen Hofstaats ab, vor dem dann auch Copp und seine Nichte erscheinen. Während bei Iffland Copps Nichte letztlich die verfahrene Situation meistert[30], hilft sich Copp bei Lortzing, nachdem er eigentlich die Wahrheit ausgesprochen, selbst heraus, indem er seine gerade gemachte Aussage unerwartet umbiegt: »jene Gauner – (sich verbessernd), noble Herrn –, kamen mir nicht ungelegen« usw.[31] So macht sich der bürgerliche Wirt gewissermaßen vor dem Hofstaat lächerlich, Heinrich aber bewahrt nobel Fassung, indem sein Schuldbekenntnis eher zwischen den Zeilen nur für die unmittelbar Beteiligten verständlich wird.

Die moralische Wandlung des Prinzen bleibt schon im Text merkwürdig schwach, und vielleicht ist es bezeichnend, daß der Schlußgesang »Lasset Jubel dann ertönen« just mit derselben Zeile beginnt wie der Eingangschor, wo sich dieser Jubel rasch als verfehlt erweist.[32] Um es mit Jürgen Lodemann auszudrücken: »Am Ende siegt ausgerechnet das Milieu, dem dies Musikspiel mit soviel Überzeugung nachweisen konnte, daß es hohl ist und einen *Sieg* gar nicht verdient«[33].

[28] Vgl. Szene II/12 bei Iffland.
[29] Vgl. Szene II/13 bei Lortzing, Librettodruck, S. 15.
[30] Vgl. Szene III/10 bei Iffland.
[31] Vgl. Szene III/10 bei Lortzing, Text hier nach Klavierauszug, S. 181 (im Librettodruck irrtümlich »Jener Gauner«).
[32] Vgl. Klavierauszug, S. 12ff. »Lasset Jubel laut ertönen« (G-Dur) bzw. S. 190ff. »Lasset Jubel dann ertönen« (E-Dur). Die Stellen sind nur textlich, nicht musikalisch aufeinander bezogen. Im Textbuch steht an beiden Stellen: »Lasset Jubel laut ertönen«.
[33] Jürgen Lodemann, *Lortzing. Leben und Werk des dichtenden, komponierenden und singenden Publikumslieblings, Familienvaters und komisch tragischen Spielopernweltmeisters aus Berlin*, Göttingen 2000, S. 437.

2. Musikalische »Merkwürdigkeiten«

Die Kritik an der »Wahrheit« von Lortzings Musik läßt sich schon gleich in der Eingangsszene nachvollziehen. Sie an den Maßstäben von »dramatischer Wahrheit« zu messen, wäre aber höchst verfehlt, es sei denn man bezöge die Distanz, die Lortzing hier offensichtlich mitkomponiert, als das eigentliche »Wahre« dieser Situation mit in den Begriff ein.

Ein G-Dur-6/8-Chor der »Landleute, [...] mit Kränzen« (Klavierauszug, S. 12ff.) begrüßt das Geburtstagskind, das als »der Tugend Ebenbild« bezeichnet wird – ausgerechnet diese Titulatur wird auch noch mehrfach wiederholt.

NB 1: Akt I, Nr. 1: Introduction, Chor der Landleute (Klavierauszug, S. 13)

Wenn sich dann die Türen öffnen, wird der Hörer mit einem »Gebet Acht« (vgl. NB 2) von G-Dur kommend (über E^7) nach F-Dur versetzt, und das

NB 2: Akt I, Nr. 1: Introduction, Chor der Landleute (S. 15f.)

folgende: »preiset ihn mit Segensworten wie die Liebe sie erdacht: Heil unserm Herrn« mit der unerwarteten Rückwendung nach D-Dur kommt dem Lortzing-Kenner als Effekt denn doch sehr vertraut vor. Daß der Ceremonienmeister auch noch auf dem gleichen Ton antwortet: »Seine Hoheit sind nicht daheim!« tut ein übriges, um das Steife der Situation und zusätzlich die Erinnerung an den Preis eines anderen Herrschers zu verstärken. Die Reaktion des Chores ist musikalisch völlig überzogen: Des Ceremonienmeisters »Sie verweilen auf der Jagd« kadenziert nach Es-Dur (die typische Jagdmusik-Tonart ist übrigens später auch die der Arie des Prinzen), die Antwort mit dem Anfangsmotiv des Jubelchores[34] aber ist nach es-Moll versetzt, die Klage des Chores wird durch die expressive Tonartenfolge zu einer tief-tragischen Aussage stilisiert, die pathetischen Stimmeneinwürfe am Ende (vgl. Klavierauszug S. 18, 1. System) erklingen zu dem banalen Text: »Nicht daheim«. Da tritt in lichtem H-Dur die Prinzessin herein – auch die Instrumentation mit solistischen Bläsern und Harfe stellt sie als ein Wesen »vom anderen Stern« dar. Wiederum sind es vertraut klingende Floskeln, derer sie sich in ihrem ersten Rezitativ bedient, bevor sie ihr Leid in Art einer italienischen Szene aussingt. Auch der Übergang zum schnellen Teil dieser Arie mit einer fast weberschen Wendung (vgl. NB 3) erscheint etwas zu bombastisch: auf die 4taktige Phrase »Doch der Hoffnung goldne Sterne« folgen denn auch addierte eintaktige Glieder, die die Wirkung der großen Geste zerstören. Es scheint also so, als habe Lortzing durch Überzeichnung eine parodistische Wirkung beabsichtigt, keinesfalls aber die Prinzessin und ihr Gefolge völlig ernst genommen. Es ist eher ein Tonfall des »als ob«, dessen er sich hier bedient. Dabei ist es typisch, daß er die Hofsphäre vorwiegend mit Elementen italienischer Musik zeichnet, auch das Duett zwischen Graf Rochester und Catharina[35] könnte ohne weiteres einer italienischen Oper entnommen sein und stellt entsprechende Anforderungen an die Sänger, deren Erfüllung Lortzing aber zumindest in Wien erwarten konnte. Ganz im Gegensatz dazu steht Heinrich, bei dessen erstem Auftrittslied (mit Chor, Nr. 4) es sich um ein sehr ausgeweitetes und variiertes Strophenlied mit immer wieder anderen Einschüben handelt, d. h. um eine relativ komplexe Form, wobei allerdings das Couplet des Prinzen stilistisch sehr schlicht und eigentlich dem prinzlichen Charakter überhaupt nicht angemessen ist.[36]

---

[34] Vgl. Klavierauszug S. 12, T. 1–2. Das im folgenden zwischen den Choreinschüben eingefügte Motiv ist hier zudem völlig anders phrasiert als zu Anfang des *Vivace*.

[35] Duett Nr. 2 in Szene I/5, Klavierauszug, S. 26ff.

[36] Es scheint typisch für den Umgang mit Lortzing, daß in der einzigen Rundfunkproduktion dieser Oper, die in den 1930er Jahren entstand und das Werk in einer freien Bearbeitung, die auch fremde Stücke integrierte, auf ca. 70 Minuten kürzte, in

NB 3: Akt I, Nr. 1: Introduction, Catharina (Klavierauszug, S. 21)

3. Stilzitate oder bewußte musikalische Anspielungen?

Man muß sich bei Lortzing stets vor Augen halten, daß er als Schauspieler und Sänger mit dem Repertoire seiner Zeit sehr eng vertraut war. So kannte er nicht nur die Tonfälle, die für bestimmte Situationen bevorzugt wurden, sondern er hätte solche Tonfälle auch mit etlichen Beispielen konkret »vorführen« können. Bei dem zuvor kurz beschriebenen ersten Auftritt der Prinzessin etwa hat man den Eindruck, daß Lortzing die Ingredienzien ihres »Tonfalls« »zusammengemixt« hat, aber so, daß die Bestandteile noch sepa-

> dieser Arie außer den Choreinwürfen und dem Couplet nicht viel übrig blieb. Auch in den übrigen Nummern der Oper wurden nahezu alle satirischen Anspielungen gestrichen, so daß das Werk seiner Komplexität und aller Spitzen beraubt wurde. (Heinrich: Ferdinand Müller-Heldrich, Catharina: Maria Wutz, Rochester: Arno Schellenberg, Copp Movbrai: Ludwig Ermold, Betty: Rosl Schaffrian; Chor und Orchester des Reichssenders Berlin, Ltg.: Heinzkarl Weigel). Der Klavierauszug zu dieser Funkfassung von Arthur Treumann-Mette erschien 1936 bei Ahn & Simrock in Berlin.

rierbar sind, ohne daß Vorbilder konkret belegt werden können. In der Tat wird an vielen Stellen des Werkes eine Erinnerung an andere Stücke geweckt, obwohl rasch klar wird, daß es schwierig wäre, motivische Abhängigkeiten direkt nachzuweisen, daß es jedoch andererseits gerade dieser jeweilige »Tonfall« ist, der auf Bezüge zu anderen Stücken schließen läßt. Dabei scheint dieses Prinzip bei Lortzing durchaus bewußt angewendet, und es gibt sogar ein paar Stellen, an denen solche Beziehungen sehr konkret benennbar sind und zudem Licht auf die Interpretation des Stückes werfen.

Ein Beispiel dafür findet sich am Ende des ersten Finale, als Heinrich dringende politische Aufgaben vorschiebt, um dem Geburtstagsfest zu entkommen. »Sie sehn, dass Eile nöthig hier, fort muss ich, fort, wo ich so gerne bliebe« heißt es hier, im *Allegro con spirito* schließt sich an: »Wohlgemuth, wohlgemuth und mit leichtem Sinn eilt er fort mit leichtem Herzen«[37] (vgl. NB 4). Jeder Opernkenner der Zeit mußte sich bei dieser Wiederholung des »Wohlgemuth«, noch dazu in identischer rhythmischer Formel, an den Geisterchor aus Webers *Oberon* erinnert fühlen[38] (NB 5). Zwar weichen dort

NB 4: Akt I, Nr. 5, Finale (Klavierauszug S. 64)

[37] Klavierauszug, S. 64. Im Klavierauszug lautet der Text »frohem Herzen«.
[38] Carl Maria von Weber, *Oberon. Romantische Oper in 3 Akten*. Klavier-Auszug. Revidiert von Gustav F. Kogel, Leipzig: C. F. Peters, o. J., S. 85.

NB 5: C. M. v. Weber, *Oberon*, Akt 2, Nr. 14, Finale

melodische und rhythmische Gestalt ab, aber die durch Pause voneinander abgesetzte Wiederholung in Verbindung mit dem »segelt fort« schafft eine auffallende Übereinstimmung im Tonfall beider Stellen. Daß Lortzing an dieser Stelle ausgerechnet auf die Vokabel »Wohlgemuth« und auch auf deren Wiederholung verfällt, mag ihm als »Tonfall« aus eigener Erinnerung in die Feder geflossen sein[39], es scheint aber hier mehr damit gemeint: *Oberon* war die für London geschriebene Oper Webers (der *Großadmiral* spielt ebenfalls dort), und auch im *Oberon* lebt ein Herrscherpaar im ehelichen Zwist; genauer noch: Hüon wird mit diesem Chor von den Geistern davongetragen nach Tunis, wo ihn die Verführung erwartet – ist diese Übereinstimmung der Situation wirklich nur Zufall? Passend ist im übrigen auch der Text des Chores, da sich die Geister zurufen: »Wer blieb im korallenen Schacht, wenn der Mond auf stillen Wogen lacht?«[40] Auch Heinrich zieht es in der Nacht weg vom langweiligen Prunk des Hofes zu anderen Abenteuern.

Ein zweites, vielleicht sehr hergeholt wirkendes Beispiel: Heinrich wird beim Zechen in der Schenke *Zum Großadmiral* natürlich aufgefordert ein Lied zu singen. Es folgt eine Barcarole mit Chorrefrain auf die Worte »Ohi, oha, oho! von Liebe angezogen er zur Heimath schwebt« (vgl. NB 6).

[39] Auch bei der Terzwendung der Einleitungsfloskel (vgl. im Notenbeispiel 4 den zweiten Takt der Singstimme) handelt es sich zwar um eine Allerweltsformel, aber doch eine bei Weber so häufig gebrauchte Wendung, daß sie vermutlich hier nicht zufällig auftritt. Lortzing kannte das Werk spätestens seit seiner Detmolder Zeit, wo er die Einstudierung in einem Brief vom 28. Oktober 1828 an seine Eltern erwähnt (vgl. Lortzing, *Briefe*, S. 16f.). Er sang dabei die Rolle des Scherasmin (vgl. Willi Schramm, *Albert Lortzing während seiner Zugehörigkeit zur Detmolder Hoftheatergesellschaft 1826–1833*, Detmold 1951, S. 67).

[40] *Oberon*, Klavierauszug (s. Anm. 38), S. 85.

NB 6: Akt II, Nr. 7 Barcarole, Heinrich (Klavierauszug S. 89f.)

Man kann sich beim Hören des Eindrucks nicht erwehren, hier parodiere Lortzing Wagners *Holländer*, und in der Tat ist es nicht bloß das »Jo ho ho hoe!« in Sentas Ballade, was diese Assoziation weckt.[41] Ist es bei Wagner in der ersten Strophe das Schiff mit blutroten Segeln und einem bleichen Mann an Bord, der sich nach dem treuen Weibe sehnt, so zeigen sich bei Lortzing am Horizont die Segel eines »Schifflein[s]«, auf dem sich ein »Seemann« zum »Liebchen« in der Heimat sehnt. In der zweiten Strophe ist bei Wagner von »bösem Wind und Sturmeswut« die Rede, bei Lortzing »drohen Sturm und Wellen, das Schifflein zu zerschellen«, in der dritten ist dann vom Liebchen die Rede, das im »engen Stübchen« voll Angst und Pein darauf wartet, daß ihr Liebster wieder ans Land kommt. Das sind sehr oberflächliche Parallelen,

---

[41] Richard Wagner, *Der fliegende Holländer. Klavierauszug von Gustav Brecher*, Frankfurt u. a.: C. F. Peters, o. J., S. 99ff. In beiden Fällen handelt es sich um einen 6/8tel-Takt, der jeweils längste Ton ist zugleich der höchste (bei Wagner im Quint-, bei Lortzing im Oktavsprung erreicht). Wagners Motiv ist zugleich eine Variante des in der Oper omnipräsenten Holländermotivs, dem Opernpublikum also wiederum »im Ohr«. Wagners Werk war am 2. Januar 1843 in Dresden uraufgeführt worden, es ist anzunehmen, daß Lortzing es zumindest über den Klavierauszug kannte.

die vielleicht auf Seemanns-Balladen im allgemeinen zutreffen, und das Lied ist bei Lortzing durch seinen refrainartigen zweiten Teil »Frei auf des Meeres Wogen nur der Seemann lebt« auch primär als Bekenntnis Heinrichs zu seinem freien Lebensstil konzipiert – aber denkbar bleibt eine solche Anspielung immerhin.

In beiden Fällen geht übrigens ein »Chorlied« dieser Nummer voraus[42], bei Lortzing zusätzlich noch eine Art Ballade des Gastwirts Copp (Nr. 6).

NB 7: Akt II, Nr. 6 Chor und Arie, Copp (Klavierauszug, S. 79f.)

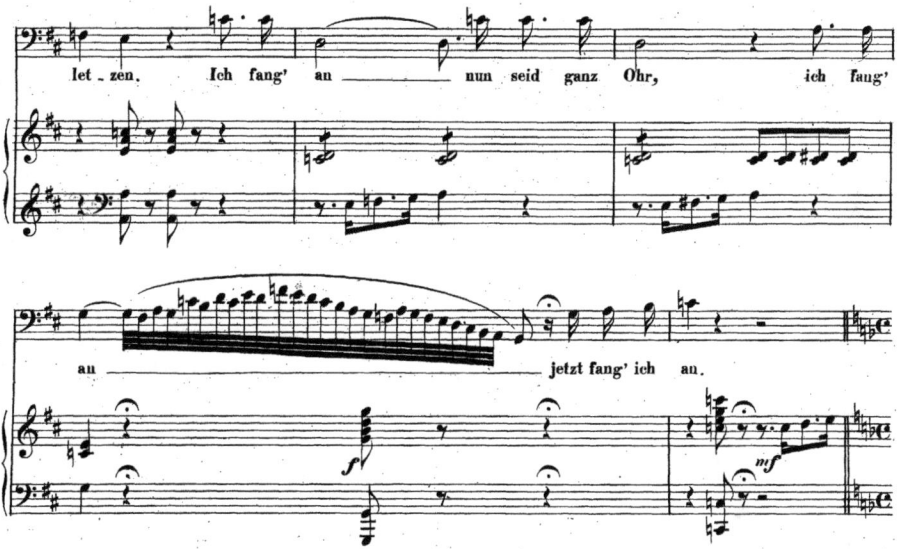

In dieser zeigen sich deutlichere Anspielungen (vgl. NB 7). Z. B. erinnert seine musikalisch ausgestaltete umständliche Einleitung »Ich fang' an nun seid ganz Ohr, ich fang' an jetzt fang' ich an« unverkennbar an den Anfang von van Betts großem »Solo« im *Zar und Zimmermann*[43], nur daß hier eine anspruchsvollere Koloratur eingefügt ist.

[42] Bei Wagner der Chor der Mädchen »Summ und brumm, du gutes Rädchen« (Klavierauszug, S. 78ff.), bei Lortzing der kurze Chorsatz »Heil Brittania« als Abschluß der bereits mit Chor beginnenden Nr. 6 (vgl. Klavierauszug, S. 86f.).

[43] Albert Lortzing, *Zar und Zimmermann. Komische Oper in 3 Akten. Klavierauszug. Herausgegeben von Georg Richard Kruse*, Leipzig: C. F. Peters, o. J., S. 178.

Hanslick fühlte sich bei der Singlektion im II. Akt an die entsprechende Szene in Halévys *Blitz* erinnert[44], deutlicher scheint mir aber noch die Vorbildfunktion der Arie Lionels (Nr. 3 im *Blitz*) für die hier vorliegende Arie Copps.[45] Beide Nummern beschreiben ungewöhnlich wortreich und mit zum Teil gleichen Vokabeln die Abenteuer des Seemanns einschließlich der Schlacht, die natürlich reichlich Gelegenheit zu bildhafter Musik bietet, wobei Halévys Tenor-Arie »Zur Abfahrt tönt das Zeichen | und günst'ge Winde wehn« jedoch eher sentimental-reflexive Züge trägt. Lortzing steigert das Ganze bis zur bitterbösen Parodie, seine Wortkaskaden: »Es blitzen die Waffen, die Wunden, sie klaffen, es heulen die Winde, es brüllen die Schlünde, die Sterbenden ächzen, Verwundete lechzen«[46] könnten auch heute noch als Hieb gegen die bildgeile Medien- und Spaßgesellschaft interpretiert werden. Beide Komponisten schieben in die Steigerungswellen bis zum endgültigen Sieg aber auch wehmütige Züge als retardierende Momente ein; so sehnt sich Lionel immer wieder in die Mutterarme, Copp dagegen schwelgt in seinem »Ach lieben Brüder, das kommt nie wieder«[47]. Und natürlich gehören bei beiden Dank und Vaterland ans Ende, wobei Lortzing sich den Spaß erlaubt und das *Rule Britannia* anstimmen läßt, und dies auch noch mit einem Seitenhieb einleitet, indem er in die Zeile: »laut und lauter stimmen all in ›Sieg Brittania, Brittania‹ ein« noch die distanzierende Paranthese »wie konnt's anders sein?« einschiebt[48] – nach dem Motto: »wir wissen ja alle schon, was jetzt kommt«. Um dies noch deutlicher zu machen, läßt er diese Einleitung sogar

---

[44] Hanslick (s. Anm. 1), S. 44. Vgl. dazu: *L'Eclair. Opéra Comique en Trois Actes. Paroles de M. M. de Planard et de St. Georges. Musique de F. Halevy*, Partitur Paris: Maurice Schlesinger, PN: M. S. 2085, Duo No. 7, Henriette / Lionel, S. 241–263 (E-Dur, später G-Dur).

[45] Halévy, Partiturdruck, ebda., S. 99–141. Der Textanfang der im 6/8tel-Takt stehenden, mit f-Moll beginnenden, aber sich nach As-Dur wendenden Arie lautet im Original »Partons la mer est belle, la brise nous appelle«. Deutscher Text nach der Ausgabe von Carl Friedrich Wittmann, Leipzig: Reclam, o. J. (*Universal-Bibliothek*, Nr. 2866).

[46] Vgl. Klavierauszug, S. 85.

[47] Vgl. Halévy, Partiturdruck (s. Anm. 44), S. 105ff. (»Corvette la belle ma mère m'apelle«) im *tempo dolce*, aber auch S. 116ff. (»mais d'abord implorons la faveur souveraine de celui qui peut seul nous sauver du trépas«) oder S. 130ff. (»Alors on se compte, on s'embrasse, tu n'es pas mort non pas cette fois«); dagegen Lortzing, Klavierauszug, S. 83/84.

[48] Lortzing, Klavierauszug, S. 85/86.

im vollen Chorsatz wiederholen. (Ähnliche humoristische Seitenhiebe gegen die Briten finden sich auch im Finale des Aktes bei der köstlich ausgewalzten Stelle: »Von rechtlichen Britten wird niemals gelitten ein frevelnd gestohlener Kuß«[49].) – Lionel im *Blitz* ist übrigens ein Offizier der amerikanischen Marine, sein Gegenspieler Georg ein Engländer, die Handlung spielt in der Nähe von Boston – auch hier ist also wieder der Bezug zu einem Stück im englischsprachigen Raum gegeben.

Als letztes Beispiel schließlich das in Bäuerles *Theater-Zeitung* erwähnte »unnatürlich welsch-seriose Finale *à la* V e r d i «[50]. Heinrich stimmt hier eine Melodie an, in die anschließend alle einfallen und die in der Tat Verdi'sche Züge aufweist, ja die sogar auf ein konkretes Vorbild hinweist[51] (vgl. NB 8): In Fis-Dur im 12/8 erklingt hier das »Trübe Wolken nun entschweben, hell erstrahlet Sonnenschein«; nimmt man die Triolen als Vierteleinheit, steht der Satz also in gleicher Ton- und Taktart wie das berühmte »Va, pensiero« in dem seit 1843 in Wien mit großem Erfolg aufgeführten *Nabucco*[52].

Auch wenn die Melodie eine andere ist, typische Elemente, wie die Bindung im ersten Takt, die Tonrepetition nach Sprung und die Triolenachtel im 2. Takt finden sich wieder – das heißt der Tonfall bzw. Gestus beider Melodien ist eng verwandt, auch die Begleitung in puren Akkordbrechungen. Handelt es sich wirklich um eine Anspielung auf den sog. Gefangenenchor[53],

---

[49] Klavierauszug, S. 113ff.
[49] Klavierauszug, S. 113ff.
[50] *Allgemeine Theaterzeitung* (s. Anm. 6).
[51] Klavierauszug, S. 184ff. Eigenartigerweise empfindet Hanslick diese Stelle »mit dem breiten Crescendo« als »schwache Nachahmung des unendlich besseren Chorsatzes, mit dem Lortzing den 2. Akt seiner ‚Undine' schließt (*Schriften* I, s. Anm. 1, S. 45, Z. 51–53). Hanslick meint hier wohl das berühmte *Andante affanato* mit dem »Schwanengesang«: »O kehr' zurück« im 9/8 in H-Dur. Die Assoziation des Rezensenten aus Bäuerles *Theater-Zeitung* scheint aber hier sehr viel naheliegender.
[52] Giuseppe Verdi, *Nabucco (Nebukadnezar). Oper in vier Akten von Temistocle Solera. Frei ins Deutsche übertragen von Leo Schottlaender*, Mailand: Ricordi, 1957, S. 192ff.
[53] Falls in Wien schon eine der heute gebräuchlichen entsprechende Übersetzung gespielt wurde, wären auch klangliche und begriffliche Assonanzen auffällig: »<u>Zieht</u> Gedanken auf goldenen <u>Flügeln</u>, [...] laßt euch nieder auf <u>sonnigen</u> Hügeln«, bei Lortzing: »<u>Trübe</u> Wolken nun <u>entschweben</u>, hell erstrahlet <u>Sonnenschein</u>« usw.

NB 8: Akt III, Nr. 16, Finale, Heinrich, Chor (Klavierauszug, S. 184f.)

so wäre das doppelt pikant, denn in der Fortsetzung, in der dann auch die »holde Eintracht« überzeichnet wird, heißt es bei Lortzing: »in die Arme der Gattin mit reu'vollem Blick, kehrt der Theure nun zurück«[54].

[54] Vgl. Klavierauszug, S. 187.

Komponiert Lortzing also stets mit einem »Augenzwinkern«? Ist auch dies eine Oper, in der er – wie es Irmlind Capelle ausgedrückt hat – in hohem Grade in Text und Musik mit den Erwartungen des Publikums spielt?[55] – Ein letzter Punkt, um diesen Eindruck zu verstärken:

4. Motivische Bezüge innerhalb der Oper

Daß Lortzing offensichtlich mit Anspielungen arbeitet, zeigt sich auch bei motivischen Bezügen innerhalb der Oper selbst. In der erwähnten Auftrittsarie im I. Akt findet sich der etwas pathetische Ausbruch der Prinzessin »Doch der Hoffnung goldnen Sterne« (vgl. NB 3, untere Zeile), der aus dem Zusammenhang durchaus merklich hervortritt. Es fällt auf, daß im 2. Finale in dem Augenblick, als Heinrich beim Fluchtversuch aus dem Wirtshauszimmer ertappt wird, der Chor mit dem »seiner harret das Gericht« eine sehr eng verwandte Passage anstimmt (vgl. NB 9). In der Tat ist diese Situation ja Anlaß für die moralische Wandlung des Prinzen, die »Hoffnung« der Prinzessin erfüllt sich also hier – spielt Lortzing mit dem Anklang bewußt darauf an?

NB 9: Akt II, Nr. 11, Finale: Copp, Chor (Klavierauszug, S. 129f.)

[55] Irmlind Capelle, *Albert Lortzing*, in: *MGG* (2. Auflage), Personenteil Bd. 11, Kassel u. a., 2004, Sp. 477–488, hier 486.

Es war im Rahmen des Tagungsreferats für einen Lortzingliebhaber und -nichtkenner wie dem Autor dieser Zeilen nur möglich, den heute völlig unbekannten *Großadmiral* vorsichtig »auszusargen« und mit einigen Fragen zu konfrontieren, auf die auch nur zum Teil Antworten möglich sind. Was aber den Hauptvorwurf der fehlenden »Wahrheit« in Lortzings Musik betrifft, so scheint mir, daß er von falschen Voraussetzungen ausgeht. Lortzing hat hier in vielen Passagen »Musik über Musik« geschrieben oder Musik und Wort sich gegenseitig kommentieren lassen. Wird diese Musik naiv aufgefaßt, gleitet sie ins Triviale ab – das zeigt die Treumann-Mette-Bearbeitung von 1936, der nahezu alle satirischen Spitzen zum Opfer gefallen sind. Lortzings Musik verlangt musikalische Vorbildung, um in ihren Feinheiten verstanden zu werden – vielleicht war das mit ein Grund, warum sich der anspielungsreiche *Großadmiral* auf den Bühnen nicht durchsetzen konnte.

Thomas Betzwieser

Die Dramatisierung des Bühnenliedes: Kotzebues *Die Alpenhütte* (1815) und ihre musikalischen Realisierungen

August von Kotzebue war zweifellos der erfolgreichste deutsche Dramatiker des ausgehenden 18. und frühen 19. Jahrhunderts: Mit insgesamt 230 dramatischen Werken gebührt ihm in quantitativer Hinsicht ein Spitzenplatz innerhalb der deutschsprachigen Dramatik. Die Tatsache, daß ihm die Vertreter der frühromantischen Ästhetik ablehnend gegenüberstanden, tat seinem Erfolg keinen Abbruch. Bis 1825 machten Kotzebues Stücke ein Viertel des gesamten Repertoires an deutschen Bühnen aus.[1] Obgleich Kotzebue insgesamt 26 Operntexte verfaßte, die teilweise mehrfach vertont wurden, ist der Librettist Kotzebue bislang nur punktuell im Zusammenhang mit einigen prominenten Einzelwerken (wie Lortzings *Der Wildschütz* oder Schuberts *Des Teufels Lustschloß*[2]) in den Blickpunkt der librettistischen Forschung getreten. In der Monographie von Christoph Nieder[3] zum deutschsprachigen Libretto ist der Operndichter Kotzebue ebenso inexistent

---

[1] Jürgen Schläder, *Dramaturgie in Lortzings komischen Opern*, in: Albert Gier (Hrsg.), *Oper als Text. Romanistische Beiträge zur Libretto-Forschung*, Heidelberg 1986 (= *Studia Romanica*, Heft 63), S. 249–275, hier S. 253.

[2] Zu Schubert vgl. überblickshaft Peter Branscombe, *Schubert and his Librettists – 1*, in: *Musical Times* 119 (1978), S. 943–947, sowie Till Gerrit Waidelich, *»Falsch« positioniert? Anmerkungen zu Finali und finalartigen Szenen in Schuberts Opern*, in: Otto Kolleritsch (Hrsg.), *»Dialekt ohne Erde...«: Franz Schubert und das 20. Jahrhundert*, Wien/Graz 1998 (= *Studien zur Wertungsforschung*, Bd. 34), S. 187–199.

[3] Christoph Nieder, *Von der »Zauberflöte« zum »Lohengrin«. Das deutsche Opernlibretto in der ersten Hälfte des 19. Jahrhunderts*, Stuttgart 1989.

wie in jüngeren germanistischen Arbeiten.[4] Einzig Karin Pendle widmete dem Opernschaffen Kotzebues eine eingehendere Betrachtung.[5] Pendles Untersuchung zeigt, wie stark Kotzebues musikdramatische Texte im gesprochenen Drama verankert waren und wie bindend die Schauspieldramaturgie für seine Opernkonzeption letztlich war.

Kotzebue als originären Librettisten zu bezeichnen, wäre indes verfehlt und träfe wohl auch kaum die historische Wahrheit. Nicht zuletzt wurde Kotzebue von der musikalischen Praxis gegen Ende des 18. Jahrhunderts gedrängt, Texte zu verfassen, ein Ansinnen, dem er – nach eigener Aussage – zunächst nur widerwillig nachkam. Sein lakonischer Kommentar zu der Oper *Der Spiegelritter* (1791) macht dies deutlich: »Man hat mich oft gefordert, doch auch einmal eine Oper nach heutigem Zuschnitte zu verfertigen, und da habe ich denn endlich eine gemacht. Der Leser wird hoffentlich finden, daß sie eben so närrisch und abenteuerlich und albern ist, als ihre ältern Geschwister auf der deutschen Bühne. Unter allen *Operibus* eines Schriftstellers ist eine solche Oper das leichteste *Opus*.«[6]

Aus dem Umstand, daß Kotzebue den *Spiegelritter* offenbar als seine erste Oper betrachtete, läßt sich schließen, daß er sein 1787 entstandenes Schauspiel mit Gesang *Der Eremit auf Formentera* nicht dieser Gattung zurechnete, was signifikant ist, obschon die Musik im *Eremiten auf Formentera* keineswegs als Schauspielmusik zu klassifizieren ist. Hält man beide Stücke gegeneinander, so zeigt jedoch der spätere *Spiegelritter* eine deutliche Tendenz zu größeren musikalischen Einheiten, was offenbar Kotzebues Kriterium für eine »Oper nach heutigem Zuschnitte« war.

Die Permeabilität zwischen Schauspiel und Oper, welche das deutschsprachige Musiktheater – im Gegensatz zu den gattungsspezifischen Setzungen der italienischen und französischen Oper – auszeichnete, ging für Kotzebue

---

[4] Zum Beispiel bei Arnim Gebhardt, *August von Kotzebue. Theatergenie der Goethezeit*, Marburg 2003. Das Standardwerk zu Kotzebues Dramatik ist immer noch Doris Maurer, *August von Kotzebue. Ursachen seines Erfolges. Konstante Elemente der unterhaltenden Dramatik*, Bonn 1979 (= *Bonner Arbeiten zur deutschen Literatur*, Bd. 34).

[5] Karin Pendle, *August von Kotzebue, Librettist*, in: *The Journal of Musicology* 3 (1984), S. 196–213.

[6] *Theater von August von Kotzebue, Rechtmäßige Original-Auflage*, Wien 1840–1841, 40 Bde. (im folgenden mit *Theater* abgekürzt), hier Bd. 3, S. 3.

ganz eindeutig vom gesprochenen Drama aus, ein Oszillieren in die umgekehrte Richtung von der Oper zum Schauspiel war für ihn kaum vorstellbar. Vor diesem Hintergrund war für Kotzebue die Frage nach der Funktionalität der Musik eine nicht unbedeutende. Damit die Gattung sich nicht gänzlich »närrisch und abenteuerlich« geriert, ersann Kotzebue eine Strategie für eine dramaturgische Legitimation des Singens. Exemplarisch wird dies in seinem »romantischen Schauspiel« *Das Gespenst (Deodata)*[7] von 1808 deutlich, dem der Autor eine Anmerkung hinsichtlich dieses Problems vorausschickte: »Das folgende Schauspiel ist ein *Versuch*, den Gesang so herbei zu führen, daß es wenigstens *wahrscheinlich* sei, daß die handelnden Personen wirklich in diesem Augenblick hätten *singen* können. Daher findet man hier weder Arien, noch Duetts und dergleichen Lächerlichkeiten, welche nur die Gewohnheit uns erträglich macht.«[8]

Kotzebues Konzeption zielte nicht nur auf die Motivation von Musik ab, sondern sie implizierte auch gattungstypologische Konsequenzen, insofen als *Das Gespenst* weder eine Oper im traditionellen Sinn darstellt, ebensowenig ist die darin vorkommende Musik aber als Schauspielmusik zu klassifizieren. Die »Chöre und Gesänge« in Kotzebues Drama stehen gewissermaßen zwischen den beiden Funktionsbereichen Inzidenzmusik und Opern-Musik. Der bewußte Verzicht auf Ensembles zeigt aber andererseits, mit welcher Radikalität Kotzebue hier zu Werke ging. Auch wenn sich dieses Denkmodell an der Funktionalität von Schauspielmusik ausrichtete, zielte es im Verständnis des Dichters gleichwohl auf die Gattung Oper, was die Aufnahme von *Deodata* in Kotzebues *Opern-Almanach* 1815 bezeugt.[9]

Kotzebues Konzeption ist im Grunde nur vor dem Hintergrund nicht existenter Gattungsgrenzen nachvollziehbar, welche das musikalische Theater in Deutschland kennzeichneten. Die Tatsache, daß sich E. T. A. Hoffmann eingehend mit dieser Konzeption auseinandersetzte – auch wenn er sie für irrig hielt –, zeigt, daß Kotzebues Vorstellung von motivierter Musik keineswegs eine periphere Angelegenheit war.[10] Im Kern zielte das Denkmodell, das

---

7 In den musikalischen Quellen figuriert das Stück meist unter dem zweiten Titel *Deodata*.
8 Kotzebue, *Theater* (s. Anm. 6), Bd. 22, S. 176.
9 August von Kotzebue, *Opern-Almanach für das Jahr 1815*, Leipzig: Kummer, 1815.
10 Im Rahmen von Hoffmanns Besprechung des *Opern-Almanachs*, in: *AMZ* 16, Nr. 43 (26. Oktober 1814), Sp. 720–724, Nr. 44 (2. November 1814), Sp. 736–741.

Kotzebue mit *Deodata*[11] etablieren wollte, auf eine dramaturgische Aufwertung des Nummerntypus Lied, und hier im besonderen des Bühnenliedes. Wie bereits in Pendles Untersuchung deutlich wurde, spielten die Sologesänge für Kotzebue eine zentrale Rolle in seinen Opernbüchern. Die strophischen Gesänge stehen dabei mit 65 Nummern unangefochten an der Spitze.[12] Was aus Pendles Übersicht nicht hervorgeht, ist die Funktionalität der Lieder, d.h. ob diese als Bühnenlieder figurieren oder gleichsam als »Ariensubstitut« zum Einsatz kommen. Daß diese Frage für Kotzebue eine zentrale war, zeigt die obige Einlassung in puncto Wahrscheinlichkeit der Musik.

Hinsichtlich der Terminologie, dramaturgischen Plazierung und musikalischen Funktionsbindung des Bühnenliedes wurde bereits an anderer Stelle ausführlich gehandelt.[13] In diesem Zusammenhang wurde auch der neue Terminus drameninhärente Musik eingeführt, der die ältere Begrifflichkeit wie »Einlagelied«, »reale Musik«, »eigentliche Musik«, »Musik ersten Grades« u. ä. ablösen soll. Obgleich der Terminus in der Hauptsache das Phänomen des Bühnenliedes betrifft, vermag er ebenso andere Erscheinungsformen wie instrumentale Bühnenmusik einzuschließen. Drameninhärente Musik meint also zunächst alle vom Libretto her konzipierte Musik, die gleichsam nicht »opernhaft« ist, sondern als »realer« Bestandteil des Dramas gedacht werden kann.

Kotzebues Denkmodell einer motivierten Musik war durch und durch orientiert an drameninhärenter Musik; nur solche Musik war für ihn mit einer dramaturgischen Legitimation kommensurabel. Im Vordergrund stand für ihn dabei das Bühnenlied, vor allem dessen narrative Variante, die sich in der Romanze und Ballade konkretisierte. Schon in *Deodata* spielte das narrative Lied eine ganz entscheidende Rolle, insofern als dort Informationen der dramatischen Handlung mit dem Bühnenlied verknüpft wurden. Diese aus der französischen Opéra comique herrührende Verklammerung von Romance und Dramenhandlung – paradigmatisch in Sedaines und Grétrys *Richard Cœur-de-Lion* (1784) – war ein probates Mittel, das Lied von seinem »Inzidenzcharakter« zu befreien und im Sinne einer dramaturgischen Kohärenz dienstbar zu machen.

---

[11] Zur Analyse von *Deodata* vgl. vom Verfasser, *Sprechen und Singen: Ästhetik und Erscheinungsformen der Dialogoper*, Stuttgart/ Weimar 2002, S. 210–216.

[12] Vgl. die tabellarische Übersicht bei Pendle (s. Anm. 5), S. 206.

[13] Vgl. Betzwieser (s. Anm. 11), Kap. II »Dialogoper und Operntheorien«; dort auch die terminologische Diskussion.

Die Dramatisierung des Bühnenliedes

Dem drameninhärenten Bühnenlied wohnt in der Mehrzahl der Fälle ein spezifisch präexistenter Charakter inne, d. h. der Zuschauer konnte annehmen, daß dieses Lied eine Vorgeschichte besitzt, die sozusagen vor dem Dramenbeginn liegt, oder mit Goethe zu sprechen: »Lieder, von denen man supponieret, daß der Singende sie irgendwo auswendig gelernt und sie nun in ein und der andern Situation anbringt.«[14] Vor dem Hintergrund dieser Denkfigur waren musikalische Erscheinungsformen des Bühnenliedes möglich, die es erlaubten, einerseits das performative Moment der musikalischen Darbietung der Bühnenfigur umzusetzen, andererseits aber auch den Umstand der Präexistenz solcher Lieder gleichsam mitzuvertonen. Auf diese Weise waren die Bühnenlieder offen für eine Dramatisierung, zum einen hinsichtlich einer größeren Relevanz für das gesamte Schauspiel (der Begriff Einlage-Lied verbietet sich hier) und zum anderen für Vertonungen, welche die Drameninhärenz dieser Stücke auch musikalisch zum Ausdruck zu bringen vermag.[15]

Dieses Phänomen soll im folgenden an Kotzebues einaktiger Oper *Die Alpenhütte*, betrachtet werden, die Bestandteil des *Opern-Almanach* von 1815 war.[16] Wie begierig die Komponisten die Texte aus Kotzebues *Opern-Almanach* aufgegriffen haben, zeigt der Umstand, daß bereits ein Jahr nach dessen Erscheinen drei Vertonungen dieser Oper vorlagen: von Conradin Kreutzer und Johann Philipp Samuel Schmidt (beide 1815) und von Carl Loewe aus dem darauffolgenden Jahr 1816. Die Frage, in welcher Weise diese Komponisten Kotzebues Konzeption des Bühnenliedes musikalisch realisierten, läßt sich somit exemplarisch an diesen Vertonungen der *Alpenhütte* verfolgen.

Für die breite Akzeptanz gerade dieses Textes dürfte sicherlich auch das alpenländische Lokalkolorit verantwortlich gewesen sein, das seit Cherubinis *Eliza ou Le Voyage aux glaciers du Mont St. Bernard* (1794) in der europäischen Oper en vogue war.[17] Daß Kotzebues Textbuch Anregungen aus

---

[14] Goethe an Philipp Christoph Kayser, Brief vom 29. Dezember 1779, hier zitiert nach Johann Wolfgang Goethe, *Singspiele*, hrsg. von Hans-Albrecht Koch, Stuttgart 1974, Nachwort, S. 308.
[15] Zur Dramaturgie einer ›Lied-Oper‹ vgl. den Beitrag von Reiner Nägele in diesem Band.
[16] Kotzebue, *Opern-Almanach* (s. Anm. 9), S. 129–164.
[17] Vgl. hierzu Michael Fend, *Literary motifs, musical form and the quest for the »Sublime«: Cherubini's »Eliza ou le Voyage aux glaciers du Mont St. Bernard«*, in: *Cambridge Opera Journal*, 5 (1993/1), S. 17–38.

Révéroni de Saint-Cyrs *Eliza*-Libretto verdankt, ist nicht zu übersehen. Vor allem der große Schneesturm als dramaturgisches Zentrum ist beiden Stücken gemeinsam.

Zur Handlung: Altieri und seine Frau Camilla wohnen fernab von der Welt in einer Almhütte. Camilla erzählt ihrer Tochter Clara von ihrer Herkunft. Gegen den Willen ihres Vaters, des Marchese von Villanova aus Turin, habe sie den armen Offizier Altieri geheiratet und sich dem Zorn ihres Vaters durch Flucht entzogen. Mit Altieri lebt sie seitdem in den Bergen; dieser habe schon oft in Not geratenen Bergwanderern geholfen, auch der junge Maler Federigo hat ihm sein Leben zu verdanken. – An diesem Tag verirrt sich der Maultiertreiber Birbate im winterlichen Schneesturm: Sein Esel stürzt mitsamt einem (adligen) Reisenden in den Abgrund. Birbate hat Glück im Unglück: Die zu Hilfe eilenden Altieri und Federigo schaffen es unter großen Anstrengungen, den Verunglückten zu bergen und in die Hütte zu bringen. Dort stellt sich heraus, daß der in Bergnot Geratene der Marchese Villanova ist. Er erkennt seine Tochter Camilla wieder. Er verzeiht ihr ebenso wie Altieri, der ihm das Leben gerettet hat.

Obwohl die Handlung anders als in Cherubinis *Eliza* verläuft, ist doch die Tatsache, daß Federigo bei Kotzebue ein italienischer Maler ist (in *Eliza* Florindo) eine kaum zufällige Parallele. Setzt man also eine konkrete Kenntnis Kotzebues mit der französischen Opéra comique von 1794 voraus, so kann seine musikdramatische Realisierung kaum anders denn als »alpenländische« Familienzusammenführung gewertet werden. Wo Saint-Cyr einen suizidgefährdeten Liebhaber mit den rohen Naturgewalten zusammenbringt und sich die Handlung dramatisch zuspitzt, wenden sich bei Kotzebue die Geschicke in die Idyllik der (Klein-)Familie. Obwohl die zentrale Rettungsszene auch bei Kotzebue nicht ohne Dramatik ist, so laufen doch die Handlungsfäden im Grunde a priori auf ein lieto fine hinaus. Eine »Gefährdung« der dramatis personae in psychischer Hinsicht wie bei Saint-Cyr ist hier nicht zu konstatieren, und auch die physische Bedrohung durch die Natur hält sich in Grenzen.

Kotzebues Libretto[18] strukturiert sich musikalisch wie folgt:

No. 1 Duett Clara/Camilla »Hu! wie finster!« (1. Szene)
No. 2 Cavatine Camilla »Ein Kind an Mutterbrust«
No. 3 Quartett Camilla/Clara/Altieri/Federigo
»Willkommen! willkommen!« (2. Szene)
No. 4 Arie Federigo »Mitten im Sturme«
No. 5 Lied Clara »Hier, wo keine fetten Heerden«
No. 6 Ariette Birbate »Das war ein Thier!« (3. Szene)
No. 7 Duett (Gebet) Camilla/Clara »Engel Gottes« (4. Szene)
No. 8 Trio/Quartett (Schneesturm-Szene)
»Hu! wie es immer noch tobt« (5. Szene)
No. 9 Lied Birbate »Es klingt eine Regel zwar wunderlich« (7. Szene)
No. 10 Duett Camilla/Clara
»Einem matten Hoffnungsschein« (9. Szene)
No. 11 Lied Marchese »O wie manche Täuschung schwindet« (11. Szene)
No. 12 Lied (Romanze) Camilla
»Mit langem Barte, bleich und blaß« (12. Szene)
No. 13 Alle »Friede! Freude!« (13. Szene)

Überblickt man die Anlage des Operntextes, so zeichnet sich die für Kotzebue konstatierte typische Präferenz der Solonummer auch in diesem Libretto ab, wobei das Lied (Nos. 5, 9, 11, 12) sowie die Sentenz-Arie (Nos. 2, 6) überwiegen. Ein an der individuellen Befindlichkeit der Bühnenfigur ausgerichteter Text ist einzig in der Arie des Federigo (No. 4) zu vernehmen. Insgesamt ist festzustellen, daß Kotzebue wesentliche Informationen des Dramas dem gesprochenen Dialog überantwortet. Würde man die Musiknummern herausnehmen, wäre das Stück über weite Strecken verständlich, allerdings mit zwei bedeutsamen Ausnahmen: die durchkomponierte Rettungsszene sowie die Romanze (No. 12) sind konstitutive Bestandteile der Handlung.

Als dramaneninhärente Bühnenlieder sind die Nummern 5 und 12 ausgewiesen. In beiden Fällen liegt eine performative Situation vor, die im Textbuch durch Regieanweisungen exponiert wird. Beide Nummern teilen die dramatische Situation, daß sie jeweils den Vätern »vorgesungen« werden, im ersten Fall bewußt, im zweiten unbewußt. Die Schlüsselszene der Oper, d. i. das

---

[18] Bei Kotzebue gibt es weder eine Zählung noch eine Spezifizierung der Musiknummern; vgl. *Theater* (s. Anm. 6), Bd. 30, S. 195–222.

Wiederfinden von Vater und Tochter (Szene 12), vollzieht sich nicht im gesprochenen Dialog, sondern mittels eines Bühnenliedes. »Vorbereitet« wurde diese Romanze schon zu Beginn der Oper (1. Szene), wenn Camilla ihrer Tochter berichtet, daß sie ihrem Vater ehedem immer Lieder vorgesungen habe, insbesondere die »Romanze von dem Greiße«. Die Tatsache, daß Clara diese Romanze bekannt ist, läßt darauf schließen, daß Camilla dieses Lied schon öfter zuhause in der Alpenhütte gesungen hat. Das Lied dürfte somit allen Bühnenfiguren, Federigo eingeschlossen, bekannt sein.

Eine weitere dramaturgische Verklammerung schafft Kotzebue, indem er den Marchese (Szene 11) ein Lied über das Greisendasein (No. 11) singen läßt. Am Ende der Szene erblickt er dann Camillas Bild und erkennt darin seine Tochter. Clara tritt auf (Szene 12) und beantwortet die Frage des Marchese nach dem Bild: die dort Abgebildete sei ihre Mutter. Der Marchese, nun voller Ungeduld, möchte Camilla sehen, als plötzlich aus dem Nebenzimmer eine Melodie zu hören ist: Camilla stimmt ein Lied (No. 12) an, eben jene Romanze, die sie früher ihrem Vater immer vorgesungen hat.

> CAMILLA, *hinter der Scene singt zu der Harfe.*
>   Mit langem Barte, bleich und blaß,
>   Ein armer Greis in Ketten saß,
>   Ihm war der Hungertod beschieden.
>   Er seufzte tief, er seufzte schwer:
>   Ist denn für mich, O Gott und Herr!
>   Nicht Hoffnung mehr hienieden!
> MARCHESE, *in der heftigsten Bewegung.*
>   Wer singt das?
> CLARA.
>   Meine Mutter.
> CAMILLA, *singt.*
>   Da knisterts draußen – ängstlich harrt
>   Der hungernde Greis – die Pforte knarrt,
>   Die fromme Tochter naht sich leise –
>   Sie stillt ein Kind mit Mutter Lust,
>   Sie nimmt das Kind von ihrer Brust,
>   Und reichet sie dem Greise.
> MARCHESE, *außer sich.*
>   Camilla! wenn du es bist – Camilla! komm in meine Arme!

Damit ist die Erkennungsszene abgeschlossen, das Drama hat seine Lösung im Bühnenlied gefunden, dessen besondere Konstellation in einer Verflechtung des Liedes mit der Vorgeschichte der Handlung beruht. In dramaturgischer Hinsicht wird dieses drameninhärente Lied als präexistent (zur Handlung) exponiert, was einer Vertonung zusätzliche Möglichkeiten hinsichtlich der musikalischen Gestaltung bietet. Die Komposition kann neben der Realisierung des performativen Moments des Bühnenliedes, d. h. dessen Aufführungscharakter, auch die Tatsache berücksichtigen, daß dieses Lied aufgrund seiner Präexistenz eine »Geschichte« hat, was nahelegt, diese (fiktive) Geschichte zum musikalischen Bestandteil der Vertonung werden zu lassen. Diese Momente, welche den Nummerntypus Lied bzw. Bühnenlied im besonderen ausmachen, gilt es im folgenden am Beispiel der genannten Kompositionen vergleichend zu betrachten.

***

Im Hinblick auf die Vertonung der *Alpenhütte* von Johann Philipp Samuel Schmidt soll zunächst eine prominente Stimme zu Wort kommen, nämlich E. T. A. Hoffmann, der dieser Oper eine eingehende Rezension gewidmet hat. Schmidts *Alpenhütte* war am 28. August 1816 an den Königlichen Schauspielen in Berlin erstmals aufgeführt worden.

»Unerachtet diese Oper nur einen Akt hat, so ist sie doch keineswegs zu den kleinen zu rechnen, da sie an trefflicher, höchst genialer Musik reicher ist als manches zu drei Akten ausgedehntes Singspiel. Nicht nur der ganzen Oper, sondern jedem einzelnen Musikstück wurde der laute Beifall des zahlreich versammelten Publikums zuteil, den es in dem höchsten Grade verdiente, und man kann mit der bestimmtesten Gewißheit voraussehen, daß das interessante Werk sich viele Zeit hindurch auf dem Repertoire erhalten wird [...] Man hört, daß der wackere Herr Johann Philipp Schmidt sich nach den vortrefflichsten Mustern [...] ausbildete, aber eigen ist ihm eine ganz besondere Gewandtheit wahrhaft origineller Melodien (vorzüglich im Romanzenstil) [...] Zum Beweis des Gesagten bezieht sich der Referent vorzüglich auf die Romanze Nr. 2, welche die vortreffliche Madame Milder-Hauptmann, auf die Romanze Nr. 4, welche der herrliche Herr Fischer nach gewöhnlicher Weise mit Grazie und Kraft vortrug, dann auf das tüchtig gearbeitete Quartett Nr. 3, welches vorzüglichen Beifall erhielt, und auf die große, schauererregende Szene Nr. 9 [...] Die Szene des alten Vaters, der erst das Bild der geliebten Tochter sieht, dann das ihr ganz ähnliche Enkelkind erblickt [...] und endlich das Lieblingslied hört, ist wahrhaft rührend und hätte vielleicht, da es ein sehr wichtiger, nächst der Rettung des Marchese der wichtigste Moment der Oper ist, mit Glück rezitativisch oder melodramatisch behandelt werden können.«[19]

Die Akzente, die Hoffmann in seiner äußerst wohlwollenden Rezension setzt[20], zielen in Richtung der genuinen Behandlung der Solonummern. In der Tat offenbaren sich Schmidts kompositorische Stärken insbesondere in den Solonummern der *Alpenhütte*[21], wovon nicht zuletzt die beiden drameninhärenten Lieder zeugen. Gerade dort läßt sich beobachten, in welcher Weise die dramatische Vorlage für die musikalische Umsetzung eines solchen Nummerntypus präfigurierend war.

Claras Lied (No. 6), das der Vater von der Tochter in der zweiten Szene erbittet, läßt die drameninhärente Perspektive in besonderer Weise konkret werden. Das performative Moment von Claras Lied (»nimmt die Harfe und

---

[19] E. T. A. Hoffmann, *Schriften zur Musik. Singspiele*, Berlin/Weimar 1988, S. 327f. Dem Vorschlag Hoffmanns, die Schlüsselszene »rezitativisch und melodramatisch« zu behandeln, liegt zweifellos der Wunsch nach einem durchgehend musikalisierten Szenenkomplex zugrunde, gleichwohl steht er in diametralem Gegensatz zu Kotzebues dramaturgischer Intention, Singen und Sprechen in ein sinnfälliges Verhältnis zu setzen. Schmidt hatte zudem dem Melodram bereits an anderer Stelle zu seinem Recht verholfen, nämlich in der großen Rettungsszene (No. 9). Die unmittelbare Bergungsaktion, die zur Rettung des Marchese führt, wird von Schmidt melodramatisch vertont. Augenscheinlich war dem Komponisten diese Szene so wichtig, daß er sie nicht gesungen realisiert wissen wollte. Eine melodramatische Intention ist aus Kotzebues Vorlage nicht ableitbar, weder die reguläre Vers- und Reimstruktur noch eine Differenzierung des Textes hinsichtlich seiner Typographie lassen auf ein Melodrama schließen.

[20] Hoffmanns Urteil über Schmidts *Alpenhütte* fiel möglicherweise deshalb so günstig aus, weil Schmidt kurz zuvor dessen *Undine* eine ähnlich freundliche Besprechung hatte zuteil werden lassen. In jedem Fall ist Hoffmanns Aversion gegen Kotzebue hier spürbar zurückgenommen gegenüber der Rezension des *Opern-Almanachs*.

[21] Partitur (hss.): *D-Dlb*, Mus. 4550-F-3. No. 1 Introduction; No. 2 Cavatine (3-teilige Arie); No. 3 Quartett; No. 4 Romanze (nicht bei Kotzebue); No. 5 Rondo (zwei Versionen in Partitur, No. 5b Cavatine); No. 6 Lied; No. 7 o. A.; No. 8 Gebet; No. 9 Monodrama; No. 10 Lied; No. 11 Rezitativ und Arie (die Arie nicht bei Kotzebue); No. 12 Duett; No. 13 Arie; No. 14 Romanze; No. 15 Schlußgesang. Die nicht von Kotzebue stammenden Textteile der Musiknummern sind enthalten im Textbuch: *Arien und Gesänge, Die Alpenhütte, in Musik gesetzt von J. P. Schmidt*, Berlin, o. J.

singt«) wird von Schmidt insofern respektiert, als er die Harfe in den Orchestersatz[22] integriert. Schmidt läßt also den bühnenmusikalischen Aspekt in der Partitur konkret werden. (Ob die Harfe von der Darstellerin der Clara tatsächlich gespielt wird, ist nicht entscheidend.) Mehr als dieses äußerliche Signum von Drameninhärenz ist jedoch die musikalische Gestalt des Liedes von Bedeutung. Davon zeugt schon der Nummerntitel in der Partitur: »Lied mit Veränderungen der Singstimme«. Damit unterstreicht der Komponist nicht nur das performative Moment, sondern versucht überdies, den präexistenten Charakter des Liedes zur Erscheinung zu bringen. Die Tatsache, daß Clara dieses Lied schon so oft zum Besten gegeben hat, macht es wahrscheinlich, daß sie darin »Veränderungen« anbringt. Die Liedüberschrift indiziert somit einerseits einen musikalischen Sachverhalt, d. i. das Vorliegen eines variierten Strophenliedes, sie konkretisiert aber andererseits auf sehr sinnfällige Weise die von seiten des Dramas etablierte präexistente Komponente des Liedes.

Die musikalische Gestalt von Claras Lied versinnlicht geradezu exemplarisch die dramaturgische Vorgabe. Zwei Momente treten dabei insbesondere in Erscheinung: zum einen die unterschiedliche Faktur der Singstimme und zum anderen die Funktionalität der Begleitung. Beide Momente werden bereits an der unterschiedlichen Länge der in der Partitur mit »Vers« überschriebenen Strophen sichtbar: Das erste Couplet umfaßt 35 Takte, das zweite 25 und das dritte schließlich nur noch 23 Takte. Die Länge der Gesamtstrophe variiert also erheblich, wohingegen die Länge des Singstimmen-Couplets mit 20 Takten identisch ist. Die Wahrung der strukturellen Form des Singstimmen-Couplets garantiert dem »Lied« – und damit seiner präexistenten Gestalt – ein gewisses Maß an Identität. Die »Veränderungen der Singstimme«, d. i. das auskomponierte performative Element, sind jedoch so beträchtlich, daß bereits im zweiten Couplet die präexistente Gestalt hinter die Figurationen zurücktritt. Couplet 3 geht noch einen Schritt weiter: Dort ist die Liedmelodie schließlich bis zur Unkenntlichkeit verändert. In dem koloristischen Rankenwerk der Singstimme treten nur noch einzelne Kerntöne des Liedes in Erscheinung. Als Lied im engeren Sinne ist diese Komposition kaum noch zu bezeichnen, insofern als sich die Vertonung stark der Virtuosität einer italienischen Arie annähert.[23]

In gleicher Weise ungewöhnlich wie die völlige Veränderung der Liedmelodie ist die Behandlung der Begleitung. Während das Akkompagnement

---

[22] Besetzung: 2 Hr, Fl solo, 2 Fag, Harfe, Str.
[23] Den Part der Clara sang in Berlin Johanna Eunike.

NB 1: J. Ph. S. Schmidt, *Die Alpenhütte*, No. 6
Lied mit Veränderungen der Singstimme »Vers« 1–3 (Singstimme)

der Singstimme ganz in der drameninhärenten Konvention des Bühnenliedes gehalten ist (Streicher-Pizzikato gestützt von gehaltenen Bläser-Akkorden), exponiert das 14-taktige instrumentale Nachspiel von Couplet 1 mit der Soloflöte gleichsam eine zweite Stimme. In der Sechzehntel-Figuration der Soloflöte darf nachgerade eine Antizipation der Singstimmen-»Veränderungen« (von Couplet 2 und 3) gesehen werden. Dafür spricht vor allem die Tatsache, daß das instrumentale Nachspiel respektive der Flötenpart in Strophe 2 und 3 immer mehr zurückgedrängt wird. (Waren es im ersten Couplet noch 14 Takte, so sind es später nur noch 6 bzw. 4 Takte.) Schmidt zielt mit dem Wechselspiel von Soloinstrument und Singstimme nicht (wie andere drameninhärente Lieder) auf ein kurzzeitiges Dialogisieren ab, sondern auf das Nebeneinander zweier »sprechender« Stimmen, die eigenständig, aber dennoch aufeinander bezogen sind. Eine konventionelle Vertonung dieses Bühnenliedes hätte Vor- bzw. Nachspiel in allen drei Strophen identisch belassen, variative Veränderungen hätten allenfalls in der Begleitung eine Konkretion gefunden. Schmidt hingegen modifiziert die instrumentale Solostimme vor dem Hintergrund einer veränderten Singstimmengestaltung. Die Bezeichnung »Lied mit Veränderungen der Singstimme« gewinnt somit eine weitere Dimension: Schmidt zeigt auf diese Weise an, daß er – im Gegensatz zu anderen Bühnenliedern – nicht die Begleitung variiert sehen möchte, sondern vielmehr die Singstimme. Damit setzt sich Schmidt zum einen von der Konvention ab, zum anderen stärkt er ganz entschieden das performative Moment des Liedes.

Schmidts Gespür für die drameninhärente Qualität von Musik zeigt sich auch an Camillas Romanze in der Erkennungsszene. Ebenfalls dem Typus des variierten Strophenliedes zuzurechnen, offenbart diese erzählende Romanze ein anderes kompositorisches Verfahren. Kotzebues räumliche Vorgabe der Szene – Camillas Lied erklingt aus dem Off – wirft für einen Komponisten eine gewichtige Frage im Hinblick auf die drameninhärente Disposition auf: Soll er ein dergestalt reales Singen an eine ebensolche reale, d. h. bühnenmusikalische Komponente knüpfen oder das Orchester an dieser »Realität« teilhaben lassen? Mehr als bei einem drameninhärenten Lied *auf* der Szene scheint diese Frage für drameninhärente Musik *hinter* der Bühne virulent, vor allem dann, wenn sie in so exponierter dramaturgischer Funktion steht wie im vorliegenden Fall.[24]

[24] Zu diesem Problem sei noch einmal auf die Diskussion in Kap. II meiner Monographie (s. Anm. 11) verwiesen.

Schmidt wahrt Kotzebues bühnenmusikalische Präfiguration, indem er die Harfe (wie auch Camilla) »hinter der Scene« plaziert. Auf der anderen Seite beteiligt er auch das Orchester (2 Fl, 2 Klar, 2 Ob, Str pizz) an dieser bühnenmusikalischen Realität. Schmidt beläßt es jedoch nicht bei dieser (instrumentalen) Synthese, sondern er zielt auf eine musikalische (motivische) Verschmelzung der beiden Ebenen ab. Dabei werden vor allem die harmonischen Verhältnisse der Romanzen-Vertonung (3/8, d-Moll) wirksam. Bei der musikalischen Gliederung der Liedstrophe folgt Schmidt der durch Kotzebue vorgegebenen Zweiteilung in jeweils drei Verse:

	Motivik	
Vorspiel		4 Takte
Mit langem Barte, bleich und blaß,	a	4 T.
Ein armer Greis in Ketten saß,	b	4 T.
Ihm war der Hungertod beschieden.	c	4½ T.
Zwischenspiel		4½ T.
Er seufzte tief, er seufzte schwer:	d	4 T.
Ist denn für mich, O Gott und Herr!	e	4 T.
Nicht Hoffnung mehr hienieden!	f	4 T.
Nachspiel		8 T.

Auf den ersten Blick ist die Binnenstruktur der Strophe völlig konventionell gehalten: Jede Verszeile wird durch jeweils vier Takte musikalisch umgesetzt. Dabei steuern die 12 Takte der Singstimme (d–A/ d–F/ F–a) konsequent auf die 5. Stufe zu, allerdings nicht auf das dominantische A-Dur, sondern dessen Mollvariante. Die Harmonik ist an dieser Stelle insofern von Bedeutung, als die vier Takte des instrumentalen Zwischenspiels die 5. Stufe nicht bekräftigen (was naheläge), sondern zur Tonika d-Moll (jetzt über A-Dur) zurückleiten. Obgleich dieses Nachspiel kein spezifisches thematisches Material vorstellt, steht diese Rückleitung in der Funktion eines harmonisch-motivischen Komplements, woraus eine Periode von 16 Takten resultiert. Damit gewinnt das Orchester gegenüber der »realen« Komponente des drameninhärenten Gesangs eine eigenständige Funktion, sie ist gleichsam als eine weitere »Stimme« anzusehen, die Camillas Liedgesang gegenübersteht. Die Tatsache, daß diese Stimme von Flöten und Klarinetten repräsentiert wird (und nicht von den Streichern), ist in gleicher Weise bedeutsam.

NB 2: Schmidt, *Die Alpenhütte*, No. 14 Romance, T. 1–21

In der zweiten Strophe, die abgesehen von den auf dramatische Steigerung zielenden Bratschen-Tremoli eine identische Orchesterbegleitung aufweist, steht das Zwischenspiel wiederum in der Funktion einer harmonischen Überleitung; in diesem Fall nach D-Dur, womit die glückliche Wendung des Liedes bzw. des Dramas musikalisch antizipiert wird. (Die Dur-Variante der Tonika bleibt bis zum Ende des Liedes bestehen.) Bemerkenswert ist, daß das Orchester den emphatischen Aufschwung der Singstimme am Ende der Strophe dynamisch nicht mitvollzieht, die Begleitung verharrt im pianissimo bzw. piano. Auch verzichtet Schmidt in diesem zweiten Couplet auf ein abschließendes Ritornell (in Strophe 1 noch vorhanden), vielmehr läßt er die leidenschaftliche Exklamation des Marchese (»außer sich«) direkt an Camillas Gesang anschließen. Damit entsprach Schmidt den szenischen Erfordernissen in jeder Hinsicht, sowohl was den dramaninhärenten Gesang als auch was das Verhältnis von Singen und Sprechen anbelangt.

***

Kotzebues *Die Alpenhütte* war bereits kurz nach ihrem Erscheinen von Conradin Kreutzer vertont worden, wo sie in Stuttgart am 1. März 1815 aufgeführt wurde. Kreutzers Partitur[25] enthält insgesamt 11 Musiknummern, wobei die No. 7 *Duetto e poi Terzetto* zwei Nummern sowie die nachfolgende Verwandlungsmusik einschließt.[26] Die letzten Verse dieses Ensembles (»Nun tobt der Sturm in finstrer Nacht! | Es leuchtet hell in unsrer Seele, | Gott sey gelobt! es ist vollbracht!«) nutzt Kreutzer zur Zeichnung musikalischen Lokalkolorits, ein Element, das in Schmidts Partitur keinen Niederschlag gefunden hat. Das Lokalkolorit steht bezeichnenderweise im Zusammenhang mit einem drameninhärenten Moment, welches jedoch von Kreutzer gleichsam konstruiert wurde. Während Kotzebues Vorlage an dieser Stelle jegliche Form von Drameninhärenz entbehrt, macht Kreutzer die entsprechende Passage in seiner Vertonung durch die Anweisung »nimmt eine Harfe« zu drameninhärenter Musik. In der Partitur ist jedoch von diesem musikalischen Perspektivenwechsel im Hinblick auf ein performatives Moment nichts zu spüren.[27] Das einzige, was dieses kurze Lied auszeichnet, ist das Lokalkolorit, mit dem Kreutzer eine alpenländische Allusion zu vermitteln sucht. An der Imitation der typischen Alphorn-Melodik (Intervallsprünge, insbesondere Quintfall – Sexte aufwärts – Terzfall) partizipieren sowohl die instrumentale (Horn) als auch die vokale Seite dieses »Alpenliedes«. Drameninhärente Musik wird auf diese Weise nicht durch ein performatives Element evoziert, sondern durch die »Realität« der alpenländischen Musik. Bedeutung gewinnt dabei der Umstand, daß Kreutzer den dramaturgischen Kontext im Hinblick auf Drameninhärenz verändern mußte.

Auch in der Romanze der Camilla (No. 10) am Ende der Oper setzte Kreutzer andere Akzente. Anders als Schmidt versuchte Kreutzer, dem drameninhärenten Moment dieses Liedes durch eine Akzentuierung der bühnenmusikalischen Komponente gerecht zu werden. An der Begleitung von Camillas Gesang hat zunächst nur die Harfe (»in der Kulisse«) teil; Klarinetten und Hörner haben vorerst nur akzidentielle Funktion, sie gewinnen erst gegen

---

[25] Partitur (hss. mit Dialogen): *D-Sl*, Cod. H.B. XVII Music. 276, und *A-Wn*, K.T.19 (2 Bde.).
[26] No. 1 Duettino, No. 2 Ariette (Camilla), No. 3 Quartetto, No. 4 Ariette (Federigo), No. 5 Arietta (Clara), No. 6 Aria (Lenardo), No. 7 Duetto e poi Terzetto, No. 8 o. A. [Duett], No. 9 Ariette (Marchese), No. 10 Romanze (Camilla), No. 11 Finale.
[27] Besetzung: 2 Fl, 2 Hr, 1 Klar, Str.

Ende des Couplets an Gewicht.[28] Ferner besitzt die Romanze zwar den für ein erzählendes Lied bevorzugten 6/8-Takt, die Singstimme weist jedoch keineswegs den damit verbundenen gleichförmigen Duktus auf. Diese Lied-Vertonung scheint mehr am einzelnen Wort ausgerichtet, als daß sie einem einheitlichen Romanzenton verpflichtet wäre (vgl. NB 3 auf der folgenden Seite).

In der zweiten Strophe gewinnt die Begleitung insofern an Gewicht, als die Harfe (32tel-Arpeggien gegenüber Achtel-Dreiklangsbrechungen im erstem Couplet) jetzt stärker akzentuiert ist und die Bläser nunmehr von Anfang an beteiligt sind. Die zunehmende Verdichtung des musikalischen Satzes entspricht zwar dem Typus des variierten Strophenliedes, sie dient indes zugleich dazu, das drameninhärente Element peu à peu mit der »uneigentlichen« Komponente des Orchesters zu verschmelzen. Diese allmähliche Verschmelzung darf geradezu als personalstilistisches Signum Kreutzers gesehen werden, das seine prägnanteste Erscheinungsform in der Romanze der Gabriele (No. 9 »Wer klagt am Gitterfenster«) im *Nachtlager in Granada* (1834) erfahren hat. Auch dort vertritt zunächst ein solistisches Begleitinstrument die drameninhärente Musik, in die sich nach und nach die Orchesterbegleitung »einschleicht«. Wo in der vorliegenden Romanze der *Alpenhütte* die geschlossene Form gewahrt wird – und somit die unterschiedlichen musikalischen Qualitäten differenzierbar sind –, kommt es in der *Nachtlager*-Romanze hingegen zu einer Verschmelzung der verschiedenen musikalischen Ebenen.

***

In unmittelbarer zeitlicher Nähe zu den Kompositionen von Kreutzer und Schmidt stand die Vertonung der *Alpenhütte* von Carl Loewe aus dem Jahr 1816, der allerdings – wie den meisten Loeweschen Opern – keine Aufführung beschieden war. Erhalten haben sich von Loewes *Alpenhütte* nur sechs Solo-Gesänge[29]; dies sind (mit einer Ausnahme) alle von Kotzebue vorgesehenen Solonummern.[30] Unter dem Gesichtspunkt der drameninhärenten

---

[28] Streicher fehlen in dieser Nummer ganz.
[29] Zumindest figurieren nur die Sologesänge in der Gesamtausgabe. Carl Loewe, *Sechs Gesänge aus dem Singspiel »Die Alpenhütte«*, in: Max Runze (Hrsg.) *Carl Loewes Werke, Gesamtausgabe der Balladen, Legenden, Lieder und Gesänge für eine Singstimme*, Bd. 1, Leipzig u. a. [1899], S. 12–27.
[30] Romanze der Camilla (No. 2), Cavatine des Federico (No. 4), Lied der Clara (No. 5), Ariette des Birbate (No. 6), Canzone des Birbate (No. 9) und Romanze der Camilla (No. 12).

NB 3: Conradin Kreutzer, *Die Alpenhütte*, No. 10, Romanze[31]

[31] In der Wiener (hss.) Partitur (*A-Wn*, K.T. 19) steht die Romanze in D-Dur.

Die Dramatisierung des Bühnenliedes

Musik scheint es besonders reizvoll, die Vertonung eines Komponisten zu betrachten, dessen Großteil seines Œuvres – wenn auch im außerdramatischen Genre – dem narrativen Liedtypus der Romanze und Ballade gewidmet war.[32]

In der Cavatine des Federigo (No. 4) wie auch in der Canzone (Ariette) des Birbate (No. 6) zeigt sich Loewes Gespür für die Dramatisierung von Liedtexten. Beide Arien lassen das für Loewe typische kompositorische Prinzip erkennen, d. i. eine dramatische Akzentuierung von Schlüsselwörtern, ohne dabei die musikalische (strenge) Form aus den Augen zu verlieren. Erwähnenswert ist, daß sowohl das Lied (No. 5) wie auch die Canzone (No. 6) kein einleitendes Ritornell besitzen, die Singstimme setzt vielmehr über einem Fermaten-Akkord des Orchesters direkt ein. Mehr als Schmidt und Kreutzer legte Loewe sein Augenmerk damit auf den Übergang von der gesprochenen zur gesungenen Figurenrede.

Wie schon in den beiden vorhergehenden Vertonungen gehört die musikalische Realisierung der dramenimmanenten Musik auch in Loewes *Alpenhütte* zu den interessantesten Nummern. An dem Lied der Clara (No. 5) fällt auf, daß Loewe bereits nach fünf Takten ein »zweites« Motiv (in der Flöte) exponiert, welches sich über die Singstimme legt und einen Kontrapunkt zu dem Themenkopf des Liedes bildet. In der Regel war das Zwischenspiel der Ort, selbständige instrumentale Motive einzuführen, womit zumeist die reale Sphäre der Begleitung bzw. der Bühnenmusik gegenüber dem (uneigentlichen) Orchestersatz geöffnet wurde. In Claras Lied macht Loewe die instrumentale Solostimme jedoch schon während des Couplets zu einer zweiten musikalischen »Realität«. Dasselbe Verfahren findet sich auch in der Canzone des Birbate: Dort ist es die Klarinette, die bereits im dritten Takt der Singstimme ein figuratives Motiv entgegensetzt.

Daß die Integration narrativer Elemente in eine festgefügte Form zu den genuinen kompositorischen Leistungen Loewes gehört, zeigt sich nirgends deutlicher als in Camillas Romanze (No. 12). Loewe scheint sich dort die dramaturgische Vorgabe, d. i. die dezidierte Präexistenz des Liedes *Mit langem Barte bleich und blaß*, in besonderer Weise zueigen gemacht zu haben.

---

[32] Zu Loewes musikdramatischem Schaffen vgl. zusammenfassend Heinrich Bulthaupt, *Carl Loewe – Deutschlands Balladencomponist*, Berlin 1898, S. 94–99, sowie Clive Brown, Art. »Loewe, Carl«, in: *GroveOp* 2, S. 1306.

Zur Erinnerung: Camilla singt ein Lied, das sie seit ihrer Jugend unzählige Male gesungen hat. Daraus kann nicht nur auf Präexistenz geschlossen werden, sondern mehr noch auf die Möglichkeit, daß sich die Liedstrophe(n) im Laufe der zahlreichen Darbietungen verändert haben. Eben dieses Moment hatte Loewe augenscheinlich zum Ausgangspunkt seiner Vertonung gemacht. Obgleich Loewes Romanze nur im Klavierauszug vorliegt, läßt selbst die reduzierte Gestalt Loewes musikdramatische Strategie erkennen. (vgl. NB 4 auf der folgenden Seite).

Die Variabilität des Liedes unter der Maßgabe von Präexistenz manifestiert sich zunächst in der unterschiedlichen Gestalt der beiden Couplets, in welchen Loewe dramaturgisches Kalkül walten läßt. Während die erste Halbstrophe in beiden Couplets identisch ist, weicht der zweite Teil der zweiten Strophe erheblich von demjenigen der ersten Strophe ab. Interessanterweise weist die erste Halbstrophe eine unregelmäßige Phrasenbildung in der Singstimme auf (3+4+4), wohingegen die zweite Hälfte des Couplets weitaus regulärer strukturiert ist (2+2+2+2+4). Mit anderen Worten: einer Veränderung ist der »einfachere«, zweite Teil des Couplets unterworfen. Setzt man die von Kotzebue etablierte präexistente Realität für die Analyse des Liedes voraus, so läßt sich allerdings nicht entscheiden, welche Strophe gewissermaßen als präexistente »Urgestalt« anzusehen wäre. Im Gegenteil: der Reiz dieser Romanze besteht darin, daß Camilla beide Strophen dergestalt variiert, daß keines der beiden Couplets als die präexistente Grundform betrachtet werden kann. Diese Grundform schimmert jedoch immer durch: das figurative Umkreisen melodischer Kerntöne hält die mutmaßliche »Grundgestalt« der Romanzenmelodie gegenwärtig.

Auf diese Weise macht Loewe den Typus des variierten Strophenliedes für das dramenhärente Lied dienstbar. Dieser Liedtyp bot nicht nur die Gelegenheit, anzunehmen – um mit Goethe zu sprechen –, daß die betreffende Bühnenfigur ein einmal erlerntes Lied an einer bestimmten Stelle im Drama anbringt, sondern die Art der Vertonung erlaubt ferner auch die Annahme, daß die Bühnenfigur das Lied im Akt des Singens verändert.

Läßt man die Kompositionen von Schmidt, Kreutzer und Loewe Revue passieren, so ist festzustellen, daß alle drei Vertonungen – in unterschiedlicher Weise – das Phänomen der Dramenhärenz des Bühnenliedes reflektieren. Schmidts musikalische Realisation der *Alpenhütten*-Lieder geht von der Veränderung der Romanze im Akt der Performation aus. Das Resultat ist ein variiertes Strophenlied, das aber kaum noch mit dieser Klassifizierung

NB 4: Carl Loewe, *Die Alpenhütte*, No. 12 Romanze

Die Dramatisierung des Bühnenliedes

kommensurabel ist, da es dergestalt »italianisiert« wird, daß es den Liedcharakter im Grunde hinter sich läßt. Schmidts Bezeichnung »Vers« statt Strophe scheint hierfür ein deutliches Indiz. Auch die motivische und harmonische Verschränkung von Liedthema und Ritornell mit der Einführung einer »zweiten« Stimme überwindet die Trennung von Singstimme (Lied) und Orchester (Begleitinstrument).

Bei Kreutzer zeigt sich die Tendenz, das performative Moment, das durch ein bühnenmusikalisches Begleitinstrument evoziert wird, im Verlauf der Komposition in den Hintergrund treten zu lassen und so einen allmählichen Übergang von der Ebene der »eigentlichen« zu der Sphäre der »uneigentlichen Musik« (Dahlhaus) zu schaffen. Die Tatsache, daß Kreutzer dieses »Verfahren« bereits in seiner Kotzebue-Oper *Feodora* (1812) sowie im späteren *Nachtlager in Granada* anwendete, offenbart ein spezifisches Bewußtsein gegenüber diesem Problem unterschiedlicher musikalischer Ebenen in der (Dialog-)Oper. Bei Carl Loewe hingegen spiegelt sich das performative Moment weniger in der Begleitung als vielmehr in der dem Bühnenlied gleichsam eingeschriebenen Präexistenz der Musik: Durch minimale Veränderungen des Phrasenbaus läßt sich eine »Urstrophe« des Liedes kaum noch ausmachen bzw. sie wird von Loewe bewußt verschleiert, um so die dramen-inhärente Veränderung des Liedes musikalisch zu versinnlichen.

Gleichwohl sich diese Entwicklung der allmählichen Dramatisierung des Bühnenliedes vor dem Hintergrund der französischen Opéra comique[33] und deren Rezeption in Deutschland vollzieht, so ist doch nicht zu übersehen, daß es in der deutschen Oper Ansätze zu einer Differenzierung der verschiedenen Ebenen des musikalischen Satzes gab, die deutlich vor den paradigmatischen Ausformungen der Ballade in Boieldieus *La Dame blanche* (1825) und Meyerbeers *Robert le diable* (1831) lagen. Diese Ansätze, so scheint es, gehen zu einem nicht geringen Teil auf Kotzebues Konzeption des Bühnenliedes zurück. Kotzebues »unromantische« Vorstellung von der Funktionalität der Musik dürfte somit zumindest das Bewußtsein für verschiedene Qualitäten von Musik in der Oper geschärft haben.

---

[33] Vgl. ausführlich in der o. g. Monographie (s. Anm. 11), Kap. V–VII, passim.

Reiner Nägele

»... gegen ein Heer von ini's und ani's«
Lindpaintners Versuch einer deutschen Volksoper

Obgleich von Lindpaintner keine öffentlichen Äußerungen zu seinen opernästhetischen Vorstellungen überliefert sind, und obgleich er niemals selbst einen Operntext verfaßte, erlaubt uns doch der überlieferte Briefwechsel[1] des Komponisten mit seinen Textdichtern, detaillierte Aussagen zu dem von ihm angestrebten idealtypischen Opernlibretto der 1830er Jahre zu machen. Dies um so überzeugender im Hinblick auf die konkret zu besprechende Oper *Die Macht des Liedes*, da von der ersten Idee zu diesem Werk 1826 bis zur Fertigstellung zehn Jahre vergingen, in denen Lindpaintner seine Vorstellungen konkretisierte, und nicht zuletzt – in Bezug auf das 1826 geplante Opernprojekt – mit zwei völlig anders gestalteten Opern zwischenzeitlich realisierte. Doch erst mit der *Macht des Liedes* wagte er den Schritt auf eine national wichtige und kulturpolitisch entscheidende Bühne, um im Kampf der deutschen gegen die populäre italienische Musik mit Hilfe seines ausgefeilten und auf Wirkung berechneten Kunstwerkes Stellung zu beziehen. Daß es letztlich nicht zu der beabsichtigten Aufführung in Wien kam, erscheint mir im Blick auf die ästhetische Gestalt und das darin konkretisierte Wollen des Komponisten unerheblich.

»Ich fühle zu sehr, daß ich einmal etwas wagen muß, um entweder zu siegen, oder auf immer unterzugehen«[2], schreibt er an seinen Freund Heinrich Bärmann, während er noch seinen *Vampyr* komponiert. Doch erst der unerwartete Erfolg dieser »großen romantischen Oper«, wie er sie nennt, 1828, machte ihm schließlich »Muth zu fernern Thaten«[3].

---

[1] Peter von Lindpaintner, *Briefe. Gesamtausgabe (1809–1856)*, hrsg. von Reiner Nägele, Göttingen 2001 (= *Hainholz Musikwissenschaft*, Bd. 1). Die Briefzitate werden nach dieser Ausgabe wiedergegeben. Der Nachweis erfolgt über die Angabe des Adressaten und des Briefdatums.

[2] An Heinrich Bärmann am 13. März 1826.

[3] An Unbekannt am 8. November 1828.

Um sein angestrebtes Ziel einer »ächt romantischen Original=<u>deutschen</u> Volksoper«[4] zu erreichen, die möglichst den Erfolg des *Freischütz* noch übertrifft, und den französischen »Geschmacklosigkeiten«[5] (auf Charaktere und Handlung bezogen), dem italienischen »Schlendrian«[6] (die Musik betreffend) sowie den »künstlichen Harmonien«[7] der Deutschen Paroli bietet: Um all dem ein überzeitlich gültiges, populäres und nicht zuletzt repertoirewürdiges Werk entgegenzusetzen, wagt er in den Jahren 1828 bis 1834, zum ersten und einzigen Mal in seiner Biographie, einen regen ästhetischen Diskurs mit den unterschiedlichsten Dichtern: mit Ellmenreich, Winkler, Bechstein, von Chézy, Biedenfeld, Bauernfeld und Castelli – mit dem Ziel, das perfekte Libretto zu schaffen. »Es kömmt ja alles […] auf einen Stoff an, der <u>so lange</u> das Publikum fesselt, bis die Melodien Wurzel gefaßt haben«[8], lautet sein Credo.

Angespornt von der nationalen Begeisterung für Webers *Freischütz* und vom eigenen Erfolg seines *Vampyrs* befeuert, fühlte sich Lindpaintner Ende der 1820er Jahre reif, »den großen Kampfplatz« zu betreten, um »mit den rüstigsten Kämpfern meines Faches nach der Palme zu ringen«[9]; das Zitat stammt aus dem Jahr 1833, als er begann, das Libretto zu Castellis *Die Macht des Liedes* zu vertonen.

Der »Kampfplatz«: Im Juli 1823 veröffentlichte Louis Spohr einen Aufruf in der *Leipziger Allgemeinen musikalischen Zeitung*[10] an einige »jüngere«, »talentvolle Komponisten«, um die »deutsche Kunst auch im Theater wieder […] geltend« zu machen. Konkret ist ihm Anliegen, die deutschen Komponisten zu ermuntern, sich »durch grosse und zweckmässige Thätigkeit in Besitz des Opern-Repertoirs zu setzen und alles Fremde (wenn es nämlich gehaltlos ist) nach und nach davon zu verdrängen«, insbesondere die »süss-fade, neuitalienische Musik«. Spohrs Aufruf ist als eine Reaktion auf die Wiener Verhältnisse um 1822 zu lesen, dort tobte ein erbitterter Streit, der in den Feuilletons ausgetragen wurde, um die Vorzüge der deutschen Musik – vertreten

---

[4] Ebda.
[5] An Ludwig Bechstein am 24. September 1832.
[6] An Ignaz Franz Castelli am 23. März 1834.
[7] An Heinrich Bärmann am 10. April 1827.
[8] Wie Anm. 3.
[9] An Ferdinand Freiherr von Biedenfeld am 12. März 1833.
[10] *AmZ*, Jg. 25, Nr. 29 (16. Juli 1823), Sp. 457ff.

durch Kreutzer und Gyrowetz – gegenüber der weitaus populäreren Rossinis.[11] Auf Seiten der deutschen Partei kämpfte Ignaz Franz Castelli, einer der schärfsten Gegner italienischer »Verweichlichung und Verflachung«[12].

Daß Lindpaintner in den Folgejahren tatsächlich jene beschworene »Palme« zu erringen hoffte, wie er schreibt, sprich: es unternahm, eine deutsche Repertoireoper im Sinne Spohrs mit propagandistischen Absichten zu komponieren, zeigen seine dem *Vampyr* folgenden Opern, Ludwig Roberts *Die Amazone, oder Der Frauen und der Liebe Sieg* (1831) und Biedenfelds *Die Bürgschaft* (1834). *Die Amazone* ist als »komische Oper« verfaßt und folgt in der Anlage dem bei Spohr genannten Kriterienkatalog bis hin zur »Verwandlung der Dialoge in Rezitative«; stärker noch, weil auch die Moral der Geschichte betreffend, gilt dieses kämpferische Programm für seine heroische Oper *Die Bürgschaft*, drei Jahre später vollendet, die er bewußt – bis hin zum travestierten musikalischen Zitat – als Anti-»Robert« konzipierte.[13]

Lindpaintner meinte es also ernst, blieb aber mit den genannten Werken erfolglos, ja: diese beiden ambitionierten Opern fanden nicht einmal den Weg auf eine Bühne außerhalb Stuttgarts. Der *Vampyr* dagegen, mit gesprochenem Dialog gestaltet und noch nicht mit nationalem Auftrag befrachtet, wurde bereits ein Jahr nach der Uraufführung in Stuttgart erstmals in Wien gespielt.

1832, als Lindpaintners *Amazone* Premiere feierte, standen auf den Spielplänen der Wiener Theater vorwiegend Opern von Hérold, Auber und Bellini; die deutsche Partei dagegen fand sich nur durch kleinere Singspiele vertreten, die meisten davon von Wilhelm Reuling komponiert. Die Zeit für ein neues Projekt in Sachen deutsche Nationaloper war also durchaus reif und Lindpaintner von der projektierten Premieren-Lokalität überzeugt: »troz dem allgemeinen Krebsgang unserer göttlichsten Muse«, schreibt er Castelli, »halte ich das lebendige Urtheil der Wiener für das competenteste Deutschlands«[14].

---

[11] Zu den Wiener Verhältnissen vgl. Richard Wallaschek, *Das K. K. Hofoperntheater*, in: *Die Theater Wiens*, 4. Band, Wien 1909.

[12] Ignaz Franz Castelli, *Aus dem Leben eines Wiener Phäaken*, neu hrsg. von Adolf Saager, 3. Aufl., Stuttgart [um 1918], S. 193.

[13] Zu einer ausführlichen Analyse vgl. Reiner Nägele, *Peter Joseph von Lindpaintner. Sein Leben und Werk. Ein Beitrag zur Typologie des Kapellmeisters im 19. Jahrhundert*, Tutzing 1993 (= *Tübinger Beiträge zur Musikwissenschaft*, Bd. 14), S. 184–189.

[14] Wie Anm. 6.

Zur Entstehung der Macht des Liedes

Auf Ende April 1826 war ihm bereits das Textbuch zu einer komischen Oper von Castelli versprochen worden, das Libretto mit dem Titel *Die Macht des Liedes* hielt er aber erst fünf Jahre später in Händen. Daß Lindpaintner von Anfang an plante, sein Wiener Vorhaben mit zwei Werken unterschiedlicher Gattung zu befördern, geht aus einem Schreiben an Bärmann hervor, indem er den Textdichter seiner *Amazone* als »vollkommenen Operndichter« bezeichnet und von seinen Plänen berichtet: »Indeß ich von ihm [Ludwig Robert] eine romantische Volksoper erwarte, beschäftigt mich ein allerliebstes Liederspiel von Castelli in 3 Akten ›Die Macht des Liedes‹, das er mir vor einigen Wochen zuschikte«[15].

Er scheint relativ zügig daran gearbeitet zu haben, im Juli 1833 sind bereits zwei Akte komponiert und bis auf fünf Nummern auch schon instrumentiert, als er lebensbedrohlich erkrankt. Ein Jahr lang ist er – zur Untätigkeit verurteilt – ans Haus gefesselt. Schließlich verspricht er dem drängenden Castelli, spätestens im Herbst 1834 das Werk zu vollenden. Tatsächlich datiert er die Fertigstellung zwei Jahre später auf 12. März 1836 und notiert am Schluß der Ouvertüre als Sinnspruch die Zeile: »Durch's Ohr zum Herzen!«[16].

In seinen Briefen äußert er sich zur Motivation und Anlage seines Werkes: er verspricht sich Popularität, da die »Ausführung keine große Schwierigkeiten bieten wird, im Gegensatze [zu] den neuesten Opern – gerade dadurch«, so seine Hoffnung, werde »eine größere Allgemeinheit allein möglich, u. befördert«[17]. Er habe sich der »Einfaceit […] als Grundlage […] in unserm modern=überladenen Zeitalter« verschrieben, zur »Ehre des bessern Geschmakes«[18], schreibt er an Castelli. Insgesamt urteilt er über die Oper: »Der Character der Musik, analog mit jenem des Textes, ist heiter, gemüthlich, komisch, brillant und beruht auf dem deutschen Liede«[19]. Und seinen Verleger läßt er wissen: »Die Sache erscheint in mehr als einer Hinsicht practisch

---

[15] An Heinrich Bärmann am 19 April 1831.
[16] Vgl. die autographe Partitur, Württembergische Landesbibliothek Stuttgart (Sign.: HB XVII 328), noch unter dem ursprünglichen, später geänderten Titel *Die Gewalt des Liedes*.
[17] Wie Anm. 6.
[18] Ebda.
[19] An die Hoftheaterintendanz in Weimar am 29. Dezember 1835.

u. zeitgemäß. Der Deutsche hat vor Allem das Lied, das er den Italiener u. Franzosen als ein ganz eigenthümliches Genre entgegenstellen kann«, und er nennt im selben Brief »voller Ueberzeugung« dieses Werk seine »glüklichste Arbeit«[20]. Und dem am Premierenort weilenden und skeptisch gewordenen Castelli macht er noch im April 1836 Mut: »Vertraue immerhin der Gewalt des Liedes! ist die Rolle des Nadir in gesicherter Hand, dann wag' ich den Sturm gegen ein Heer von ini's u. âni's. Die Reitze der Melodie gehören nicht außschließlich dem Italiener an – sie gehören und zwar im eigenthümlichen Felde des Liedes – vorzüglich [den] Deutschen.«[21]

Das Libretto
Die Idee, eine Oper zu schreiben, die ganz auf dem musikalischen Genre des »Liedes« basiert, stammte vom Komponisten selbst. »Diese Idee gab ich Castelli; er faßte Sie glüklich auf«[22]. Castelli, einer der Wortführer der deutschen Partei in Wien, schuf jedoch kein Originalwerk, sondern griff auf eine ältere Opéra comique zurück, die 1822 in Paris Premiere feierte: *Nadir et Sélim ou les deux artistes*, nach einem Text von Justin Gensoul (1781–1848) mit Musik von Henri Romagnesi (1781–1850). Er übersetzte das dreiaktige Werk fast wörtlich ins Deutsche, mit geringfügigen aber markanten Abweichungen, blieb aber weitgehend dem Original treu. Da sich ein deutsches Textbuch nicht erhalten hat (Castellis Übersetzung wurde nie gedruckt) und das Stuttgarter Exemplar, das dem Lindpaintner-Biographen Hänsler[23] noch zur Verfügung stand, im Krieg verloren ging, erlauben einzig die vertonten Textpartien im Autograph, die Stichwort- und Anschlußtexte zu den gesungenen und gesprochenen Partien sowie die französische Vorlage[24] als Textbasis

---

[20] An den Musikverlag C. F. Peters am 16. März 1836.
[21] An Castelli am 17. April 1836.
[22] Wie Anm. 20.
[23] Rolf Hänsler, *Peter Lindpaintner als Opernkomponist. Sein Leben und seine Werke. Ein Beitrag zur Operngeschichte des 19. Jahrhunderts*, Diss. München 1928.
[24] Diese französische Vorlage war bislang der Forschung unbekannt. Hänsler (S. 88) ging noch von einem Originallibretto Castellis aus. Ein Exemplar des Textbuches befindet sich in der Bayerischen Staatsbibliothek München: *Nadir et Sélim, ou les deux artistes, opera-comique en trois Actes, Paroles de M. Justin-Gusoul* [sic], *Musique de M. Rouagnesi* [sic], Paris: Mme Huet, 1822.

eine Rekonstruktion des gesamten Stückes. Die im Autograph überlieferten Dialogteile, die gesungenen Partien sowie die Anordnung der musikalischen Nummern zeigen deutlich, daß Castelli sich weitgehend mit einer schlichten Übersetzung begnügte.

Es bestand auch keine Notwendigkeit zu einer grundlegenden Bearbeitung, denn die Vorlage selbst – für die Pariser Verhältnisse um 1822 geschrieben – stellte bereits ganz im Sinne Lindpaintners und Castellis das gewünschte »Propagandawerk« dar, wenn auch mit anderer nationaler Ausrichtung. Auch in Paris gab es zu jener Zeit einen erbitterten Streit um die Gunst des Pubikums zwischen der Opéra comique und dem Théatre Royal italien. Letzteres, mit Rossini im Programm, trug auch hier den Sieg davon: »das italienische Theater ist seit drey Jahren so zur Mode geworden, daß immer nur die Hälfte der sich hinzudrängenden Zuschauer Platz findet«, vermeldet der Korrespondent der *AmZ* im November 1823 aus Paris.[25] Für die Opéra comique geschrieben, ergriff das Werk Romagnesis für die französische Seite Partei, dabei war gerade der Komponist bis dato als Opernschreiber noch gar nicht in Erscheinung getreten, sondern nur als Komponist von Romanzen und als Musikverleger. Mit einer solchen »Liedoper« vertrat also Romagnesi nicht nur nationale, sondern ebenso eigene, kommerzielle Interessen.

Was aber machte nun das französische Textbuch nicht nur formal – als romanzengesättigtes Libretto – für das Wiener Vorhaben interessant? Die konstituierenden Elemente der Geschichte sind folgende:[26] Protagonist ist ein Musiker, Nadir, der keine Gelegenheit ausläßt, seine instrumentalen wie vokalen Fähigkeiten zu demonstrieren. Die musikalische Produktion in vielfältiger Form bildet überhaupt den Nukleus: in Gestalt des Sängers und Instrumentalisten Nadir, der Harfe spielenden Delia, der Spielleute des Sklavenhändlers, nicht zuletzt in der Peripetie: erst das Lied der Nachtigall, vorgetragen von Nadir, erweicht das verstockte Herz des Nabob und ermöglicht so das lieto fine, was letztlich auch den deutschen Titel erklärt.

Bekanntermaßen besaß die Opéra comique, vor allem im 18. Jahrhundert, einen spezifisch gattungsreflexiven Charakter.[27] Am eindrucksvollsten wohl

---

[25] *AmZ*, Jg. 25, Nr. 50 (10. Dezember 1823), Sp. 829.
[26] Eine detaillierte Inhaltsangabe findet sich bei Hänsler (s. Anm. 23) S. 88f.
[27] Thomas Betzwieser, »*Si tu veux faire un opéra comique ...*« – Stil- und Gattungsreflexion in der Opéra comique zwischen 1800 und 1820, in: *Die Opéra comique*

thematisierte Grétrys *Le jugement de Midas* die nationale Diskussion über den musikalischen Stil, fokussierend in der »Nachtigallen«-Ariette Appolons (»Au rossignol, dans un bocage«). Die Rezeption dieser Oper macht deutlich, wie sehr die Frage der Vorherrschaft italienischer oder französischer Stilmittel, die seit dem 18. Jahrhundert in Frankreich ständig virulent war, das Repertoire der Opéra comique zumindest zeitweise beeinflußte. Gretrys Oper wurde just zu dem Zeitpunkt wieder in den Spielplan aufgenommen, als der Opéra comique durch die zunehmende Popularität des 1801 eröffneten Théatre Italien eine neuerliche Stildiskussion ins Haus stand. Auch Isouards *Jeannot et Colin*, 1814, steht in dieser Tradition stilkritischer Opern, die ebenfalls den inzwischen paradigmatisch gewordenen Rossignol-Topos thematisieren.

So gesehen, erweist sich die Vorlage zu Castellis Libretto für den Wiener Zweck als ideal in zweifacher Hinsicht: 1. erzählerisch – indem der wahren musikalischen Kunst (der des Sängers) eine falsche (die der »lärmenden« Spielleute) polemisch gegenübergestellt wird und 2. aus der Gattungstradition legitimiert. Noch während der Arbeit am Libretto zeigt sich Lindpaintner in höchstem Maße entzückt: Castelli habe unser »modern=überladenes Zeitalter« in diesem »Gedichte so wahr als ergötzlich«[28] geschildert. Und unmittelbar vor der geplanten Aufführung in Wien scheint ihn Castelli auch über das französische Vorbild informiert zu haben: »Was du mir über die Entstehungsgeschichte der Oper berichtest«, läßt er Castelli wissen, »wenn es mir gleich nicht ganz erwünscht ist, beruhigt mich jedoch vollkommen«[29]. Was ihn gestört haben könnte, wissen wir nicht, läßt sich aber aus der Geschichte selbst vermuten: Der Nachtigallentopos, der bei Castelli und Lindpaintner für die deutsche gegen die italienische Musik instrumentalisiert wird, kennzeichnet ja traditionsgemäß gerade die italienischen Stilmittel; eine Umkehrung des Gewohnten oder Erwarteten mag aber andererseits auch reizvoll gewesen sein – und ist ja bereits im französischen Libretto von 1822 intendiert.

---

und ihr Einfluß auf das europäische Musiktheater im 19. Jahrhundert. Bericht über den Internationalen Kongreß Frankfurt 1994, hrsg. von Herbert Schneider und Nicole Wild. Hildesheim 1997 (= *Musikwissenschaftliche Publikationen der Hochschule für Musik und Darstellende Kunst*, Bd. 3), S. 121-150.

[28] Wie Anm. 6
[29] Wie Anm. 21.

Eines ist klar geworden: nach gesellschaftlichem Bezug sucht man in diesem Libretto vergeblich. Bei der *Macht des Liedes* handelt es sich gewissermaßen um eine »Ideen«-Oper, wie es eben bereits auch schon die beiden Vorgängerwerke, die *Amazone* und die *Bürgschaft*, in anderem Gewand darstellen: Weder eine adlige noch eine bürgerliche Lebenswirklichkeit findet ihren Widerhall in diesem Schauspiel und Musik gewordenen stilkritischen Manifest. Es wäre unsinnig, die Geschichte nach den dort dramatisierten Herrschaftsverhältnissen befragen zu wollen. Die Charaktere sind, mit Ausnahme des Musikers, so eindimensional gezeichnet, daß die ausschließlich an Nadirs Person und sein Agieren gekoppelte Botschaft nie Gefahr läuft, durch eine Nebenfigur irritiert zu werden, jedenfalls nicht dann, wenn Musik erklingt.

Der Herrschertypus ist klischeehaft angelegt: absolut in seiner Macht, angebetet, gottgleich, streng im Urteil, aber – dem konventionellen Typus dieses Genres entsprechend – zur Milde fähig. Die liebende Frauengestalt ist rein und treu bis zur Versklavung, und auch der Geliebte schwankt nicht eine Minute, nicht in seiner Liebe und nicht in seinem Glauben an die Treue der Geliebten. Die Intriganten – Sklavenhändler und Haremswächter – betreiben ihr böses Spiel, sie bringen die ganze Geschichte erst in Gang, sind aber ebenso schematisch gezeichnet: dumm, einfältig und verschlagen. Nadir als einziger ist ein wandelbarer Charakter, eine differenzierter angelegte Figur. Letztlich ist es sein Spiel, das das Bühnengeschehen für den Zuschauer interessant macht; denn wirklich spannend ist nicht, wie die Geschichte ausgeht, sondern welche Tücken und Listen Nadir ersinnt und – seine Fähigkeit zur musikalischen Parodie sowie seine darstellerische Wandlungsfähigkeit. Daß das ganze Spiel sich um die Rolle des Nadir zentriert, ist bereits dem französischen Textbuch zu entnehmen: Dort steht in einer Anmerkung zu lesen, daß diese Rolle Louis-Antoine-Eléonore Ponchard auf den Leib geschrieben, ja von ihm kreiert worden sei.[30] Ponchard war zu seiner Zeit der bedeutendste Sänger der Operá comique.

Auch Lindpaintner wußte, wie bereits zitiert, um die zentrale Funktion dieser Figur.[31] Der Hoftheaterintendanz in Weimar versichert er: »Die Be-

---

[30] »Le rôle de Nadir, quoiqu'il ait été crée par M. Ponchard, appartient à l'emploi des Martin, comme à celui des amoureux. C'est à MM. les Directeurs des théâtre des départemens à distribuer ce rôle de la manière qu'ils jugeront la plus convenable«.

[31] Wie Anm. 21.

sezung« biete »keine Schwierigkeit« und erfordere »zur Hauptrolle einen gewandten Sänger«[32]. In der Uraufführung sang und spielte der Stuttgarter Hofopernsänger Gustav Pezold, der schon den Vampyr gesungen hatte. In den Rezensionen der *AmZ* wird diesem nicht selten ein bemerkenswertes komisches Talent bescheinigt.

Wie aber sieht nun die musikalische Realisierung aus?

Italienisch versus deutsch
Zunächst ist festzuhalten, daß die musikalischen Partien weitgehend aus der Handlung legitimiert sind; auch in den ausgedehnten Szenen und Finali, in denen es meist um Gelegenheiten zur Musikproduktion geht: Nadir singt und spielt zunächst dem Sklavenhändler und dem Chor der Sklaven vor, die Spielleute musizieren, um sich auf ihren Auftritt am Hof vorzubereiten, es wird getanzt, Delia spielt Harfe, Nadir singt eine französische Romanze als Erkennungszeichen zur Befreiung usf. Musikalisch, so ist den Briefen des Komponisten zu entnehmen, will das Werk Stellung beziehen gegen die italienische Opernmusik und Partei ergreifen für eine, wie auch immer geartete »deutsche« Musik: was »deutsch« in diesem Zusammenhang meint, bleibt allerdings relativ unbestimmt, Lindpaintner redet von »Einfachheit als Grundlage« und den Prinzipien des »deutschen Liedes« bzw. der »Melodie«, denen er sich beim Komponieren verpflichtet habe. Da bereits die französische Textvorlage den Streit um die Vorherrschaft italienischer oder französischer Stilmittel thematisierte, könnte also zunächst der Blick in das Libretto Aufschluß geben.

Bereits die erzählte Geschichte enthält als dramatisches Element einen musikalischen Wettstreit: aufgefordert von dem Sklaven Maleb, tragen Haruns Spieleute wenige Takte einer »musique militaire« vor.[33] Der Chor und Maleb sind zutiefst beeindruckt, wobei das hauptsächliche Kriterium ihres Entzückens interessanterweise die Lautstärke darstellt: »O! Wie schön und stark das klinget«. Da es Harun und Nadir aber nicht gefällt, gibt Maleb den Einsatz zu erneutem, diesmal noch kräftigerem Spiel, das Harun mit »Weh! mein armes Trommelfell!« und dem Befehl zu schweigen, kommentiert. [NB 1]

---

[32] Wie Anm. 19.
[33] Szene I, 5. Alle folgenden Angaben nach dem Klavierauszug: Peter Lindpaintner, *Die Macht des Liedes. Komische Oper in drei Akten mit Tanz von I. F. Castelli, vollständiger Klavierauszug vom Komponisten*, Leipzig: bei Friedrich Hofmeister, 1836, hier S. 36ff.

NB 1:

Nadir, der sich ebenfalls über das Gehörte entsetzt äußerte: »Lärm macht's, aber schön ist es nicht!«, zeigt anschließend sein Können: er singt, und er spielt auf verschiedenen Instrumenten – und: abermals ist die Menge beeindruckt: »O kunstreicher Mann! wir staunen dich an!«.

Die Menge, das Publikum, wird mit den beiden so unterschiedlichen Darbietungen als geschmacklos und verführbar vorgestellt. Einmal ist es der pure Lärm der Spielleute, der das Publikum zur Verehrung hinreißt, ein andermal ist es das brillante Instrumentalspiel Nadirs, das »Ohr und Gefühl« rührt und die Menge jubeln läßt. Nicht ein musikalischer Nationalstil wird mit dieser Aktion karikiert, Dichter und Komponist formulieren stattdessen eine Kritik am Publikum, das leicht durch Äußerlichkeiten zu beeindrucken ist.

Interessant ist, wie sich Nadir als Sänger einführt[34], also dem Sklavenhändler seine Musikalität zu beweisen versucht: Er singt kunstvoll, allerdings ist das Mißverhältnis zwischen Textdeklamation und Gesangsweise auffällig. (Vgl. NB 2 auf der folgenden Seite) Die Parodie auf den italienischen, koloraturreichen Gesangsstil ist unüberhörbar. Dies und nochmals am Ende der Szene sind übrigens die einzigen Partien im gesamten Stück, in denen tatsächlich in solch offensichtlicher, demonstrativer Weise »italienisch« gesungen wird. Aber Lindpaintner braucht es, nicht nur um zu zeigen, daß er als Komponist auch dieses Genre, sofern es gefordert wäre, beherrschte. Der Zuhörer erfährt zugleich demonstrativ, daß die nachfolgende »Einfachheit« des Gesanges eine gewollte ist und nicht Mangel an sängerischem Talent.

Daß er im übrigen an dieser Stelle – bei »maestoso« – mit einer »neapolitanischen« Wendung nach Des-Dur wechselt, ist angesichts der intendierten Aussage zwar nicht subtil zu nennen, zeigt aber einmal mehr Lindpaintners bewußte Tonartengestaltung – wie ich es auch schon in anderen Studien mehrfach aufzeigen konnte:[35] Er macht an dieser Stelle nicht nur eine »italienische« Wendung. Des-Dur charakterisiert zugleich, Schubart folgend, ei-

---

[34] Ebda., S. 40ff.
[35] Reiner Nägele, »*Der Vampyr*« – Held oder Traumbild? Zur Funktionalität des Bösen in den Opern von Marschner und Lindpaintner, in: AfMw, 51 (1999), S. 128–145, bes. S. 137f; ders., »*Der Wagner'sche Schwindel wird vorüberrauschen*«. *Lindpaintners und Wagners Opernschaffen im Vergleich*, in: Christoph-Hellmuth Mahling/Kristina Pfarr (Hrsg.), *Richard Wagner und seine »Lehrmeister«*. Bericht der Tagung am Musikwissenschaftlichen Institut der Johannes Gutenberg-Universität Mainz, 6./7. Juni 1997, Mainz 1999 (= *Schriften zur Musikwissenschaft*, Bd. 2), S. 233–248, bes. 243f.

NB 2:

nen »schielenden«, »grimmasierenden« Ton, voll »seltener Charaktere und Empfindungen«[36]. Nadir meint es ja, als treuer Verfechter einer deutschen Liedästhetik, nicht ernst, aber trotzdem ernst genug, da er sich erst mal als professioneller Künstler ausweisen muß.

Eigentümlich ist, wie der Künstler, Nadir, am Ende der Szene die Menge für sich gewinnt, so daß diese sich sogar vor Begeisterung und Ehrfurcht in den Staub wirft: mit dem Vortrag einer Polacca.[37] Im französischen Original erscheint an dieser Stelle eine schlichte Air zum Lobe der Frauen und des Weins. Nicht so bei Castelli und Lindpaintner. Der Textdichter verändert den Text und damit auch die Moral des Gedichtes in auffallender Weise: »Herrlich ist der Saitenklang [...]«. heißt es zunächst, analog zum französischen Text. Doch dann folgt original Castelli: »Aber noch viel tiefer dringet, | alle Herzen schnell bezwinget | eines Menschen Sang! | Donnerähnlich erklinget, | wenn er große Thaten singt! | Zärtlich gleich den Nachtigallen | wird sein Liebeslied erschallen!«. Die Moral der Geschichte wird verkündet und auch das am Ende so wichtige Nachtigallenmotiv findet bereits an dieser frühen Stelle Erwähnung. Die Menge zeigt sich beeindruckt von Nadirs Vortrag und somit korrespondiert diese Pollaca mit dem Nachtigallenlied im dritten Finale: Hier, unmittelbar vor dem ersten Finale, ist es die Gunst des Publikums, die mit einer einfachen, liedhaften Weise gewonnen wird, dort, im dritten, ist es der Fürst, dessen Herz mit einem kunstvollen Lied zur Milde bewegt wird. Daß Lindpaintner eine Polacca komponiert, mit der das Publikum beeindruckt werden soll, ist natürlich als Referenz an die populären Vorbilder im *Freischütz* und der *Jessonda*[38] zu verstehen. Zugleich aber macht Lindpaintner deutlich, daß er mehr will, als die Menge mit solcherlei Gesängen zu beeindrucken – nicht zu beeindrucken, sondern die Herzen zu rühren ist sein erklärtes Ziel.

---

[36] Christian Friedrich Daniel Schubart, *Ideen zu einer Ästhetik der Tonkunst*, Reprint Hildesheim 1969, S. 378.

[37] Klavierauszug (s. Anm. 33) S. 30ff.

[38] Vgl. die Arietta des Ännchen in Webers *Der Freischütz* (II, Nr. 7, »Kommt ein schlanker Bursch gegangen«) und die Arie des Tristan in Spohrs *Jessonda* (II, Nr. 12: »Der Kriegeslust ergeben«).

Französisch versus deutsch

Für die Opera comique typisch stehen am Beginn der Oper, nach einem einleitenden Duett, zwei Expositions-Nummern, eine Romanze von Selim und ein Lied Delias. Selims Romanze beginnt zwar melodisch und harmonisch schlicht, gestaltet sich aber im Mittelteil chromatisch und die Singstimme schwingt sich zu einem melismatischen Schluß auf, mit emphatischen Textwiederholungen; diesen Gesang begleitet das volle Orchester. Das Lied Delias dagegen wird nur von der Harfe unterstützt, ist formal einfach gebaut und melodisch anspruchslos gestaltet.

Diese von Lindpaintner bewußt kontrastierte Differenz der beiden Gattungen bleibt auch in der nächsten nun unmittelbaren, da nicht von Dialog unterbrochenen, Konfrontation von Romanze und Lied im zweiten Finale kurz vor der Katastrophe bestimmend: Nadir singt nach Aufforderung des Nabob eine Romanze (»Heil'ge Kunst in deinen Armen«[39]), die zwar so nicht bezeichnet, aufgrund der formalen Analogie zur ersten aber als solche erkennbar ist, gefolgt von einem Lied Nadirs (»Die Königin der Blumen«), das, gleichfalls unbezeichnet, jedoch wieder eindeutig der Gattung Lied zugehört – entsprechend der Harfe in Delias' Lied nun mit imitierter Lautenbegleitung.

Bemerkenswert scheint mir, daß der Nabob sich von dem Romanzenvortrag gelangweilt zeigt, und diesen kommentiert: »Das ist recht hübsch, doch bei so ernsten Dingen kömmt mir das Gähnen«. Das alles entscheidende und auch so in der Partitur ausgewiesene »Lied« von der gefangenen Nachtigall im dritten Akt ist dagegen gerade nicht schlicht gestaltet (das entspräche nun nicht der dramatischen Situation und dramaturgischen Stellung), sondern ein variiertes Strophenlied mit durchkomponierter zweiter Strophe und großer Orchesterbegleitung.

Diese von dem Komponisten provozierte Gattungskonkurrenz Lied oder Romanze mit eindeutiger Präferenz für das Lied findet sich im französischen Original nicht: dort herrscht das Prinzip »Abwechslung« (Couplet, Couplet indienne, Cavatine, Air, Romance mit quantitativem Vorteil auf Seiten der Romance), wobei in Romagnesis Vertonung am Ende der Nachtigallen-Gesang Nadirs erwartungsgemäß in die würdevolle Form einer »Air« gefaßt ist.

Anders als der italienische Gesangsstil wird in Lindpaintners Vertonung die »Romanze« zwar nicht diffamiert, sondern ist konstitutiver Teil des äs-

---

[39] Klavierauszug (s. Anm. 33), S. 124ff.

thetischen Programms »Melodie« und »Einfachheit«, sie wird allerdings gegenüber dem deutschen Lied dennoch als defizitär oder zumindest als veraltet vorgeführt.

Dies legt Nadirs Kommentar zu der eingeschobenen Romanze »Combien j'ai douce souvenance«[40], mit deren Vortrag Nadir seine und seiner Freunde Befreiung erreichen will, nahe. Bemerkenswert ist, daß gerade deren gefühlvoller Vortrag nicht die Freiheit bringt; der Franzose läßt die Freunde im Stich. Nadir erklärt jedenfalls Selim, diese Romanze habe ihn sein französischer Freund gelehrt. Delia wiederum, die Sängerin des ersten »Liedes«, wird im ersten Akt als Schülerin Nadirs vorgestellt: Die Filiation ist eindeutig, und der Komponist bekennt sich einmal mehr zu seiner in der französischen Musik verwurzelten Tradition, doch Nadir, der souverän alle Stile beherrscht, entscheidet sich am Ende, selbstverständlich für das »deutsche« Genre.

»Komische« und »romantische« Oper

Lindpaintner versuchte sein Ziel, das Wiener Publikum für sich und die deutsche Oper zu gewinnen, von Anbeginn an auf zwei Wegen zu erreichen: 1836 mit der Komposition einer komischen Oper – die *Macht des Liedes* – und 1839 mit einer »romantischen«, die unter dem Titel *Die Genueserin* dann auch tatsächlich in Wien zur Premiere gelangte. Formal unterscheiden sich die beiden Werke grundlegend: Die *Macht des Liedes* ist ein der »Einfachheit« im musikalischen Satz verpflichtetes »Liederspiel« mit gesprochenem Dialog, die *Genueserin* dagegen eine große durchkomponierte Nummernoper. Grundsätzlich ist diese Differenzierung bezogen auf die Gattungsbezeichnungen bei Lindpaintner aber nicht eindeutig: *Die Amazone* nennt er »komische Oper«, gestaltet sie aber musikalisch höchst artifiziell und durchkomponiert. Die von Lindpaintner so bezeichneten »romantischen« Opern der Stuttgarter Jahre dagegen – *Sulmona*, *Der Bergkönig* und *Der Vampyr* – sind Dialogopern, die sich jeweils unterschiedlichen musikalischen Stilen verpflichtet zeigen. Nimmt man Lindpaintners eigene Gattungsbezeichnungen ernst, so führt die Differenzierung der Begrifflichkeiten auf der musikalischen Ebene zu keinem eindeutigen Ergebnis.

Spürbar resigniert schreibt Lindpaintner im März 1838 an Eduard von Bauernfeld: »Raison faite – will mich bedünken, daß die großartigen Cha-

---

[40] Szene II, 10; ebda. S. 116.

ractergemälde die uns die neuen Opern der Franzosen geben, nicht vermieden, sondern nachgeahmt werden müssen – wenn wir Wirkung wollen«[41]. Da lag ihm bereits das Libretto zur *Genueserin* vor, das er vier Wochen später zu komponieren begann. Noch vor Niederschrift der ersten Noten verspürte er also bereits einen grundlegenden Mangel in der Textvorlage, den er aber mit der für Wien geplanten romantischen Oper nicht mehr zu korrigieren vermochte. Als Lindpaintners nachahmenswerte Charakter-Vorbilder wären denkbar: Aubers Fra Diavolo, Meyerbeers Robert, mehr noch dessen Marcel aus den *Hugenotten*. Lindpaintner favorisierte bis dato nämlich ein anderes, älteres personales Verständnis, das für die Dramaturgie seiner Opern grundlegende Bedeutung besaß.

Daß in den komischen Opern Lindpaintners – und somit auch in der *Macht des Liedes* – keine Charakterstudien im Sinne »lebensweltlicher« Charaktere vorgeführt werden, sondern ein typologisiertes Personal instrumentalisiert wird, um sentimentales, rührseliges Gefühlstheater vorzuführen, ist offensichtlich und für dieses Genre trivial; letztlich bilden die Personen der komischen Opern Lindpaintners eine von Werk zu Werk wiedererkennbare und somit austauschbare Staffage. Nach einer »seelischen« Komponente der dramatis personae in modernem Sinne sucht man vergeblich, die Personen, auch eine in ihrer Komik differenziert angelegte Gestalt wie Nadir in der *Macht des Liedes*, sind stets in ihrem von Anbeginn an zugewiesenen eben nicht »lebensweltlichen«, sondern »theatralischen« Charakter gefestigt. Zwar gibt es »Versuchung« im Sinne ereignishafter Prüfung, aber niemals Verführung mit der Konsequenz personaler Irritation. Nicht selten spielt deshalb in den komischen Opern Lindpaintners auch die gesellschaftliche Hierarchie eine dramaturgisch wichtige Rolle; die alles entscheidende Wendung wird durch äußerliche Umstände herbeigeführt: allermeist ist es der Milde oder Gnade des Patriarchen zu verdanken, daß das Schicksal der Liebenden am Ende sich zum Guten wendet, oder die Auflösung von anfänglichen Täuschungen und Verwechslungen ermöglicht das stets nie in Frage stehende happy end.

Anders in den »romantischen« Opern, ob als Dialogopern angelegt, oder durchkomponiert, ob mit mehr komischen Elementen ausgestattet – wie im *Bergkönig* – oder weniger, ob historisch wie die *Genueserin* oder märchenhaft wie der *Vampyr*, ist unerheblich. In all diesen Werken spielt das Motiv

---

[41] An Eduard von Bauernfeld am 22. März 1838.

der »Erlösung« durch individuelles Handeln, Befreiung von einem Fluch oder Schicksal, die dramaturgisch entscheidende Rolle. Der Einzelne ist Anfechtungen ausgesetzt und im heroischen Widerstand zum Heldentum fähig. Im Gegensatz zu den komischen Opern ist die soziale Hierarchie als äußerliches Kriterium für die Spannungsgestaltung deshalb unerheblich, allein die Persönlichkeit der Protagonisten oder präziser der weiblichen Protagonisten ist entscheidend.

Auffällig ist nämlich, daß bei Lindpaintner die den Prüfungen unterzogenen, im Charakter[42] schwankenden romantischen Heldenfiguren, meist Frauenrollen vorbehalten sind: Blanka in der *Sulmona*, Isolde im *Vampyr*, Bianka in der *Genueserin*. Sie repräsentieren, den Prinzipien des Melodrams verpflichtet, die »seelische« Komponente des Dramas; das charakterstarke Handeln dagegen ist allein den Männern vorbehalten. Diese sind deshalb auch in den romantischen Opern Lindpaintners relativ eindimensional gezeichnet, moralisch eindeutig: gut oder böse. Gerade dort, wo dieses Muster durchbrochen scheint, findet es letztlich Bestätigung. In der *Genueserin* ist es Bianca, die den Konflikt durch todbringendes Handeln löst: sie ersäuft ihre Feinde in den Kanalgewässern Venedigs. Doch sie handelt gerade nicht aus eigenem, innerem Antrieb. Ihre Tat wird motiviert durch einen Sonnenstrahl – Sonne als männliches Prinzip – und indem sie Gott – den himmlischen Patriarchen – um Beistand anfleht; nicht genug: Sie verfällt auch, im Moment der Tat, dem Wahnsinn. Im *Vampyr* ist es zwar die Titelfigur, die durch den Mond – als traditionelles Symbol für das Weibliche zu interpretieren – zum Leben, zum Handeln erweckt wird, doch dieser repräsentiert nichts weiter als die inkarnierte weibliche Untreue – in völligem Gegensatz zu Marschners Konzeption des Vampyrs als Frauen verführendem Dämon. Die Titelfigur bei Lindpaintner ist letztlich eine Allegorie der seelischen Zerrissenheit Isoldes, Ausgeburt einer adoleszenten Verwirrung, wie ich in einer Studie über die Funktion des Bösen bei Marschner und Lindpaintner zu zeigen versuchte.[43] Auch hier muß das Handeln Isoldes erst durch Anrufung des höchsten Patriarchen – Gottes – motiviert bzw. legitimiert werden – und es ist zum Scheitern verurteilt, die Erlösung durch die befreiende Tat bleibt allein dem Vater vorbehalten.

---

[42] Zur Problematik des Charakterbegriffs im Theater vgl. Johann N. Schmidt, *Ästhetik des Melodrams. Studien zu einem Genre des populären Theaters im England des 19. Jahrhunderts*, Heidelberg 1986 (= *Britannica et Americana*, 3. Folge, Bf. 7), S. 148.

[43] Reiner Nägele, »*Der Vampyr*« [...] (s. Anm. 35).

Das von Lindpaintner idealisierte Figurenensemble seiner romantischen Opern schreibt ein melodramatisches Szenarium fort: die Frau als gefühliges und potentiell wankelmütiges und deshalb der Errettung bedürftiges Wesen, der Mann als charakterstarker, handelnder Held. In der Operngeschichte und in der Darstellungskunst verändert sich jedoch diese vormoderne, eindeutige, vor allem starre Differenzierung in entscheidender Weise – jedenfalls gegenüber Lindpaintners Konzeption: Auch die männlichen Helden werden in ihrer Personalität als multipel und vor allem variabel vorgeführt. Ihre moralische Integrität gerät ins Wanken. Selbstkontrolle und Prüfung des Charakters ist zudem dramaturgisch nicht mehr an Aktion gebunden, wie noch im deutschen Theater der Aufklärung, dem sich Lindpaintner bis dato verpflichtet zeigt, sondern wird mehr und mehr eine Sache des Bewußtseins, verlagert in die Psyche der Bühnengestalten. Verständlich, daß der Stuttgarter Komponist diesen Wandel der personalen Konzeption und Rollendarstellung auf der Bühne mit Erschrecken registrieren mußte, denn die durch die Behauptung eines ewig gültigen, gottgegebenen und unerschütterlichen Patriarchats gesicherte Welt Lindpaintners wird durch diese neue, moderne Art der »Charaktergemälde« fragwürdig und – rezeptionsästhetisch beurteilt – bedeutungslos.

Die *Macht des Liedes* wurde in Wien nicht aufgeführt. Mit der *Genueserin* gelang dem Komponisten immerhin ein Achtungserfolg am Kärntnertortheater im Frühjahr 1839. Ins Repertoire anderer Opernhäuser, mit Ausnahme Stuttgarts, fand aber auch diese Oper ihren Weg nicht. Eine Neuinszenierung im Herbst 1840 in Wien zum Benefiz eines Sängers erwies sich als Flop. Das Werk ließ, wie die *AmZ* vermeldete, »kalt und das Haus schwach besetzt«[44].

---

[44] *AmZ*, Jg. 43, Nr. 9 (3. März 1841), Sp. 198.

Till Gerrit Waidelich

Conradin Kreutzers *Die beiden Figaro* (Wien 1840)

Anknüpfungen an ältere Muster und aktuelle Tendenzen der opéra »comique« und »buffa« bei der Fortsetzung eines bewährten Sujets[1]

Dank zweier Nummern seiner »romantischen Oper« *Das Nachtlager in Granada*, des »Hobelliedes« aus Ferdinand Raimunds »romantischem Zaubermärchen« *Der Verschwender*, einiger Lieder, Chöre, Kammer- und Kirchenmusikwerke ist der Komponist Kreutzer noch manchem Kenner und Liebhaber ein Begriff.[2] Doch sein umfangreiches musikdramatisches

---

[1] Für viele wichtige Informationen zu Quellen, die mir genannt oder sogar in großzügiger Weise zur Verfügung gestellt wurden, möchte ich mich bedanken bei Prof. Dr. Axel Beer (Mainz), Dr. Armin Brinzing (München), Dr. Rosemarie und Dr. Günther Gerisch (Planegg), Dr. Armin Heim (Meßkirch), Dr. Karsten Mackensen und Paul S. Ulrich (Berlin). Besonders herzlicher Dank geht an die exzellenten Kreutzer-Kenner Robert Paschinger (Wien), Max Ruh (Schaffhausen) sowie an die Kammeroper Neuburg an der Donau und ihren Spiritus rector Horst Vladar (Bonn). Darüber hinaus sei folgenden Institutionen für die Bewilligung gedankt, die bei ihnen verwahrten Handschriften und Drucke einzusehen und zu zitieren: Staatsbibliothek zu Berlin – PK, Stadtbibliothek und Stadtarchiv Braunschweig, Musikwissenschaftliches Institut, Albertus Magnus Universität, Köln (Dr. Mignon Wiele), Universitätsbibliothek (Heidrun Beckers) und Historisches Archiv der Stadt Köln, Bibliothèque Nationale de France Paris, Württembergische Landesbibliothek Stuttgart, Wiener Stadt- und Landesbibliothek, Österreichisches Theatermuseum Wien, Herzog August Bibliothek Wolfenbüttel, Zentralbibliothek und Allgemeine Musikgesellschaft Zürich.

[2] Es ist allerdings erstaunlich, daß selbst in den 1830er und 1840er Jahren Kreutzer zwar auf den Bühnen und in den Feuilletons präsent war, aber von einem Teil seiner Kollegen kaum wahrgenommen wurde: In der Lortzing-Briefausgabe (Albert Lortzing, *Sämtliche Briefe. Historisch-kritische Ausgabe*, hrsg. v. Irmlind Capelle, Kassel u. a. 1995) z. B. erscheint der Name Kreutzer lediglich im Kommentar.

Œuvre ist kaum erschlossen, trotz einiger Ansätze, es mittels wissenschaftlicher Studien zu beleuchten oder in szenischen und konzertanten Aufführungen wiederzubeleben.³ Zwar darf man ihn selbst und sein Œuvre wohl als typisches Phänomen des musikalischen Biedermeier im deutschen Sprachraum betrachten, doch kann keine Rede davon sein, daß Kreutzer eine besondere Affinität zur Spieloper – oder, wenn man so will, »komischen« deutschen Dialogoper – hatte. Doch weist sein Werdegang manche Gemeinsamkeit mit jenen anderer Kapellmeister-Komponisten dieser Jahre auf, die sich, wie er selbst, recht gewandt im Theaterwesen kleiner und großer Orte jener Jahre behaupteten, obwohl sie aus Verhältnissen stammten, die dies kaum denkbar erscheinen ließen. Kreutzers Lebenslauf sei hier unter dem Aspekt seiner Auseinandersetzung mit italienischen und französischen Operngattungen als Dirigent und Komponist skizziert, wobei ein besonderer Augenmerk auf das Wiener Opernrepertoire der Jahre 1820 bis 1840 gerichtet ist, das zwar für die deutsche Theaterlandschaft nicht generell als repräsentativ gelten kann, doch selbst für die nördlichen Provinzen eine maßgebliche Tendenz aufzeigt.

Rekapituliert man Kreutzers Herkunft und frühe Ausbildungszeit, deutet noch wenig auf eine spätere entschiedene Neigung zum Theater, die sich dann aber aus den Eckdaten seiner Karriere ganz zweifelsfrei ablesen läßt: 1780 als Sohn eines Mühlenpächters vor den Toren des fürstenbergischen, später badischen Städtchens Meßkirch geboren, dürfte er zwar in den Klö-

---

3   Die letzte größere Arbeit stammt von dem Dirigenten der Hofkapelle Wien (Wiener Sängerknaben) und nachmaligen Chordirektor der Wiener Staatsoper, Richard Roßmayer (1905–1972), *Konradin Kreutzer als dramatischer Komponist*, Diss. masch., Wien 1928. Ein detailliertes, aber ergänzungsbedürftiges Verzeichnis aller Kreutzer-Opern bietet Karl-Peter Brecht, *Conradin Kreutzer. Biographie und Werkverzeichnis*, Meßkirch 1980 sowie der Kreutzer-Artikel des Autors in *MGG*², Bd. 10, 2003, Sp. 702–711. Im (österreichischen) Theaterrepertoire hielt sich nach 1945 nur der *Verschwender*, von einzelnen Wiederbelebungen des *Nachtlager* (etwa ein Dutzend Mal in Meßkirch und 2002 in Freiberg/Sachsen), der *Alpenhütte* und *Die beiden Figaro* (Kammeroper Neuburg 1998) abgesehen. Auf Tonträgern liegen von den musikdramatischen Werken nur *Nachtlager* und *Verschwender* weitgehend vollständig vor; eingespielt ist darüber hinaus die Musik zu Goethes *Faust*. Vgl. auch die Diskographie bei Armin Heim, »*O Kreutzer, theurer Meister*« *Die Conradin-Kreutzer-Gedenkfeiern in Meßkirch. Zur Entstehung, Entwicklung und Funktion lokaler Selbstdarstellung*. Tübingen 2002 (= Untersuchungen des Ludwig-Uhland-Instituts der Universität Tübingen [...], Bd. 95).

stern Zwiefalten und Schussenried, in denen er seine Schulbildung erhielt, erstmals geistliche Singspiele gehört oder in ihnen mitgewirkt haben, doch nahm er 1799 zunächst ein – rasch abgebrochenes – Jurastudium in Freiburg im Breisgau auf. Eigener Auskunft gemäß war sein erstes wirkliches Opernerlebnis der Besuch der Salieri-Oper *Palmyra* am 18. August 1804 in Wien[4], so daß seine Versuche auf dem Gebiet des Musiktheaters um 1802 noch ohne nähere Bekanntschaft mit dem Genre erfolgten. Und zunächst orientierte er sich auch nicht an Opernkomponisten, sondern primär an Johann Georg Albrechtsberger, Joseph Haydn und Beethoven, schrieb Kammer- sowie Kirchenmusik und wirkte als ausübender Musiker bei zahlreichen Konzerten und in Adelspalais, wobei er sich namentlich als Klavier- und ab 1810 als Panmelodiconspieler einen gewissen Ruf erwarb. Doch entstanden in den ersten sechs Wiener Jahren bereits sieben musikdramatische Werke verschiedenen Typs, von denen das Scherzspiel *Der Apollo-Saal* 1808 wohl privat einstudiert wurde und auch bei zwei anderen Singspielen Aufführungen nachweisbar sind: *Die zwei Worte* (Stuttgart 1808) und *Jery und Bätely* (Wien 1810). Selbst drei der übrigen frühen Opernversuche, die mit großen Ambitionen verbunden waren, vermochte Kreutzer später auf die Bühne zu bringen: Den »vaterländischen« *Conradin von Schwaben* (Stuttgart 1812), den »romantischen« *Taucher* (Stuttgart 1813) und *Äsop* (Donaueschingen 1821). Das Engagement als Theaterkapellmeister nach Stuttgart, wo er sich ab 1812 als Opernkomponist weiter profilieren konnte, bedeutete für ihn einen unvorhersehbaren Glücksfall. Neben heiter-sentimentalen Singspielen entstand dort die lyrische Tragödie *Orest*. Bereits 1816 schied Kreutzer wegen zahlreicher Querelen und Demütigungen aus und erst nach seinem Wechsel in ähnlicher Position an den Fürstlich-Fürstenbergischen Donaueschinger Hof entstand u. a. das wiederum »lyrischtragische« Monodram *Adele von Budoy* oder *Cordelia*, das es in den Interpretationen der Sopranistinnen Milder-Hauptmann, Schröder-Devrient, Sigl-Vespermann und Schechner zu zweifelhaftem Ruf – aber 1830 sogar nach Paris – brachte.[5]

---

[4] Erwähnt in dem wichtigen biographischer Artikel aus der Wiener *Allgemeinen Theaterzeitung* Jg. 40, Nr. 91 (16. April 1847), S. 363; im Gegensatz zu Kreutzers Angabe gegenüber Girschner (*Berliner Musikalische Zeitung*, Nr. 24, 23. März 1833, S. 95) handelte es sich nicht um Salieris *Axur*.

[5] Vgl. Till Gerrit Waidelich, *Anna Milder-Hauptmann (1785–1838), Wilhelmine Schröder-Devrient (1804–1860)* »[...] wenn das Orchester [...] tobt, und die Sän-

In den ersten zwanzig Jahren sind in Kreutzers Opernschaffen vornehmlich französische Einflüsse spürbar: Zunächst vertonte er – stets in deutscher Sprache – einige opéra-comique-Libretti, die bereits in Frankreich gespielt worden waren, dann nahm er sich auch die tragédie-lyrique zum Vorbild. Allerdings waren die Leitbilder hier vornehmlich Gluck und Cherubini bzw. deren musikalisch-formale Gestaltung der *Iphigenie*-Opern und der *Médée*. Erst 1822, nach dem neuerlichen Wechsel an die Hofoper im Kärntnertortheater in Wien, an der er seinen Durchbruch mit *Libussa* erzielte – das Engagement erfolgte dank einer Einladung der Gräfin Eleonore Fuchs-Gallenberg und nach schwierigen Vertragslösungsverhandlungen mit Donaueschingen –, war eine intensive Auseinandersetzung mit der außerordentlich populären italienischen Oper der Zeit dringlich geboten, wollte Kreutzer weiter beim Publikum reüssieren. Schließlich war er an einem Haus engagiert, das von einem Italiener, Domenico Barbaja, gepachtet wurde und neue deutsche Produkte, darunter z. B. Webers *Euryanthe* 1823, eher als Pflichtübung herausbrachte. Und Kreutzer war durchaus anpassungswillig und -fähig: Ignaz Franz Castelli schrieb am 28. Januar 1824 aus Wien an Louis Schlösser, Kreutzers kurz zuvor herausgekommene Oper *Der Taucher* habe »sehr gefallen [...], weil sie im italiänischen Geschmacke geschrieben ist«[6]. Und in seinem Brief vom 20. Februar 1827 an Carl Friedrich Peters in Leipzig, in dem es in erster Linie um den Vertrieb seiner Instrumentalmusik geht, äußert Kreutzer sich selbst:

»Ich habe Lust diesen Sommer eine italienische Oper zu *componieren* – da doch die Wiener gar so sehr an dem fremden hängen! – Mit der deutschen sind hier immer noch schlechte *Auspicien*. Der Pächter des Theaters – *Barbaya* – ist – *italiano* – der *Administrator* und *Director* desselben – *Duport* – *est un francois!* – was kann der Deutsche da hoffen?[7]

---

gerin sich dazu wie eine Furie geberdet«. »Cordelia« (1823), Conradin Kreutzers Oper über »eine wahre Begebenheit im Jahre 1814« für zwei Primadonnen, in: *Vom Salon zur Barrikade. Frauen der Heinezeit*, hrsg. Irina Hundt. Mit einem Geleitwort von Joseph A. Kruse, Stuttgart u. Weimar 2002 (= *Heine-Studien*, hrsg. von Joseph A. Kruse. Heinrich Heine Institut der Landeshauptstadt Düsseldorf), S. 111–128.

[6] Vorlage: J. A. Stargardt, Katalog 657, zugleich Erasmushaus Basel, Oktober 1994.
[7] Vorlage: Autograph, Paris, Bibliothèque Nationale de France.

Von der Vollendung einer Oper in italienischer Sprache ist jedoch nichts bekannt, denn um die nur in Briefen[8] erwähnte, zumindest ursprünglich deutschsprachige *Luna*, die Kreutzer Ende 1826 schon fertiggestellt haben muß, kann es sich nicht handeln. Aber es kam im Sommer 1827 dann zur Komposition von *L'eau de jouvence*, einer Opéra-comique, bei der er es in der Tat bewerkstelligte, daß sie am 13. Oktober auf die Bühne des Pariser Odéon-Theaters gelangte.[9] In den späten 1820er und frühen 1830er Jahren befand sich die vaterländische Partei der Hofoper – zu der neben einer Reihe deutsch-österreichischer Komponisten auch Ignaz von Mosel und Georg Friedrich Treitschke zählten –, in einer Krisensituation, die den trotz allem ehrgeizigen und fast jedes Jahr mit einem neuen musikdramatischen Werk hervortretenden Kreutzer dazu bewog, seine ambitioniertesten Opern außerhalb Wiens herauszubringen (Prag und Berlin), selbst wenn er seinen Wohnsitz in Wien beibehielt und dort auch deutsche Aneignungen italienischer und französischer Gattungen herausbrachte: eine Neufassung des Metastasio-Sujets *L'Isola disabitata* (*Die Insulanerinnen*, 1813/1829) sowie ein Vaudeville nach *La laitière de Montfermeuil* (1829).

Eine Erfolgsserie setzte erst wieder seit 1833 mit der Grillparzerschen *Melusina*[10] in Berlin ein, und 1834 dann – nach nur wenigen Wochen Abstand – mit Kinds/von Brauns *Nachtlager* und Raimunds *Verschwender* sowie einer ganzen Reihe weiterer z. T. umfangreicher Schauspielmusiken im Josephstädter Theater Wien. Dies erfolgte in jenen Jahren, als dieses Theater der Hofoper Konkurrenz machte und keineswegs nur, wie zuweilen gemutmaßt wurde, ihr die Pflege des deutschen Repertoires, also der sogenannten »romantischen« und der Spieloper abnahm.[11] Doch wenn Kreutzer an diesem

---

[8] Undatierter Brief von Ende 1826 an Adolf Bäuerle (*A-Wst*, I. N. 21578799) sowie vom 26. September 1827 an Ignaz von Mosel (Österreichisches Theatermuseum, Wien, ohne Signatur).

[9] Später in Wien gespielt unter dem Titel *Die Verjüngerungs-Essenz* (nach F.-A. Duvert/Xavier [=Saintine] v. K. v. Braun), »Komische Operette«, Kärntnertortheater, 24. September 1838.

[10] Vgl. dazu u. a. Till Gerrit Waidelich, *Geisterreich und entfesselte Phantasie. Conradin Kreutzers Melusina (1833) nach Grillparzers Opern-Libretto für Beethoven*, in: *Witz und Lebensangst. Raimund, Nestroy, Grillparzer*, hrsg. von Ilija Dürhammer und Pia Janke, Wien 2001, S. 181–204.

[11] Während Kreutzers Wirken am Josephstädter Theater gab es u. a. folgende Aufführungen, die teils vor seinem Engagementsbeginn Premiere hatten, und mit de-

Vorstadttheater auch immerhin mit zweien seiner dutzend dort gespielten Werke außerordentlichen Erfolg hatte, so war das Theater nach einem Höhenflug unter Johann August Stöger bereits wenig später in der Dauerkrise[12], was Kreutzer wiederum veranlaßte, ein Engagement außerhalb Wiens zu erwägen.[13] Nach dem erneuten Wechsel an die Hofoper verließ ihn zwar die Er-

> nen er, wenn er sie nicht ohnehin selbst einstudierte und bei den Aufführungen leitete, sicherlich bestens vertraut war: Ab 1832 Giovanni Pacini *Pompejis letzter Tag*, Ferdinand Hérold *Zampa*, D. F. E. Auber *Fra Diavolo* und *Die Stumme von Portici* sowie *Der Maurer und der Schlosser*, Vincenzo Bellini *Die Unbekannte* und *Die Capulets und Montagues*, Gioacchino Rossini *Semiramis*. Ab 1833 Rossini *Graf Ory*, Gaetano Donizetti *Anna Boleyn*, Rossini *Der Barbier von Sevilla*, *Die Italienerin in Algier*, *Tankred*; Bellini *Der Seeräuber*, Mozart *Don Juan*, Giovanni Paisiello *Die Müllerin*, Joseph Weigl *Der Korsar aus Liebe*, Auber *Der Schnee*, Meyerbeer *Robert der Teufel*, Saverio Mercadante *Elise und Claudio*, Boieldieu *Die weiße Frau*, Weber *Der Freischütz*, Hérold *Der Zweikampf*, Mozart *Die Zauberflöte*, Rossini *Wilhelm Tell*, Luigi Ricci *Die Waise aus Genf*, Kreutzer *Cordelia*. Ab 1834 Kreutzer *Das Nachtlager in Granada*, Meyerbeer *Die Kreuzritter in Ägypten*, Mercadante *Die Normannen in Paris*, Auber *Der Schwur oder Die Falschmünzer*, Hérold/Halévy *Ludovic*, Bellini *Die Nachtwandlerin*, Kreutzer *Der Taucher*, Caraffa *Der Kerker zu Edinburgh*. Ab 1835 Kreutzer *Melusina*, Marco Aurelio Marliani *Der Bravo*, Théodore Labarré *Der Seekadett*, Bellini *Das Castell von Ursino*. Noch 1837 gab es in diesem Theater eine Kreutzer-Uraufführung, *Die Höhle von Waverly*. Unter den hier genannten Titeln wurden die Opern gespielt, genaue Aufführungsdaten finden sich im Anhang der Arbeit von Beatrix Renate Schimscha, *Das Josefstädtertheater als Opernbühne*, Diss. masch. Wien 1965.

[12] Den Beginn seines Engagements in der Josephstadt hatte Kreutzer unter der Leitung von Stöger angetreten, der aber schon im Frühjahr 1834 wieder nach Prag wechselte. Danach führte das Ehepaar Leopold und Theresia Hoch fünf Monate lang das Haus, sodann kam ab September 1834 der abenteuerliche Spekulant Ignaz Sebastian Scheiner, der sich ein Jahr später aus dem Staub machte und ab Dezember 1835 schließlich dessen Bruder Johann Scheiner an die Reihe.

[13] 1835, nach seinen Erfolgen vom Vorjahr, wollte Kreutzer sich um die durch Ignaz Lachners Weggang freiwerdende Kapellmeisterstelle in Mannheim bewerben und erkundigte sich über die Verhältnissse am dortigen Theater: »Wien ist mir seit Jahren schon verhaßt – und meine l. Frau [...] wünscht nichts sehnlicheres, als die Donau mit dem Rhein zu vertauschen.« (Brief aus Wien an Ernst Friedrich Diez in Mannheim, 15. Dezember 1835, vgl. Friedrich Walter (Hrsg.), *Archiv und Bibliothek des Großh. Hof- und Nationaltheater in Mannheim 1779–1839*, Leipzig 1899, Bd. 1, S. 442f.

folgsstrāhne, und er hatte offenbar auch erstmals gegen wirklich gravierende Intrigen zu kämpfen, doch tat all das seinem Schaffensfluß keinen Abbruch, zumal er sich von den Präferenzen des Publikums und der Theatermacher für die italienische Gesangsoper keineswegs entmutigen ließ, da er selbst eine besondere Affinität zum Belcanto-Stil hatte.[14]

Daß Kreutzer in diesen Jahren mit seinen großen Opern auf »romantische« und pseudoromantische Sujets – *Melusina, Die Höhle bei Waverly* und *Der Gang zum Eisenhammer* – sowie den aus Comique-Stoffen hervorgegangenen komischen Einaktern *Baron Luft* und *Die Verjüngerungs-Essenz* keinen Erfolg verbuchen konnte, mag den inzwischen fast 60jährigen, darauf gebracht haben, einerseits an ein erfolgversprechendes, populäres Sujet anzuknüpfen, und sich andererseits auch auf dem Gebiet der Opera buffa zu versuchen. Es lag nahe, hierbei mit einem der bewährtesten Wiener Opernübersetzer, dem

---

[14] Da ein Verzeichnis der Einlagen in (musik-)dramatische Werke bislang nur sehr unvollständig existiert, sei hier der Versuch unternommen, sie vollständig mitzuteilen: Für Stuttgart ergänzte er den Prolog zu Zingarelli *Gerusalemme* (dtsch. von F. C. Hiemer); Ouverture, Marsch, Arie u. Rezitative zu P. v. Winter *Tamerlan* (27. März 1815). Für die Wiener Hofoper die Arie des Grafen zu D. F. E. Auber *La neige* (19. März 1824); Arietta des Barons zu Paisiello *La molinara* (3. Mai 1824); Arie des Klausners zu Carafa *Le solitaire* (28. Nov. 1826); Rez. u. Arie der Marie u. Duett Susi und Besli zu Hérold *Marie* (18. Dez. 1826); Trinklied des Podesta zu L. Maurers *Aloise* (9. Juli 1829); Ouverture zu Rossini *Le comte Ory* (3. Nov. 1829); Rez. u. Arie des Chevalier zu Catel *Les aubergistes* (21. Dez. 1831). Für das Josephstädter Theater die Arie des Comminge zu Hérold *Le pré aux clercs* (17. Okt. 1833); Romanze der Rosa, u. zweimal Rez. u. Arie des Ludovic zu Hérold/Halévy *Ludovic* (13. Sept. 1834); Arie des Kapitän u. Duettino Johann/Edmund zu Auber *Le serment* (27. Okt. 1834); Duettino Effie u. Jenny zu Carafa *La prison d'Edimbourg* (3. Febr. 1835); Ouverture u. Szene Isabella, Orombello, Anichino II. Akt zu Bellini *Beatrice di Tenda* (15. März 1836). Für die Hofoper wiederum eine Sopran-Arie (für L. Tuczek?) u. Schlußchor in das Pasticcio *Die Proberollen* (24. Okt. 1836); zwei Rezitative u. Arien des Gouverneurs und des Lestocq zu Auber *Lestocq* (13. März 1837). Und schließlich für deutsche Bühnen Gesänge zu E. Raupach *König Enzio* (Köln 1841); die Bearb. der Apotheose des Marcel zu Meyerbeer *Les Huguenots* (Köln 1842); Musikeinlagen in E. Weyden *Des Bannes Lösung* (Köln, 11. Febr. 1842); Entreakt zu F. Halms Schauspiel *Der Sohn der Wildnis* (Wiesbaden 1842); Chor der Bergleute aus *Der Brautschmuck* Männerchor, Orch.; Lied »Mädchen und Blumen« (H. Butterweck) zu dem »komischen Volksgemälde« *Der Unbedeutende* von Johann Nestroy (Riga 1849). Das Verzeichnis dieser Einlagen verdanke ich Robert Paschinger, Wien.

Hausregisseur, Dramaturgen und Theaterdichter Georg Friedrich Treitschke[15] zusammenzuarbeiten, den Kreutzer vor 1810 kennengelernt und mit dem er zweifellos schon in den 1820er Jahren zusammengearbeitet hatte.

Dokumente zur Entstehung und Rezeption der *beiden Figaro*
Die vielfältigen Aktivitäten als Librettist in Wien, bei denen Treitschke sich auch die Wertschätzung Joseph Weigls und Ludwig van Beethovens erworben hatte, erstreckten sich über 40 Jahre, von 1802 bis zu seinem Tod 1842. Doch war sein Einfluß in den letzten Jahren nicht mehr so groß, und selbst bei eigenen Produkten konnte er mit dem Interesse seitens der Theaterpächter nicht mehr sicher rechnen, wie ein undatierter Brief an Ignaz von Mosel belegt:

»Ob wir aber überhaupt 1839. noch eine deutsche Oper haben werden, und <u>wie</u> sie seyn wird, das wissen die Götter! Von meinem Fabricate habe ich nichts mehr gehört, und selbst die Zeit nicht gefunden, mich deßhalb zu erkundigen.«[16]

Treitschkes Verdienste um das Wiener Musikleben wären einer Gesamtdarstellung wert, sind derzeit aber lediglich bis einschließlich 1814 (*Fidelio*) eingehend verfolgt worden.[17] Kreutzer vertonte in den 1820er Jahren Gedichte Treitschkes, den er seltsamerweise immer »Treischki/Treisky« schreibt, und es ist aus dieser Zeit auch ein Brief Kreutzers an diesen vom 6. Mai 1825 überliefert. Die *Figaro*-Oper ist erstmals in einem Kreutzer-Brief vom 12. November 1839 an den Librettisten erwähnt:

»Verzeihen Sie mir daß ich Sie quäle; allein es drängt mich – und möcht gerne sobald wie möglich die *Recitative* und die klein[en] Abänderungen – nebst dem ganzen Buche von unsern 2 *Figaros* haben – um solche dem Hrn. *Ballochino* übergeben zu können –«[18]

---

[15] Georg Friedrich Treitschke (* Leipzig 29. August 1776, † Wien 4. Juni 1842), Librettist und Übersetzer.

[16] *A-Wn*, Handschriftensammlung, Signatur: 46/40–12. Bei dem Brief handelt es sich um eine ungefähr 1838 niedergeschriebene Lobhudelei Treitschkes zu Mosels Libretti *Aladdin* und *Rüdiger*: Ersteren empfiehlt er zu vertonen, letzteren hält er angesichts des Mangels von Sängern vom Schlage einer Milder-Hauptmann und eines Johann Michael Vogl für aussichtslos.

[17] Ulrike Arbter, *Georg Friedrich Treitschke, Beethovens dritter »Fidelio«-Librettist, in Wien*, Diss. masch. Wien 1997.

[18] Autograph, Privatbesitz. Der Empfänger ist aus dem Inhalt des Briefes erschlossen.

Spricht dieser Brief dafür, die Oper für Balochino und Merelli, die italienischen Pächter des Kärntnertortheaters[19], zunächst einmal vollständig »lesbar« zu machen, damit über eine Aufführung in deutscher oder italienischer Sprache entschieden werden und diese überhaupt zustande kommen konnte?[20] Kurz vor Vollendung des Werkes begründet er am 29. Februar 1840 aus Wien gegenüber dem Verlag Breitkopf & Härtel knapp, daß er Wien noch vor April verlassen werde und weshalb er die fraglos ursprünglich für Wien konzipierte Oper dann schließlich in Braunschweig herausbrachte:
»Im Monath *July* und *August* sind meiner Tochter in Braunschweig, und Hannover Gastrollen zugesagt – auch wird am ersteren Ort meine neueste Oper, <u>die beyden Figaro</u> im *July* ins Leben tretten, worauf ich mich gar sehr freue, und hoffe daß diese Oper dann bald die *Tour* auf allen deutschen Opernbühnen machen soll – Das *Libretto* ist ganz vorzüglich – von Herrn *Fr: Treischki* nach *Marvellis* Lustspiel bearbeitet – und ist eine wahrhaft gut ausgearbeitete große komische Oper, wie wir im Deutschen – als deutsche *Original* Oper – seit den *Ditters*dorfischen Opern keine mehr aufzuweisen haben. –«[21]

Mit seiner Einschätzung, daß es dringend weiterer deutscher komischer Opern bedürfe, zumal diese Gattung zwischen Dittersdorf und Lortzing ein Schattendasein fristete, lag Kreutzer so falsch nicht. Doch begannen sich in diesen Jahren bereits Otto Nicolai und Friedrich von Flotow gleichfalls in einem von der Buffa und Comique maßgeblich beeinflußten Stil zu profilieren. Um 1840 ging selbst in Italien die Buffa-Produktion eher zurück, zumindest stellten sich nur mehr selten wirklich langfristige Erfolge auf diesem Gebiet ein.

Gab Kreutzer hier also noch seiner festen Überzeugung Ausdruck, daß es sich bei der Oper um ein erfolgversprechendes Werk handeln werde und

---

[19] Carlo Balochino war gemeinsam mit Bartolomeo Merelli u. a. vom 1. April 1836 bis zum 14. März 1848 Pächter des Kärntnertortheaters.

[20] Jahre zuvor bereits hatte Kreutzer bei *Libussa*, die 1822 in Wien zunächst mit Dialogen, 1823 in Berlin aber mit Rezitativen gegeben wurde, auf die geänderten Rahmenbedingungen reagiert, und dies wäre genauso wie eine Übersetzung auch nötig gewesen, wenn *Libussa*, wie es eine zeitlang geplant war, auf Veranlassung Domenico Barbajas Mitte der 1820er Jahre im neapolitanischen Teatro San Carlo herausgekommen wäre.

[21] Vorlage: Autograph, Hessische Landes- und Hochschulbibliothek, Darmstadt.

auch die Textvorlage rundum gelungen und theatergerecht sei, mußte er der Realität jedoch bald in die Augen sehen. Kreutzer organisierte es selbst, daß sich langsam in den Feuilletons herumsprach, daß eine *Figaro*-Fortsetzung verfügbar sei. Zunächst erfuhren die Leser des *Humoristen*, Cäcilie Kreutzer befinde sich mit ihrem Vater in Graz, wo sie Gastrollen darbiete.[22] Dann meldete der »Neuigkeits-Plauderer« des *Humoristen*,

»*(Herr Kapellmeister Kreutzer)* hat vom Braunschweiger Hoftheater einen schmeichelhaften Antrag erhalten, zur Uebernahme und Direktion des dortigen Orchesters, bei welcher Gelegenheit er auch eine Einladung erhielt, seine neu komponirte Oper zur Aufführung zu bringen.«[23]

Und schließlich teilt der »Neuigkeits-Plauderer« mit, Kreutzer habe »seine neueste Oper dem Herzog von Braunschweig gewidmet.[24] Die Widmung ist von diesem angenommen, und der geachtete Kompositeur durch die Intendanz eingeladen worden, zur Indiescenesetzung seines Werkes nach Braunschweig zu kommen, wo auch dessen Tochter Dlle. Cäcilia *Kreutzer* einen Cyclus von Gastrollen geben wird.«[25]

Ein Wechsel von Wien nach Braunschweig, so ungewöhnlich er scheint, war in den 1830er Jahren gar nicht selten. Namentlich hatten sich einige Sänger, die Kreutzer aus dem Josephstädter Theater bekannt waren, nach Braunschweig begeben: Allen voran der erste und sehr erfolgreiche Darsteller des Jägers und Prinzregenten aus dem *Nachtlager*, der Bariton Carl Joseph Pöck, von dem der gut unterrichtete »Neuigkeits-Plauderer« mitteilte, daß er sich in den Vertrag mit der Braunschweiger Hoftheaterintendanz sogar eine Klausel habe schreiben lassen, die ihn berechtigte, stets seinen Schnurrbart zu tragen (selbst dem Grafen in der Fortsetzung des *Figaro* wurde dieser Bart nicht barbiert).[26] Über die Braunschweiger Uraufführung der neuen Oper aber sind kaum nähere Informationen bekannt geworden, selbst das

---

[22] *Der Humorist*, Jg. 4, Nr. 70 (6. April 1840), S. 279.
[23] *Der Humorist*, Jg. 4, Nr. 76 (15. April 1840), S. 302.
[24] *D-Wolfenbüttel*, Wd 4° 314 P a/b (Partiturmanuskript). Laut eigenhändigem Titelblatt der Partitur, die Kreutzer in der Tat »dem regierenden Herrn Herrn Wilhelm Herzog von Braunschweig« widmete, vollendete er das Werk »im Monath Merz 1840« noch in Wien.
[25] *Der Humorist*, Jg. 4, Nr. 74 (25. April 1840), S. 336.
[26] *Der Humorist*, Jg. 4, Nr. 110 (1. Juni 1840), S. 440. Eine solche Zusicherung ist sehr ungewöhnlich für einen Sängerdarsteller.

Datum ist in den meist konsultierten Verzeichnissen übereinstimmend falsch angegeben: Nach dem Braunschweiger Theaterzettel und dem dortigen Theateralmanach fand die Uraufführung der Oper schon einen Tag früher als bislang vermerkt statt, am 12. August 1840.[27] Im *Humoristen* ist immerhin eine kurze Erwähnung enthalten, die möglicherweise auf eine Kreutzersche Nachricht an den Wiener Freund Hermann von Herzenskron (oder Saphir selbst) zurückgeht:

»*(Konradin Kreutzer's neueste Oper:)* ›die beiden Figaro‹ nach dem bekannten Lustspiel dieses Namens bearbeitet, ward auf dem Braunschweiger Hoftheater zum ersten Male aufgeführt, und hatte sich verdienten Beifalls zu erfreuen. Die Musik ist reich an hübschen Melodien und sehr ansprechenden Ensemblestücken, welche noch wirksamer sein würden, wenn sie nicht zu lang wären. Der Komponist, unter dessen eigener Leitung die Oper zweimal gegeben wurde, erhielt von dem Herzoge eine kostbare goldene Dose mit Brillanten geziert.«[28]

Durch ein musikalisches Albumblatt vom 22. August 1840 sind wir darüber informiert, daß Kreutzer noch einige Tage in Braunschweig verweilte.[29]

---

[27] Gemäß der liebenswürdigen Auskunft des Almanach-Spezialisten Paul S. Ulrich, Berlin, gab es 1840 drei Aufführungen von Kreutzers *Die beiden Figaro* in Braunschweig: Am 12. und 13. August sowie am 2. September. Für die ersten beiden Aufführungen sind Kreutzer als Dirigent und seine Tochter als Darstellerin der Donna Ines belegt.

[28] *Der Humorist*, Jg. 4, Nr. 179 (5. September 1840), S. 719.

[29] J. A. Stargardt, Katalog 666, Nr. 916, S. 356. Es handelt sich nicht um das autographe Teilstück in der Wiener Stadt- und Landesbibliothek.
Offenbar befand sich die Familie Kreutzer im Juli und August in Braunschweig, denn vom 9. bis 28. Juli trat Cäcilie Kreutzer zusätzlich in folgenden Stücken auf: 9. *Der Liebestrank*, 15. *Der Postillon von Lonjumeau*, 26. *Norma* und 28. *Das Nachtlager in Granada* (als Benefiziantin der Aufführung). Kreutzer übernahm auch die musikalische Leitung von einigen weiteren Aufführungen, z. B. am 16. August bei den *Hugenotten* und am 17. beim *Verschwender*. Kreutzer meldete bereits am 1. September 1840 aus Frankfurt a. M. an Johann Rudolf Ringier-Fischer in Lenzburg (Schweiz), er sei »schon seit dem 29t May von Wien mit meiner Frau und zwey Töchtern verreisst« und habe sich »nun 2 Monathe in Braunschweig« aufgehalten, »wo ich meine neueste Oper, *Die beyden Figaro*, in die Szene brachte. […]« (Autograph, Zürich, Zentralbibliothek, Handschriftenabteilung, Ms Briefe, Kreutzer, Conradin).

Inzwischen hatte Kreutzer jedoch schon einen neuen Vertrag unterzeichnet: Er wurde Musikdirektor in Köln.[30]

Die Kölner nannten Kreutzer bei seiner Ankunft nach eigener Aussage »König der Tonkunst«[31] und auch hier traf er auf Künstler, die er in Wien kennengelernt hatte. Auch über die erste Zeit in der Domstadt gibt es einen Bericht im *Humoristen*:

»Die Theaterverhältnisse haben eine solide, und, wie wir hoffen wollen, dauernde Regelung erhalten, und was der neue Director Hr. *Spielberger*[32], in zehnwochentlichem Wirken bisher geboten, Geistiges und Materielles zusammen gerechnet, hat einen sehr günstigen Eindruck auf das Publikum gemacht. [...] Die bedeutendste Stellung, nicht allein in der Oper, sondern auch nach seinen übrigen hier rasch entstandenen Beziehungen nimmt Capellmeister Konradin *Kreutzer* ein, dem sein bedeutender Ruf als Tondichter hier eine glänzende Aufnahme zu Theil werden ließ [...]. *Kreutzers* Anstellung (mit seiner talentvollen Tochter) bei der hiesigen Bühne, seine übrigen contrahirten Dienstleistungen bei der Stadt, und dem Liederkranz, sein jährliches Benefiz und Concert, der Urlaub nicht miteingerechnet, müssen dem Künstler eine Jahreseinnahme von nahe an 4000 Reichsthlrn. verschaffen.«[33]

---

[30] Vgl. *Der Humorist*, Jg. 4, Nr. 175 (31. August 1840), S. 703. Eine in Kreutzer-Bibliographien bislang unberücksichtigte Schilderung seiner Kölner Zeit verfaßte August Lesimple, *Mitteilungen aus dem Leben berühmter Tonsetzer. II. Konradin Kreutzer*, in: Neue Musik-Zeitung, Jg. 6, Nr. 21 (1. Nov. 1885), S. 263.

[31] Dies ist einem Brief Kreutzers an seinen Vetter Joseph Adalbert Pacher in Wien vom 6. Oktober 1840 zu entnehmen, Vorlage: Autograph, A-Wst, I. N. 39802.

[32] Verfasser der Korrespondenz ist »B.«, der den Kölner Direktor Friedrich Gotthilf Spielberger (1797–1861) bereits aus Berlin kannte, wobei dieser aber auch 1828 bis 1837 am Theater an der Wien engagiert gewesen war, wo die Kontakte Kreutzer-Spielberger zustande gekommen sein mögen.

[33] *Allgemeine Theaterzeitung* (Wien), Jg. 34, Nr. 16 (19. Januar 1841), S. 71 und Nr. 27f. (1./2. Februar 1841), S. 122. Zu Kreutzer und Tochter erfährt man noch manches andere: »Dem. *Kreutzer*, bis jetzt die meistbeschäftigte, [...] entwickelt ein bedeutendes musikalisches und Darstellungstalent, welches die schönsten Erfolge hoffen läßt [...].« Kreutzer habe auch die Rhein-Hymne »Wo ist des Deutschen Vaterland« komponiert und stechen lassen. Neben Kreutzer sei indes auch Aloys Reithmayer als Kapellmeister angestellt, Chordirektor sei der ehemalige »Klaviervirtuose« Richard Mulder, ein junger Niederländer.

Daß Kreutzer selbst nicht ganz so zufrieden mit dem Kölner Ensemble war wie mancher Theaterbesucher und Kritiker dort mit ihm, geht aus seinen Anmerkungen gegenüber dem Verleger G. M. Meyer in Braunschweig vom 13. Januar 1841 hervor:
»Hier vermisse ich nur zwey Sachen – 1mo ein brillanteres *Ensemble* am Theater in Bezug auf Sänger, und *Orchester*. – 2do ein musikalisch gebildeteres *Publicum*. – ob sich dies in der Folge nach meinem Wunsche bessern wird – muß die Zeit lehren – alle die übrigen Verhältnisse sind angenehm. – –«[34]
Kreutzer setzte darauf, von einigen erfahrenen Ensemblemitgliedern in Braunschweig, namentlich dem Tenor Friedrich Schmezer, der den Don Cherubin in der Uraufführung der *Figaros* gegeben hatte, einige Ratschläge zur »Richtschnur« zu erhalten, wie man die Kölner Gesellschaft verbessern könne, doch Schmezer hatte ihm nicht geantwortet. Vorrangiges Thema des genannten Briefes ist jedoch offenbar der Korrekturabzug des Klavierauszug-Stiches vom zweiten Akt der *beiden Figaro*, an dessen raschem Erscheinen dem Komponisten und Verleger gleichermaßen gelegen sein mußte:
»Unter heutigem Datum erhalten Sie die *Correctur* zurück – ich fand darinn wohl nicht soviel Fehler vor, als im ersten *Ackt*, allein bedeutendere. – Ich habe mir alle Mühe gegeben, um alle aufzufinden, ob es gelungen ist, wird die Zeit lehren. – Ich werde bäldest den Rest des 2ten Acktes [durchsehen] – womit ich eben so schnell seyn werde, daß durch mich ja keine Verzögerung wird. – […]
Begierig bin ich was die *Kölner* zu meinen *Figaros* sagen werden – vieleicht gefällt es – da sie nicht sehr für ganz neu moderne Musiken sind! und meine Composition sich ziemlich an die Mozartsche annähert! –«[35]
Aber erst einige Zeit nach der Publikation des Auszugs, die offenbar im Frühjahr erfolgte[36], ist am 15. Mai 1841 gegenüber Anton Schindler in Aachen von der Oper und neuen Aufführungsplänen die Rede:
»Daß Sie mit meinen beyden *Figaros* so zufrieden sind, das freut mich sehr – die Aufführung derselben wird erst im *September* hier statt finden. – mit

---

[34] Historisches Archiv der Stadt Köln. Der Empfänger ist aus dem Inhalt des Briefes erschlossen.
[35] Historisches Archiv der Stadt Köln. Der Empfänger ist aus dem Inhalt des Briefes erschlossen.
[36] Besprechungen wurden bereits im Juni (Leipzig) und August (Wien) 1841 gedruckt, siehe weiter unten.

der *Entreprise* des *Spielbergers* geht es ziemlich gut – er hat sogar ein Sommer*abonnement* erhalten – und auf den Winter kann es brillant werden – als *Tenor* ist auch *Schunk* aus *Wien engagiert* Der Hauptmangel ist und bleibt immer noch – die erste Sängerin –«

Die Sopranistin Ost werde täglich schlechter, die Eschborn wolle man nicht, »aber woher soll eine Primadonna für Köln kommen.«³⁷ Und erst am 29. Oktober 1841 berichtet er an Rudolf Hirsch:

»Ich bin wirklich mit Einstudierung meiner beyden *Figaros* – und mit der *Composition* einer ganz neuen Oper³⁸ beschäftigt […].«³⁹

Nachdem die Aufführungen in Braunschweig fast ohne Resonanz geblieben waren, erfahren wir über die Kölner vom 23. und 30. Dezember 1841⁴⁰ immerhin manches Detail aus einem Brief Kreutzers an Herzenskron in Wien zu Silvester 1841:

---

³⁷ Vorlage: Autograph, *A-Wst*, I. N. 39805.

³⁸ Zur in dieser Zeit komponierten neuen Oper heißt es anschließend: »Das Sujet scheint mir sehr gelungen und *effect*voll – es ist von einer Bühnengewandten Hand verfertigt – und Cousade, oder Edelknecht und Armband, nach einer schönen *Novelle* von Trommlitz bearbeitet […].«

³⁹ Historisches Archiv der Stadt Köln.

⁴⁰ In der *Kölnischen Zeitung* finden sich leider keine Informationen zur Besetzung, angekündigt wird am 22. Dezember 1841 nur: »Königl. conc. Theater in Köln, Donnerstag den 23. December: Zum Benefiz des Herrn Kapellmeister Conradin Kreutzer zum ersten Male: Die beiden Figaro. Komische Oper in 2 Acten. Als Fortsetzung von: »Der Barbier von Sevilla« und »Die Hochzeit des Figaro«. Nach dem Lustspiel des Beaumarchais von Fr. Treitschke. Musik von Conradin Kreutzer.« (Nr. 356, S. 4, Sp. 4). In der Beilage vom 24. Dezember 1841 (Nr. 358, S. 4, Sp. 4) ist eine Aufführung für den zweiten Weihnachtstag angekündigt, die aber ausfiel. Am 29. Dezember 1841 ist dann jene Vorstellung angekündigt, die tatsächlich stattfand: »Donnerstag, den 30 Dec. zum 1. Male wiederholt: Die beiden Figaro. Komische Oper in 2 Acten von C. Kreutzer (mit zweckmäßigen Abkürzungen).« (Nr. 363, S. 4, Sp. 4). Die vorstehenden Exzerpte verdanke ich der Mitteilung von Heidrun Beckers, Köln. Theateralmanache und Besetzungszettel von 1841 lassen sich derzeit nicht nachweisen. In einem Bericht über das Kölner Theater, der in Wien abgedruckt wurde, werden die wichtigsten Namen des dortigen Ensembles wie folgt genannt: »*(Der Theaterdirector Spielberger und die Bühne in Köln.)* Eine in sich gediegenere Oper, was sowol einzelne Kräfte als besonders das Ensemble angeht, wird keine Provinzialbühne Deutschlands, die ohne alle Unterstützung auf die selbst zu erschwingenden Mittel beschränkt ist, aufzuweisen haben. Einen

»Und [...] wie geht es im Kär[n]tnerThor Theater? ? – hat man in *Wien* den *Conradin Kreutzer* ganz vergessen? ? – Hier in *Cöln* geht es Ihm Gottlob sehr gut –«

Er muß zwar einräumen, daß sich das Stück nicht in erhofftem Maße bewährt habe und die Sänger namentlich am gesprochenen Dialog scheiterten, doch heißt es – wie bei Kreutzer meist – ganz selbstbewußt:

»vor 8 Tagen kam einmal die Oper, <u>die *beyden Figaro*</u> zur Aufführung, deren Musik außerordentlich und allgemein gefiel – die Vorstellung[en] giengen äußerst *exact* – besonders zeichnete sich darin *Adolph Schunck*[41] als *Cherubin* (:junger *Figaro*:) aus – *Chöre* und *Orchester* waren vorzüglich – unter den *Nummern* die besonders rauschenden Beyfall einärndeten waren die *Introduction*, die erste *Arie* des *Figaro* ein *Duett* zwischen der Gräfin und *Susanne*, die *Arie* des *Cherubin*, das erste *Finale* worinn ein *Quartett* für 3 *Sopran* und *Tenor*, wovon die Wiederhohlung verlangt wurde – ferner im 2ten Ackt die *Arie* der Gräfin, das *Terzett* der drei Damen, und der *SoloChor*. – Gestern hatte die zweyte Aufführung mit gesteigertem Beyfalle statt – wozu auch beygetragen, daß etwelche Musik*Nummern* gekürzt wa-

---

Tenor, wie Hr. *Schunk*, darf man jetzt zu den seltenen Erscheinungen zählen; er ist der Liebling des Publikums, das seinen unermüdet fleißigen Sänger zu schätzen weis. Dem. *Weixelbaum* ist eine anmuthige Sängerin, welche den schönsten Naturanlagen durch fleißiges Studium den wahren Werth zu verleihen wußte, und würdig steht ihr Mad. *Eschborn* zur Seite, die noch in vielen Partien Ausgezeichnetes leistet, wenn auch nur zur Aushilfe engagirt. Dem. *Urban* ist eine allerliebste Soubrette, unersetzlich für naive Spielpartien und immer, wurden ihr auch größere Partien zugetheilt, an ihrer Stelle. Eine tüchtige zweite Sängerin ist Dem. *Limbach*, mit einer recht wohltönenden, äußerst kräftigen Stimme begabt. Mit Freuden haben wir unsern Bassisten, Herrn *Oehrlein*, wieder begrüßt, nachdem mehrere Gäste in seinem Fache aufgetreten waren. Sind auch einzelne Kräfte der Oper des vorigen Jahres ausgeschieden, so hat man diese Lücken glücklich auszufüllen gewußt und besonders bedacht auf gute Besetzung der sogenannten Nebenpartien genommen, wodurch wir uns eines recht wackern Ensembles zu erfreuen haben. Nach und nach bereichert sich das Repertoire der Oper, deren mehrere in der letzten Zeit zur allgemeinen Zufriedenheit neu in die Scene gingen.« Wiener *Allgemeine Theaterzeitung*, Jg. 35, Nr. 4/5 (5./6. Januar 1842), S. 23.

[41] Der Tenor Schunck war einem Korrespondenten der Leipziger *AmZ* erstmals 1833 in Prag aufgefallen, er wechselte dann über Linz und Wien, wo er immer größere Anerkennung fand, nach Köln. Meyerbeer versuchte ihn vergeblich nach Berlin zu holen.

ren, da die erste Vorstellung über 3 Stunden dauerte – was allerdings für eine Oper in 2 *Ackten* zu ermüdend schien. Der *Compositeur* wurde mit Beyfall überschüttet. – Das *Sujet* der Oper ist von dem Herrn *Fr: v. Treisky* [=Treitschke] – kk*Secretair* bey[m] kkHoftheater in *Wien* – nach dem Jüngerschen Lustspiel bearbeitet, man findet es aber für eine Oper etwas arm an komischen *Situationen*; der *Dialog* ist wohl hübsch geschrieben, allein nicht für Sänger die in der Regel schlechte Schauspieler sind, wodurch das ganze leidet! – ╫ Hier war das besonders bemerkbar da die Hauptrolle – der *Figaro* – in die Hände eines zwar braven Sängers, aber eines ganz schwachen Schauspielers kam.«[42]

Ich hoffe daß sich nun bald diese Oper auf mehreren [Theatern] Deutschlands verbreiten [wird] Den Haupt*Effect* könnte sie aber nur in *Wien* – wo ich eine Dlle Lutzer[43] als *Susanne* ein[en] Staudigl[44] als *Figaro*, einen Schober[45] als Grafen hätte! –«

Abschließend bat Kreutzer den journalistisch aktiven Freund Herzenskron nun ausdrücklich, die obigen Informationen zu Zeitungsartikeln zu verarbeiten:

»Benutzen Sie lieber Freund <u>etwas</u> von diesen *Notitzen* – und machen Sie für die Theaterzeitung und *Humor*isten eine kleine *Annonce*, daß ich in *Wien* nicht ganz vergessen werde.«[46]

Herzenskron nutzte seine Beziehungen zu den Redakteuren Adolph Bäuerle (*Theaterzeitung*) und Saphir (*Humorist*) durchaus im Sinne des Komponisten. Schon Anfang 1842 meldete der »Theater-Beobachter« der Wiener *Theaterzeitung* (Nr. 11, 13. Januar 1842, S. 51), eng angelehnt an den Wortlaut von Kreutzers Brief, die Oper sei in »der zweiten Hälfte des verflossenen Decembers [...] in Köln am Rhein, in die Scene« gegangen.

Bei dem Bericht der Leipziger *Allgemeinen Theater-Chronik* vom Februar 1842, bei dem gleichfalls nicht auszuschließen ist, daß er von Kreutzer oder

---

[42] Kreutzer stellte in seiner Eigenschaft als Städtischer Kapellmeister Kölns für den hier gemeinten Darsteller Thomas am 13. April 1842 gleichwohl ein sehr positives »Attest« aus. Autograph, Privatbesitz.
[43] Jenny Lutzer, später verehelicht mit Franz Dingelstedt.
[44] Joseph Staudigl.
[45] Johann Schoberlechner.
[46] Autograph, *D-B*, Mus. ep. Konradin Kreutzer 24.

ihm nahestehenden Personen initiiert wurde, ist ein ganz ähnlicher Tenor zu lesen.⁴⁷

Doch in der *Neuen Zeitschrift für Musik* war der Bericht »Aus Köln.« gegenüber dem Opernkomponisten Kreutzer – der ja eine gute Generation älter war als Robert Schumann – recht kritisch, da er eben keineswegs dem dort publizistisch unterstützten Ideal der neueren romantischen Oper entsprach: »[…] von den Compositionen Kreutzers sahen wir nach seinem Nachtlager, die BEIDEN FIGAROS, welche aber nicht geeignet wären, mit dem Werke Mozarts und Rossinis eine Trilogie zu bilden, was das Buch allerdings beabsichtigte. Obschon dasselbe voller dramatischer Scenen ist, blieb die Bearbeitung flauer und matter wie jene des Nachtlagers, das nur von Kreutzers Freunden quand même in den Himmel erhoben werden kann, obgleich einige schöne Motive nicht abzusprechen sind. […].«⁴⁸

Recht ausführliche Besprechungen erfuhr der Druck des Klavierauszugs, und zwar in zwei namhaften Musikzeitschriften zu Wien und Leipzig: Die Leipziger *AmZ* bespricht das Werk bereits im Juni 1841: Zwar sieht der Rezensent keine besonders rühmenswerten Momente, hält die Oper jedoch gerade im nationalen und internationalen Vergleich für gediegen und selbst als Fortsetzungsstück von Mozarts Buffa für akzeptabel.⁴⁹

Insgesamt erfuhren das Werk und sein publizierter Klavierauszug eine vergleichsweise positive Resonanz, und doch wurde Kreutzer einige Jahre später sowohl bei *Figaro* als auch beim *Edelknecht* klar, daß die Libretti beider Werke, die von sonst erfolgreichen Autoren stammten, am geringen Erfolg nicht schuldlos waren. Kreutzer betonte am 10. Oktober 1845 aus Frankfurt an der Oder an Friedrich von Flotows Librettisten Friedrich Wilhelm Riese in Hamburg, er habe »wenigstens ein ganzes Duzend Opernbücher seit mehreren Jahren im Secretaire liegen, ohne Eines benutzen zu können – meine zwei letztcomponirten Opern, deren musikalische Komposition weit höher gestellt wurde, – als jene so allgemein verbreitete des Nachtlagers – ist wegen der effectlos bearbeiteten Bücher, spurlos vorübergegangen – die erste waren:

---

⁴⁷ *Allgemeine Theater-Chronik* (Leipzig), Jg. 11, Nr. 15 (4. Februar 1842), S. 59. Es hatte in Köln nicht zwei sondern nur eine Wiederholung gegeben.
⁴⁸ *Neue Zeitschrift für Musik*, Jg. 9, Bd. 17, Nr. 39 (11. November 1842).
⁴⁹ *Allgemeine Wiener Musik-Zeitung*, Jg. 1, Nrn. 96/97 (12./14. August 1841), S. 402f./406f. und Leipziger *AmZ*, Jg. 43, Nr. 24 (16. Juni 1841), Sp. 473ff.

die beiden Figaros, noch vom verstorbenen F. Treitschke in Wien verfaßt – die letztere der Edelknecht der Mme Birch Pfeiffer – die mir bei der ersten Aufführung, der sie in Wiesbaden vor zwei Jahren beiwohnte – selbst sagt: »Ach was haben Sie lieber Kapellmeister für eine herrliche Musik, zu meinem schlechten Texte geschrieben!«[50]

Kreutzers Vorbild und Bezugsobjekt: Mozarts Oper und ihr Stellenwert im frühen 19. Jahrhundert

Mozarts erste »Buffa« nach einem Libretto von Lorenzo da Ponte, *Le nozze di Figaro,* wurde im frühen 19. Jahrhundert zwar immer wieder gespielt, erfreute sich auch durchaus einer ziemlichen Bekanntheit, war aber nicht so populär und allgemein vertraut wie im 20. Jahrhundert: *Così fan tutte* und *La clemenca di Tito* wurden kaum seltener gespielt als *Figaro*. Auch galt *Figaro* mitnichten als Prototyp der in Deutschland oder auch Italien und Frankreich beliebten komischen Oper, vielmehr nahm man diese Oper als einen Sonderfall der Buffa wahr.[51] Der norddeutsche Musikästhetiker Carl Spazier konstatierte im Jahr 1800 bei Mozart sogar erhebliche Inkongruenzen zwischen Text und Musik:

»Die Oper *Figaro* z. B., insonderheit das unaussprechlich reiche und herrliche Finale des zweiten Akts, muß man größtentheils aus dem Gesichtspunkt der *Koncertmusik* betrachten, wenn man es mit dem Sinne derselben recht reimen will.«[52]

Aufgrund der Satztechnik, Instrumentierung und Strukturierung dieser Nummer nahm Spazier sie also nicht als genuine Opernmusik wahr, die sich unmittelbar aus den Szenen und Versen des Librettos ergeben hatte, vielmehr vermutete er, ihr sei ein davon unabhängiges konstitutives Konzept nach ab-

---

[50] Erstdruck im (undatierten) Reclam-Textheft zu Flotows *Alessandro Stradella,* Vorwort, S. 23f.

[51] In der Wiener *Thalia* hieß es 1813 über den am 6. März im Theater an der Wien gespielten *Figaro,* es handle sich um eine »große Oper in zwey Aufzügen, die Musik von Mozart«. *Thalia,* Jg. 4, Nr. 30 (11. März 1813), S. 113.

[52] *Grétry's Versuche über Musik. Im Auszuge und mit kritischen und historischen Zusätzen herausgegeben von D. Karl Spazier.* [Leipzig 1800]. *Dem Reichsfreyherrn und Kammerherrn Karl August von Lichtenstein Intendanten der Fürstl. Dessauischen Hofschaubühne, [...] aus besonderer Hochachtung für Seine ausgezeichneten musikalischen Talente zugeeignet vom Herausgeber,* S. 189.

solut musikalischen Kriterien zugrundegelegt. Es ist hier nicht der Ort, Spaziers durchaus interessante Thesen in Bezug auf Mozart zu diskutieren. Seine Äußerung sei nur mitgeteilt, da auch bei Kreutzer immer wieder Musiknummern vorkommen, bei denen die Entfaltung einer musikalischen Eigengesetzlichkeit gegenüber unmittelbarer dramatischer Zweckgebundenheit Vorrang genießt. In den *Rheinischen Musen* wurden 1794 anläßlich einer Mannheimer Aufführung von Mozarts Oper sogar grundsätzliche Bedenken dagegen geäußert, daß Da Ponte den *Figaro*-Stoff zur Oper herangezogen hatte:

»Ueberhaupt war es eine unglückliche Idee, Beaumarchais trefliches Lustspiel in eine Oper umzuschaffen. Alles was dort durch raschen Gang und schnelle Koups wirkt, wird hier durch lange Gesänge trainirt – aufgehalten – unwirksam gemacht. Jedes Intriguen-Stück muß rasch gespielt werden; nicht einmal ein langer Dialog darf die Spannkraft seiner Triebfedern zurückhalten, geschweige eine lange, obgleich Kunstvolle, und Schönheitsreiche Musik. Den allerauffallendsten Beweis hievon giebt die Szene, wo der Graf Jemanden in der Gräfin Kabinet verborgen glaubt, welches denn, wie bekannt, am Ende *Susanna* ist.«[53]

Und ein Mitarbeiter der Leipziger *AmZ* stellte 1819 in einem Beitrag über *La fenêtre secrète* von Désiré Alexandre Batton (Paris 1818) zurecht fest, es sei auffallend, wie unterschiedlich die Frage entschieden wurde, was für Situationen aus dem Blickwinkel eines Deutschen oder eines Franzosen als vertonungswürdig empfunden werden:

»Dieses Stück müsste, von einem deutschen Componisten gesetzt (etwa von H. Bierey,) in Deutschland viele Wirkung hervorbringen. Dabey stände aber dem Bearbeiter anzuempfehlen, mehre dramatische Situationen, die im französ. Stücke blos gesprochen werden, weil es bey den Franzosen in allen Dingen rasch zugehen muss, für die Musik zu benutzen. Wie ich diese Bemerkung verstehe, soll mit ein paar Beyspielen dargethan werden. Man nehme die beyden Scenen aus *Figaro's Hochzeit*, die Armstuhl- und die Cabinet-Scene: diese Situationen würde kein Franzose in Musik gesetzt haben, aus Furcht, der rasche Gang (nämlich der materielle) möchte dadurch gestört

---

[53] *Zeitung für Theater und andere schöne Künste* [*Rheinische Musen*], [undatiert] 1794, Bd. 2, 12. Stück, S. 273. »Fortsezzung des Mannheimer Tagebuchs. [...] Den 29ten: Die Hochzeit des Figaro, Oper. (gieng gar nicht gut; Musik, Gesang, und Spiel schleppte. Ein *paar* Rollen nur hoben sich heraus.)«.

werden. Welcher Deutsche aber, wenn auch nur mit ganz geringem musikalischen Sensorium begabt, möchte diese beyden Musikstücke aus der besagten Oper hinwegwünschen?«[54]

Und noch die Erstaufführung von Luigi Riccis *Il nuovo Figaro* (nach Eugene Scribes *L'ambassadeur* übersetzt von Marchioni) am 19. Mai 1838 unter Otto Nicolai am Kärntnertortheater wurde aus recht ähnlichen Gründen im *Wiener Telegraph* alles andere als gnädig aufgenommen: »Dieser ›neue Figaro‹« habe »mit *Mozart's* und *Rossini's* Werken nichts, als eine starke Verwickelung der Intrigue, gemeinschaftlich [...].« Und des weiteren hieß es: »Kann ein solches Gewebe [...] als Vorwurf eines Tonwerks dienen? – *Mozart's* ›Nozze di Figaro‹ hat unter allen Opern, die existiren, die verwikkeltste Handlung; und in der That gehörte das Genie eines Mozart dazu, sie zu bewältigen; und dennoch ist die Intrigue in ›Figaro's Hochzeit‹ nicht halb so verwickelt, als in diesem ›neuen Figaro‹. – Ist ein solches Libretto geeignet, in Musik gesetzt zu werden?«[55]

Im Grunde also waren Kreutzer und Treitschke, die beide auch zu dieser Zeit am selben Hause wirkten, vorgewarnt, ein Süjet dieser Art und Faktur, mit dem an Mozart gemahnenden Titel zu bemühen.

Daß das Nebeneinander von Intrigenhandlung und konventionellem Nummernschema jedoch durchaus und mit erfolgreichen Beispielen möglich war, belegen zahlreiche Opernmodelle vom 17. Jahrhundert an, und gerade auch in der Buffa bis einschließlich der Werke eines Gioacchino Rossini ist oft genug zu beobachten, daß Handlung und Musik über weite Teile nebeneinander herlaufen können, sich dann aber auf effektvolle Weise an zahlreichen Stellen gerade dank ihrer Eigengesetzlichkeiten steigern oder auch ironisch und komisch zu beleuchten vermögen. Anders als beim musikalischen Drama, bei dem die zeitgenössischen Ästhetiker erwarteten, daß mittels musikalischer Mittel der Spannungsbogen der Textvorlage adäquat nachgezeichnet wurde, konnte bei komischen Sujets auch aus der ironisch ausgeloteten Diskrepanz zwischen Situation und musikalischer Form Kapital geschlagen werden. Und so erscheinen Standpunkte wie jener von Spazier und weitere Einwände verwandten Charakters zwar im ersten Augenblick plausibel, doch blenden sie

---

[54] *AmZ*, Jg. 21, Nr. 1 (6. Januar 1819), Sp. 14f.
[55] *Der Wiener Telegraph*, Jg. 3, Nr. 63 (25. Mai 1838), S. 259. Die Oper von Ricci wurde lediglich dreimal aufgeführt.

aufgrund ihrer etwas zu dogmatischen Vorstellungen, wie ein Werk auszusehen habe, manche Optionen auf eine effektkalkulierende musikalische Dramaturgie aus.

Aufführungspraktische Einflüsse bei der Konzeption des Werks aus den Erfahrungen mit Mozarts *Figaro*
Ein ganz spezifisch deutsches Phänomen war es bei Mozarts, aber auch zahlreichen anderen heiteren und ernsten Opern mit italienischen Libretti, daß sie bis etwa 1850 und manchenorts weit über die Mitte des 19. Jahrhunderts hinaus meist als Dialogoper rezipiert wurden. Namentlich an Äußerungen des jugendlichen Moritz von Schwind, der sich mit Mozarts *Figaro* ja auch schöpferisch auseinandersetzte und unter dem Generalthema »Hochzeitszug« einen ganzen Zyklus von Zeichnungen zu *Figaro* entwarf, ist ablesbar, daß der Esprit des Originals sich in jenen Jahren offenbar in die deutschsprachigen Aufführungen kaum übertrug.[56] Auch Helmina von Chézy beeindruckten die seltenen italienischen Aufführungen mit Rezitativen von *Don Giovanni* in Paris (1809) und München (1832) sowie *Figaro* in Wien (1824) weit mehr.[57] Die Diskussionen, ob es – gerade auch in komischen Opern – in Deutschland sinnvoll wäre, Rezitative zwischen den eigentlichen Musiknummern zu singen und die Erörterungen der Frage, in welcher Sprache man das tun möge, zogen sich über viele Jahrzehnte hin.

Eduard Devrient, in jungen Jahren selbst Baritonsänger, und nun Intendant und Regisseur in Karlsruhe, klagte noch 1853 über die Probleme, Mozarts *Figaro* angemessen buffonesk und leichtgewichtig zu inszenieren. Auch

---

[56] Einmal berichtete er herablassend davon, es sei »nur Figaro« aufgeführt worden, um später dann aber anläßlich einer Aufführung durch die italienische Truppe im Kärntnertortheater doch enthusiasmiert zu schwärmen. Über einen Bekannten erzählt er am 10. September 1824 empört, dieser sei »jetzt nicht gestimmt den *Figaro* zu hören, den *Figaro* wällisch, schöner als alles was man hören und sehen kann. Könnte man diese Darstellung fixiren ich ging fast eher hin als nach Rom, und wäre sie in *Paris* das mir doch grauslicher ist als Steinkreiden. Ich werde dir einen eigenen Brief darüber schreiben.« Beide Male sind die Briefe an Franz von Schober in Breslau gerichtet. Vorlage: Autograph, Hamburger Kunsthalle, Kupferstichkabinett, Archiv 33a.

[57] Helmina von Chézy, *Unvergessenes. Denkwürdigkeiten aus dem Leben von Helmina von Chézy. Von ihr selbst erzählt*, [hrsg. von Bertha Borngräber], Leipzig 1858, S. 364f.

kämpfte er – wie Otto Nicolai in Wien – erfolgreich gegen die Bestrebungen, orchesterbegleitete Rezitative in Buffo-Opern und namentlich den Mozartschen Da-Ponte-Opern einzuführen, wohl wissend, daß dies den Charakter der Stücke fundamental verändert hätte (beziehungsweise hat). In seinem Tagebuch schreibt er am 22. Oktober 1853:

»Figaros Hochzeit« bedarf freilich der ausgezeichnetsten Darsteller und eines bis aufs äußerste getriebenen Studiums, um alle Feinheiten auf der Bühne festzustellen und die Last des allzu figurierten Orchesters nicht drückend zu machen für den leichten Witz des Dramas; aber hier war weniger geleistet, als selbst nach unseren unvollkommenen Studien gefordert werden konnte. Der 2. Akt, den ich leider bei der Hauptprobe versäumen mußte, wimmelte von Szenierungsfehlern, alle Momente gingen verloren; aber auch der 1. Akt [...] war schwerfällig, matt, blaß, ohne Leben und Federkraft. Alle schleppten im Gesange; nur Hauser, der Graf, war musikalisch untadelhaft, dagegen im Spiel immer noch zu sehr wie ein Gymnasiast. Die Sänger aber schleppten selbst das schleppendste Tempo noch. Der Dialog stockend und kaum hörbar, besonders von seiten des Kolosses Frau Fischer, die wie eine Bleilast auf einer komischen Oper liegt.«[58]

Am 14. Oktober 1856 kontrollierte Devrient in Karlsruhe bei der *Figaro*-Probe die »Tonwirkung« der orchestrierten Rezitative: »Die Rezitativbegleitung des ganzen Quartetts macht sie zu pompös und großartig. Im übrigen begleitete das Orchester musterhaft diskret, was ich ihm nach dem 1. Akt erklärte. Die Sänger alle sehr gut, die Rezitativbehandlung leicht wie die Italiener; es gibt allem Anschein nach ein treffliches Ensemble.«[59]

Und am Folgetag ist noch einmal von *Figaro* die Rede, von dessen Darbietung er dank seiner Interventionen inzwischen mit Genugtuung spricht:

»Die Aufführung übertrifft im Total jede, die ich bis jetzt gekannt. Das Orchester begleitete musterhaft, die Darstellung hob sich klar in allen Gliederungen hervor, es ging deutlich, lebhaft, frisch, alles aus einem Gusse. Wir waren in einem wahren Anmutsrausche in diesem echt musikalischen Seelenbade. Daß diese Leichtigkeit der Rezitation, daß diese feine Begleitung des Orchesters durchgesetzt worden, das kann ich mir hoch in Rechnung stellen.

---

[58] Rolf Kabel (Hrsg.), *Eduard Devrient. Aus seinen Tagebüchern. Berlin – Dresden 1836–1852* (Bd. I), *Karlsruhe 1852–1870* (Bd. II), Weimar 1964, hier Bd. II, S. 57.
[59] Ebda., S. 208.

Und nun mag das Publikum mit seinen plumpen Kunstnerven darankommen.«[60]

Am 9. November 1856 plant Devrient dann sogar eine öffentliche Stellungnahme zur Rezitativ-Diskussion in Mozart-Opern. »Es liegt mir nun wieder im Sinn, über Opernbesetzungen, Rezitativ in Mozarts Opern zu schreiben und mich so in die Debatte des Tages zu mischen, die durch die neuerliche Abschaffung des Rezitativs in ›Don Juan‹ erregt ist. Wo aber Muße finden?«[61]

Als Kreutzer 15 Jahre vor diesen Expertisen Devrients in Wien seine *Figaro*-Fortsetzung konzipierte, war es keine Frage, daß die aufführungspraktisch durchgesetzte Gattung Dialogoper bei Mozarts *Figaro* für ihn auch bei der Fortsetzung maßgeblich war. Seccorezitative, begleitet in der Regel vom Klavier (und nicht dem Cembalo), aber auch quartettbegleitete Rezitative waren eher in Opern des gehobenen oder mittleren Stils gebräuchlich. Von Kreutzers etwa 50 Werken für das Musiktheater weisen nur 13 überleitende Rezitative auf, und auch davon sind noch eine ganze Reihe erst nachträglich mit Rezitativen versehen worden. Nicht einmal ein Fünftel aller Werke ist der komischen Oper oder auch nur dem gemischten Genre zuzurechnen, und bei den *Figaro* handelt es sich um die letzte komische und die letzte Dialogoper. Zwar ist zu beobachten, daß Kreutzer seit dem 1815 in Stuttgart komponierten *Orest* mit Vorliebe Rezitativopern schrieb, doch blieb er auch in diesem Punkt flexibel: so regte er am 29. November 1825 Friedrich Kind in Dresden zu einem Libretto an, um mit diesem dann eine »VolksOper zu componieren – der zum Grunde eine bekannte interessante Volkssage liegt – umsomehr, da ich in diesem Genre noch nichts geschrieben habe! – Ich finde solche dem Zeitgeschmack am angemessensten«, und er betont, es verstehe sich bei diesem Genre von selbst, daß »nicht alles in Musik gesetzt wird, sondern gesprochener Dialog eingemischt«.[62] Vermutlich wußte Kreutzer aus erster Quelle – möglicherweise aus Gesprächen mit Weber in Wien 1823 –, daß Kind besonders daran gelegen war, nicht nur als Librettist sondern Dichter wahrgenommen zu werden, und er großen Wert darauf legte, daß seine

---

[60] Ebda.
[61] Ebda., S. 213.
[62] Autograph, *A-Wst*, I. N. 4489.

Verse, auf die er große Stücke hielt, ungesungen »zur Sprache kamen«, doch ist kein Gemeinschaftswerk der beiden gediehen, abgesehen von dem von Karl von Braun adaptierten Kindschen Schauspiel *Nachtlager* (1834). Zwischen den Jahren 1824 und 1837, in denen die Zweitfassungen von *Taucher* und *Nachtlager* (jeweils mit Rezitativen am Kärntnertortheater) herauskamen, bemühte Kreutzer sich wieder sehr um die verschiedensten Gattungen des Musiktheaters mit gesprochenen Dialogen, die Comique, das Liederspiel, das Zauberspiel und Singspiel.

Das Libretto und seine Überlieferung
Bevor ich näher auf die Faktur der *beiden Figaro* eingehe, sei die Quellenlage kurz geschildert:[63] Bislang gibt es keine Informationen darüber, ob sich neben den musikalischen Quellen noch die gesprochenen Dialoge des Librettos erhalten haben.[64] Die Tatsache jedoch, daß man Aufführungen der Oper zu Kreutzers Lebzeiten nur in Braunschweig und in Köln nachweisen kann, dort aber keine Theaterarchivbestände aus diesem Zeitraum überliefert sind, macht die Suche schwierig, da ansonsten keine Drucke und Handschriften zu existieren scheinen.[65] Das überlieferte Manuskript der Musik hat zwar sogar ein Titelblatt von Kreutzers eigener Hand, wird aber, da es aus dem persönlichen Besitz des Herzogs von Braunschweig stammt und in Wolfenbüttel verwahrt wird, eher das Widmungsexemplar sein als die Dirigierpartitur der Uraufführung. Dafür sprechen auch etliche nicht unwesentliche Abweichungen zu dem im Braunschweiger Verlag G. M. Meyer erschienenen Klavierauszug.

---

[63] Für die genauen Angaben vgl. die Übersicht am Ende des Beitrags.
[64] Für die Kammeroper zu Neuburg an der Donau war dies ein besonderes Problem, als sie sich 1998 anschickte, das Stück wieder auf die Bühne zu bringen. Horst Vladar, Bassist, Regisseur und Editor des Notenmaterials der Kammeroper und seine Frau beschritten alle denkbaren Pfade, um auch das Buch aufzufinden, nachdem es zur Uraufführung nur einen Textdruck der »Gesänge« (Braunschweig 1840) gab. Vladars Programmheft enthält zahlreiche genau recherchierte Informationen, denen die vorliegenden Ausführungen sehr viel verdanken.
[65] Gemäß der freundlichen Auskunft von Dr. Clemens Höslinger (Wien), der alle Bestände des Österreichischen Haus-, Hof- und Staatsarchivs zu Wien auf dort möglicherweise noch überlieferte Zensurexemplare hin sichtete, ist es auszuschließen, daß man dort noch auf solches Material stoßen könnte.

Bemerkenswert an diesem Klavierauszug ist die Tatsache, daß er – wie z. B. auch Heinrich Marschners *Des Falkners Braut/La sposa promessa del falconiére* (1832) – für alle Musiknummern eine sangbare italienische Übersetzung enthält, die den Noten unterlegt ist, wobei die italienische Textierung manchmal flüssiger und prägnanter als die deutsche wirkt.[66] Für die Zeit seiner Drucklegung aber scheint es bei dem Klavierauszug nicht mehr ganz zeitgemäß, daß er – trotz der italienischen Textierung abgesehen von den ungedruckten deutschen Dialogen, die man zuweilen ja auch im Kleindruck der Musik voranstellte – auch keine (Secco-)Rezitative darbietet, da dies für den Vertrieb in Italien und vielleicht sogar in Frankreich und London ein empfindliches Manko darstellt. Doch kann letztlich nicht ausgeschlossen werden, daß die fehlenden Rezitative – wie die fehlenden deutschen Dialoge – eine bloße Überlieferungslücke darstellen, wofür Bemerkungen aus dem vorstehend zitierten Kreutzer-Brief vom 12. November 1839 sprechen. Daß der Verlag auf Aufführungen in Italien oder zumindest auf italienischsprachigen Bühnen setzte, verwundert indes kaum, da ja auch die *Figaro*-Opern von Paisiello, Mozart, Rossini und Morlacchi in dieser Sprache komponiert und auf den Theatern verbreitet waren, und Kreutzer sich damit auch der Konkurrenz mit den anderen *Figaro*-Fortsetzungsopern in italienischer Sprache stellte.[67]

Zum Sujet und den musikablen Szenen des Librettos
Wenn ein Sujet oder auch eine publizierte Librettodichtung mehrfach vertont wurde, mag dies bedeuten, daß der verwendete Stoff den Zeitgeist oder zumindest das Interesse an guter Unterhaltung traf, nicht immer ist das auch ein Qualitätsmerkmal. Dies gilt für die *Figaro*-Fortsetzung genauso wie für

---

[66] Die Regieanweisungen druckte Meyer überwiegend nur in italienischer Sprache.
[67] Dreiaktige Opern unter dem Titel *I due Figaro ossia Il sogetto di una commedia* gab es hauptsächlich nach dem Libretto von Felice Romani – komponiert von Michele Carafa (Mailand 1820), Dionisio Bogrioldi (Barcelona 1825), Giacomo Panizza (Triest 1826), Saverio Mercadante (Madrid 1835), Antonio Giovanni Speranza (Turin 1839). Romanis Libretto verzeichnet – nach Auskunft eines Textdrucks – folgende Figuren: »Il Conte d'Almaviva. La Contessa. Inez, sua figlia. Cherubino, sotto il nome di Figaro. Figaro. Susanna. Torribio, sotto il nome di D. Alvaro. Plagio, giovine scrittore di commedie. Un Servo. Un Notario. Cori e Comparse. La scena è nel castello del Conte d'Almaviva, poche miglia distante da Siviglia.«

ihre Vorläufer.⁶⁸ Bekanntlich bewog der außerordentliche Erfolg des ersten und namentlich des zweiten Teils seiner Serie von Theaterstücken um den Barbier und Kammerdiener Figaro den Autor Pierre Augustin Caron de Beaumarchais (1732–1799) selbst dazu, eine Fortsetzung der Geschichte zu liefern, die sich auf der Bühne jedoch kaum behauptete: *L'autre Tartuffe ou La Mère coupable* (1792).⁶⁹ Aber auch andere Autoren fühlten sich z. T. recht früh bemüßigt, die der Personenkonstellation innewohnenden Chancen auf ein Anschlußstück zu ergreifen.⁷⁰ Die in unserem Zusammenhang wichtigste *Figaro*-Fortsetzung, der man über ein halbes Jahrhundert das nachhaltigste Interesse entgegenbrachte, entstand noch zur Revolutionszeit in Frankreich: Nach einem Streit mit Beaumarchais über dessen dritten Teil und als Replik auf diese brachte ein in der französischen Provinz bereits anerkannter Schauspieler und Dramatiker, Honoré-Antoine Richaud-Martelly (1751–1817),

---

⁶⁸ Neben Mozarts Oper gab es fast zeitgleich einen heute verschollenen *Figaro*, bei dem Text und Musik von Carl Ditters von Dittersdorf stammte, uraufgeführt 1789 in Brünn. Dieser wurde offenbar auch 1793 in Linz gespielt, vgl. den Librettoteildruck *Gesänge zur komischen Oper in zwey Aufzügen, genannt: Die Hochzeit des Figaro. Die Musik ist von dem berühmten Herrn Ditters v. Dittersdorf. Gesammelt von Mathias Kapferer, Souffleur* (Exemplar in Privatbesitz).

⁶⁹ Gerade in seiner *Figaro*-Trilogie orientiert Beaumarchais sich am Typus der Intrigenkomödie, die er als Konstruktionsprinzip für die Artikulation seiner politischen und sozialkritischen Glossen heranzieht. Das erste Stück, *La Précaution inutile ou le barbier de Séville* war erst nach einer Aufführung der überarbeiteten Fassung am 23. Februar 1775 erfolgreich. *La folle journée ou le mariage de Figaro* hingegen war zwar bereits 1778 geschrieben und durch Lesungen bekannt geworden, kam aufgrund der Einwände von Zensurbehörde und Louis' XV. jedoch erst am 27. April 1784 in der Comédie Française auf die Bühne, wurde dann aber zu einem außerordentlichen Publikumserfolg. Doch mit dem dritten Stück des *Figaro*-Zyklus, der am 26. Juni 1792 uraufgeführten *La Mère coupable*, vermochte Beaumarchais nicht mehr an seine vorherigen Erfolge anzuknüpfen und erzielte nur einen Achtungserfolg. Vgl. zu Beaumarchais' *Figaro*-Stücken insbesondere auch das Nachwort zur Übersetzung von Gerda Scheffel von Norbert Miller, *Die Schule der Intrige oder der Bürger als Parvenu*, Frankfurt a. M. 1976, S. 347–393.

⁷⁰ Vgl. etwa A. W. Ifflands Stück *Figaro in Deutschland. Ein Lustspiel in fünf Aufzügen von Wilhelm August Iffland. Für Gesellschaftsbühnen*. Berlin, 1790. In dem unpaginierten Vorwort, das mit (Mannheim) dem 1. Februar 1790 datiert ist, widerrät Iffland den Theaterdirektoren, das Stück aufzuführen, da es zu lang sei: In der Tat umfaßt es im Druck 212 Seiten.

1794 im Théâtre-Français eine eigene Fortsetzung unter dem Titel *Les deux Figaro* heraus, die wenig später auch eine deutsche Adaptation aus der Feder des Wiener Hoftheaterdichters Johann Friedrich Jünger (1759–1797) erfuhr. Da Jünger bereits Anfang 1797 starb, läßt sich die deutsche Fassung auf Mitte der 1790er Jahre datieren, ihre Uraufführung erfuhr sie am 17. September 1799 in Wien.

Es gibt keinen Beleg dafür, wann Kreutzer Jüngers Stück sah oder las – möglicherweise war das bereits während seines ersten Wiener Aufenthalts von 1804 bis 1810 der Fall, schließlich gab man es zwischen dem 3. Oktober 1804 und 1808 insgesamt elfmal, und im ganzen wurde es 76mal zwischen 1799 und 1842 gespielt. Textdrucke erfolgten 1804 und 1825 in Wien, und spätestens um 1825 dürfte Kreutzer dem Werk im Burgtheater begegnet sein, wo es mit einem Schauspielmusik-Arrangement aus der Feder Ignaz von Mosels gegeben wurde[71], der sich – wie Kreutzer später auch – auf gewisse musikalische Reminiszenzen aus Mozarts Oper eingelassen hatte. Daß Jüngers Stück an zahlreichen Bühnen einstudiert wurde[72], mag für Kreutzer einmal mehr Anlaß gewesen sein, sich der Vertonung zu widmen, denn es bestand berechtigte Hoffnung auf großes Publikumsinteresse.[73] Wann Kreutzer sich jedoch zur Vertonung des Treitschkeschen Librettos entschloß, ob es einen offiziellen Kompositionsauftrag gab oder er selbst das Libretto initiierte oder bestellte, ist unbekannt.

---

[71] Obwohl Mosel sich in seinem *Versuch einer Aesthetik des dramatischen Tonsatzes* von 1813 dezidiert für charakteristische Musik im Theater einsetzte, die eigens für die dramatische Situation zu konzipieren sei, kommen in seinem Band mit Schauspielmusiken, in welchem jene zu Jüngers *Die beiden Figaro* unter Nr. 3 (Bl. 21–27) enthalten ist, fast nur Arrangements fremder Kompositionen vor. A-Wn, Mus Hs 16554.

[72] So wurde es nach Auskunft des Zettelkatalogs der Lippischen Landesbibliothek Detmold am dortigen Hoftheater z. B. am 2. Februar 1831 mit Albert Lortzing in der Rolle des Don Cherubino gespielt.

[73] Treitschkes Fassung war eine der spätesten, aber wahrlich nicht die letzte Bearbeitung des Sujets von Martelly, vgl. etwa *Die beiden Figaro. Lustspiel in vier Aufzügen. Neue Bearbeitung von M. Lefrank*, in: [L. W.] *Both's Bühnen-Repertoir*, Bd. XI, Nr. 88, Sp 1560–1585. Mitgeteilt wird, daß diese Fassung der Anregung durch ein englisches Singspiel von James Robinson Planché für Covent Garden in London zu verdanken sei. Dieses wird aber sehr negativ erwähnt: es handle sich um eine Art Potpourri aus Arien des *Barbiere* und des *Figaro*, das notdürftig zusammengestellt sei (die Gräfin tritt hier nicht mehr auf).

Die Handlung (rekonstruiert aus Gesangstexten und der Schauspielvorlage)
Das Personal rekrutiert sich aus jenem von Mozarts *Figaros Hochzeit*, ohne Marzellina, Bartolo, Antonio und Barbarina. Zusätzlich treten die Almaviva-Tochter Ines und deren ungeliebter, verschmähter, ältlicher Brautwerber Don Alvar, ein Kumpan Figaros aus früheren Zeiten, auf. Eigentlicher Liebhaber der Ines ist der inzwischen zum Mann gereifte Don Cherubin, der sich als zweiter Figaro ausgibt und hier mit doch recht verwandeltem Charakter als »neue« Figur in die Handlung eingeführt scheint. Außerdem weist das Stück noch zwei weitere Protagonisten in einer Nebenhandlung auf: Der Opernkomponist Lopez und der Theaterdichter Pedro in Nöten, ein passendes Sujet für ihre nächste Produktion zu finden. Figaro ist ihnen behilflich und macht sie mit der Intrige vertraut, die er anzettelte, um Alvar als Bräutigam der Grafentochter ins Spiel zu bringen. Die Handlung spielt – legt man Jüngers Zeitangaben in Figaros erstem Monolog zugrunde – etwa 15 bis 16 Jahre nach jener des Mozartschen *Figaro*.

> *Erster Akt.* Nach ersten glücklichen Ehewochen hatten sich beide Paare, Graf/Gräfin Almaviva und Susanna/Figaro, rasch auseinandergelebt, und die Männer wollten von ihren Frauen nichts mehr wissen, schickten sie sogar auf einen fernen Landsitz, um ihre Ruhe zu haben. Figaro handelt inzwischen nicht mehr aus begründetem Argwohn gegen einen bedrohlichen Nebenbuhler, sondern ist bloß noch intrigant: Er versucht davon zu profitieren, seinem Herrn einen Schwiegersohn von Adel aufzuschwatzen und spekuliert darauf, daß Alvar, der sein ganzes Vermögen verpraßt hat, durch eine reiche Mitgift seinen Helfershelfer reichlich entlohnen werde. Dabei bedient Figaro sich mit Vorsatz der Intrigentechnik, Alvar bei Almaviva madig zu machen, wodurch er es wie geplant bewirkt, den argwöhnischen Grafen, der Figaro aus Prinzip widerspricht, immer mehr davon zu überzeugen, daß Alvar eben doch der ideale Schwiegersohn sei.
> Die Gräfin und Susanna, nach dreijähriger »Verbannung« soeben erst ins Schloß zurückgekehrt und dort von der Dienerschaft freundlich empfangen, treten für die freie Entscheidung der umworbenen Ines ein und fordern sie auf, sich dem Ansinnen der Vermählung zu verweigern. Dies auch deshalb, weil Ines sich in Don Cherubin verliebt hat, der nach wie vor alle Damen bezaubert. Don Cherubin tritt nun auch persönlich in Erscheinung, gibt sich als »Diener« aus, und behauptet, von Don Cherubin empfohlen zu sein. Darüber hinaus nennt auch er sich nun dreisterweise »Figaro«, angeblich aus Bewunderung für die Verdienste des wahren Figaro. Die Männer erkennen ihn nicht, der Graf ist von ihm sogar so angetan, daß er ihn ohne Zögern in seine Dienste nimmt. Obwohl der echte Figaro kurze Zeit später bemerkt, daß sein Doppelgänger ein Komplott mit den Damen schmiedet, gelingt es ihm nicht, ihn zu entlarven: Als er Almaviva in einer kompromittierenden Situation

herbeiholt, nutzt der gewitzte Don Cherubin dies sofort, um sich neuerlich beim Grafen einzuschmeicheln.
Zweiter Akt. Die Gräfin trauert den entschwundenen Zeiten nach. Susanna überzeugt sie, mit allen Mitteln dafür zu kämpfen, Ines vor dem Eifer des Grafen, dem ungeliebten Brautwerber sowie der Intrige Figaros zu retten und sie rechnet sich dabei große Chancen aus. Figaro spricht inzwischen wiederholt mit den Opernschreibern, und bietet ihnen auch seine weiteren Pläne und Aktionen als Sujet an. Erst Lopez und Pedro aber, die ansonsten recht einfältig sind, machen ihn darauf aufmerksam, daß der unversehens aufgetauchte zwielichtige falsche Figaro vermutlich der Liebhaber von Ines sei. Der echte Figaro will sich rächen und dem Grafen alles offenbaren. Inzwischen aber hatte sich Don Cherubin selbst beim Grafen und Alvar angeschwärzt, der Liebhaber von Figaros Frau Susanna zu sein, und beider Vertrauen durch diese Selbstbezichtigung noch mehr errungen. Er bittet nun den wahren Figaro, dem Susanna ohnehin gleichgültig geworden ist, vor aller Augen um Vergebung. Schließlich soll dann doch noch die Hochzeit zwischen Ines und Alvar stattfinden und es wird ein Notar bestellt. Almaviva hält nun irrtümlich den Theaterdichter Pedro für den Notar, worauf dieser ihm reinen Wein einschenkt und ausführlich das »Sujet« preisgibt, das Figaro ihm erzählt hatte. Figaro ist damit als Intrigant bloßgestellt, und der Graf akzeptiert die Verbindung seiner Tochter mit dem »jungen Figaro« Don Cherubin.

Die Überlieferungssituation läßt es nicht zu, darüber zu spekulieren, welchen Anteil der gesprochene Dialog an der Dramaturgie der Oper hat, wie die Musiknummern in ihn eingebettet sind, aus welchem Impuls heraus die Ensembleszenen konstruiert sind. Durch die bei der Umarbeitung vorgenommenen Eingriffe ist Jüngers Stück nur bedingt tauglich, zur Substitution der Dialoge herangezogen zu werden.

Ein empfindliches Manko bei dem Süjet von Martelly, Jünger und Treitschke stellt die Tatsache dar, daß sich die Verwicklungen der Dramaturgie, anders als im ersten *Figaro* von Beaumarchais und im Libretto von Da Ponte, nicht aus originellen Personenkonstellationen und wirklich überraschenden Wendungen der Dramaturgie ergeben, sondern vielmehr alle Situationen lediglich dem Kalkül des älteren Figaro zuzuschreiben sind und seinen teils recht abstrusen Intrigen. Zwar schmiedet Figaro auch in den ersten Teilen der Trilogie nicht völlig uneigennützige Pläne, wie die ihm Nahestehenden zum Ziel ihrer Wünsche gelangen mögen, doch handelt er dort als Sympathieträger des Publikums. Diese Funktion hat er im dritten Teil an Don Cherubin abgegeben, der zwar auch geschickt laviert und operiert, doch meist nur auf seinen vorgeblichen Namensgenossen reagiert. Verschränkt mit der Haupthandlung und mit dieser durch Figaro selbst untrennbar verbunden gibt es eine komische Nebenepisode: Bei Martelly und Jünger handelt es sich um die anschauliche und ausführliche Diskussion, wie man Theaterstücke gestalten könne. Der Dramatiker Lopez und der Lustspieldichter Pedro sind in Felice Romanis Libretto zu einer Person, dem jungen Dichterling Plagio, zusammengezogen. In Treitschkes Buch mutieren sie zu Dichter und Komponist, die sich eifrig darum bemühen, eine Oper zu dichten und zu komponieren. Hier profiliert sich Figaro, indem er die originellsten Ideen beizusteuern vermag.

Zur Musik von Kreutzers *Figaro*-Oper
Eine nähere Untersuchung und Beschreibung von Kreutzers Musik zu seiner *Figaro*-Oper steht vor dem Problem, daß die Quellen nur in sehr wenigen Bibliotheken eingesehen werden können: Abgesehen von der lediglich in Wolfenbüttel und dem Archiv der Neuburger Kammeroper in Bonn zugänglichen Partitur ist auch der Klavierauszug selten. Doch stellt er offenbar Kreutzers Werkfassung letzter Hand dar und ist dank seines übersichtlichen Druckbilds und der hier vorhandenen Paginierung wohl die sinnvollste Referenzquelle.

Der Versuch, in dem Werk Reminiszenzen nachzuweisen, ist hier keine geeignete Form der Betrachtung: Zwar begegnen das Eingangsthema der *Figaro*-Ouverture Mozarts und Figaros »Non più andrai farfallone amoroso« auch bei Kreutzer 1840, letzteres als auf der Bühne von den Protagonisten dann auch identifiziertes Zitat, doch steckt dahinter in Kreutzers *Figaros* wohl nur die Anknüpfung an einen Theaterklassiker, was er ja auch ausdrücklich beabsichtigte, als er dem Verleger mitteilte, daß er gerade bei den konservativen Kölnern darauf setze, mit dem stilistischen Bezug auf Mozart eher zu reüssieren als mit Anklängen an »moderne« Richtungen. Nur ein sehr geringer Teil des Stücks ist unmittelbare Mozart-Reminiszenz. Doch gibt es in der Nähe dieser Stellen und auch anderswo immer wieder erkennbare Bezüge im Begleitsatz oder in repetierten melodischen Floskeln, die an Motiven Mozarts oder auch denen anderer zeitgenössischer Komponisten anknüpfen.

Übrigens bleiben die Reminiszenzen nicht auf das Erklingen von Mozart-Zitaten beschränkt: Kreutzer greift an einer Stelle auch unverkennbar auf eine eigene Arie seiner *Melusina* (1833, aus der Oper nach Franz Grillparzers Dichtung) zurück, ein ziemlich ausführliches Zitat, das jedoch keinen Verweischarakter hat, sondern lediglich eine Selbstanleihe darstellt: Zwar scheint sich diese Oper auf der Bühne weder in Berlin, Wien noch Brünn lange gehalten zu haben, doch immerhin war um etwa 1835 ein gedruckter Klavierauszug bei Trentsensky & Vieweg erschienen[74], und es war ursprünglich ja keineswegs geplant, die *beiden Figaro* in der mittel- oder westdeutschen Provinz, wo man *Melusina* nicht kannte, zu präsentieren, sondern vielmehr in Wien.

Neben einigen Nummern, die im Verhältnis zu den Buffa-Opern von Rossini und Donizetti in der Tat etwas historisierend wirken, macht Kreutzer deutlich, daß er sich exzellent im italienischen und auch französischen Repertoire zwischen 1810 und 1840 auskannte und sich diesem in einzelnen Zügen zu nähern vermochte. Dabei kommt dem Kenner der Zeit manches im melodischen Duktus und Orchestersatz durchaus bekannt vor. Andererseits gibt es selten unmittelbare Nachahmungen, vielmehr glückt es Kreutzer, in einem Stil zu komponieren, der nicht künstlich oder aufgesetzt italienisch klingt, sich aber doch vom Umfeld der eigenen Partitur unterscheidet.

Libretti zu komischen oder auch »Buffo«-Opern weisen in der Konfiguration ihrer Musiknummern oft eine ganze Reihe von Ensembles auf, in denen sich die Protagonisten im lebhaften Gedankenaustausch profilieren können. In Treitschkes Libretto ist der Anteil von 6 Solonummern (jeweils 3 im I. und II. Akt) unter insgesamt 19 Musiknummern (abgesehen von der Ouvertüre) noch immer beträchtlich, doch schon wesentlich reduziert gegenüber Lorenzo da Pontes Buch für Mozarts Oper. Auch folgen nirgends zwei Arien unmittelbar aufeinander, sondern sie sind stets durch mindestens eine Ensemblenummer voneinander getrennt. Es gibt ansonsten vier Duette in stets unterschiedlicher Konstellation sowie acht Nummern mit drei bzw. mehr Mitwirkenden und einen Chor ohne Solisten.

Treitschke bedient sich bewährter Techniken, um Ensembleszenen zu schaffen. Zunächst beginnt das Stück nicht wie in der Schauspielvorlage mit den ausführlichen Monologen Figaros unterbrochen von Dialogen mit Alvar, Lopez, Pedro und dem Grafen. Vielmehr instruieren Figaro und Almaviva einen Chor der Bedienten, sich auf die Rückkehr der Frauen vorzubereiten, und so werden die aus der früheren Oper vertrauten Ehepaare ebenso eingeführt wie das Paar, das auf Wunsch der Männer zur Ehe bestimmt ist, Ines und Alvar. Das Ergebnis der umständlichen Intrigen Figaros wird hier in der ersten Nummer vorgeführt, so daß bereits an deren Ende der Eklat vorfällt,

---

[74] *Melusina. Vollständiger Clavierauszug (mit Singstimmen) vom Componisten*, Wien: Trentsensky & Vieweg, [1835], A-Wst, M 39298.

daß die Damen konsterniert das Ansinnen der Eheschließung abwehren. Figaro rühmt sich, die Idee zu dieser unangemessenen Ehe beigesteuert zu haben, nun in einer ausführlichen Arie, die recht heterogen zusammengesetzt ist, zumal sie auch noch die Wirren der (Revolutions-)Zeit schildern muß. Kreutzer greift, wo ihm Treitschke durch das Stichwort »Hochzeit des Figaro« dazu Vorschub leistet, auf ein erstes Mozart-Zitat zurück, jenes der ersten 6 Takte der Ouvertüre, die dann als Baßfolie weiter erklingt, kombiniert mit den Fanfaren der Stelle »Cherubino alla Vittoria«.

Anklänge an Satztechniken und Melodietypen italienischer Komponisten gibt es dann im Duett von Graf und Figaro (Nr. 3), das von einem einfachen Rezitativ eingeleitet wird, mehrfach, doch stellt sich nur an wenigen Stellen ein packender Esprit ein, der sich allerdings durch die Artikulation durchaus prononcieren ließe, selbst wenn der Orchestersatz etwas schwerfälliger daherkommt als in Rossinis Opere Buffe. Einige Motive aber, wie jenes in der Flöte (S. 54, Akkol. 3), die Imitatorik, die schließlich in einer gewissen Motorik mündet (S. 55, Akkol. 3) oder das terzparallele Parlando der beiden Männer im Anschluß zeigen deutlich, daß sich Kreutzer am Buffostil orientiert, in dem er sich auch, wenngleich etwas derb, in der überwiegend terzparallelen Stretta versucht.

NB 1: Klavierauszug, S. 54/55

Obwohl der Wiener Kritiker des Klavierauszugs diese Nummer für besonders gelungen hielt, merkt er an, »daß es bei seinen Vorzügen den Character eines deutschen Tonstückes verläugnend, ganz in der Form italienischer Force-Duos gearbeitet ist.«[75] Und das nächste Stück, ein Terzett Figaros mit den Opernautoren (Nr. 4), hält derselbe Kritiker dann gar für einen Versuch Kreutzers, »die moderne Compositionsweise zu persifliren«: vielmehr ist dagegen wohl davon auszugehen, daß Kreutzer sich ihr anzunähern sucht.

In der As-Dur-Canzonetta der Ines (Nr. 5) trifft Kreutzer dann den Belcantostil, den seine Tochter Cäcilie offenbar gut beherrschte, noch direkter: das betrifft nicht nur die in die vokale Linie sehr organisch eingeflochtenen Melismen und Fiorituren, sondern auch den filigranen Begleitsatz.

Im Duett von Gräfin und Susanna (Nr. 6), in dem die erstere auf eine standhafte Position wider den Gatten eingeschworen wird, läßt sich beobachten, daß Kreutzer mit einer etwas farblosen Melodielinie periodischen Zuschnitts beginnt, diese dann aber im Verlaufe der Nummer dank des Begleitsatzes und einiger Parlandostellen aus ihrer recht herkömmlichen Façon herauslöst (S. 84, Akkol. 4), um schließlich (S. 89, Akkol. 2) wieder in sie zurückzukehren.

Das folgende Quintett (Nr. 7) ist nun eine alles andere als statisch kontemplative Szene, in der das Quartett der Ehepaare zwar neuerlich in Auseinandersetzung über die Verkuppelung des ungleichen Brautpaares gerät, doch dank des ersten Auftritts von Don Cherubin, verkleidet als Diener, ist nun das vollständige Personal des Stücks präsent. Abgesehen von einzelnen ariosen Abschnitten (etwa jenem der Gräfin, Andante con espressione in f-Moll, S. 94ff), treibt ein Wechsel von motorisch vorandrängender Begleitfolie und imitatorisch-motivischer Arbeit die erregte Konversation voran. Insbesondere ein jagendes Allegro molto-Quartett (S. 97–101 bzw. Quintett S. 114 bis 119)[76] und eine Orchesterbegleitung nach Art der sogenannten Rossinischen »Walze« (S. 104f.) steigern mehrfach Tempo und Dynamik. (Vgl. NB 2 auf der folgenden Seite.)

---

[75] Wie Anm. 52, S. 403.
[76] Vom Schlußabschnitt ist die eigenhändige Reinschrift des Klavierauszugs, vielleicht die Stichvorlage, in der Wiener Stadt- und Landesbibliothek überliefert. Sie ist von Kreutzers eigener Hand mit deutschem und italienischem Text unterlegt, A-Wst, M H I. N. 4038.

NB 2: Klavierauszug, S. 104

Weitere Abschnitte mit Tirata-Figuren, die das aufbrausende Temperament des Grafen unterstreichen (S. 103), einer tänzerisch-melodischen 6/8-Bewegung zum parlando der Singstimmen oder auch die das Mozartsche Figaro-Motiv (»Non più andrai«) antizipierende punktierte Rhythmik (S. 109 bzw. 111) beim Auftritt des zweiten Figaro machen deutlich, daß Kreutzer einen Ensembletyp schreibt wie das Finale des II. Akts von Mozarts Oper.

Die melodisch attraktive und auch formal interessante Rondo-Arie des Cherubin (Nr. 8), in der er Figaro seine Gründe darlegt, warum er ihn nachahmt, schließt sich an Muster des 18. Jahrhunderts an.

Im Finale (Nr. 9) hatte das a-cappella-Quartett der Damen und des Cherubin im sehr engen Satz bei der Kölner Aufführung besonderen Erfolg (S. 136f.). Zu einem »italienisch«-filigran-flirrendem Orchestersatz (S. 141) kommt es dann aber erst kurz vor der rasenden Stretta (S. 142–155), die alle Solisten und den Chor in hellem Aufruhr zeigt und in teils synkopiertem und chromatisch in die Höhe strebendem Duktus vorandrängt. Die Steigerungstaktik Kreutzers erinnert dabei in ihrem Pathos fast schon an die komponierten Angstschreie in Halévys *Juive* oder zumindest einige frühere große Opern des französischen Repertoire (s. NB 3 auf der folgenden Seite).

Recitativo und Arie der Gräfin (Nr. 10) sind jene, die zu einem Gutteil aus der *Melusina* übernommen sind, die Melodie ist wieder besonders vokal gedacht, und das sekundierende Solocello bewirkt ein übriges, in ihr den Belcantostil als Kreutzers Vorbild zu erkennen.

Das Terzettino Nr. 11, das sich als reines Schmuckstück, ohne eigentliche dramaturgische Funktion erweist, ist gewiß keine Hommage an die gleich besetzten Stücke in *Figaro* oder *Zauberflöte*, denn jene sind erheblich lebendiger und zeigen dialogisierende Gruppen, während hier lediglich eine Gesangsblume nach der anderen zu einem Strauß gebunden wird.

Almavivas Cavatine Nr. 12 ist ein gleichfalls hochverziertes Cantabile (S. 170ff.) mit einem etwas derben Allegro-Parlando im Anschluß, das mit seiner italienischen Texturierung (»Ah dunque vincerò«) weniger irritiert als mit der wohl originalen deutschen (»Graf Almaviva siegt«). Daß Kreutzer in dieser Nummer originell sein will ohne es dann zu sein, und mithin im Vergleich mit der Arie des Almaviva in Mozarts Oper eher etwas ungewandt wirkt, stellte schon der Wiener Kritiker fest.[77]

Das Duett von Lopez und Figaro (Nr. 13), in dem Figaro erst klar wird, daß er es bei seinem Namensvetter mit dem Liebhaber der Ines zu tun hat, ist dank der Charakterisierung beider Protagonisten und drastisch komischer Effekte eine veritable Buffo-Nummer, in der aber auch mancher potentielle Witz verspielt wird. Der Leipziger Rezensent unterstellt Kreutzer gar, daß diese Nummer »mit Fleiss ordinär sein soll« und mißbilligt diese »unzeitige« Persiflage.[78]

---

[77] Wie Anm. 49, S. 406f.
[78] *AmZ*, Jg. 43, Nr. 24 (16. Juni 1841), Sp. 475.

NB 3, Klavierauszug S. 154

Von besonderem Reiz ist das Terzett Nr. 14 von Susanna mit den »beiden Figaro«: Der Beginn (»Scherzando«) ist noch im Mozart-Tonfall, eine organisch entwickelte Dreiklangsmelodik, »dolce«, aber explizit »affectirt«: Figaro und Susanna drechseln unechte Komplimente. Mehrere andere Abschnitte aber leiten dann zu melodisch originellen und – was im Klavierauszug nicht aufscheint – von Klarinettentriolen in Tenorlage umrankten Perioden der Susanna über (S. 191ff.), die auch in italienischen Partituren dieser Zeit keineswegs auffallen würden. Ähnlich ist es dann mit der sich zur Zwei- und dann Dreistimmigkeit entwickelnden Thematik mit der in Sechzehnteln gesetzten Vorhaltsmelodik (S. 195, Akkol. 5 bis S. 199, vgl. den Ausschnitt im nachfolgenden NB 4).

NB 4, Klavierauszug, S. 195f.

Albert Lortzing und die Konversationsoper

Wie in einigen vorangehenden Ensembles überraschen auch im Quartett der Männer (Nr. 15) viele Stellen, die als Überleitung fungieren, aber trotzdem melodisch originell sind. Auffallend ist ansonsten namentlich ein Kanon (S. 203–205), in dem Figaro weisgemacht wird, Cherubin habe es auf Susanna abgesehen, dann aber auch dessen Beschwichtigung »Lieber! vor Susannens Reitzen schwör' ich künftig zu erblinden« (in Fis-Dur, S. 206, Akkol. 4).

Susannas Recitativ und Arie (Nr. 17) schließlich hat Kreutzer in der Form, in der er sie komponierte, gar nicht anders schreiben können als mit der Erfahrung, in den 1830er Jahren viel Bellini, Donizetti und Mercadante dirigiert zu haben: Abgesehen von der mit dem Sopran leggiero effektvoll kontrastierenden Begleitung mit konzertierendem Horn und Solocello sowie einigen diskreten Chor-Einwürfen ergeht sich Susanna in Wohllaut, mit zahllosen Ornamenten verziert, wobei hier kaum je der Inhalt des Textes Anlaß der Musik scheint, sondern lediglich die ausgiebige Lust am Belcanto; die Melodik artet indes nicht in Affektiertheit aus, sondern fließt natürlich.

Im Buffo-Duett der Opernautoren Lopez und Pedro (Nr. 18) wird dann deutlich, daß Kreutzer dieser Episode denn doch großen Stellenwert beimißt: mit deren Einleitung ließ er die Ouvertüre der ganzen Oper beginnen, eine Reihe von Parlando- oder auch Tempesta-Momente (S. 233 bzw. 235) greifen zwar auf bekannte Techniken zurück, doch sind diese geschickt in die Nummer integriert, die nur etwas unvermittelt, ohne nochmalige Steigerungseffekte, endet. Im Finale Nr. 19 fällt es besonders auf, daß sowohl die Männerstimmen als auch die Frauenstimmen eng beieinanderliegen, alle im mittleren und oberen Bereich intonieren (einzige Ausnahme ist Pedro, denn selbst Figaro singt im hohen Bereich seiner Tessitura). Auch diese Nummer zeichnet sich durch Abwechslungsreichtum, Parlando, rasches Vorwärtsdrängen und dennoch eine immer wieder sangbare Melodik verschiedener Stellen aus, die meist jedoch nur kurz aufblitzen.

Betrachtet man das Stück als Ganzes, so gibt es zwar einige Nummern, in denen Kreutzer in aller Ausführlichkeit einmal exponierten Themen oder glücklichen Motiven Raum verschafft, doch wirkt die Oper denn doch etwas ungleich in Bezug auf ein ausgewogenes Verhältnis von Aktion und Kontemplation, und es ist daher dem Rezensenten der Uraufführung einer früheren Kreutzer-Oper (*Die Höhle bei Waverly*) im *Humoristen* zuzustimmen, der bemerkte:

»Ganz eigen ist es, daß der geschätzte Komponist hier, – wie es auch bei mehreren früheren Werken geschehen – in manchen Tonstücken mehrere äußerst anziehende Motive bald aufnimmt, bald, oft sogar *gleich*, wieder fallen läßt, durch Recitationen unterbricht, u.s.w. – Solche Tonstücke bekommen dadurch ein mosaikähnliches Ansehen, und ihren Elementen nach könnte die Wirkung derselben viel größer sein, gefiele sich der Meister auch immer, in einem mehr vollendeten architektonischen Bau.«[79]

***

Die internationale Orientierung Kreutzers und das Echo auf seine Musik in Paris

Es ist durch zeitgenössische Quellen der Rezeption aus Österreich, Deutschland und Frankreich (hier ausschließlich zum *Nachtlager*) belegbar, daß man Kreutzer als einen Komponisten schätzte, der sich zwischen den Nationalstilen bewegte. Eine Besprechung des Klavierauszuges der *beiden Figaro* im August 1841 durch den Wiener Kritiker »Walde« – der Kreutzer und Treitschke persönlich kannte, sich jedoch gleichfalls nicht die Dialogtexte verschafft hatte – beschreibt mehrere Momente darin als deutliche Anklänge an die neuere Opera Buffa. Allerdings kommt »Walde« trotz seines ausgesprochen positiven Verhältnisses zu Kreutzer, den er gerade auch im Verhältnis zu anderen wirklich zu schätzen scheint und dessen Einfallsreichtum und Instrumentierungsgeschick er würdigt, zu einem nicht ausschließlich positiven Fazit, und dies schon allein aufgrund der Tatsache, daß es sich bei dem Süjet um eine jener unseligen Fortsetzungen herausragender Kunstwerke handelt, die er auch bei anderen Stücken (etwa von Mozart, Kauer, Goethe, Vulpius) für nicht überzeugend hält.[80]

Daß die *beiden Figaro* so gar nichts von jenem »deutschtümlichen« Charakter aufweisen, den der vaterländisch begeisterte Komponist in seinen Agitationsgesängen für den »deutschen Rhein« (Köln 1840) und erst recht 1847 in seiner zweiten Staufer-Oper *König Conradin* beschwor, ist gewiß kein Schade. In jenen Jahren war Kreutzer noch völlig international orientiert, wiegte sich in Illusionen über einen nachhaltigen Erfolg in Paris, wie seine wiederholten diesbezüglichen Äußerungen vom Weihnachtstag 1840 an

---

[79] *Der Humorist*, Jg. 1, Nr. 43 (10. April 1837), S. 172.
[80] Wie Anm. 49, S. 403.

Anton Schindler in Aachen unmißverständlich bekunden. Hier spekulierte er auch hinsichtlich seiner älteren Opern *Libussa* und *Nachtlager*: »ich glaube auch beyde Opern mit etwelch[en] Abänderungen im Buch müßten dort so gut als in Deutschland gefallen auch glaube ich daß sich der *genre* der Musik in beyden Opern, mehr für die *Opéra comique*, als für die große Oper eignen wird!«[81]

Seine Landsleute stilisierten Kreutzer zuweilen gar zum Repräsentanten der deutschen komischen Oper und prophezeiten ihm sogar in Paris ein gutes Echo. So bringt der Wiener *Wanderer* 1842 eine Korrespondenz aus Frankfurt a. M., die Kreutzers Talent im »leichten« Stil würdigt:

»Das Musikgenre, welches die *Opéra comique* für sich in Anspruch nimmt und durch ihre pikantgraziösen Texte gleichsam bedingt, ist eben *Kreutzer's* wahre Sphäre auf der Bühne, und wir hoffen bald von den günstigsten Erfolgen zu hören.«[82]

Nicht von ungefähr durfte der auch nach der Wiesbadener Fest- und öffentlichen (Ur-)Aufführung seines *Edelknechts* am 21. Juni 1842 einhellig gefeiert Kreutzer davon ausgehen, er vermöge sich in Paris als Komponist durchzusetzen. In diesen Wochen drang in die deutschen Feuilletons durch die französischen Korrespondenzberichte der ungewöhnliche Erfolg seines *Nachtlager* in Paris, das dort im Mai durch die Mainzer Theatergesellschaft gegeben worden war.[83] Im Pariser *National* hieß es, das *Nachtlager* sei eine »Entschädigung für die ›Jessonda‹« von Louis Spohr gewesen, man merke es Kreutzers »Musik an, daß er die Italiener und besonders *Rossini* fleißig

---

[81] Im Postskriptum klagt er dann: »Sagen Sie dem Hrn. Theaterdirector nebst meiner Empfehlung er möchte mir verzeihen, daß ich ihm die *Recitative* zum Nachtlager bis *dato* noch nicht zugesandt habe – ich habe mit den hiesigen *Copisten* ein Kreutz – schon seit 5 Wochen habe [ich] die beyden *Figaro* zum Ausschreiben gegeben – und bis zur Stunde nichts erhalten? –« Vorlage: Autograph, D-B, Mus. ep. Konradin Kreutzer 23.

[82] *Der Wanderer*, Jg. 34, Nr. 279 (23. November 1842), S. 1112.

[83] Kreutzers späterer Konflikt mit dem Théâtre-italiènne – in dem eine neue Einstudierung des *Nachtlager* in italienischer Sprache geplant war – hatte andere Gründe als mangelnden Zuspruch von Seiten des Publikum und der Kritiker. Er geriet in Paris in eine äußerst heikle Situation des Hauses und baute auf unsolide Mittelmänner, wie den deutschen Impresario August Schumann oder den Chef des Théâtre-Italiènne, Jeannin, sowie den ihm bereits aus Wien bekannten Heinrich Börnstein, der einerseits in Paris an eben diesem Hause wirkte, und andererseits darüber kri-

studirt hat, und vor allem gelingt ihm das Gefühl für zierliche Melodie, die Kunst, für die Stimmen angemessen zu schreiben, sie in den Ensemblestükken mit Geschicklichkeit zu gruppiren, sie zu mäßigen und zu begleiten.« Der *Courrier français* glaubte das Experiment, deutsche Opern in Paris zu präsentieren, gesichert durch den außergewöhnlichen Erfolg des »Abendglocken«-Chors (Finale des I. Akts aus dem *Nachtlager*), der wiederholt werden mußte. Und der *Messager* schließlich stellte fest: »Die Partitur trägt das Gepräge einer ganz eigenthümlichen Naivetät und einer schlichten Freimüthigkeit an sich. Selbst die Reminiscenzen weiß der Componist zu einer anmuthigen Originalität zu erheben. [...] Der Erfolg war ausgezeichnet, und mit Recht.«[84] Der namhafte und einflußreiche Pariser Journalist Henri Blanchard konstatierte, Kreutzers »Manier ist zugleich deutsch, italienisch und französisch«, er sei »ein geschickter Mann, der sich rossinisirt und meyerbeerisirt hat, wie mancher unserer französischen Componisten. Er ist vielleicht der *deutsche Auber* [...].«[85]

Anhang:

1. Quellen

Johann Friedrich JÜNGER: *Die beyden Figaro. Lustspiel von J. F. Jünger. [...]* Wien, 1825. Gedruckt und verlegt bey Chr. F. Schade. (= Deutsche Schaubühne seit Lessing und Schröder bis auf die neueste Zeit. Zweites Bändchen.)

Georg Friedrich TREITSCHKE: Gesangtexte zu: *Die beiden Figaro: komische Oper in 2 Aufzügen, als Fortsetzung vom Barbier von Sevilla, und Figaros Hochzeit vom K. K. Hofkapellmeister Conradin Kreutzer.* [Braunschweig, 1840] – Stadtbibliothek Braunschweig (Signatur: Brosch. I 20.729.)

tische Korrespondenzen an deutsche Blätter sandte. Aus beleidigter Ehre verweigerten sich daher Pariser Gesangstars, die für sie bestimmten Rollen in deutschen Opern zu übernehmen. Mehrere führende Häupter waren in Skandale verwickelt, und sie zogen sich mit Landesflucht und Selbstmorden aus der Affäre. Mithin waren momentane Optionen und Perspektiven, die sich für deutsche Opernbeflissene aus einem erfolgreichen Gastspiel von August Schumann und seiner aus dem Mainzer Umfeld rekrutierten Truppe in Paris zu ergeben schienen, rasch wieder Makulatur.

[84] Alle Zitate wiedergegeben nach einem Überblicksbericht über die Presseresonanz in der Wiener Zeitschrift *Der Wanderer*, Jg. 34, Nr. 134 (7. Juni 1842), S. 536.
[85] *Wiener allgemeine Musik-Zeitung*, Jg. 1, Nr. 69f. (11. Juni 1842), S. 282.

Conradin KREUTZER: [eigenhändig:] *Die beyden Figaro komische Oper in 2 Aufzügen componirt und Ehrfurchtsvoll gewidmet Seiner Durchlaucht dem regierenden Herrn Herrn Wilhelm Herzog von Braunschweig von Conradin Kreutzer Wien im Monath Merz 1840.* [Zweites Titelblatt, Kopistenhand:] *Die Beyden Figaro. Komische Oper in zwey Aufzügen. Als Fortsetzung vom »Barbier von Sevilla« und »Figaros Hochzeit«. Nach dem Lustspiele des Marvelli.* – Herzog August Bibliothek Wolfenbüttel Wd 4° 314 P a/b (Partiturabschrift)
- *Die beiden Figaro. (I due Figaro.) Komische Oper in zwei Aufzügen von Treitschke, in Musik gesetzt und Sr. Durchlaucht dem regierenden Herrn Herrn Herzog Wilhelm von Braunschweig-Lüneburg und Oels unterthänigst gewidmet von Conradin Kreutzer. Vollständiger Clavier-Auszug. No. 453. Eigenthum des Verlegers. Pr. 8 f. Braunschweig bei G. M. Meyer jr.* [...] (Klavierauszug ohne Dialoge) – Württembergische Landesbibliothek Stuttgart

2. Personen und ihre Darsteller:

Personen der Handlung	Stimmlage	Darsteller Braunschweig	Darsteller Köln*
Graf Almaviva	Bariton	Carl Joseph Pöck	
Die Gräfin	Sopran	Fanny Mejo	
Donna Ines, ihre Tochter	Sopran	Cäcilie Kreutzer	
Don Cherubin, Oberst, Geliebter der Donna Ines	Tenor	Friedrich Schmezer	Adolph Schunk(e)
Don Alvar, ein Abenteurer	Tenor	Bußmeier	
Figaro, des Grafen Kammerdiener	Bariton	Friedrich Fischer	A. Thomas
Susanne, Figaro's Frau, in der Gräfin Diensten	Sopran	Karoline Fischer-Achten	
Pedro, Operndichter	Tenor	Kahn	
Lopez, Kapellmeister	Baß	Franz Mejo	

Ein Notar, Ein Diener des Grafen, Gäste, Pagen. Männliche und weibliche Dienerschaft. Landleute beiderlei Geschlechts. Die Handlung geht auf einem Lustschlosse des Grafen Almaviva, in der Nähe von Sevilla, vor.

*Zur Kölner Besetzung s. auch Anm. 40.

Julia Liebscher

»Wo aber die Nation in ihrem Geschmack so geteilt ist, da weiß der Künstler nicht, wohin er sich zu wenden hat!«

National- und Universalstil in der deutschen Spieloper (1815–1848)

Die Frage des National- und Universalcharakters der Musik hat den Diskurs der Oper über viele Etappen ihrer geschichtlichen Entwicklung entscheidend mitgeprägt. Wenngleich die Thematik im historischen Wandel mit höchst unterschiedlichen Prämissen und Postulaten diskutiert wurde, so scheint doch die Divergenz zwischen dem Universalanspruch der Musik einerseits und der soziokulturellen Bindung des Theaters andererseits eine die Problematik grundsätzlich bestimmende, epochenübergreifende Komponente zu sein.[1] Daß Entstehung, Konzeption und Rezeption musikalischer Bühnenwerke vor allem im 19. Jahrhundert nicht selten im Spannungsfeld dieser beiden Grenzpositionen angesiedelt sind, wurde in zahlreichen Untersuchungen immer wieder nachgewiesen.[2]

Kaum berücksichtigt wurde in diesem Kontext hingegen die paradoxe Stellung der deutschen Spieloper, die von ihren Schöpfern zwar einerseits als nationales Pendant zur italienischen Oper gedacht war, andererseits jedoch

---

[1] Dieser Dichotomie liegt zum einen der seit dem ausgehenden 18. Jahrhundert diskutierte Autonomieanspruch der Musik, zum anderen das auf Aristoteles' Mimesis-Begriff zurückgehende und bis zur Entdeckung des zeichenhaften Charakters des Theaters um 1900 in der Theatertheorie geltende Modell des Theaters als Abbild der Wirklichkeit zugrunde.

[2] Vgl. Kurt Lüthge, *Die deutsche Spieloper*, Braunschweig 1924; Ludwig Schiedermaier, *Die deutsche Oper*, Leipzig 1930 und Karl-Friedrich Dürr, *Opern nach literarischen Vorlagen. Shakespeares: The Merry Wives of Windsor in den Vertonungen von Mosenthal-Nicolai: Die lustigen Weiber von Windsor und Boito-Verdi: Falstaff. Ein Beitrag zum Thema Gattungsformation*, Stuttgart 1979.

in der Vermischung der kompositorischen Stile kosmopolitische Züge trägt. So beschreibt Otto Nicolai in einem 1837 in der *Neuen Zeitschrift für Musik* erschienenen Aufsatz mit dem Titel *Einige Betrachtungen über die italienische Oper, im Vergleich zur deutschen* das Dilemma der deutschen Oper als eine zwischen National- und Universalstil angesiedelte Problematik. Wörtlich heißt es in Anspielung auf den politischen Partikularismus und das im musikalischen Urteil gespaltene deutsche Publikum: »Aber an den Italienern schätze ich es eben, daß die ganze Nation dasselbe Urteil fällt. Lassen wir dahingestellt, ob es recht oder falsch sei – es ist einstimmig und jede bestimmte entschiedene Richtung, jedes wahrhaft Nationale ist schon als solches zu respektieren. [...] Ganz Italien will solche und keine andere Musik! Wo ist aber die Gattung von Musik zu finden, die in Deutschland nicht noch ihrer Verehrer fände? Unser Publikum ist in seinem Urteil und Geschmack in unendliche Parteien zersplittert! [...] Wo aber die Nation in ihrem Geschmack so geteilt ist, da weiß der Künstler nicht, wohin er sich zu wenden hat!«[3]

Um diesem Dilemma zu entkommen, hat Nicolai in den *Lustigen Weibern von Windsor*, seiner einzigen deutschen Oper, eine Zusammenschau bewährter kompositorischer Techniken unterschiedlichster Provenienz angestrebt. Elemente der Opera buffa, der Opéra comique und der deutschromantischen Oper gehen eine so innige Verbindung ein, daß das Werk als regelrechtes Stil-Amalgam verstanden werden kann. So ist der den Auftritt Fentons im II. Akt begleitende Fernchoreffekt Bellinis *I Puritani* entlehnt. Auf den Typus der Aria con pertichini, wie ihn Donizetti in *Lucia di Lammermoor* paradigmatisch ausgeprägt hat, greift Nicolai in der spezifischen Verbindung von Sopran-Solo und Chor im 1. Finale zurück. Beide Werke waren Nicolai aus dem Repertoire des Wiener Kärtnertor-Theaters bestens vertraut. Zugleich erinnert dieses Finale unschwer an Aubers Opéra comique *Fra Diavolo*. Das romantisch-phantastische Stimmungsbild des III. Aktes beschwört Webers *Oberon*, aus dem ein Motiv des Puck im ersten Feenchor zitiert wird, sowie Mendelssohns Sommernachtstraum-Musik.[4] Absichtliche

---

[3] Otto Nicolai, *Einige Betrachtungen über die italienische Oper, im Vergleich zur deutschen*, in: Neue Zeitschrift für Musik 6 (1837), S. 99ff.; Nachdruck in: Otto Nicolai, *Musikalische Aufsätze*, Zum erstenmale hrsg. von Georg Richard Kruse, Regensburg [o. J.], S. 71ff., hier: S. 74.

[4] Weitere Vergleichspunkte bei Karl-Friedrich Dürr (s. Anm. 2), S. 121ff., hier insbesondere S. 125.

sprachliche Analogien zu Beethovens *Fidelio* und zu Webers *Freischütz* werden durch musikalische Zitate aus der Leonoren-Arie »Abscheulicher, wo eilst du hin« und aus Webers *Freischütz* unterstrichen.⁵

Zielte Nicolai fraglos mit dem Rekurs auf bekannte Repertoirewerke darauf ab, seine im sonst italienisch-französischen Repertoire weitgehend isolierte deutsche Oper in einen Traditionszusammenhang zu stellen und ihr damit auch die angestrebte Allgemeingültigkeit zu verleihen⁶, so haben freilich keineswegs diese Insignien das Werk in den Rang eines universalen Kunstwerks erheben können. Als signifikante Merkmale treten vielmehr Wesenszüge hervor, die einen nationalen Rezeptionsanreiz schaffen. Zwei Faktoren sind hierbei besonders hervorzuheben: Zum einen die auf Situationskomik und Publikumswirksamkeit beruhende Dramaturgie des »bürgerlichen Lachtheaters«. Volker Klotz hat diesen Typus am Beispiel anderer Formen treffend beschrieben; eine systematische Anwendung auf die Spieloper könnte umstandslos erfolgen und würde deren Konzeption grundsätzlich erhellen.⁷ Zum anderen der unverwechselbare lustspielhafte Tonfall, der sich wie eine Maske über das gesamte musikalisch-dramatische Geschehen legt. Diesbezüglich erscheint das Werk als Abbild des soziokulturellen Systems der Restaurationszeit, dessen Ideologeme im theatralischen Konzept aufgegriffen und in spezifische musikalische Topoi eingekleidet werden.⁸

Nicolai dachte zunächst jedoch keineswegs an die Schaffung eines die biedermeierliche Welt spiegelnden Abbilds der Wirklichkeit, sondern an die Komposition einer großen romantischen Oper, die sich in die Tradition von Beethoven und Weber einreihen sollte. Friedrich Schlegel, E. T. A. Hoffmann, Ludwig Tieck und andere hatten längst klare Vorgaben für das Konzept einer

---

⁵ Vgl. Christoph Nieder, *Von der »Zauberflöte« zum »Lohengrin«. Das deutsche Opernlibretto in der ersten Hälfte des 19. Jahrhunderts*, Stuttgart 1989, S. 125.

⁶ In den *Betrachtungen* (s. Anm. 3), S. 82 heißt es hierzu: »Eine so kleine Spanne Erde unterscheidet die Völker – und schon ist ihr Empfindungs- und Urteils-Vermögen ein ganz verschiedenes! Ist es nicht für einen Komponisten ein erniedrigender Gedanke – daß man nicht etwas Allgemein-Schönes schaffen kann?«.

⁷ Volker Klotz, *Bürgerliches Lachtheater. Komödie – Posse – Schwank – Operette*, München 1980.

⁸ Vgl. u. a. Julia Liebscher, *Biedermeier-Elemente in der deutschen Spieloper. Zu Otto Nicolais »Die lustigen Weiber von Windsor«*, in: Mf 40 (1987), S. 229–238.

deutschen Nationaloper formuliert[9], und die Eindrücke, die Nicolai durch seine musikalische Erziehung in der preußischen Hauptstadt empfangen hatte, verdichteten sich für ihn zu einem Kunstverständnis, das er selbst als zutiefst »deutsch« apostrophierte.[10] In Ermangelung eines geeigneten Librettos, das einen unbekannten Stoff aus dem Bereich der deutschen Sage oder der deutschen Geschichte behandeln und für die Komposition ohne gesprochene Dialoge geeignet sein sollte[11], griff Nicolai schließlich auf ein bewährtes Sujet der Wiener Theatertradition zurück. Wohl unter dem Eindruck einer Aufführung von Shakespeare's *The Merry Wives of Windsor* am Burgtheater Anfang 1846 und fraglos in Kenntnis der seit 1772 auf den Vorstadtbühnen gespielten eingewienerten Fassungen dieser Shakespeare-Komödie[12] entschloß sich Nicolai – im krassen Widerspruch zu seinen eigenen ästhetischen Postulaten – zur Vertonung dieses hinlänglich bekannten Shakespeare-Stoffes, zu dem er gemeinsam mit dem Wiener Hauslehrer Hermann Salomon Mosenthal das Textbuch verfaßte.[13]

Die Besonderheiten des dramaturgischen Konzept mit der charakteristischen Rückbindung an biedermeierliche Ausdrucksmittel werden besonders deutlich greifbar, wenn man Verdis ebenfalls auf Shakespeares *The Merry Wives* zurückgehenden *Falstaff*[14] als Folie einer vergleichenden Untersuchung heranzieht.

[9] Vgl. hierzu: Wolfgang Michael Wagner, *Carl Maria von Weber und die deutsche Nationaloper*, Mainz u. a. 1994 (= *Weber-Studien*, Bd. 2), insbes. das Kapitel »*Der Freischütz* – ein deutsches Libretto«, S. 75–100.

[10] Ulrich Konrad, *Otto Nicolai (1810–1849). Studien zu Leben und Werk*, Baden-Baden 1986, S. 60: »Die Eindrücke, die er hier [in Berlin] empfing, verdichteten sich zu dem Stilbegriff, der von ihm selbst ›deutsch‹ oder ›deutsche Schule‹ genannt wurde.«

[11] Zur Textsuche Nicolais mit Hilfe eines Wettbewerbs vgl. ebda., S. 74/75.

[12] *The Merry Wives* wurden seit 1772 unter dem Titel *Die lustigen Abenteuer* im Theater an der Wien und seit 1794 als *Die lustigen Weiber* in Wien gegeben. Hierzu Dürr (s. Anm. 2), S. 129.

[13] Das Textbuch erschien erstmals 1849 bei Bote & Bock in Berlin, bei denen 1851 auch eine Partitur in Lithographie veröffentlicht wurde. Das Textbuch liegt als Neuausgabe, hrsg. v. Georg Richard Kruse (Stuttgart 1949), vor und die Partitur, hrsg. v. G. F. Kogel, bei Peters in Leipzig [ca. 1882]. Alle folgenden Textzitate folgen der Ausgabe von 1949.

[14] Giuseppe Verdi, *Falstaff. Commedia lirica in tre atti di Arrigo Boito*, Milano etc. 1912 [Partitur].

Die unterschiedlichen dramaturgischen Zielsetzungen, in denen auch ein höchst unterschiedliches Shakespeare-Verständnis zum Ausdruck kommt, zeichnen sich bereits in den differierenden Titelgebungen ab. Sowohl Mosenthal/Nicolai als auch Boito/Verdi stützen sich auf Übersetzungen des 1602 im Druck erschienenen Originaltextes mit dem Titel *A Most Pleasant and Excellent Conceited Comedy of Syr John Falstaff, and the Merrie Wives of Windsor*. Mosenthal und Nicolai rekurrieren auf die Bürgersfrauen und das kleinstädtische Ambiente; Boito und Verdi entscheiden sich, um die Titelfigur als tragikomische Gestalt exponieren zu können, für Falstaff. Im Sinne der auf Situationskomik zielenden Schwankdramaturgie[15] provozieren Mosenthal und Nicolai schon mit dem Titel das lustspielhafte Moment, genau das, was Boito und Verdi erklärtermaßen einzudämmen suchten und was auch Christoph Martin Wieland an dem Sujet gestört haben dürfte, als er die Komödie in seiner von 1762 bis 1766 erschienenen ersten deutschen Übersetzung von insgesamt 22 Shakespeare-Dramen nicht berücksichtigte. Die kritischen Worte, die Wieland in dieser Ausgabe in Bezug auf einige Falstaff-Szenen aus *King Henry IV*. äußerte, dürften diese Entscheidung begründen, empfand er diese Szenen doch als »Gemälde des untersten Grades von pöbelhafter Ausgelassenheit«; ferner monierte er, daß »das Lächerliche [...] größtenteils in sehr pöbelhaften Schwänken, Zoten und Wortspielen und einer ekelhaften Art von falschem und schmutzigem Witz« zum Ausdruck gebracht worden sei.[16]

Welche Konsequenzen die konträren dramaturgischen Zielsetzungen – bürgerliche Aktion bei Nicolai – Charakterstudie bei Verdi – im Detail nach sich ziehen, wird bereits zu Beginn der beiden Werke erkennbar: Verdi führt den Protagonisten in Begleitung seiner beiden Diener vor, und verzichtet auf ein musikalisch einstimmendes Orchestervorspiel. Nicolai exponiert nach einer Potpourri-Ouvertüre die beiden geschäftigen Bürgersfrauen, die ihrer Empörung darüber Ausdruck verleihen, daß sie identische Liebesbriefe und Einladungen von Sir John Falstaff erhalten haben. Zudem läßt Nico-

---

[15] Hierzu gehört nach Klotz, *Lachtheater* (s. Anm. 6) auch das Störenfriedprinzip: »Eine geschlossene soziale Gruppe mit eingeschliffenen Verkehrsformen wird aufgewühlt durch einen Außenseiter. Seine Andersartigkeit, als Bedrohung empfunden, reizt in Überreaktionen die Eigenartigkeit der Gruppe heraus.« (S. 18).

[16] Zitiert nach: Georg Richard Kruse, *Otto Nicolai. Ein Künstlerleben*, Berlin 1911, S. 217f.

lai das sich zur Moralinstanz erhebende Frauen-Duo gleich am Anfang des
I. Aktes den plakativen Leitspruch der gesamten Oper verkünden. Wörtlich
heißt es im Duett Nr. 1: »Aber unsre Weiberehre | Soll sich rächen, guter
Freund! | Weiber setzen sich zur Wehre, | List und Rache sei vereint!« Daß
Falstaff, der bei Verdi Gelegenheit erhält, sich gleich zu Beginn als Grandseigneur zu profilieren, von den Frauen als »alter Schlauch« denunziert wird,
dient dazu, die in Falstaff personifizierten Verfehlungen des Adels durch
den bürgerlichen Kommentar aufzudecken. Durch diesen dramaturgischen
Kunstgriff, der es notwendig machte, auf den kompletten ersten Shakespeare-Akt zu verzichten, erreichen Mosenthal und Nicolai, daß dem Publikum die
Figur des Falstaff, bevor dieser überhaupt leibhaftig in Erscheinung tritt, aus
der Perspektive der Bürgersfrauen präsentiert wird und diese sogleich ihre
Überlegenheit demonstrieren können. Durch deren gewitzte Reden gelingt
es, das Bild eines heruntergekommenen Aristokraten zu zeichnen, der am
Ende zur Spottfigur der ganzen Stadt, der bürgerlichen Gesellschaft wird.
Die Gewichtung zwischen Bürgertum und Adel wird auf diese Weise gleich
zu Beginn der Handlung fixiert und damit der dramaturgische Fahrplan für
die gesamte Oper festgelegt.

Überhaupt ist die gesellschaftliche Stellung und soziale Zuordnung der
Personen bei Nicolai als Abbild der realen Verhältnisse klar umrissen. Während Verdi die Standesunterschiede zugunsten der Darstellung eines allgemein gültigen, musikalisch transzendierten Außenseiterproblems verblassen
läßt, legt die Textbearbeitung von Mosenthal und Nicolai aktuelle soziale
Strukturen bloß, welche die gesellschaftlichen Erschütterungen der Restaurationszeit widerspiegeln. Falstaff gilt als Repräsentant der Feudalaristokratie, an der sich die Kritik des nach nationaler Selbstbestätigung strebenden
Bürgertums entzündet. Der Protest der Frauen gegen die zügellosen Forderungen Falstaffs ist insofern gleichzusetzen mit der Kritik des Bürgertums
an den bestehenden politischen Verhältnissen. Die Tatsache, daß Falstaff als
lumpiger Edelmann auftritt, kommt der didaktischen Zielsetzung der Frauen
entgegen und verleiht der bürgerlichen Strafaktion auf der Bühne zusätzliche
Überlegenheit. Durch den erhobenen Zeigefinger erhält Nicolais Oper auch
Züge des volkstümlichen Belehrungs- und Besserungsstücks, wie es gleichzeitig etwa von Raimund und Nestroy in Wien gepflegt wurde. Verdi, der
seinen Falstaff am Ende eine fulminante Schlußfuge auf die Worte »Tutto
nel mondo è burla« anstimmen läßt, und ihn mit der Anspielung auf die Idee
eines teatrum mundi aus der komödiantischen Sphäre in den Rang einer das
Weltgeschehen mit ironischer Distanz reflektierenden Persönlichkeit erhebt,

läßt Momente seines individuellen singulären Künstlertums in diese Figur einfließen. Nicolai, in das Korsett der bürgerlichen Lustspieldramaturgie gezwängt, liefert den gebeutelten Aristokraten einer geradezu militanten bürgerlichen Strafaktion aus, deren harmonisierender Schluß nichts weiter als ein gattungsspezifisches Zugeständnis an das Genre der komischen Spieloper darstellt.

Auch auf sprachlicher Ebene wurde das Textbuch der biedermeierlichen Metaphorik angepaßt. Friedrich Sengle hat in seiner umfassenden Biedermeier-Studie charakteristische literarische Merkmale herausgearbeitet, von denen sich einige auch im Textbuch der *Lustigen Weiber* wiederfinden.[17] Wortschatz, Rhetorik und Sprachrhythmus sind gekennzeichnet durch einen sittlich kommentierenden oder Frohsinn und Heiterkeit suggerierenden Sprachstil. Dieser bedient sich schwärmerisch-schwülstiger Redewendungen sowie eines Vokabulars, das zur sentimentalen Einfärbung, rhetorischen Intensivierung und idyllischen Überformung des Sujets führt. Einzelne Passagen des Textbuchs könnte man dem sogenannten »biedermeierlichen Scherzstil« zuordnen, wie er in den damals beliebten Wochen-Journalen, Almanachen und Kalendern gepflegt wurde.[18] Signifikant hierfür sind die moralisierenden und in eingängig skandierten rhythmischen Mustern präsentierten Sprüche der Frauen, die ihre Sittsamkeit mit den bereits erwähnten Worten zu verteidigen suchen.

Auch die ungetrübt-heitere Atmosphäre der Kleinstadt-Idylle wird durch die ständigen Appelle der Frauen an die gute Laune der Beteiligten bzw. der Zuschauer unterstrichen. Sätze wie »Frohsinn und Laune | Würzen das Leben« (I, 5), »Nun eilt herbei, Witz, heitre Laune, | die tollsten Schwänke, List und Übermut« (I, 5), oder »Ist das ein Spaß! | Ist das ein königlicher Spaß!« (I, 11) gehören zu den mit programmatischer Eindringlichkeit formulierten Sentenzen, durch die das Publikum im spätaufklärerischen Sinn zu froher, vernunftgeprägter Daseinsbejahung aufgerufen wird. Auch Bürgerschläue und Gerissenheit artikulieren sich im überschwenglichen Tonfall des Übermuts. Dies wird spürbar in Sätzen wie: »Lustige Frauen, | die wissen sich Rat! | Ja, die wissen schlauen Rat!« (I, 5) oder »Wir locken ihn mit

---

[17] Friedrich Sengle, *Biedermeierzeit. Deutsche Literatur im Spannungsfeld zwischen Restauration und Revolution 1815–1848*, 3 Bde., Stuttgart 1971f., bes. Bd. 1, S. 129ff., sowie das Kapitel »Die Literatursprache«, S. 368–647.
[18] Ebda., Bd. 1, S. 131.

Weiberlist | in ein sichre Falle. | Und wenn er drin gefangen ist, | verhöhnen wir ihn alle!« (I, 2).

Nicolais dramaturgisches Konzept bedient auch die Komponente des Sentimental-Rührseligen. Fenton und Anna, deren Liebesbeziehung dem biedermeierlichen Familienideal gerecht wird, verkörpern das verklärte Bild der reinen, echten Liebe. Der ausdrücklich zum Habenichts stilisierte Fenton bringt seine tiefe und ehrliche Zuneigung zu Anna in einem naiv-schwärmerischen Tonfall zum Ausdruck: »O hört mich! | Wenn Eure Seele je empfunden | Der Liebe ganzes, sel'ges Glück, | O so gedenket jener Stunden | Und weist so kalt mich nicht zurück! | Verweigert nicht die höchste Gabe | Und fürchtet spätrer Tage Reu – | Ich bin nicht reich an Gold und Habe, | Doch bin ich reich an Lieb' und Treu'!« (I, 4) Oder: »O verzeih des Herzens Zagen, | Keinen Zweifel hegt mein Sinn, | Kaum kann ich das Glück ertragen, | Daß ich dir so teuer bin. | Mir nur sollst du angehören, | ewig ganz die meine sein.« (II, 9) Während das junge Liebespaar bei Verdi durchaus erotischer Handlungen fähig ist, und diese hinter einem Wandschirm zumindest akustisch durch einen in den musikalischen Kontext integrierten herzhaft schmatzenden Kuß unmißverständlich zum Ausdruck bringt, entfaltet sich die aufkeimende Liebe des jungen Paares bei Mosenthal/Nicolai in einer gänzlich unsinnlichen, pietistisch verinnerlichten Haltung, die sich mit den enggesteckten Moralvorstellungen der Zeit im Einklang befindet. Die aufrichtige Liebe des Habenichts kontrastiert darüber hinaus aufs schärfste zu den ins Lächerliche gezogenen Figuren des ständig entzückt »O süße Anna!« rufenden reichen Fabrikbesitzers Junker Spärlich und zu dem linkischen, sich selbst durch sein gestelztes Benehmen karikierenden Franzosen Dr. Cajus. Bezeichnenderweise fehlt die Figur des Spärlich sowohl bei Shakespeare als auch bei Boito/Verdi. Mosenthal destilliert hingegen aus dieser Figurengruppe eine die gesamte Oper durchziehende Handlungsebene, auf der die bestehenden gesellschaftlichen Konflikte zwischen Adelsprivileg, Kapitalismus, aufgeklärtem Bildungsbürgertum und Biedermann als Alternativprinzip von Liebes- und Vernunftheirat verhandelt wird.

Dem hier nur überblicksartig analysierten dramaturgischen Aufriß mit seinen dezidiert biedermeierlichen Theatermitteln korrespondiert auf kompositorischer Ebene der lustspielhafte Tonfall, der sich – faßt man exemplarisch für die weiteren kompositorischen Gestaltungsmittel die Behandlung der Singstimmen ins Auge – wie folgt beschreiben läßt:

1. Parlandopassagen mit kurzen Staccatorhythmen und sequenzierenden Tonrepetitionen. Dramaturgische Funktion: Impulssetzend, handlungstreibend, Geschehen in Gang haltend.

Bsp. 1: Duett Nr. 1, T. 93 ff.

2. Tonrepetitionen in längeren Notenwerten über melodisch führendem Orchestersatz. Dramaturgische Funktion: Komische Ironisierung.

Bsp. 2: Duett Nr. 1, T. 29 ff.

3. Kombination von Tonrepetition und melodischem Abgesang. Dramaturgische Funktion: Ironische Verzerrung durch Verniedlichung.

Bsp. 3: Duett Nr. 1, T. 11ff.

4. Rhythmisch prägnante Melodik mit unvermittelt eintretenden Oktavsprüngen. Dramaturgische Funktion: Musikalisches Analogon für Situationskomik und Überraschungsdramaturgie.

Bsp. 4: Duett Nr. 1, T. 132ff.

5. Auf- und absteigende Melodik mit betontem mittleren Spitzenton, etwa in Spärlichs »O süße Anna!«-Rufen. Deren sentimental-rührseliger Tonfall findet sich auch in Fentons schwärmerischen Liebesbeteuerungen wieder. Dramaturgische Funktion: Selbstbescheidung und Verinnerlichung wird der Lächerlichkeit preisgegeben.

Bsp. 5 Rezitativ und Duett Nr. 2, T. 5/6 und öfter

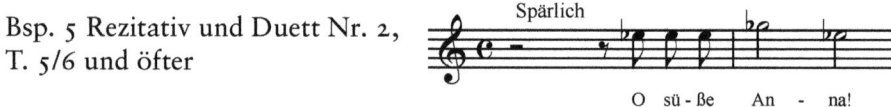

Bsp. 6: Romanze Nr. 7b, T. 2–4

6. Rückführung jeglicher romantischer Emphase in schemenhafte Periodik und Dreiklangsharmonik. Dramaturgische Funktion: Ausdruck von Realitätsbezogenheit und vernunftbestimmtem Dasein.

Bsp. 7: Chor Nr. 12, T. 1ff.

7. Verzicht auf kontrapunktische Behandlung der Singstimmen in den Ensembles, die in ihrer Beschränkung auf einfache scheinpolyphone Techniken eine gewisse Affinität zum Gesellschafts- und Chorlied der Zeit aufweisen. Scheinbar kontrastierende Wendungen (Spärlich, Herr Fluth) erweisen sich satztechnisch als Füllung. Dramaturgische Funktion: Harmonisierend, gemeinschaftsstiftend.

Bsp. 8: Finale Nr. 4 T. 403ff. (s. folgende Seite)

Zusammenfassung:
Angesichts dieses analytischen Befundes spricht vieles dafür, daß Nicolai die Biedermeierdramaturgie der *Lustigen Weiber* zwar durchaus als nationales Identifikationsinstrument nutzte, andererseits jedoch bestrebt war, dem Theaterkonzept durch kompositorische Assimilation kosmopolitische Züge zu verleihen. Nicolai wollte erklärtermaßen »etwas Allgemein-Schönes schaffen«, den universalen Anspruch der Musik preiszugeben, empfand er als Verrat, als »erniedrigenden Gedanken«.[19] Hinter den dezidiert biedermeierlichen Theatermitteln – Dramaturgie, Sprache, Sujet – verbirgt sich also die Idee einer musikalischen Universalität, die hier freilich ein künstlich-artifizielles Konstrukt bleibt, da sie über die ästhetische Legitimation eines autonomen Kompositionsstils nicht verfügt. Dennoch schwingt in dem von Nicolai mit programmatischer Schärfe vertretenen Postulat einer Stilvermischung die Vorstellung einer die nationalen Grenzen überschreitenden Musiksprache und somit eine in den partikularen Tendenzen des 19. Jahrhunderts verschollene Geisteshaltung mit, die vorher etwa Christoph Willibald Gluck 1773 aus der Position des Opernreformators beschwor, indem er erklärte, daß er eine »kraftvolle, ergreifende« Musik schreiben wolle, die »allen Nationen zusagen« und den »lächerlichen Unterschied der Nationalmusiken verschwinden« lassen solle.[20]

---

[19] Nicolai, *Betrachtungen*, (s. Anm. 3), S. 77. Nicolai skizziert seine Auffassung von musikalischer, die nationalen Grenzen überschreitender Universalität wie folgt: »Ich reise in der Welt nicht mit einer vorgefaßten Meinung und mit der Idee, die Sachen so finden zu wollen, wie ich immer geglaubt habe, daß sie sein müßten, sondern mit der Absicht, die Dinge so ruhig und beobachtend als möglich aufzufassen, zu prüfen, das Beste zu wählen und, wenn ich Kraft genug dazu besitzen sollte, anzuwenden.« (S. 71).

[20] Brief Christoph Willibald Glucks an den Redakteur des *Merkur* vom Februar 1773, mit der Bitte diesen im nächsten Heft der Zeitschrift zu veröffentlichen. Zitiert nach Adolf Bernhard Marx, *Gluck und die Oper*, Berlin 1863, Reprint: Hildesheim/New York 1980, 2. Teil, S. 31–33.

Arnold Jacobshagen

Konversationsoper und Opéra comique im europäischen Kontext

»In früherer Zeit hat man sich zu helfen gewusst, indem man französische Singspiele mit Schauspielern besetzte, welche zugleich Stimme genug besaßen, um die leichten Weisen parlando mehr gesungen vorzutragen. [...] Die neuere französische Conversationsoper verlangt aber neben der vollendeten Kunst des Gesanges, auch ein vollendetes Genre-Spiel, und dazu noch die schwierige Kenntnis, wie Beides rund und schön zu verbinden sei.«[1]

»Eine Conversationsoper ist fast schwerer zu geben, als eine große, ernste, in dem darin sehr viel *gesprochen* wird (die schwache Seite der deutschen Opernsänger) und die Ansprüche in Bezug auf Spiel und leichten Gesang durch die französischen Operisten zu hoch gesteigert sind.«[2]

Unter einer »Conversationsoper« verstand man um die Mitte des 19. Jahrhunderts eine Oper, in der »sehr viel gesprochen« wurde und deren Darstellungsweise sich an der französischen Opéra comique orientierte. Konversationsoper und Opéra comique waren somit gewissermaßen zwei Seiten derselben Medaille, und wenngleich es hierbei – der zitierten Bemerkung aus dem *Theater-Lexikon* (1841) zufolge – eine vergleichsweise »schwache Seite« (diejenige der »deutschen Opernsänger«) zu beklagen gab,

---

[1] August Lewald, *Entwurf zu einer praktischen Schauspielschule*, Wien 1846, S. 280.
[2] Philipp J. Düringer und Heinrich L. Bartel, *Theater-Lexikon. Theoretisch-practisches Handbuch für Vorstände, Mitglieder und Freunde des deutschen Theaters*, Leipzig 1841, Sp. 225.

so waren doch beide insoweit unzertrennlich, als ihre Werke ein gemeinsames Repertoire bildeten, das die Spielpläne an den Musiktheaterbühnen des deutschsprachigen Raumes maßgeblich bestimmte. Als europäisches Phänomen besaß die Konversationsoper zahlreiche nationale bzw. regionale Varianten, die sich primär nach den jeweiligen Sprachräumen differenzierten. Im Unterschied zur durchkomponierten Oper vor allem italienischer Provenienz, die innerhalb eines hoch entwickelten internationalen Produktionssystems an zahlreichen europäischen Theatern in italienischer Sprache dargeboten wurde,[3] war es für die Aufführungspraxis der Dialogoper generell charakteristisch, daß man sie jeweils in der »Landessprache« bzw. einer ortsüblichen Sprache in Szene setzte.[4] Und gewöhnlich basierte das Repertoire der Konversationsoper in den verschiedenen europäischen Traditionen auf zwei »Säulen«, von denen die eine aus Opéras comiques, die andere aus Werken einheimischer bzw. nicht-französischer Herkunft gebildet wurde. Dementsprechend wurde auch die Opéra comique in weitaus geringerem Maße als die italienische Oper als »Fremdkultur« rezipiert; vielmehr war sie weitgehend innerhalb der lokalen Theaterkulturen assimiliert. Die Dresdner Hofoper, die sich zur Zeit Fran-

---

[3] So wurden an verschiedenen europäischen Opernhäusern auch die nicht-italienischen, d. h. insbesondere die französischen Werke in italienischer Sprache aufgeführt (wobei im Falle der Opéra comique die gesprochenen Dialoge durch Rezitative ersetzt wurden), so z.B. am King's Theatre (seit 1837 Her Majesty's Theatre) und an der Covent Garden Opera (seit 1847) in London, an der Kaiserlichen Italienischen Oper von Sankt Petersburg oder am Teatro di São Carlos von Lissabon. Zum internationalen Produktionssystem der italienischen Oper im 19. Jahrhundert siehe vor allem die grundlegende Arbeit von John Rosselli, *The Opera Industry in Italy from Cimarosa to Verdi. The Role of the Impresario*, Cambridge 1984, erweiterte italienische Ausgabe: *L'impresario d'opera. Arte e affari nel teatro musicale italiano dell'Ottocento*, Torino 1985.

[4] Im vorliegenden Beitrag werden die Begriffe »Konversationsoper« und »Dialogoper« als weitgehend synonym vorausgesetzt, wobei ersterer als zeitgenössische Bezeichnung für die »moderne komische Oper mit gesprochenem Dialog« (Adolf Oppenheim und Ernst Gettke, *Deutsches Theater-Lexikon. Eine Encyklopädie alles Wissenswerthen der Schauspielkunst und Bühnentechnik*, Leipzig 1889, S. 448) den Vorzug erhält. Demgegenüber ist der jüngere Terminus »Dialogoper« sujetneutral, was es erleichtert, auch »nicht-komische« Werke (beispielsweise *Fidelio, Carmen* oder auch Lortzings *Regina*) hierunter zu fassen. Zum Begriff der Dialogoper vgl. Thomas Betzwieser, *Sprechen und Singen: Ästhetik und Erscheinungsformen der Dialogoper*, Stuttgart/Weimar 2002, insb. S. 1–30.

cesco Morlacchis und Carl Maria von Webers in ein »italienisches« und ein »deutsches Department« gliederte, bietet hierfür ein besonders bezeichnendes Beispiel, speiste sich doch der Opernspielplan des so genannten »deutschen Departements« in erster Linie aus französischen Werke der Opéra comique.[5]

Ungeachtet ihrer zentralen musik- und theatergeschichtlichen Bedeutung wurde die Konversationsoper des 19. Jahrhunderts in der wissenschaftlichen Auseinandersetzung bislang fast ausschließlich innerhalb ihrer »nationalen« Traditionen, kaum indes aus einer vergleichenden europäischen Perspektive heraus untersucht. Wissenschaftsgeschichtlich betrachtet lassen sich die Ursachen hierfür leicht erkennen, galt es doch zunächst, die Entwicklungen der jeweiligen »Nationalopern« in ihren spezifischen Eigenheiten zu beschreiben und somit deren kulturelle Identitäten zu demonstrieren (auch hierfür bietet das Dresdner »deutsche Department« und die Auseinandersetzungen um eine deutsche Nationaloper ein besonders anschauliches Beispiel). Daß dabei die Opéra comique, ohne deren Vorbild die im Laufe des 19. Jahrhunderts entstehenden Opernkulturen Mittel- und Osteuropas ebenso wenig denkbar sind wie beispielsweise auch die deutsche romantische Oper, in den älteren Untersuchungen vernachlässigt wurde, verwundert also kaum. Erst in jüngerer Zeit ist damit begonnen worden, die Geschichte der Konversationsoper französischer Prägung auch im internationalen Zusammenhang zu betrachten.[6] Einen wesentlichen Beitrag hierzu stellt das von Herbert Schneider edierte Verzeichnis sämtlicher Werke Aubers dar, das auch die europäische Verbreitung der Opern in Form von Übersetzungen, Einzeldrucken und Bearbeitungen in ihrer ganzen Breite dokumentiert und somit anhand dieses für die Gattung exemplarischen Komponisten die Voraussetzungen für breitere, auch sozial- und mentalitätsgeschichtlich ausgerichtete Untersuchungen bereitstellt.[7] Im vorliegenden Beitrag sollen wesentliche Ergebnisse der neueren Forschung im Hinblick auf die gesamteuropäische Rezeption

---

[5] Vgl. Oscar Fambach, *Das Repertorium des Königlichen Theaters und der italienischen Oper zu Dresden 1814–1832*, Bonn 1985 (= *Mitteilungen zur Theatergeschichte der Goethezeit*, Bd. 8).

[6] Vgl. Herbert Schneider/Nicole Wild (Hrsg.), *Die Opéra comique und ihr Einfluß auf das europäische Musiktheater im 19. Jahrhundert. Bericht über den Internationalen Kongreß Frankfurt 1994*, Hildesheim, Zürich, New York 1997.

[7] Herbert Schneider, *Chronologisch-thematisches Verzeichnis sämtlicher Werke von Daniel François Esprit Auber (AWV)*, 2 Bde., Hildesheim/Zürich/New York 1994.

der Opéra comique und ihre Bedeutung für die einzelnen Traditionen der Konversationsoper zusammenfassend dargestellt und bewertet werden.[8] Während traditionelle rezeptionsgeschichtliche Untersuchungen stets auf der »Empfängerseite« ansetzen, soll im folgenden der umgekehrte Weg eingeschlagen und – in Anlehnung an die methodischen Grundsätze der jüngeren Kulturraum- bzw. Kulturtransferforschung[9] – vom »Ursprungskontext« (d. h. dem Musiktheater in Paris) ausgegangen werden.

Innerhalb des Pariser Theaterlebens besaß das Théâtre de l'Opéra-Comique eine Schlüsselposition.[10] In den napoleonischen Theaterdekreten von 1806/07 als eines der vier »Grands théâtres« der Kapitale privilegiert[11], war

---

[8] Die europäische Verbreitung der Opéra-comique stand in den vergangenen Jahren im Mittelpunkt eines gemeinsamen Forschungsprojekts des Instituts für Musikwissenschaft der Tschechischen Akademie der Wissenschaften und des Forschungsinstituts für Musiktheater der Universität Bayreuth. In diesem Rahmen wurden zwei internationale Symposien veranstaltet, deren mehr als fünfzig Einzelbeiträge inzwischen publiziert vorliegen: Milan Pospíšil u. a. (Hrsg.), *Le Rayonnement de l'opéra-comique en Europe au XIXe siècle. Actes du colloque international de musicologie tenu à Prague 12–14 mai 1999*, Prag 2003; Arnold Jacobshagen/Milan Pospíšil (Hrsg.), *Meyerbeer und die Opéra comique*, Laaber 2004 (= *Thurnauer Schriften zum Musiktheater*, Bd. 20). Einem ähnlichen Thema widmete sich auch das von Michel Noiray und Patrick Taïeb veranstaltete internationale Kolloquium *L'Opéra-comique à l'époque de Boieldieu (1775–1834). Dramaturgie et Diffusion*, Rouen 2001 (Druck in Vorbereitung).

[9] Zum Begriff des Kulturtransfer siehe u. a. Hans-Jürgen Lüsebrink und Rolf Reichardt, *Kulturtransfer im Epochenumbruch. Fragestellungen, methodische Konzepte, Forschungsperspektiven*, in: dies. (Hrsg.), *Kulturtransfer im Epochenumbruch Frankreich – Deutschland 1770–1815*, Leipzig 1997(= *Deutsch-Französische Kulturbibliothek*, Bd. 9), S. 9–26; Michel Espagne, *Les transferts culturels franco-allemands*, Paris 1999.

[10] Die Schreibweise »Opéra-Comique« steht im folgenden für die Pariser Institution, »Opéra comique« hingegen für die Gattung. Zur Produktionsweise an der Opéra-Comique siehe die Dissertation von Olivier Bara, *Le Théâtre de l'Opéra-Comique sous la Restauration. Enquête autour d'un genre moyen*, Hildesheim/Zürich/New York 2001, S. 21–183.

[11] Vgl. Rüdiger Hillmer, *Napoleonische Theaterpolitik. Geschäftstheater in Paris 1799–1815*, Köln, Weimar, Wien 1999 (= *Beihefte zum Archiv für Kulturgeschichte*, Bd. 49); Nicole Wild, *Les Théâtres parisiens entre 1807 et 1848: la législation,*

die Opéra-Comique neben der Comédie-Française die einzige der großen Pariser Bühnen, die das ganze 19. Jahrhundert hindurch allabendlich bespielt wurde (im Unterschied etwa zur Opéra, die gewöhnlich viermal wöchentlich geschlossen blieb). Entscheidend für die Effizienz der Produktionsweise an der Opéra-Comique war nicht zuletzt die Tatsache, daß sie »weder in gleichem Maße wie die Opéra durch Bürokratie und politische Implikationen beeinträchtigt [war], noch [...] das Prestige und die Sucht nach Grandeur eine Rolle« spielten.[12] Das »genre moyen«[13] besaß große Popularität bei breiten Teilen der städtischen Bevölkerung, von der Aristokratie bis zum Kleinbürgertum. Die vergleichsweise moderaten Eintrittspreise lagen im Durchschnitt um die Hälfte unter denen der Opéra, die preiswertesten Tickets waren sogar deutlich billiger zu haben als die niedrigsten Kategorien populärer Unterhaltungstheater wie des Théâtre de la Gaîté oder des Panorama-Dramatique.[14] Nicht nur in Paris, sondern auch und ganz besonders in der französischen Provinz war die Opéra comique die beliebteste und meistgespielte Bühnengattung überhaupt.[15]

Will man sich eine Vorstellung von der Intensität des damaligen Theateralltags machen, so ist zunächst zu berücksichtigen, daß die Pariser Bühnen üblicherweise mehr als nur eine Produktion je Abend zeigten. Während an der Opéra in der Regel eine drei- bis fünfaktige Oper mit einem Ballett kombiniert wurde, präsentierte die Opéra-Comique im frühen 19. Jahrhundert je

---

les salles, les administrations, les structures musicales, Thèse, École pratique des Hautes études, Paris 1980; dies., *Musique et théâtres parisiens face au pouvoir 1807–1864*, Thèse d'état, Université de Paris IV 1987, Lille A.N.R.T 1988.

[12] Herbert Schneider, *Opéra comique*, in: *MGG²*, Sachteil, Bd. 7, Kassel u. a. 1997, Sp. 665–699, hier Sp. 691.

[13] Vgl. Bara (s. Anm. 10), insb. S. 505–516.

[14] Folgende Eintrittspreise wurden 1822 von den Pariser Theatern erhoben (Ebda., S. 194): Opéra 3.60–10 F, Théâtre Italien 1.50–7.50 F, Théâtre français 1.80–6.60 F, Opéra-Comique 1.65–6.60 F, Odéon 1.50–6 F, Vaudeville 1.65–5 F, Gymnase dramatique 1.75–4 F, Variétés 2.40–3.50 F, Porte Saint-Martin 2.50–4 F, Gaîté 2.40–3.60 F, Ambigu-Comique 1.80–3.60 F, Cirque Olympique 2.20–4 F, Panorama-Dramatique 2.40–3.60 F.

[15] So kamen in Frankreich im Jahre 1816 insgesamt zur Aufführung: »4.236 Tragédies ou Comédies, 11.009 Opéras comiques, 1.023 Grands Opéras et Ballets, 6.129 Vaudevilles, 649 Mélodrames ou Pantomimes.« Vgl. [René Charles Guilbert de Pixérécourt], *Guerre au mélodrame!*, Paris 1818, S. 27.

nach Länge zwei oder gar drei Stücke ihres Repertoires hintereinander. Aus diesem Aufführungsmodus (und den zahlreichen Schließtagen an der Opéra) erklärt sich, daß die Zahl der in Paris uraufgeführten Opéras comiques diejenige der Grands Opéras um ein vielfaches übersteigt. Da sich das Repertoire der Opéra-Comique nahezu ausschließlich auf die dort uraufgeführten Werke beschränkte, ergab sich notwendigerweise ein enormer Bedarf an Neuproduktionen. So verzeichnet Albert Soubies allein in den Jahren zwischen 1825 und 1894 Aufführungen von mehr als 560 unterschiedlichen Werken.[16] Neben der hohen Zahl an Premieren war die unter Umständen äußerst lange Verweildauer erfolgreicher Werke im Repertoire ein weiteres entscheidendes Kennzeichen des Produktionssystems dieser Bühne. Viele Stücke hielten sich jahrzehntelang mehr oder weniger kontinuierlich auf dem Spielplan des Theaters, einige standen nach ihrer Uraufführung praktisch während des gesamten 19. Jahrhunderts auf dem Programm. Vier Werke brachten es zwischen 1825 und 1893 sogar auf mehr als 1.000 Aufführungen: *La Dame blanche* (Boieldieu, 1.568 Vorstellungen), *Le Pré-aux-clercs* (Hérold, 1.536), *Le Chalet* (Adam, 1.309) und *Le Domino noir* (Auber, 1.116). Weitere elf Opern erzielten im gleichen Zeitraum zwischen 500 und 1.000 Vorstellungen: *Mignon* (Thomas, 982), *Les Noces de Jeanette* (Massé, 958), *La Fille du régiment* (Donizetti, 890), *Fra Diavolo* (Auber, 835), *Les Rendez-vous bourgeois* (Isouard, 792), *Zampa* (Hérold, 661), *Richard Cœur-de-Lion* (Grétry, 598), *Carmen* (Bizet, 575), *Le Postillon de Lonjumeau* (Adam, 570), *Le Maçon* (Auber, 508) und *Haydée* (Auber, 508).[17] Stand Boieldieus *La Dame blanche* an der Spitze nicht nur der Pariser Spielplanstatistiken, so war Auber mit mindestens acht »Dauerbrennern«, die es zusammen auf 4.357 Aufführungen allein an der Opéra-Comique brachten, der zweifellos erfolgreichste Komponist von Konversationsopern im 19. Jahrhundert. Demgegenüber blieben selbst die ausdauerndsten Produktionen der Grand Opéra, deren Säle im Durchschnitt etwa eben so vielen Besuchern Platz boten wie diejenigen der

---

[16] Albert Soubies, *Soixante-neuf ans à l'Opéra-Comique en deux pages. De la première de »La Dame blanche« à la millième de »Mignon«*, 1825–1994, Paris 1894.

[17] Zwischen 250 und 500 Aufführungen erreichten: *Le Nouveau Seigneur du village* (Boieldieu, 458), *Les Diamants de la couronne* (Auber, 440), *L'Ambassadrice* (Auber, 416), *L'Étoile du Nord* (Meyerbeer, 404), *Marie* (Hérold, 395), *Galathée* (Massé, 370), *Joconde* (Isouard, 369), *Le Caïd* (Thomas, 360), *Le Déserteur* (Monsigny, 359), *Le Maître de chapelle* (Paer, 350), *Bonsoir Monsieur Pantalon* (Grisar, 336),

Opéra-Comique[18], im gleichen Zeitraum deutlich unter 1.000 Vorstellungen: *Les Huguenots* (Meyerbeer, 869), *Guillaume Tell* (Rossini, 786), *Robert le Diable* (Meyerbeer, 749), *La Favorite* (Donizetti, 636), *L'Africaine* (Meyerbeer, 578), *La Juive* (Halévy, 540), *La Muette de Portici* (Auber, 488), *Le Prophète* (Meyerbeer, 472).[19]

Durch das Entstehen neuer Opernbühnen differenzierte sich die Pariser Theaterszene im Laufe des 19. Jahrhunderts erheblich, wobei sich nun auch weitere Institutionen der Dialogoper widmeten (die durchkomponierte Oper blieb zunächst der Académie Royale de Musique vorbehalten). Als vierte Bühne neben Académie (Opéra), Opéra-Comique und Théâtre-Italien pflegte seit 1824 auch das Théâtre de l'Odéon Aufführungen von Opern, und zwar ausschließlich solchen mit gesprochenen Dialogen.[20] Gemäß seinem Privileg durften hier italienische oder deutsche Opern in französischer Übersetzung gespielt werden, oder aber Opéras comiques, sofern diese älter als zehn Jahre und somit nach dem damals nur in Frankreich existierenden Urheberrecht gemeinfrei waren.[21] Im Jahre 1838 erhielt das Théâtre de la Renaissance eine

---

Lalla-Roukh (David, 336), *L'Éclair* (Halévy, 311), *Jean de Paris* (Boieldieu, 310), *Les Mousquetaires de la Reine* (Halévy, 294), *Les Dragons de Villars* (Maillart, 293), *Roméo et Juliette* (Gounod, 289), *La Fiancée* (Auber, 271), *La Vieille* (Fétis, 264), *La Part du Diable* (Auber, 263). Ebda. Für die bei Soubies nur partiell berücksichtigte Epoche der Restauration (1814–1830) hat Olivier Bara sehr detaillierte Spielplanstatistiken vorgelegt. Die meistgespielten Komponisten dieser Zeit waren Boieldieu (2.050 Aufführungen), Isouard (1.348), Dalayrac (1.319), Auber (1.034), Grétry (949), Hérold (685), Berton (660), Kreubé (564), Méhul (410) und Carafa (329). Vgl. Bara (s. Anm. 10), S. 121–147.

[18] Opéra: Salle Le Peletier (1821–1873, 1.811 Plätze), Ventadour (1874, 1.106 Plätze), Garnier (seit 1875, 1.991 Plätze). Opéra-Comique: Salle Feydeau (1801–1829, 1.937 Plätze), Ventadour (1829–1832, 1.106 Plätze), Bourse (1832–1840, 1.200 Plätze), Favart II (1840–1887, 2.000 Plätze). Angaben nach Nicole Wild, *Dictionnaire des théâtres parisiens au XIXe siècle*, Paris 1989.

[19] Auswertung nach Albert Soubies, *Soixante-sept ans à l'Opéra en une page. Tableau des pièces représentées pour la première fois à l'Opéra du 1er Janvier 1826 au 31 décembre 1892*, Paris 1893. Insgesamt lag die Zahl aller Ur- und Erstaufführungen an der Pariser Opéra einschließlich der Ballettpremieren in diesem Zeitraum bei nur rund 180.

[20] Vgl. Mark Everist, *Music Drama at the Paris Odéon, 1824–1828*, Berkeley/Los Angeles/London 2002; Nicole Wild (s. Anm. 18), S. 291–296.

[21] Ebda., S. 293.

Konzession, der zufolge es kleinere Opern in einem oder zwei Akten in französischer Sprache, aber nach Art der italienischen Opera buffa, also auch mit Rezitativen aufführen durfte.[22] Dies führte freilich zu Konflikten mit der Opéra, der weiterhin als einziger Bühne »les pièces qui sont entièrement en musique« aufzuführen gestattet war.[23] Das Théâtre de la Renaissance verpflichtete sich zugleich zur Förderung des Nachwuchses, ein Ziel, dem sich wenig später auch die 1847 von Adolphe Adam ins Leben gerufene Opéra-National verschrieb. Unter dem Namen Théâtre-Lyrique widmete sich diese Bühne zur Zeit des Second Empire gleichermaßen der Dialogoper wie auch der durchkomponierten Oper (wofür es seit 1864 keinerlei theaterrechtliche Einschränkungen mehr gab).[24] An die Tradition der Opéra-bouffe, wie sie das Théâtre de la Renaissance lediglich in den Jahren 1838 bis 1841 gepflegt hatte, knüpften wenig später das 1854 von Hervé (Florimond Ronger) gegründete Théâtre des Folies-Concertantes bzw. Théâtre des Folies-Nouvelles[25] und vor allem das ein Jahr später von Jacques Offenbach ins Leben gerufene Théâtre des Bouffes-Parisiens an.[26] Mit der Opéra-bouffe und der Mehrzahl der am Théâtre-Lyrique uraufgeführten Werke erweiterte sich um

---

[22] Vgl. Wild (s. Anm. 18), S. 375–381; Mark Everist, *Theatres of litigation: Stage music at the Théâtre de la Renaissance, 1838–1840*, in: *Cambridge Opera Journal* 16 (2004), S. 133–161.

[23] *Arrêté portant règlement pour les théâtres de la Capitale et des départements en exécution du Décret du 8 juin 1806*, zitiert nach Hillmer (s. Anm. 11), S. 426–431, hier S. 427.

[24] Zur Geschichte des Théâtre-Lyrique siehe die Monographie von T. J. Walsh, *Second Empire Opera: the Théâtre-Lyrique, Paris 1851–1870*, London 1981.

[25] Wild (s. Anm. 18), S. 144–155. Sein Repertoire war äußerst limitiert, und zwar zunächst auf Pantomimen und Bouffonerien, später auf einaktige Operetten. Es durften anfangs nur maximal drei Personen auftreten, später waren höchstens fünf Akteure zugelassen. Grundlegend zur Biographie Hervés ist Jacques Rouchouse, *Hervé (1825–1892) – Le Père de l'opérette*, Paris 1994.

[26] Auch Offenbachs Bühne war anfangs strengen Limitationen unterworfen: erlaubt waren komische Szenen und musikalische Dialoge für zwei oder drei Personen, ferner Pantomimen und Tanz mit maximal fünf Darstellern. Vgl. Wild (s. Anm. 18), S. 63. Bezeichnend für die Entwicklung der Bouffes-Parisiens ist indes die Tatsache, daß Offenbach eine konsequente Formaterweiterung verfolgte, indem er 1858 mit der Opéra bouffon *Orphée aux enfers* mit ihren 16 Gesangsrollen, Chor und Ballett

die Mitte des 19. Jahrhunderts das Spektrum der bis dahin allein durch die Produktionen der Opéra-Comique repräsentierten Pariser Dialogoper.

Die nationale wie auch internationale Verbreitung französischer Konversationsopern im 19. Jahrhundert basierte auf einem für damalige Verhältnisse äußerst avancierten Produktions- und Distributionssystem, das sich auf alle zentralen Werkbereiche erstreckte. Üblicherweise erschienen bereits zum Zeitpunkt der Premiere in den Pariser Musikverlagen Partitur, Stimmen, Klavierauszug und Libretto. Häufig kam dieselbe Partitur in mehreren Verlagen zugleich an unterschiedlichen Orten heraus, so etwa Aubers *Fra Diavolo* bei Troupenas in Paris, Latour in London sowie Schott in Mainz und Antwerpen.[27] Auch Stimmdrucke von Opéras comiques erschienen nicht nur regelmäßig in französischen, sondern mitunter auch in deutschen Verlagen[28]. Partiturauszüge wurden in unterschiedlichen Besetzungsvarianten angeboten: neben den traditionellen Klavierauszügen mit Gesang im Quartformat gab es solche für Klavier allein oder aber auch für Stimmen allein. Letztere erschienen im besonders preiswerten Oktavformat und richteten sich gleichermaßen an Sänger, Chorvereinigungen und Theaterbesucher.[29] Im Ausland, vor allem im deutschen Sprachraum, zirkulierten von ein und demselben Werk mitunter zahlreiche konkurrierende Klavierauszüge unterschiedlicher Verlage; allein für *Fra Diavolo* hat Herbert Schneider 38 verschiedene deutsche Klavierauszüge nachweisen können, daneben dreizehn englische, neun italienische und eine russische Edition.[30] Viele dieser ausländischen Klavierauszüge erschienen zweisprachig, was ihre Verbreitung erhöhte und zugleich etwaige Übersetzungen in Drittsprachen erleichterte. Wesentlich höhere Auflagen

---

die Grenzen seiner Konzession radikal unterlief. Ab 1864 profitierte er dann von der völligen Theaterfreiheit. Die weitere Entwicklung der Operette zeigt allerdings auch, daß diese – einmal von den theaterrechtlichen Fesseln befreit – gewissermaßen hypertrophierte.

[27] Vgl. Herbert Schneider (s. Anm. 7), Bd. 1, S. 465.

[28] Z. B. Stimmen zu *Fra Diavolo* bei Emil Richter (Hamburg), ebda., S. 472.

[29] So z. B. die in den 1860er Jahren bei Brandus erschienene *Édition populaire d'Opéras, d'Opéras Comiques et d'Opérettes*, die sich »spécialement Aux Artistes dramatiques pour remplacer la copie des rôles – Aux Sociétés chorales – Aux Spectateurs pour suivre la musique au Théâtre« richtete. Das Exemplar zu *Fra Diavolo* kostete nur 3 Francs und damit nur ein Fünftel dessen, was für den im selben Verlag erschienenen Klavierauszug mit Gesang zu zahlen war. Ebda., S. 473.

[30] Ebda., S. 474–485.

als die vollständigen Klavierauszüge erreichten die Einzelblattdrucke und Librettoeditionen.[31] Zumindest quantitativ die größte Bedeutung kommt für die Verbreitung von Opéras comiques indes den Arrangements zu, unter denen Schneider allein für *Fra Diavolo* rund 350 verschiedene in den unterschiedlichsten Besetzungen dokumentiert hat.[32]

Es erschienen jedoch nicht nur Noten- und Libretteditionen der an der Pariser Opéra-Comique uraufgeführten Werke im In- und Ausland, sondern auch die Inszenierungen, Dekorationen und Kostüme der Pariser Produktionen wurden zum Zweck ihrer Distribution häufig aufgezeichnet und publiziert.[33] Die Verbreitung von Informationen über Theaterproduktionen war Aufgabe spezialisierter Agenturen, die sich in Paris im späten 18. Jahrhundert entwickelten. Bereits zu Beginn des 19. Jahrhunderts bestanden vier verschiedene Theateragenturen in Paris nebeneinander.[34] Im Jahre 1817 veröffentlichte Jean Colson, damals Regisseur am Theater von Bordeaux, seinen *Manuel dramatique*[35], ein Nachschlagewerk mit Angaben zu Besetzung, Spieldauer, Nummerndisposition, Rollenumfängen und Dekorationsangaben zu 240 Opéras comiques. Diese Publikation dokumentiert eindrucksvoll den Stellenwert, den die Opéra comique auch im Repertoire der französischen Provinzbühnen zur Zeit der Restauration einnahm.[36] Louis Jacques Solomé

---

[31] Schneider weist zu *Fra Diavolo* 23 unterschiedliche französische, 70 deutsche, 33 englische, 15 italienische, fünf dänische, vier schwedische, drei tschechische, zwei polnische, einen spanischen, einen finnischen und einen portugiesischen Librettodruck sowie weit über 200 Einzelblattdrucke nach. Ebda., S. 486–552.

[32] Ebda., S. 554–598.

[33] Zur Entwicklung der Operninszenierung im 19. Jahrhundert siehe die grundlegende Arbeit von Arne Langer, *Der Regisseur und die Aufzeichnungspraxis in der Opernregie im 19. Jahrhundert*, Frankfurt/Main u. a. 1997 (= Perspektiven der Opernforschung, Bd. 14).

[34] Gösta M. Bergman, *Les Agences théâtrales et l'impression des mises en scène*, in: Revue de la société d'histoire du théâtre, 8 (1956), S. 228–240.

[35] Jean Colson, *Manuel dramatique, ou Détails essentiels sur 240 opéras comiques en 1, 2, 3 et 4 actes classés par ordre alphabétique, formant le fonds du répertoire des théâtres de France; et sur 100 vaudevilles pris dans ceux qui ont obtenu le plus de succès à Paris*, 3 Bde., Bordeaux (chez l'auteur) 1817.

[36] Einen Überblick über die Inszenierungspraxis dieser Zeit gibt Nicole Wild, *La mise en scène à l'Opéra-Comique sous la Restauration*, in: Schneider/Wild (s. Anm. 6), S. 183–210.

brachte zwischen 1827 und 1831 *Indications générales et observations pour la mise en scène* zu exemplarischen Produktionen an den drei wichtigsten französischen Theatern heraus, der Comédie française, der Académie Royale de Musique und der Opéra-Comique, an denen er nacheinander als Regisseur tätig war.[37] In diesen Jahren hatten auch verschiedene Zeitungen und Fachzeitschriften, darunter die *Revue dramatique,* die *Revue et Gazette des Théâtres* und *Gil Blas,* damit begonnen, Inszenierungsanweisungen zu veröffentlichen.[38] Unter den Regiebüchern des 19. Jahrhunderts nimmt die insgesamt rund 200 Bände umfassende *Collection de Mises en scène rédigées et publiées par M. L[ouis] Palianti* eine zentrale Rolle ein.[39] In dieser Serie erschienen weit über 120 Werke allein aus dem Repertoire der Opéra-Comique, deren Inszenierungen somit weitaus besser dokumentiert sind als die jeder anderen Theatergattung dieser Zeit. Die Funktion all dieser Publikationen bestand in erster Linie darin, die Theaterdirektoren in der Provinz oder im Ausland so genau wie möglich über die Pariser Aufführungen zu informieren. Die materielle Form der Veröffentlichung in Zeitungen sowie in Faltblättern oder Broschüren, die offenbar nicht im Buchhandel erhältlich waren, sondern durch Theateragenturen vertrieben wurden, zeigt unmißverständlich an, daß sie in erster Linie für den praktischen Gebrauch in der Gegenwart hergestellt wurden.[40] Eine längerfristige Tradierung und Dokumentation der Pariser Inszenierungen mit dem Ziel, deren originale Gestalt auch späteren Generationen zu bewahren, dürfte demnach nicht die eigentliche Bedeutung dieser Publikationen ausmachen. Frank Heidlbergers Untersuchungen zu den

---

[37] *Les trois quartiers* (1827, Comédie française), *La Muette de Portici* (1828, Opéra), *Zampa* (1831, Opéra-Comique). Die beiden letzteren sind faksimiliert in: H. Robert Cohen (Hrsg.), *The Original Stage Manuals for Twelce Parisian Operatic Premières,* Stuyvesant, NY 1991, S. 13–72; ders., *The Original Stage Manuals for Ten Parisian Operatic Premières,* 1824–1843, Stuyvesant, NY 1998, S. 91–132.

[38] Marie-Antoinette Allévy, *La mise en scène en France dans la première moitié du dix-neuvième siècle,* Paris 1938, S. 201.

[39] Vgl. Helmuth Christian Wolff, *Die Regiebücher des Louis Palianti für die Pariser Oper 1830–1870,* in: *Maske und Kothurn* 26/1980, S. 74–84; Langer (s. Anm. 33), S. 219–222 und 349–356.

[40] Dies zeigt sich auch darin, daß diese Publikationen in der Regel nicht durch Pflichtexemplare (*dépôt légal*) Eingang in die Pariser *Bibliothèque Nationale* fanden, was ihre Dokumentation erheblich erschwert.

livrets de mise en scène der Pariser *Freischütz*-Bearbeitungen von Castil-Blaze (*Robin des bois*, Théâtre de l'Odéon 1824, Opéra-Comique 1835) und Berlioz (*Le Freyschutz*, Opéra 1841) – bemerkenswerte Beispiele für den umgekehrten Fall der Adaptierung einer deutschen Dialoper für die Pariser Theaterszene – verdanken wir die Kenntnis zahlreicher Abweichungen, die zwischen den Primärquellen zu den jeweiligen Premiereninszenierungen und den erst wesentlich später angefertigten Regiebüchern bestehen.⁴¹ Ähnliche Resultate ergeben sich aus einer vergleichenden Untersuchung der erhaltenen Pariser Inszenierungsanweisungen zu Aubers *Fra Diavolo*.⁴² Somit läßt sich feststellen, daß die *livrets de mise en scène* keineswegs immer den Status der Erstaufführung wiedergeben, sondern den mitunter erheblich abweichenden Zustand der Inszenierung zum Zeitpunkt der Niederschrift. Diese Differenzen verdeutlichen den Wandel, denen Inszenierungen auch im 19. Jahrhundert fortwährend unterworfen waren.⁴³

Die internationale Verbreitung der Pariser *livrets de mise en scène* läßt sich aufgrund dieser besonderen Publikationsweise heute nur noch schwer ermessen. Wertvolle Belege über ihre Verwendung an deutschen Bühnen haben die

---

⁴¹ Frank Heidlberger, *Die »Livrets de mise en scène« der »Freischütz«-Aufführungen in Paris 1824 (1835) und 1841*, in: *Weber-Studien* 1, hrsg. von Gerhard Allroggen und Joachim Veit, Mainz 1993, S. 133–154.

⁴² Arnold Jacobshagen, *Staging at the Opéra-Comique in Nineteenth-Centuy Paris*, in: *Cambridge Opera Journal*, 13/3 (2001), S. 239–260; ders., *Die Inszenierung der Opéra comique im 19. Jahrhundert: Aubers Fra Diavolo in den Pariser Livrets de mise en scène*, in: Pospíšil (s. Anm. 8), S. 133–154.

⁴³ Auch die schnellen Entwicklungen im Bereich der Bühnentechnik geben wesentliche Hinweise darauf, daß permanente Veränderungen bestehender Inszenierungen von Repertoirewerken notwendig waren. So hat Carl-Friedrich Baumann in einer Untersuchung über *Livrets als bühnentechnische Quelle* zeigen können, in welcher Präzision diese technische Details dokumentieren, und daß in der schnellen Entwicklung der Bühnentechnik im 19. Jahrhundert ein Grund für die Abkehr von tradierten Inszenierungsmustern gesehen werden muß. Vgl. Carl-Friedrich Baumann, *Livrets als bühnentechnische Quelle*, in: Sieghart Döhring/Jürgen Schläder (Hrsg.), *Giacomo Meyerbeer – Musik als Welterfahrung. Heinz Becker zum 70. Geburtstag*, München 1995, S. 9–29. Und schließlich bietet die große Anzahl unterschiedlicher *livrets de mise en scène* einzelner besonders häufig gespielter Werke eine Vorstellung über das Ausmaß der Veränderungen, denen die Inszenierungen im Laufe der Zeit ausgesetzt waren.

Untersuchungen von Arne Langer ergeben. So handelt es sich beispielsweise bei dem in der Wiener Hoftheater-Bibliothek aufbewahrten handschriftlichen *Scenarium der komischen Oper in drey Auzügen Der Brauer von Preston* um die wörtliche Übersetzung der *mise en scène* zu Adolphe Adams *Le brasseur de Preston* aus Paliantis Reihe.[44] 1849 erschien im Verlag Breitkopf & Härtel erstmals im Druck eine Palianti-Übersetzung.[45] Und einer Bemerkung Franz Grüners in seiner *Kunst der Scenik* ist zu entnehmen, daß in Anlehnung an Solomés publizierte Inszenierungsanweisungen *Die Stumme von Portici* in Deutschland »auf allen Theatern gleichwirkend in die Scene gesetzt worden ist [...] Die teutschen Theater befolgten diese Angabe und die Mehrzahl teutscher Bühnen, welche von dem wahren Rangement keinen Begriff hatten, waren beinahe musterhaft in der Scenen-Setzung oben benannter Oper, und mancher Regisseur gewann dadurch eine Reputation, die er wol aus eigenen geistigen Mitteln nie erlangt haben würde.«[46] Aubers *La Muette de Portici* (1828) ist freilich eine »große Oper«; der Einfluß der französischen Inszenierungspraxis auf die deutschen Bühnen läßt indes Rückschlüsse auch auf die Aufführungen der Konversationsoper zu.

Welchen Stellenwert hatte die Opéra comique in den einzelnen europäischen Ländern und Regionen an den Spielplänen der verschiedenen Bühnen im 19. Jahrhundert, wie vollzog sich der Prozeß der Repertoirebildung, und in welcher Form kamen die Werke zur Aufführung? Obwohl solch generelle Fragen sehr differenzierte Antworten erfordern, liegen doch inzwischen Detailuntersuchungen in hinreichender Anzahl und Präzision vor, die zumindest für wesentliche Bereiche bereits ein sehr umfassendes Bild ergeben. Für den deutschen Sprachraum hat Manuela Jahrmärker – ausgehend vom Münchner Hoftheater – über den gesamten Zeitraum des 19. Jahrhunderts Repertoirevergleiche der Theater von München, Frankfurt, Darmstadt, Berlin, Dresden und Wien angestellt.[47] Die Auswahl dieser Theater trägt dem Sachverhalt

---

[44] Vgl. Langer (s. Anm. 33), S. 239.
[45] Ebda., S. 241.
[46] Franz Grüner, *Kunst der Scenik in ästhetischer und ökonomischer Hinsicht [...]*, Wien 1841, S. 135f., zitiert nach ebda., S. 239.
[47] Manuela Jahrmärker, *Die französische Oper im 19. Jahrhundert in München*, in: Pospíšil (s. Anm. 8), S. 165–199, bes. Tabelle S. 168.

Rechnung, daß deren Repertoire durch Kataloge und Publikationen besonders gut erschlossen ist. Bei fünf der sechs Bühnen handelt es sich um Hoftheater, das sechste ist das Stadttheater der Handelsmetropole und freien Reichsstadt Frankfurt. Zusammengenommen können diese Theater als repräsentativ für die führenden Opernbühnen gelten. Jahrmärkers Erhebungen zufolge kamen an den einzelnen Theatern zwischen 51 (Darmstadt) und 141 (Wien) unterschiedliche französische Opern zur Aufführung, wobei der Anteil der Opéra comique durchschnittlich bei 77% des französischen Repertoires lag.[48] Dessen Anteil wiederum an der Gesamtheit aller Opernvorstellungen läßt sich indes nicht für alle der genannten Bühnen zu jedem Zeitpunkt genau bestimmen. Gleichwohl zeichnet sich ein Schwerpunkt in den 1830er und 1840er Jahren ab. Danach ging die Präsenz des französischen Repertoires zunächst langsam und nach dem Deutsch-Französischen Krieg 1870–71 deutlich zurück.[49] Von den 858 Opernvorstellungen in München zwischen 1810 und 1824 entfielen insgesamt 170 auf Werke französischer Komponisten, also rund 20%.[50] Mehr als die Hälfte des Münchner Repertoires wurde seinerzeit noch von italienischen Opern gebildet. Ein erheblicher Anstieg der französischen Werke auf knapp 40% ist sodann im Zeitraum von 1824 bis 1842 zu verzeichnen.[51] Demgegenüber sank der französische Spielplananteil in den Jahren 1842–1857 auf rund 28%.[52]

---

[48] Im einzelnen ergibt sich für den Zeitraum von 1800 bis 1900 (Darmstadt: 1810 bis 1900, Dresden: 1817–1861) das folgende Bild (Anzahl französischer Opern insgesamt/davon Opéras comiques/Anteil der Opéras comiques am französischen Repertoire): München (79/60/76%), Frankfurt (110/88/80%), Darmstadt (51/38/75%), Berlin (59/41/70%), Dresden (65/49/76%), Wien (141/118/84%). Zwar ist zu berücksichtigen, daß diese Übersicht nur die Anzahl der Werke, nicht aber der Vorstellungen wiedergibt, jedoch unterschieden sich zumindest in München »die Aufführungszahlen von durchkomponierten Grands Opéras und Opéras comiques nicht signifikant«, so daß sich diese Verhältnisse in etwa auch auf die Vorstellungszahlen übertragen lassen. Ebda., S. 175.

[49] Ebda., S. 177.

[50] Angaben nach Max Zenger, *Geschichte der Münchener Oper*, hrsg. von Theodor Kroyer, München 1923, S. 179–181.

[51] Zengers Angaben zufolge (ebda., S. 286) entfielen unter den insgesamt 1125 Münchner Opernvorstellungen der Intendanzen Poissl und Küstner 474 auf deutsche, 347 auf französische und nur noch 304 auf italienische Werke, wobei jedoch Mozart, Meyerbeer und Gluck als deutsche Komponisten gerechnet werden. Von den 90

Für die Berliner Hofoper läßt sich das Verhältnis zwischen den einzelnen Operngattungen für das ganze 19. Jahrhundert relativ zuverlässig bestimmen; erstaunlicherweise blieben die Relationen während des gesamten Zeitraums mehr oder weniger konstant. Während Werke deutscher Herkunft meist zwischen 50 und 60% der Produktion ausmachten, lag der Anteil der französischen Opern gewöhnlich zwischen 20 und 30%, jener der italienischen zwischen 10 und 20%. Etwa jede sechste Berliner Premiere galt einem Werk der Opéra comique.[53] Eine vergleichbare, wenngleich lückenhafte Statistik läßt sich auch für die Hamburger Oper erstellen.[54] Gegenüber dem Hoftheater der

Meyerbeer-Vorstellungen entfielen 80 auf französische und zehn auf italienische Werke, von den 22 Gluck-Aufführungen 17 auf französische und fünf auf italienische. Somit ergibt sich eine »bereinigte« Gesamtzahl von 444 Vorstellungen französischer Opern.

[52] Zenger (ebda., S. 410) verzeichnet insgesamt 1530 Vorstellungen, davon 837 Opern deutscher, 375 Opern französischer und 312 Opern italienischer Komponisten, wobei wiederum die französischen Opern Meyerbeers (163 Vorstellungen) und die italienischen Opern Mozarts (94 Vorstellungen) im »deutschen« Repertoire firmieren. Demnach wären unter Einschluß der Werke Meyerbeers insgesamt 438 Vorstellungen französischer Opern anzusetzen.

[53] Vgl. Manfred Haedler, Gudrun Höger, Axel Schröder und Annette Thomas, *Verzeichnis der Ur- und Erstaufführungen von Opern und Singspielen 1742–1884 sowie aller Opernpremieren 1885–1992*, in: Georg Quander (Hrsg.), *Apollini et Musis. 250 Jahre Opernhaus Unter den Linden*, Berlin 1992, S. 279–465. Eine Auswertung dieses Verzeichnisses ergibt folgende Relationen: 1800–1809: Deutsch (D): 18 (46%); Italienisch (I): 3 (8%); Französisch (F): 10 (26%); hiervon Opéra comique (OC): 8 (21%). 1810–1819: D: 29 (63%); I: 6 (13%); F: 11 (24%); OC: 8 (17%). 1820–1829: D: 25 (64%); I: 7 (18%); F: 7 (18%); OC: 5 (13%). 1830–1839: D: 23 (53%); I: 6 (14%); F: 14 (33%); OC: 12 (28%). 1840–1849: D: 19 (48%); I: 4 (10%); F: 11 (28%); OC: 6 (15%). 1850–1859: D: 13 (54%); I: 3 (13%); F: 5 (21%); OC: 3 (13%). 1860–1869: D: 4 (33%); I: 4 (33%); F: 4 (33%); OC: 2 (17%). 1870–1879: D: 19 (86%); I: 1 (5%); F: 2 (9%); OC: 1 (5%). 1880–1889: D: 26 (65%); I: 5 (13%); F: 9 (23%); OC: 7 (17%). 1890–1899: D: 53 (58%); I: 19 (21%); F: 17 (18%); OC: 10 (11%).

[54] Joachim E. Wenzel, *Geschichte der Hamburger Oper 1678–1978*, Hamburg 1978, S. 40–82. Es ergeben sich bei Premieren und Wiederaufnahmen folgende Anteile: 1800–1809: Deutsch (D): 43 (65%); Italienisch (I): 11 (17%); Französisch (F): 12 (18%); davon Opéra comique (OC): 12 (18%). 1810–1819: D: 68 (57%); I: 19 (16%); F: 32 (27%); OC: 28 (24%). 1820–1829: D: 33 (61%); I: 9 (17%); F: 12

preußischen Metropole fällt auf, daß in der Hansestadt der Höhepunkt der Aufführungen französischer Werke erst in den 1860er Jahren lag, was sich in erster Linie auf die intensive Offenbach-Rezeption zurückführen läßt.[55] Auffallend ist auch, daß in einem nicht-höfischen Theater wie der Hamburger Oper der Anteil des französischen Repertoires das ganze Jahrhundert hindurch deutlich höher war als der des italienischen, was sich erst in den 1890er Jahren mit dem Aufkommen des populären Verismo änderte.[56]

Sehr aufschlußreich ist der Vergleich der Spielpläne führender Hoftheater mit dem – freilich wesentlich schlechter erschlossenen – Repertoire kleinerer Bühnen. Es zeigt sich, daß auch hier die Opéra comique hinsichtlich der Anzahl aufgeführter Werke etwa im gleichen Maße repräsentiert ist. Eine detaillierte Fallstudie zu vier deutschen Provinzbühnen hat Joachim Veit vorgelegt.[57] Veit beziffert den Anteil des »französischen Repertoires« der Schauspielgesellschaft August Pichlers, die zwischen 1825 und 1847 die Theater von Detmold, Pyrmont, Münster und Osnabrück bespielte, auf mehr als ein Viertel aller Opernvorstellungen (585 von insgesamt ca. 2100 Aufführungen). Wenn man berücksichtigt, daß von den insgesamt 44 französischen Werken 34 der Konversationsoper angehören, so läßt sich deren Spielplan-

---

(22%); OC: 10 (19%). 1830–1839: D: 28 (36%); I: 23 (29%); F: 27 (35%); OC: 20 (26%). 1840–1849: D: 38 (49%); I: 12 (15%); F: 15 (19%); OC: 12 (15%). 1850–1859: D: 27 (47%); I: 4 (7%); F: 16 (28%); OC: 12 (21%). 1860–1869: D: 34 (55%); I: 1 (2%); F: 27 (44%); OC: 25 (40%). 1870–1879: D: 49 (79%); I: 3 (5%); F: 10 (16%); OC: 8 (13%). 1880–1889: D: 40 (62%); I: 8 (12%); F: 14 (22%); OC: 6 (9%). 1890–1899: D: 45 (63%); I: 17 (24%); F: 14 (20%); OC: 7 (10%).

[55] Vgl. Rainer Franke, *Offenbach auf den Bühnen Hamburgs*, in: Ders., *Offenbach und die Schauplätze seines Musiktheaters*, Laaber 1999 (= *Thurnauer Schriften zum Musiktheater*, Bd. 17), S. 343–382.

[56] Stichproben anhand der Theaterstatistiken weiterer Bühnen bestätigen im wesentlichen die bisher festgestellten Relationen. Exemplarisch seien die dokumentierten Erstaufführungen des hannoverschen Hoftheaters in der Regierungszeit der Könige Ernst August und Georg V. (1837 bis 1865) ausgewertet: zur Aufführung kamen 31 französische (38%), 30 deutsche (36%), 20 italienische (24%) und eine englische Oper; unter den französischen Werken waren 23 Opéras comiques (28%). Vgl. Heinrich Sievers, *Hannoversche Musikgeschichte*, Bd. 2, Tutzing 1984, S. 351 bis 353.

[57] Joachim Veit, *Das französischen Repertoire der Schauspielgesellschaft August Pichlers zwischen 1825 und 1847*, in: Schneider/Wild (s. Anm. 6), S. 323–346.

anteil am Gesamtrepertoire demnach mit rund 20 Prozent beziffern, einer Größenordnung, die in etwa den Verhältnissen der bereits genannten größeren Theatern entspricht. Auffällige Unterschiede lassen sich hingegen in den Vorstellungszahlen der einzelnen Werke feststellen: während an größeren Häusern – wie beispielsweise in München – die Aufführungsstatistiken um die Mitte des 19. Jahrhunderts zumeist von den Grands Opéras Meyerbeers angeführt wurden,[58] erreichten die Opéras comiques in der Provinz wesentlich höhere Vorstellungszahlen. So brachte die Truppe Pichlers an den vier genannten Standorten Boieldieus *Die weiße Dame* insgesamt 69 mal und *Johann von Paris* 48 mal zur Aufführung, Aubers *Maurer und Schlosser* und *Fra Diavolo* erlebten insgesamt 48 bzw. 43 Vorstellungen. Dagegen kamen Erfolgswerke der Grand Opéra wie Meyerbeers *Hugenotten* oder Halévys *Jüdin* nur auf zehn bzw. neun Aufführungen; lediglich Aubers wesentlich kürzere und leichter zu besetzende *La Muette de Portici* konnte sich mit insgesamt 58 Vorstellungen in der Spitzengruppe des französischen Repertoires der Pichlerschen Schauspielgesellschaft behaupten.[59]

An den deutschen Theatern bildete sich ein relativ homogener Kanon von Werken der Opéra comique heraus, die über Jahrzehnte zum festen Repertoire zählten. Es ist im Sinne der damaligen Aufführungspraxis durchaus angemessen, anstelle der originalen jeweils die ins Deutsche übersetzten Titel dieser Werke festzuhalten, denn diese deutschen Fassungen wurden nicht nur in zahlreichen Orten Mittel- und Osteuropas aufgeführt, sondern sie dienten darüber hinaus in vielen Fällen als Vorlagen für die Übersetzungen in weitere Sprachen. Gerade hierin zeigt sich die auch im europäischen Kontext bemerkenswerte Kohärenz von deutscher Konversationsoper und französischer Opéra comique, denn beide gemeinsam bildeten hierzulande ein deutschsprachiges Repertoire, das auch nach Nord-, Mittel- und Osteuropa ausstrahlte. In diesem deutschsprachigen Kernrepertoire standen die Werke der französischen Komponisten unterschiedslos neben Mozarts *Zauberflöte*, Webers *Freischütz* oder den »Spielopern«[60] von Lortzing, Nicolai und Flotow. Zu

---

[58] Vgl. Zenger (s. Anm. 50), S. 286.
[59] Veit (s. Anm. 57), S. 330f.
[60] Zu diesem Begriff siehe den Beitrag von Irmlind Capelle, »Spieloper« – ein Gattungsbegriff? Zur Verwendung des Terminus, vornehmlich bei Albert Lortzing, in: *Mf* Jg. 48 (1995), S. 251–257.

unterstreichen ist auch, daß dieses deutschsprachige Repertoire unter den Opéras comiques z. T. deutlich andere Akzente aufwies als das in Paris und in der französischen Provinz gepflegte. So waren beispielsweise die Werke Luigi Cherubinis in Deutschland wesentlich populärer als in Frankreich und konnten sich auf der Basis von Übersetzungen auch andernorts in Europa noch zu einer Zeit auf den Spielplänen behaupten, als sie in Paris längst in Vergessenheit geraten waren (oder gar, wie im Falle von *Faniska*, dort nie zu hören gewesen waren).[61] Auffällig ist auch das gelegentliche Erscheinen der Opern von Georges Onslow auf den deutschen und mitteleuropäischen Bühnen, eines Komponisten, dessen Kammermusik sich hierzulande wesentlich größerer Beliebtheit erfreute als in seiner Heimat. Zum Kanon der eingedeutschten Werke zählten in den ersten Jahrzehnten des 19. Jahrhunderts rund drei Dutzend Werke von Grétry (*Richard Löwenherz, Raul der Blaubart*), Dalayrac (*Die beiden Savoyarden, Leon, Gullistan der Hulla von Samarkand, Macdonald, Zwei Worte, Adolph und Klara*), Cherubini (*Der Wasserträger, Lodoiska, Der Bernhardsberg, Medea, Faniska*), Méhul (*Joseph und seine Brüder, Der Schatzgräber, Die beiden Füchse, Helena*), Gaveaux (*Der kleine Matrose*), Catel (*Die vornehmen Wirte*), Berton (*Aline, Königin von Golkonda*), Isouard (*Aschenbrödel, Das Lotterielos, Jeannot und Colin, Die Intrige durch die Fenster, Joconde oder Das Rosenfest*) und besonders Boieldieu (*Der neue Gutsherr, Die beiden Nächte, Der Kirchtag im benachbarten Dorfe, Der Kalif von Bagdad, Die umgeworfenen Kutschen, Johann von Paris, Rotkäppchen*). In den zwanziger Jahren kamen die ersten Werke Aubers (*Der Schnee, Leocadia, Das Concert am Hofe, Maurer und Schlosser*) und vor allem Boieldieus *Weiße Dame* hinzu (letztere dürfte die international meistgespielte Opéra comique und einen der größten Bühnenerfolge des 19. Jahrhunderts überhaupt darstellen). Um die Jahrhundertmitte war auch in Deutschland Auber der beherrschende Komponist der Konversationsoper (neben den bereits genannten Titeln vor allem *Fra Diavolo, Die Krondiamanten, Das eherne Pferd, Der schwarze Domino, Die Sirene, Der Schwur, Des Teufels Anteil, Haydée, Der erste Glückstag* und *Manon Lescaut*), gefolgt von Adam (*Der Postillon von Lonjumeau, Der Brauer von Preston, Die Sennerhütte, Die Eintagskönigin, Gi-*

---

[61] Einzig *Les deux journées* war unter Cherubinis Opern noch zur Zeit der Restauration an der Opéra-Comique zu hören; das Werk brachte es lediglich auf 35 Vorstellungen zwischen 1825 und 1842. Vgl. Soubies (s. Anm. 16).

ralda, Die Nürnberger Puppe), Hérold (*Marie oder Verborgene Liebe, Das Wunderglöckchen, Zampa oder die Marmorbraut, Der Zweikampf auf der Schreiberwiese, Ludovic*), Meyerbeer (*Der Nordstern, Dinorah oder Die Wallfahrt nach Ploërmel*), Halévy (*Der Blitz, Die Musketiere der Königin, Das Tal von Andorra*), Maillart (*Das Glöckchen des Eremiten, Lara*). Auch um die Mitte des 19. Jahrhunderts differierte das in Deutschland gespielte Repertoire von demjenigen in Paris. So zeigen sich unter den Opern Aubers hierzulande abweichende Präferenzen, beispielsweise für das *Eherne Pferd* (*Le Cheval de bronze*), das sich in Paris nur während zweier Saisons auf dem Programm behaupten konnte (1835–1837).[62] Überproportional hoch im Vergleich zu Paris sind in Deutschland die Erfolge von Meyerbeers *Nordstern* und *Dinorah*, was sich auf die Herkunft des Komponisten und seine zeitweilige Stellung als Preußischer Generalmusikdirektor zurückführen lassen dürfte. Darüber hinaus finden sich auch von weniger erfolgreichen Werken deutsche Fassungen, die von den einheimischen Bühnen aus mitunter auch ins europäische Ausland exportiert wurden. Insgesamt ist von einem Korpus von weit über zweihundert Opéras comiques auszugehen, die im 19. Jahrhundert in deutschen Übersetzungen verbreitet waren.[63]

Die Diffusion dieses Werkkorpus im mittel- und osteuropäischen Raum (vor allem innerhalb des damaligen Habsburgerreiches) ist in jüngster Zeit relativ systematisch untersucht worden. So hat Adolf Scherl zwischen 1800 und 1862 Aufführungen von rund hundert verschiedenen Opéras comiques in Prag nachweisen können, darunter auch einige in Frankreich relativ selten gespielte Titel.[64] Von diesen Stücken wurden lediglich dreizehn in tschechischer Sprache, alle übrigen hingegen auf Deutsch gespielt. Eine reiche Tradition deutschsprachiger Opéra-comique-Aufführungen, insbesondere von

---

[62] Herbert Schneider konnte zu diesem Werk mehr deutsche als französische Librettodrucke nachweisen. Vgl. Schneider (s. Anm. 7), Bd. 2, S. 807–811.

[63] Zum Problem der deutschen Übersetzungen der Opéra comique siehe den grundlegenden Beitrag von Herbert Schneider, *Die deutschen Übersetzungen französischer Opern zwischen 1780 und 1820. Verlauf und Probleme eines Transfer-Zyklus*, in: Lüsebrink/Reichardt (s. Anm. 9), Bd. 2, Leipzig 1997, S. 593–676.

[64] Beispielsweise Cherubinis *Medea* (*Médée*, Paris 1797) und *Der Bernhardsberg* (*Elisa ou le voyage aux glaciers du Mont Saint-Bernard*, Paris 1794). Vgl. Adolf Scherl, *Zur Rezeption von Grétrys Opern auf dem Prager Theater*, in: Pospíšil (s. Anm. 8), S. 212–230.

Werken Grétrys, hatte es in Prag bereits im letzten Drittel des 18. Jahrhunderts gegeben. Ab 1824 gab es eine halbprofessionelle tschechischsprachige Oper in Prag, in deren Repertoire die Opéra comique bis 1848 mit sieben Werken (*Les deux journées, Joseph, Jean de Paris, La Neige, Raoul Barbebleue, Fra Diavolo, Zampa*) vertreten war und einen Spielplananteil von etwa 25% hatte. In allen diesen Fällen waren die tschechischen Fassungen nicht auf der Grundlage des französischen Originals, sondern anhand der in Prag bereits aufgeführten deutschen Übersetzungen erstellt worden.[65]

Eine ähnliche Situation wie in Prag kennzeichnet auch das Opernleben der mährischen Metropole Brünn, wo es im Redoutentheater ebenfalls bereits seit dem späten 18. Jahrhundert regelmäßige Opéra-comique-Aufführungen in deutscher Sprache gab.[66] Für einen Zeitraum von rund einhundert Jahren (1774–1876) hat Jan Trojan Vorstellungen von insgesamt 79 verschiedenen Werken dieses Genres nachweisen können, darunter dreizehn Stücke von Auber und zehn von Boieldieu.[67] Wiederum finden sich auch in Brünn einige Titel, die auf den französischen Bühnen seinerzeit relativ selten zu finden waren, etwa im Jahre 1796 Méhuls *Der Milzsüchtige* (*Le Jeune sage et le vieux fou*, Paris 1793), 1804 Lebruns *Pächter Robert* (*Marcelin*, Paris 1800) oder

---

[65] Ebda., S. 218. Eine neue Epoche des Prager Theaterlebens begann im Jahre 1862 mit der Gründung des Königlichen Tschechischen Provinztheaters (Královské zemské české divadlo), das den ersten permanenten und professionellen Opernbetrieb in tschechischer Sprache gewährleistete und zugleich den Beginn der tschechischen Offenbach-Rezeption bezeichnet. Vgl. Marta Ottlová, *Offenbach's Arrival on the Czech Stage*, in: Pospíšil (s. Anm. 8), S. 266–276; Jan Smaczny und Marta Ottlová, *Daily Repertoire of the Provisional Theatre Opera in Prague. Chronological List*, in: *Miscellanea musicologica*, 34 (1994), S. 9–139.

[66] Die ersten Aufführungen in Brünn fanden 1774 statt; gespielt wurde Monsignys *Der Deserteur* (*Le Déserteur*, Paris 1769). 1777 folgten Monsignys *Man sieht nicht alles voraus* (*On ne s'avise jamais de tout*, Paris 1761), Audinots *Der Fassbinder* (*Le Tonnelier*, Paris 1761) sowie Grétrys *Zemire und Azor* (*Zémire et Azor*, Fontainebleau 1771), *Die beiden Geizigen* (*Les deux Avares*, Fontainebleau 1770), *Der Hausfreund* (*L'Ami de la maison*, Fontainebleau 1771) und *Das Rosenmädchen* (*La Rosière de Salency*, Fontainebleau 1773). Vgl. Jan Trojan, *Die Opéra comique auf der Bühne der Brünner Redoute in der Zeit des Vormärz*, in: Pospíšil (s. Anm. 8), S. 231–245.

[67] Ebda., S. 242–245.

1829 Onslows *Der Landkrämer oder Das Kind des Waldes* (*Le Colporteur ou L'enfant du bûcheron*, Paris 1827).[68] Der große Erfolg der Opéra comique in Brünn ist nicht zuletzt darauf zurückzuführen, daß sich die meisten der dort gespielten Werke relativ leicht realisieren ließen, denn »das nicht allzu große Ensemble dieses Hauses eignete sich durchaus für dieses Fach, wenngleich die technischen Ansprüche sowohl der Gesangspartien als auch des Orchesterparts manchmal über seine Kräfte gingen.«[69]

In der slowenischen Metropole Laibach (Ljubljana) wurde das Musiktheaterrepertoire seit dem frühen 19. Jahrhundert von österreichischen Theatertruppen bestimmt, die anfangs in erster Linie Singspiele und Possen mit Gesang in deutscher Sprache zur Aufführung brachten.[70] Lediglich vier kleinformatige Opéras comiques kamen in dieser Zeit zur Aufführung: Della Marias *Das Schloss Soreto oder der Gefangene* (1805), Méhuls *Die beiden Füchse* (1806), Dalayracs *Die zwei Worte* (1808) und Soliés *Das Geheimnis* (1814). Sie waren integraler Bestandteil eines populären deutschsprachigen Unterhaltungstheaters. Der eigentliche Beginn eines Opernlebens in Laibach setzte zur Zeit der Restauration ein, als sich die Klagenfurter Truppe Carl Waidingers in den Jahren 1818–1821 in der Stadt niederließ. Unter Waidingers Direktion wurde eine repräsentative Auswahl von neun seinerzeit besonders erfolgreichen Opéras comiques gezeigt. Unter seinem Nachfolger Carl Meyer waren die Stücke deutscher Herkunft gegenüber französischen und italienischen bereits in der Minderzahl. Insgesamt wurden bis 1867 in Laibach 41 französische Opern aufgeführt, darunter 34 Opéras comiques in deutscher Sprache.[71] Das Laibacher Theater besaß kein ständiges Ensemble, sondern seine Impresarii engagierten für einzelne Spielzeiten die erforderlichen Sänger jeweils neu. Überwiegend wurden Darsteller aus Wien und Graz verpflichtet. Da das Laibacher Orchester nur aus 15–20 Musikern bestand, konnten die meisten Werke nicht in der geforderten Besetzung aufgeführt werden. Stattdessen richteten die Kapellmeister die Stimmen häufig selbst

---

[68] Onslows *Le Colporteur* brachte es an der Opéra-Comique auf insgesamt 34 Aufführungen zwischen 1827 und 1830. Vgl. Bara (s. Anm. 10), S. 99, sowie speziell zur Dramaturgie dieses Werkes S. 391–395 und 475–479.

[69] Ebda., S. 241.

[70] Nastaša Cigoj Krstulovič, *Nineteenth-century Productions of the Opéra comique in the Provincial Theatre of Ljubljana*, in: Pospíšil (s. Anm. 8), S. 246–258.

[71] Ebda., S. 255–258.

nach dem Klavierauszug ein, so daß die meist kostspielige auswärtige Beschaffung des Orchestermaterials entfiel.[72] Sofern ein angemessen besetztes Stimmenmaterial verwendet wurde, stammte dies von den Bühnen benachbarter Städte, insbesondere aus Wien.[73]

Deutsche Fassungen französischer Konversationsopern waren es auch, die die Opéra comique in Ungarn heimisch machten. An erster Stelle ist hier das Theater von Klausenburg zu nennen, das 1821 als erstes ständiges ungarisches Schauspielhaus eröffnet wurde. Wie Tibor Tallián zeigen konnte, nahm in dessen Repertoire »die Opéra comique eine Vorrangstellung ein. Allerdings wurden französische komische Opern auf der ungarischen Bühne zumeist in Übersetzungen gespielt, denen ihre für deutsche Bühnen überarbeitete Form als Grundlage diente. Den Grund dafür finden wir in dem mächtigen Einfluß, den das deutsche Schauspiel auf das ungarische Theater ausgeübt hat. [...] Den historischen Umständen entsprechend hatte die klassische Opéra comique ihre großen Erfolge in Ungarn nicht auf den ungarischsprachigen, sondern auf den deutschen Bühnen erzielt.«[74] Am Deutschen Theater zu Pest dominierte die Opéra comique schon zu Beginn des 19. Jahrhunderts: »Cherubinis *Wasserträger* wird im Jahre der Erstaufführung 23 mal wiederholt, Boieldieu, Catel, Méhul, Dalayrac beherrschen den Opernspielplan.«[75] *Der Wasserträger* kam im Deutschen Theater in Pest zwischen 1803 und 1832 auf 107 Aufführungen und war somit die meistgespielte Opéra comique an dieser Bühne, gefolgt von Cherubinis *Lodoiska* (102 Aufführungen von 1803–1837), Bertons *Aline Königin von Golkonda* (58 Aufführungen von 1804–1817) und Boieldieus *Weißer Dame* (55 Aufführungen von 1826–1842).[76] Insgesamt lassen sich am Deutschen Theater von Pest Aufführungen von 54 verschiedenen französischen Dialogopern nachweisen, darunter

---

[72] Ebda., S. 250.

[73] So wurde beispielsweise 1823 für die Aufführungen von Webers *Freischütz* und Isouards *Joconde* das Material vom Theater an der Wien geliehen. Ebda., S. 251, Anm. 15.

[74] Tibor Tallián, *Die Rezeption der Opéra comique in Ungarn im 19. Jahrhundert*, in: Pospíšil (s. Anm. 8), S. 200–211, hier S. 204.

[75] Jolán Pukánszky-Kádár, *Geschichte des deutschen Theaters in Pest und Ofen*, in: Hedwig Belitska-Scholtz/Olga Somorjai (Hrsg.), *Deutsche Theater in Pest und Ofen*, Budapest 1995, Bd. 1, S. 11–35, hier S. 14.

[76] Tallián (s. Anm. 74), S. 210f.

auch ausgesprochenen Raritäten wie José Melchior Gomis' *Gasparo oder Der Lastträger in Granada* (1836).[77] Auch am Ungarischen Nationaltheater wurden in den Jahren 1837–1884 die Opéras comiques in deutscher Sprache gegeben. Hier waren noch Anfang der vierziger Jahre Cherubinis *Wasserträger* (1842) und Méhuls *Joseph und seine Brüder* (1843) zu hören. Die erfolgreichste Opéra comique am Ungarischen Nationaltheater war Aubers *Schwarzer Domino* mit 107 Aufführungen (1838–1880), gefolgt von Meyerbeers *Nordstern* (103 Aufführungen von 1854–1884) und *Dinorah* (84 Aufführungen von 1860–1881).[78] Insgesamt fanden am Ungarischen Nationaltheater Aufführungen von 23 verschiedenen Opéras comiques statt.

Die zeitweilige Popularität der Gattung in Rußland, wo sich bereits im Jahre 1764 erstmals eine französische Singspieltruppe niedergelassen hatte,[79] besaß ihr Fundament vor allem im Wirken François-Adrien Boieldieus als Hofkapellmeister in Sankt-Petersburg in den Jahren 1804 bis 1810 sowie darüber hinaus in der originalsprachlichen französischen Theater- und Opernpflege seit dem späten 18. Jahrhundert bis zum napoleonischen Rußlandfeldzug des Jahres 1812. Diese französische Theaterkultur wurde in erster Linie von den zahlreichen aristokratischen französischen Emigranten getragen, die im Zarenreich Zuflucht gefunden hatten. Der Einfluß dieser Emigranten wurde bestimmend für die Durchsetzung der französischen Sprache am Zarenhof und in der höheren Gesellschaft; französische Intellektuelle, Künstler und Lehrer waren prägend für eine ganze Generation russischer Kultur zu Beginn des 19. Jahrhunderts. Von hier ausgehend bildete sich eine von russischen Darstellern bis in die dreißiger Jahre ausstrahlende Aufführungstradition der Opéra comique in russischer Sprache.[80] Seinerzeit bezeichnete der bedeutende Publizist und Komponist Alexander Serov, der seine Opernlauf-

---

[77] Ebda., S. 211. Zum französischen Original des letztgenannten Werks siehe Arnold Jacobshagen, »*Ich fürchte fast, das heißt caballiren*«. »*Le Portefaix*« *von Meyerbeer, Hérold und Gomis*, in: Jacobshagen/Pospíšil (s. Anm. 8), S. 166–185.

[78] Ebda., S. 209.

[79] Vgl. Bruce Alan Brown, *La diffusion et l'influence de l'opéra-comique en Europe au XVIIIe siècle*, in: Philippe Vendrix (Hrsg.), *L'Opéra-comique en France au XVIIIe siècle*, Liège 1992, S. 329.

[80] Vgl. Alexander Tchepourov, *French Comic Opera in St. Petersburg. François-Adrien Boieldieu in St. Petersburg (1804–1810)*, in: *L'Opéra-comique à l'époque de Boieldieu* (s. Anm. 8) (im Druck).

bahn mit *Mel'nichikha v Marli* (1844), einer Bearbeitung des französischen Vaudevilles *La Meunière en Marly* von Charles Duveyrier begann, in mehreren Artikeln die Opéra comique als den Inbegriff der gegenwärtigen französischen Kultur. Serovs Auffassung zufolge war die Gattung seit dem späten 18. Jahrhundert in Frankreich »unabhängig und organisch« entwickelt worden.[81] Zum Petersburger Kernrepertoire der Opéra comique in russischer Sprache zählten in den 1830er Jahren vor allem Boieldieus *La Dame blanche*, Hérolds *Zampa* und *Le Pré-aux-clercs*, Aubers *Fra Diavolo, Le Serment, Le Cheval de bronze, Le Domino noir* und *La Fiancée* sowie Adams *Le Postillon de Lonjumeau* und *Le Brasseur de Preston*.[82] Etwas später entwickelte sich auch in Moskau eine russischsprachige Opéra-comique-Tradition. Hier standen in den Jahren 1846–50 neben einigen der bereits genannten Stücke auch Cherubinis *Les deux journées*, Méhuls *Joseph*, Aubers *La Sirène* und Adams *La Poupée de Nuremberg* auf dem Spielplan. Wie Marina Čerkašina-Gubarenko hervorgehoben hat, lassen sich erhebliche Einflüsse des Genres nicht nur im Schaffen Serovs und Glinkas, sondern auch noch beispielsweise in Aleksandr Dargomyžskijs *Kamennyi gost'* (1872) nachweisen[83], ganz zu Schweigen von den nostalgischen Grétry-Reminiszenzen in Čajkovskijs *Pikovaya dama* (1890).[84] Und auch die im späten 19. Jahrhundert einsetzende Tradition eines eigenständigen musikalischen Theaters in der Ukraine entwickelte sich zumindest partiell auf dem Modell der Opéra comique.[85]

---

[81] Vgl. Marina Čerkašina-Gubarenko, *French Opéra comique in Russian Theatre 1830–1860: Alexander Serov*, in: Pospíšil (s. Anm. 8), S. 259–265, hier S. 260.

[82] Ebda., S. 262.

[83] Ebda., S. 265.

[84] Vgl. Lucinde Braun, *Studien zur russischen Oper im späten 19. Jahrhundert*, Mainz 1999 (= Čajkovskij-Studien, Bd. 4), S. 242–244; Maria Kostakeva, *Die Oper »Pikovaya dama« von Čajkovskij im Spiegel der Tradition der französischen Opéra comique*, in: Pospíšil (s. Anm. 8), S. 454–461.

[85] Vgl. Irina Drač, *French Opéra comique as a Model for Ukrainian Music Theatre*, in: Pospíšil (s. Anm. 8), S. 424–429. Lucinde Braun betont in diesem Zusammenhang hingegen das Modell des deutschen Liederspiels. Vgl. Braun, *Ivan Kotljarevs'kyj und Johann Friedrich Reichardt. Zur Konzeption der ukrainischen Oper im frühen 19. Jahrhundert*, in: Ludger Udolph (Hrsg.), *Kulturwissenschaft zwischen der slawischen und der deutschsprachigen Welt als Voraussetzung der Erneuerung Ost- und Südosteuropas*, Kongreßbericht Kiew 1995 (im Druck).

In Nordeuropa bildete Stockholm das wichtigste Zentrum der Opéra comique. Anhand des seit dem späten 18. Jahrhundert lückenlos dokumentierten Spielplans der Königlichen Theater lassen sich hier sehr genaue Angaben zum Stellenwert dieses Genres machen.[86] In den Jahren 1800–1820 zählten Gaveaux' *Den lila matrosen* (*Les Petits Matelots*, 80 Aufführungen), Dalayracs *Slottet Montenero* (*Léon ou le château de Monténéro*, 71), Cherubinis *Vattendragaren* (*Les deux journées*, 63), Boieldieus *Kalifen i Bagdad* (*Le Calife de Bagdad*, 55), Isouards *Cendrillon* (*Cendrillon*, 55), Brunis *Fiskaren* (*Les Pêcheurs*, 54) und Champeins *Musikvurmen* (*La Mélomanie*, 50) zu den meistgespielten französischen Werken. Insgesamt waren weit mehr als die Hälfte aller gespielten Musiktheaterwerke Opéras comiques.[87] Darüber hinaus wurden in Stockholm zwischen 1780 und 1820 mehr als sechzig Opéras comiques in französischer Sprache aufgeführt, am häufigsten Dalayracs *Adolphe et Clara* (12 Vorstellungen) sowie Boieldieus *Le Calife de Bagdad*, Dalayracs *La Maison à vendre* und Méhuls *Stratonice* (je 10 Aufführungen).[88] Auch in den Jahren 1820 und 1840 lag der Anteil der Opéras comiques an allen gespielten Werken noch immer deutlich über 50%. In der Statistik des gesamten Zeitraums lagen nun Dalayracs *Slottet Montenero* (*Léon ou le château de Monténéro*, 112 Aufführungen), Boieldieus *Kalifen i Bagdad* (*Le Calife de Bagdad*, 104) und Cherubinis *Vattendragaren* (*Les deux journées*, 102) an der Spitze, worin sich eine durchaus konservative Repertoirestruktur offenbart.[89] Mit deutlicher Verspätung etablierten sich auch die Erfolgsopern Aubers und seiner Zeitgenossen in den Jahrzehnten zwischen 1840 und 1860 in Stockholm. Aubers *Ambassadrisen* (*L'Ambassadrice*, 90) und *Fra Diavolo* (78), Adams *Alphydan* (*Le Chalet*, 90) und Donizettis *Regementets dotter* (*La Fille du régiment*, 60) waren die meistgespielten Opéras comiques in dieser Zeit. Unangefochten an der Spitze der Beliebtheit der Werke aller Genres aber lagen in Stockholm inzwischen zwei deutsche Dialogopern, Webers *Friskytten* (*Der Freischütz*) mit insgesamt 181 Aufführungen (seit 1823) und Mozarts *Trollflöjten* (*Die Zauberflöte*) mit 163 Aufführungen (seit 1812).

---

[86] K. G. Strömbeck/Sune Hofsten (Hrsg.), *Kungligs Teatern Repertoar 1773–1973. Opera, operett, sångspel, balett*, Stockholm 1974.
[87] Ebda., S. 88–90.
[88] Ebda., S. 120–123.
[89] Ebda., S. 91–93.

Vergleichsweise bescheiden war hingegen die Präsenz der Konversationsopern Albert Lortzings in Stockholm: *Tsar och Timmerman eller Borgmästaren i Sardam* (*Zar und Zimmermann*) brachte es 1843 auf insgesamt sechs Vorstellungen, *Tjuvskytten eller Naturens röst* (*Der Wildschütz*) wurde in den Jahren 1849–51 immerhin zehn mal gezeigt.[90] Um die Mitte des 19. Jahrhunderts ist auch in Stockholm ein signifikanter Rückgang des Anteils der Opéras comiques zu verzeichnen, deren weiterhin erfolgreichste Werke *Slottet Montenero* (Dalayrac, 118), *Vattendragaren* (Cherubini, 113) und *Kalifen i Bagdad* (Boieldieu, 112) inzwischen erheblich hinter Webers und Mozarts beliebtesten Dialogopern *Freischütz* und *Zauberflöte* rangieren.[91]

Anders als in Schweden überwog in Dänemark im 18. und 19. Jahrhundert vor allem aus politischen und dynastischen Gründen generell der deutsche Einfluß gegenüber dem französischen. Allerdings hatte auch am Königlichen Theater von Kopenhagen »das Repertoire der französischen Opéra comique […] seit den 1770er Jahren im damaligen Opernbetrieb die Oberhand gewonnen. […] Von den 92 Singspiel- und Operntiteln, die in der Zeit vor 1800 aufgeführt wurden, waren fast die Hälfte (45) französischen Ursprungs bzw. auf französische Texte komponiert, und mehr als ein Viertel (24) auf dänische, den Rest stellten die italienischen (15) und deutschen (8) Stücke dar.«[92] Auch im frühen 19. Jahrhundert läßt sich der Spielplananteil der Opéra comique in Kopenhagen auf etwa 50% hochrechnen. Die erfolgreichsten Titel mit jeweils über 100 Vorstellungen waren einmal mehr *La Dame blanche* (Boieldieu, 184 Aufführungen in den Jahren 1826–1922), gefolgt von *Le Trésor supposé* (Méhul, 164, 1803–1881), *Fra Diavolo* (Auber, 131, 1831–1933), *Le Domino noir* (Auber, 107, 1830–1907), *Joseph* (Méhul, 105, 1816–1884) sowie *Les deux journées* (Cherubini, 102, 1803–1886).[93] Insgesamt fällt auf, daß »die Besonderheit der französischen Operndramaturgie in Kopenhagen namentlich in der außerordentlich starken und zugleich dauernden Vertretung des Repertoires der älteren (»vorrevolutionären« und »revolutionären«)

---

[90] Ebda., S. 96. Beide Werke standen bis ins 20. Jahrhundert noch gelegentlich in Stockholm auf dem Spielplan. *Tsar och Timmerman* wurde bis 1913 insgesamt 32mal, *Tjuvskytten* bis 1944 insgesamt 16mal gezeigt.

[91] Ebda., S. 94–96.

[92] Jarmila Gabrielová, *Das französische Repertoire in Kopenhagen*, in: Pospíšil (s. Anm. 8), S. 277–284, hier S. 278.

[93] Ebda., S. 280f.

Opéra comique beruhte, angefangen mit den Werken von Favart, Duni, Philidor über Monsigny, Grétry und Dalayrac bis zu Cherubini und Méhul und überhaupt in dem auffallenden Übergewicht des französischen Repertoires, das weiterhin durch die Namen von Boieldieu, Isouard und Auber repräsentiert wird.«[94]

Im Unterschied zu Mittel-, Ost- und Nordeuropa waren die Voraussetzungen für die Aufführungen von Opéras comiques in Italien relativ begrenzt.[95] Lediglich innerhalb einzelner lokaler Sondertraditionen wie in Monza[96] oder Neapel[97] kam es zeitweilig zu einer intensiven Pflege des französischen Genres. Eine weite Verbreitung fanden die französischen Werke hingegen schon zu Beginn des 19. Jahrhunderts in Form von italienischen Prosaübersetzungen.[98] Tatsächlich wurden auf der Basis dieser Übersetzungen seit dem späteren 18. Jahrhundert Opéras comiques in Italien als Sprechtheater aufgeführt. Dies setzt eine dramaturgische Struktur voraus, in der die Musik keine unverzichtbare Rolle spielt, was tatsächlich bei der Mehrzahl der Opéras comiques aus der Zeit des Ancien Régime noch der Fall war. Eine solche Aufführungstradition läßt sich auf das von der französischen Praxis stark abweichende künstlerische Profil der italienischen Theatertruppen zurückführen. Während in Frankreich die Darsteller der Opéra comique gleichermaßen Schauspieler und Sänger waren, herrschte in Italien eine sehr ausgeprägte Spezialisierung der Bühnenkünstler und eine strikte Trennung gerade zwischen diesen beiden Kunstfächern. Die weitere Rezeption der Gattung in Italien im frühen 19. Jahrhundert hing im Einzelfall davon ab, ob das jeweilige Werk hier als Sprechdrama oder Musikdrama zur Aufführung gelangte.

---

[94] Ebda., S. 282.

[95] Grundlegend zu diesem Thema ist die Dissertation von Marco Marica, *L'opéra-comique in Italia. Rappresentazioni, traduzioni e derivazioni (1770–1830)*, Roma 1998.

[96] Vgl. Francesca Bascialli, *Opera comica e opéra-comique al Teatro Arciducale di Monza (1778–1795)*, Lucca 2002 (= *Quaderni del corso di musicologia del conservatorio Giuseppe Verdi di Milano*, Bd. 6).

[97] Vgl. Arnold Jacobshagen, *The Origins of the recitativi in prosa in Neapolitan Opera*, in: *Acta musicologica* 74 (2002), S. 107–128.

[98] Marco Marica, *Le traduzioni italiane in prosa di opéras comiques francesi (1763 bis 1813)*, in: Schneider/Wild (s. Anm. 6), S. 385–447; ders., *Le rappresentazioni di opéra-comiques in Italia (1750–1820)*, in: Pospíšil (s. Anm. 8), S. 299–360.

Zahlreiche italienische Opernbearbeitungen, die auf Opéras comiques zurückgehen, entstanden auf dem Umweg über Aufführungen der jeweiligen Vorlagen als Sprechdrama. In der italienischen Rezeption derselben war der ursprüngliche Zusammenhang mit einer Vertonung gänzlich verloren gegangen, so daß sich die Werkgenese in diesen Fällen jeweils als Musikalisierung einer Prosavorlage darstellt. Diese Übersetzungen bildeten den Ausgangspunkt für italienische Opernbearbeitungen in großer Zahl, von denen die meisten in etwa auf die Wirkungszeit Boieldieus, also auf das letzte Jahrzehnt des 18. und die beiden ersten Jahrzehnte des 19. Jahrhunderts entfallen. Die Mannigfaltigkeit der Opéra comique zeigt sich auch darin, daß ihre Werke für alle Genres der italienischen Oper als Vorlage dienen konnten.[99] Mit ihrer originalen französischen Musik wurden Aufführungen von Opéras comiques auf der Apenninhalbinsel verstärkt erst in den letzten Jahrzehnten des 19. Jahrhunderts gegeben, mithin zu einem Zeitpunkt, als die große Zeit des Genres bereits der Vergangenheit angehörte.[100]

Die Bedeutung der Opéra comique für die spanische Zarzuela und Sainete lírico ist von Naoka Iki und Ramón Barce hervorgehoben worden.[101] Hierbei scheint »die Übernahme französischer Stoffe für die ›zarzuela moderna‹ für das Revival der Gattung um die Mitte des 19. Jahrhunderts unabdingbar gewesen zu sein. Der Librettist Eugène Scribe hat somit maßgeblich zur Entstehung der ›opéra nacional‹, das heißt zur Herausbildung eines originär spanischen Charakters der Gattung Zarzuela im ausgehenden 19. Jahrhundert beigetragen.«[102] Hingegen wurde das Musiktheater Portugals lange Zeit

---

[99] So finden sich Opéra-comique-Bearbeitungen in der *opera seria* (z. B. *Lodoiska* oder *La rosa bianca e la rosa rossa* von Mayr), in der *opera semiseria* (z. B. *Camilla* von Paer oder *Matilde di Shabran* von Rossini), im *dramma eroicomico* (z. B. *Le due giornate* von Mayr oder *La donna bianca d'Avenello* von Pavesi), in der *opera buffa* (z. B. *Il califfo di Bagdad* von García oder *Gianni di Parigi* von Morlacchi und Donizetti), und schließlich in der *farsa* (z. B. *La scala di seta* von Rossini).

[100] Vgl. Sebastian Werr, *Muß eine komische Oper komisch sein? Zum Mailänder Fiasko von Meyerbeers »La stella del nord«*, in: Jacobshagen/Pospíšil (s. Anm. 8), S. 285–293; ders., *Italien und die Opéra comique um die Mitte des 19. Jahrhunderts*, in: Pospíšil (s. Anm. 8), S. 361–375.

[101] Naoka Iki, *»L'idée est à tous, la forme est à chacun«: Zur Bedeutung von Eugène Scribes Dramaturgie für die Zarzuela*, in: Pospíšil (s. Anm. 8), S. 395–412; Ramón Barce, *Das Spanische Singspiel (Sainete lírico)*, in: Schneider/Wild (s. Anm. 6), S. 449–460.

durch die italienische Oper dominiert, die am Lissabonner Teatro São Carlos von italienischen Impresarii nach internationalen Standards produziert wurde. Allerdings kamen an dieser Bühne seit dem späten 18. Jahrhundert gelegentlich und in zunehmendem Maße auch Opéras comiques in italienischer Übersetzung zur Aufführung.[103] Gleichwohl blieb das Teatro São Carlos ein exklusives Hoftheater, das die Bevölkerung mit Ausnahme der Aristokratie und des Großbürgertums vom Opernbesuch ausschloß. Erst im letzten Drittel des 19. Jahrhunderts wurde öffentlich Kritik am Modell des São Carlos laut, wobei es vor allem im Zuge der Rezeption der Werke Offenbachs zu einer intensiven Begegnung mit landessprachlich aufgeführten Konversationsopern kam.[104]

Eine vergleichsweise untergeordnete Rolle spielte die Opéra comique an den Bühnen der englischen Metropole. London besaß im 19. Jahrhundert mit Her Majesty's Theatre (vormals King's Theatre) und später auch Covent Garden zeitweilig sogar zwei rivalisierende italienische Opernhäuser internationalen Ranges.[105] Kamen an diesen Bühnen (Covent Garden ab 1847) Werke anderer Herkunft auf den Spielplan, so wurden sie ins Italienische übersetzt und mit Rezitativen ausgestattet. Die Zahl der Opéras comiques, die in einer solchen Gestalt im 19. Jahrhundert in London gespielt wurde, beschränkte sich auf wenige Werke, darunter Aubers *Fra Diavolo* sowie Meyerbeers *L'Etoile du Nord* und *Dinorah*.[106] Auch an den englischsprachigen Musiktheaterbühnen lassen sich nur relativ sporadische Aufführungen von Opéras comiques nachweisen. Den Memoiren des irischen Komponisten und Sängers Michael Kelly zufolge, der 1802 Dalayracs *La Maison à vendre* adaptiert hatte[107], entsprach die originale Musik der Opéras comiques nicht dem englischen Geschmack,

---

[102] Iki (s. Anm. 101), S. 412.

[103] Zu den frühesten Beispielen zählt Grétrys *Riccardo Cor di Leone* im Jahre 1792. Vgl. Manuel Carlos de Brito, *Opera in Portugal in the Eighteenth Century*, Cambridge 1989, S. 168.

[104] Mário Vieira de Carvalho, *»Denken ist Sterben.« Sozialgeschichte des Opernhauses Lissabon*, Kassel 1999, insb. S. 154-162.

[105] Gabriella Dideriksen, *Repertory and Rivalry: Opera at the Second Covent Garden Theatre, 1830-1856*, Ph. D. Thesis, University of London 1997.

[106] Vgl. Gabriella Dideriksen, *Meyerbeer and the first London production of «L'Étoile du nord"*, in: Jacobshagen/Pospíšil (s. Anm. 8), S. 273–284.

[107] Vgl. Theodore Fenner, *Opera in London. Views of the Press 1785–1830*, Carbondale and Edwardsvill 1994, S. 617.

»which, in the musical way, requires more Cayenne than that of any other nation in the world.«[108] Großer Beliebtheit erfreuten sich in London vor allem Grétrys *Richard Cœur-de-lion*, Cherubinis *Les deux journées* (adaptiert von Thomas Holcroft und Thomas Attwood unter dem Titel *The Escapes*), Boieldieus *La Dame blanche* (bearbeitet von Thomas Cook) und Aubers *Fra Diavolo* (adaptiert von Rophino Lacy) sowie *Le Philtre* (arrangiert von Charles Edward Horn).[111] Mindestens ebenso erfolgreich waren Dialogopern deutschen Ursprungs, allen voran Webers *Freischütz*, der nach seiner englischen Erstaufführung 1824 am Royal Coburg Theatre noch im selben Jahr an vier weiteren Bühnen zu sehen war (Lyceum, Royal Amphitheatre, Covent Garden, Drury Lane), ein beispielloser Erfolg, der Weber bekanntlich den Auftrag zur Komposition des *Oberon* einbrachte (Covent Garden 1826). Darüber hinaus leitete die *Freischütz*-Manie eine Welle von englischsprachigen Bearbeitungen kontinentaler Opern ein, mit durchschnittlich etwa fünf Werken in den Jahren 1824–1840.[112] In London gab es seinerzeit eine einzigartige Konzentration von Bühnen (Drury Lane, Covent Garden, Lyceum, Royal Coburg Theatre, St James Theatre, Royalty Theatre, u. a.), denen eines gemeinsam war: sie brachten in englischer Sprache Stücke unterschiedlicher Provenienz zur Aufführung, in denen sowohl gesprochen als auch gesungen wurde. Neben den Werken einheimischer Komponisten bildeten hierbei deutsche und französische Dialogopern in englischer Bearbeitung den gemeinsamen Kernbestand des Repertoires. Weniger unter dem Einfluß des italienischen Belcantotheaters als vielmehr in der produktiven Auseinandersetzung mit diesen beiden Traditionen der Dialogoper ist denn auch die Entwicklung der englischen Oper im 19. Jahrhundert zu sehen. Obwohl die Opéra comique in London – verglichen etwa mit den meisten Zentren Mitteleuropas – auf den Theaterspielplänen insgesamt keineswegs besonders prominent vertreten war, erweist sich die Theaterszene in der damals weltgrößten Metropole somit als ein besonders fruchtbares interkulturelles Laboratorium der europäischen Konversationsoper.

---

[108] Michael Kelly, *Reminiscences*, hrsg. von Roger Fiske, London 1975, S. 282.

[109] Fenner (s. Anm. 107), 494–498 und 610–632.

[110] Unter den Werken deutschen Ursprungs sind neben jenen Webers (*Freischütz, Abou Hassan, Preciosa, Sylvana, Oberon*) Winters *Oracle* (1826, *Das unterbrochene Opferfest*), Ries' *The Robber's Bride* (1829, *Die Räuberbraut*), Marschners *Vampire* (1829, *Der Vampyr*) zu nennen. Vgl. Fenner (s. Anm. 107), S. 498–512; Bruce Carr, *Theatre Music 1800–1834*, in: Nicholas Temperley (Hrsg.), *The Romantic Age*, Oxford 1988 (= *The Blackwell history of music in Britain*, Bd. 5), S. 288–306.

Irmlind Capelle

Albert Lortzing und das bürgerliche Musiktheater

Zur Abhängigkeit seines Schaffens von seinem jeweiligen Wirkungsort.*

Bürgerliches Musiktheater? – ein scheinbar unmißverständlicher Begriff, doch versucht man ihn genauer zu fassen, so stellen sich etliche Fragen: Meint »bürgerliches Musiktheater« die Opernaufführungen der Stadttheater im Gegensatz zu den Aufführungen an der Hofoper? Oder zielt der Terminus auf die verwendeten Stoffe und Handlungen? Oder meint er die Werke, die vom bürgerlichen Publikum am meisten geschätzt werden?

Doch es gab im 19. Jahrhundert keine Opern, die nur für Stadttheater geschrieben wurden, und welches Publikum einer Oper zum Erfolg verhalf, läßt sich nur schwer bestimmen. So bliebe noch das Kriterium der verwendeten Stoffe und Handlungen: Sind Lortzings *Die beiden Schützen* ein bürgerliches Stück, weil darin nur Bürger auftreten? Und sind *Zar und Zimmermann* oder *Waffenschmied* nicht mehr bürgerlich, weil darin verkleidete Adelige auftreten?

Zielt der Begriff »bürgerlich« überhaupt auf Standesunterschiede oder sind vor allem die bürgerlichen Werte gemeint, die in dem Stück vertreten sein sollen? Lortzing schreibt aber »komische Opern«, in denen es wohl keine Gelegenheit zum Austragen gesellschaftlicher Fragen gibt. Oder ist die

---

* Dieser Beitrag basiert auf einem Vortrag, den die Verfasserin im Rahmen der Tagung des Musikwissenschaftlichen Seminars der Westfälischen Wilhelms-Universität Münster mit dem Titel »Bürgerliche Musikkultur im Deutschland der ersten Hälfte des 19. Jahrhunderts« 1994 gehalten hat. Der Text des Beitrags ist unverändert geblieben, ergänzt wurden nur die bibliographischen Angaben der 1994 noch im Druck befindlichen Literatur.

sog. Spieloper, die Lortzing angeblich begründet hat[1], *per se* eine bürgerliche Oper?[2]

Im folgenden soll versucht werden, anhand der Biographie[3] und der vollständigen Werkübersicht des Komponisten[4] Lortzings Verhältnis zum Theater und seine Einschätzung der Stellung seiner Werke im Theaterbetrieb der Zeit zu beschreiben. Vielleicht läßt sich daran anschließend auch klären, ob es sich dabei um bürgerliches Musiktheater handelt.

Lortzing begann seine Laufbahn als Schauspieler und Sänger am Rhein, wo er im sog. ABC-Theater (Aachen, Bonn, Cöln, Düsseldorf) unter den Direktoren Joseph Derossi und Sebald Ringelhardt engagiert war.[5] Es handelte

---

[1] Vgl. den Beitrag der Verf., ›*Spieloper*‹ – *ein Gattungsbegriff? Zur Verwendung des Terminus vornehmlich bei Albert Lortzing*, in: Mf Jg. 48 (1995), S. 251–257.

[2] So sieht es Jürgen Lodemann, der mit seiner Dissertation (*Lortzing und seine Spielopern. Deutsche Bürgerlichkeit*, Freiburg 1962) versucht, »Lortzing und seine Spielopern auf der Grundlage von Libretto-Analysen als typische Erscheinung deutscher Bürgerlichkeit darzustellen« (S. 2) und am Ende seiner Arbeit zu dem Ergebnis kommt: »Neben demjenigen Lortzings gibt es kein anderes Opernschaffen, das so durchgehend und so deutlich auf ein bürgerliches Ensemble, das so unmittelbar auf ein demokratisches Miteinander ausgerichtet ist, worin der einzelne in der Gemeinschaft nie gesichtslos wird und nie seinen individuellen Lied-Ton verliert.« (S. 512f.).

[3] Neben den bekannten Biographien (Georg Richard Kruse, *Albert Lortzing*, Berlin 1899; Hans Christoph Worbs, *Albert Lortzing in Selbstzeugnissen und Bilddokumenten*, Reinbek 1980; Heinz Schirmag, *Albert Lortzing. Ein Lebens- und Zeitbild*, Berlin 1982) stützen sich die folgenden Ausführungen vor allem auf die Kenntnis aller Briefe des Komponisten; vgl. Albert Lortzing, *Sämtliche Briefe. Historisch-kritische Ausgabe*, hrsg. v. Irmlind Capelle, Kassel u. a. 1995 (= Detmold-Paderborner Beiträge zur Musikwissenschaft, Bd. 4), im folgenden zitiert als *LB*.

[4] Irmlind Capelle, *Chronologisch-thematisches Verzeichnis der Werke Gustav Albert Lortzings*, Köln 1994. Im folgenden werden die Kompositionen Lortzings mit den in diesem Verzeichnis eingeführten LoWV-Nummern bezeichnet. Die Einträge dort verzeichnen auch die Spezialliteratur zu den Werken.

[5] Alfons Fritz, *Amtliche Festschrift zur Hundertjahr-Feier des Aachener Stadttheaters*, Aachen 1925; ders., *Die Künstlerfamilie Lortzing an rheinischen Bühnen*, in: Archiv für Theatergeschichte, Berlin Jg. 1 (1904), S. 160–168; Heinrich Riemenschneider, *Theatergeschichte der Stadt Düsseldorf*, Düsseldorf 1987; Otto Heyden, *Das Kölner Theaterwesen im 19. Jahrhundert (1814–1872)*, Emsdetten 1939.

sich hierbei um reisende Theatergesellschaften, die die genannten Städte auf eigene Kosten, aber mit Unterstützung und unter Aufsicht der Stadträte bespielten. Seit 1823 war Ringelhardts Gesellschaft selbständig und trat in den Städten Aachen und Köln auf. Aus diesen ersten Jahren des »jugendlichen Liebhabers« Albert Lortzing sind weder im Hinblick auf seine Biographie noch auf sein Schaffen nennenswerte Fakten überliefert, so daß dieser Zeitraum für die Fragestellung dieses Beitrags unberücksichtigt bleiben muß.

Im Herbst 1826 wechselte Albert Lortzing mit seiner Frau zur Fürstlich Lippischen Hoftheatergesellschaft nach Detmold.[6] Er blieb dieser Gesellschaft, die auch die Städte Osnabrück und Münster sowie Pyrmont bespielte, bis Oktober 1833 treu und komponierte in dieser Zeit 18 Werke. Die Schauspielgesellschaft unter August Pichler war eigentlich ebenso eine reisende Truppe wie Ringelhardts Ensemble, doch hatte sich der lippische Fürst entschlossen, ihr den Status einer Hoftheatergesellschaft zu verleihen und damit die Risiken einer privaten Gesellschaft (kurzfristige, häufig unterbrochene Engagements, häufiger Konkurs) abzuwenden, d. h. er kam für Verluste der Gesellschaft auch an den anderen Spielorten auf. Im übrigen waren die Spielorte von der Zusammensetzung der Bevölkerung her sehr verschieden: Detmold eine provinzielle Residenzstadt, Pyrmont ein vornehmer Badeort, Münster eine Garnisonstadt und Osnabrück eine wenig charakteristische, »normale« Stadt, was sich z. T. auch im Repertoire niederschlug.[7] Daß sich die Gesellschaft zumindest während der Detmolder Spielzeit (Januar bis April/Mai) als Hoftheatergesellschaft fühlte, beweisen einige Briefstellen Albert Lortzings. So schreibt er am 20. Dezember 1828[8] an seine Eltern: »Unser hiesiges Publi-

---

[6] Willi Schramm, *Albert Lortzing während seiner Zugehörigkeit zur Detmold Hoftheatergesellschaft 1826–1833. Ein Beitrag zur Theatergeschichte von Detmold, Bad Pyrmont, Osnabrück und Münster*, Detmold 1951.

[7] Alle Orte konnten sich eine Theatergesellschaft nicht ganzjährig leisten und waren froh, durch diese Verbindung ihrer Bevölkerung überhaupt Theater bieten zu können. Zum Wechsel des Repertoires je nach Ort vgl. auch Joachim Veit, *Das französische Repertoire der Schauspielgesellschaft August Pichlers zwischen 1825 und 1847*, in: *Die Opéra comique und ihr Einfluß auf das europäische Musiktheater im 19. Jahrhundert. Bericht über den Internationalen Kongreß Frankfurt 1994*, hrsg. v. Herbert Schneider und Nicole Wild, Hildesheim u. a. 1997, S. 323–346.

[8] Alle Briefe Lortzings werden im folgenden mit ihrem Datum zitiert, damit sie ggf. auch in den Ausgaben von Georg Richard Kruse (1901, ²1913) aufgefunden werden können. Die exakten Nachweise erfolgen nach der Brief-Ausgabe (s. Anm. 3).

kum, so klein es ist, so niederträchtiges Pack ist es auch, höchst selten wird einmal *applaudirt* oder genügt Ihnen etwas, wenn der Fürst nicht wäre, dem Alles sehr gefällt und für den wir auch eigentlich nur spielen, so müßte man bey diesem Lumpenvolk alle Lust verlieren, wenn man sich *notabene* aus ihrem Miß- oder Beifall etwas machte«[9], und am 11. Januar 1830 heißt es: »Für den Augenblick geben wir ein Trauerspiel hinter dem andern. Die jüngste Durchlaucht, ein Kind von sieben Monaten, ist nämlich etwas bedenklich krank, weshalb der Hof das Theater während dieser Zeit nicht besucht und uns deshalb erlaubt ist, Trauerspiele zu geben, worob die Detmolder sehr erfreut sind.«[10]

Lortzings Umgang in Detmold scheint sich im privaten Bereich überwiegend auf die Mitglieder des Theaters beschränkt zu haben, im öffentlichen Bereich und beim Gastwirt Meyer im Hotel Stadt Frankfurt dürfte er jedoch zu allen Bevölkerungsteilen Kontakt gehabt haben.[11] Über seine privaten Kontakte in Bad Pyrmont ist nichts bekannt, in Münster scheint er 1832 und 1833 in engerem Kontakt zum Musikverein und dessen Leiter Anton Schindler gestanden zu haben.[12] In Osnabrück ist belegt, daß er Gast der Freimaurerloge »Zum goldenen Rade« war.[13]

Lortzings Kompositionen dieser Zeit zeigen noch eine große Gattungsvielfalt, die sich zum Teil mit den verschiedenen Wirkungsorten erklären läßt. So wurden die drei frühesten Werke (LoWV 12–14) zu einer Festvorstellung am 24. März 1828 anläßlich des 50jährigen Dienstjubiläums des Generals von Horn komponiert. Sein Himmelfahrts-Oratorium (LoWV 15) komponierte Lortzing jedoch für ein selbständig veranstaltetes Konzert (unter Mitwirkung des Theaterpersonals) in Münster bzw. ein Jahr später in Osnabrück und nicht, wie zu vermuten, für den dortigen Musikverein. Es ist jedoch bemerkenswert, daß Lortzing diese Konzerte nur in den großen Orten, in denen er

---

[9] *LB*, S. 20.
[10] *LB*, S. 27.
[11] Vgl. hierzu die Briefe der Detmolder Zeit und der frühen Leipziger Zeit an seine Detmolder Freunde.
[12] Vgl. die Briefe an Schindler aus den Jahren 1834 und 1835.
[13] Sichtbarstes Zeichen dieses Kontakts ist die Sammlung von Freimaurerliedern LoWV 19 aus dem Jahre 1829.

mit genügend bürgerlichem Publikum rechnen konnte, aufgeführt hat.[14] Die übrigen Werke schrieb Lortzing für den täglichen Theaterbetrieb, ohne dabei spezielle Orte im Blickfeld zu haben.[15] So wurde *Der Pole und sein Kind* in allen vier Orten gespielt, doch hatte das Werk in Münster mit der Zensur zu kämpfen. Lortzing schreibt dazu am 4. Januar 1833: »Die *Münstersche* Regierung war nicht zur Aufführung zu bewegen, trotz aller angewendeten Mittel, schade drum, es hätte rasende Einnahmen gemacht, denn die halbe Stadt nachdem sie vernommen, daß es verboten, hatte es gelesen.« Daß *Der Weihnachtsabend* nur in Münster und Detmold (21. Dezember 1832 und 4. Januar 1833) aufgeführt wurde, dürfte im Stoff des Vaudevilles begründet sein, doch daß die Bearbeitung der *Jagd* nur in Detmold erklang, könnte inhaltliche Gründe haben[16], denn Lortzing schreibt am 25. Dezember 1830: »Am 29ten [recte: 19.] *Dezember* wurde meine Jagd zum erstenmale gegeben und enthusiastisch vom Publikum aufgenommen, was hier ein seltner Fall ist. Doch gilt dieser Enthusiasmus nicht sowohl der Aufführung, als hauptsächlich unserm durchlauchtigsten Fürsten, der vor Lob nicht weiß wo er hin soll, in der Oper nämlich; die kalten *Detmolder* thauten aber bey solchen Anzüglichkeiten auf, und bewiesen ihrem Landesvater durch lautes Beifallrufen, wie sehr sie ihn verehren.«[17] Wie die Partitur zur Aufführung belegt[18], hatte Lortzing für die Detmolder Aufführung alle Stellen, in denen bei Hiller der König gefeiert wird, auf den Fürsten umgeschrieben und so eine echte Huldigungsoper verfertigt. In den übrigen von Detmold aus bereisten Orten hätte wieder der originale Text gesungen werden müssen, doch vielleicht bestanden hier dieselben Vorbehalte wie sie Lortzing für Köln formuliert: »[...] so

---

[14] Ein Potpourri für den Detmolder Hornisten August Räuber (LoWV 23) dürfte, da die Hofkapelle nicht wie das Theaterensemble reiste, wohl in Detmold zum ersten Mal erklungen sein, doch ließ sich die Uraufführung bislang nicht nachweisen.

[15] Die Schauspielmusiken, die zum Teil nur aus einem Chor oder Lied zu einem Schauspiel bestehen, gelegentlich aber auch die komplette Rahmen- und Bühnenmusik zu einem Drama umfassen, bleiben im folgenden unberücksichtigt.

[16] Die Uraufführung der Bearbeitung war allerdings ursprünglich für Osnabrück angekündigt; vgl. die Anmerkung zu LoWV 20.

[17] *LB*, S. 31.

[18] Zu Details der Bearbeitung vgl. die Verf., *Albert Lortzing und das norddeutsche Singspiel. Zu Lortzings Bearbeitung von Johann Adam Hillers Singspiel ›Die Jagd‹* (1829/1830), in *Mf* Jg. 39 (1986), S. 123–138.

machte ich zugleich die Bemerkung, daß die Oper jezt in Kölln nicht recht angebracht seyn dürfte, da die verehrten Rheinländer den König, welcher immer gepriesen wird, eben nicht sehr lieben. Doch was thut das, wenn die Oper nur Geld einbringt.«[19]

Rückt die Bearbeitung der *Jagd* Lortzing in das Licht eines echten Hofkomponisten, so ist jedoch zu bedenken, daß zwei seiner vier Vaudevilles, die er in den Jahren 1832–33 schrieb, politisch so selbstbewußte Sujets haben, daß sie mit der Zensur zu kämpfen hatten.[20] Rückwirkend schreibt Lortzing über seine Detmolder Zeit: »Hat sich die durchlauchtige Familie noch nicht wieder vermehrt? Als ich noch in Detmold war, lagen die Bildniße dieses von mir stets hochverehrten Fürstenpaares, das mir manchen Beweiß seiner Huld gegeben, in meinem Kasten, jezt fühle ich erst wie werth sie mir sind, deßhalb prangen sie unter Glas und Rahmen überm Kanapee in meinem *visiten*-Zimmer«.[21]

Ab November 1833 wirkte Lortzing in Leipzig. Bis Mitte 1844 als Schauspieler und Sänger (und gelegentlich als Dirigent seiner eigenen Opern), 1844/45 als Kapellmeister am Stadttheater und 1845/46 stellungslos als Privatier. Das Leipziger Stadttheater unterstand der Stadtverordnetenversammlung und die Zensur wurde von zwei Theaterdeputirten ausgeübt – die Atmosphäre der Stadt galt jedoch als sehr liberal.[22] Doch läßt sich aus Lortzings Briefen nicht belegen, daß er dieses Engagement vor allem wegen der politischen Veränderung begrüßte; vielmehr lag ihm offensichtlich viel daran, zusammen mit den Eltern wieder unter Ringelhardt spielen zu können, dessen finanzielle Solidität, die den Schauspielern langfristig Sicherheit gab, er sehr schätzte.[23]

---

[19] Ebda.
[20] Am 17. Juli 1833 schrieb Lortzing an seine Eltern: «[...] der *Pole* ist in Berlin, der *Hofer* in Wien von der Censur gestrichen worden, [...]«, *LB*, S. 61.
[21] Brief vom 5. April 1834, s. *LB*, S. 75.
[22] Friedrich Schulze, 100 *Jahre Leipziger Stadttheater. Ein geschichtlicher Rückblick*, Leipzig 1917; Friedrich Schmidt, *Das Musikleben der bürgerlichen Gesellschaft Leipzigs im Vormärz (1815–1848)*, Langensalza 1912; Felix Eckard, *Das Leipziger Stadttheater unter Christian Schmidt und Heinrich Marr*, Berlin 1959; Georg Hermann Müller, *Das Stadt-Theater zu Leipzig. Statistik vom Tage seiner Begründung am 26. August 1817 bis 1. April 1891. Nach amtlichen Quellen bearbeitet*, Leipzig 1891.

Außerdem verhinderte das Reisen in Detmold den Aufbau einer seßhaften bürgerlichen Existenz. Nicht zuletzt reizte ihn das herausragende Musikleben Leipzigs, wie er selbst am 27. Mai 1833 schreibt: »[...] und der Umgang so wie das Wirken in einer Stadt der Wissenschaften namentlich für Musik«[24].
In Leipzig hatte Lortzing leichteren Zugang zur Gesellschaft als in Detmold. Am 5. April 1834 schreibt er an den Gastwirt Georg Meyer nach Detmold: »Du warst selbst in größern Städten, also weißt Du, daß in solchen der Künstler mehr geschätzt wird als in kleinen Orten, ist er nun vollends beliebt, so bildet sich bald ein Kreis um ihn welcher sich seiner Gesellschaft freut, so ergeht [es] mir hier; [...]«.[25] Lortzing wurde sofort nach seiner Übersiedlung nach Leipzig Mitglied der Tunnel-Gesellschaft[26] und gehörte zu den aktiven Mitgliedern des 1840 von Robert Blum gegründeten Schiller-Vereins.[27] Als Darsteller errang er sehr schnell große Achtung beim Publikum und fühlte sich nach kurzer Zeit in Leipzig ausgesprochen wohl.

In dieser Atmosphäre schrieb Lortzing 37 Werke, darunter acht abendfüllende Opern. Dabei zeigen die ersten Kompositionen, daß er auch hier zunächst seinen Platz im Musikleben suchte: Er schrieb zwar keine Orchesterwerke mehr – die Aussicht, daß das Gewandhausorchester Musik eines Schauspielers aufgeführt hätte, sah er wohl als zu gering an – und auch keine geistlichen Werke, aber der enge Kontakt zu Musikverlagen ließ ihn wohl hoffen, mit Tageskompositionen wie Variationen für Klavier Geld zu verdienen. Nach einem einzigen Versuch (LoWV 30) hat Lortzing jedoch nie wieder Klavierwerke oder sonstige, nur für den Druck bestimmte Werke komponiert.[28] Seine Erfahrung mit den Verlegern faßt Lortzing in einem Brief an

---

[23] Dies spricht Lortzing in den Briefen von 1833 noch nicht aus, doch läßt es sich aus späteren Urteilen über Ringelhardt gerade auch im Vergleich zu anderen Theaterdirektoren schließen. Vgl. vor allem die Briefe nach dem Direktionswechsel in Leipzig im Sommer 1844, aber auch den Brief an die Leipziger Stadtverordnetenversammlung vom 16. April 1838.
[24] *LB*, S. 57.
[25] *LB*, S. 74.
[26] Vgl. den Brief vom 11. Dezember 1833, *LB*, S. 67.
[27] Vgl. die Briefe, die Lortzing im Rahmen dieser Tätigkeit schrieb, und seine Kompositionen für die jährlichen Schillerfeiern LoWV 45–47, 51, 52, 57, 67 Nr. 1.
[28] Ausnahmen sind in späterer Zeit Kompositionen, die Verleger direkt von Lortzing angefordert haben, wie die Lieder LoWV 56 und 65. Lortzing betätigte sich al-

Anton Schindler vom 23. August 1834 zusammen: »[...] indessen das Erste was einem so ein Kerl von Verleger erwiedert, ist: ›mein Gott, man kennt den Mann gar nicht!‹ und vergebens erzählte ich den kurz abgefaßten Nekrolog in Betreff Ihrer Bekanntschaft mit dem großen *Beethoven* – aber es hilft nicht. Ich versichere Ihnen, lieber Freund, daß, (ich habe mich selbst davon überzeugt) bei allen Verlegern die Kasten voll Manuscripte liegen, namentlich Lieder und Klaviercompositionen, und viele von diesen Komponisten geben noch Geld dazu wenn Ihre Produkte in einer Musikalienhandlung von *Renomée* verlegt werden.«[29]

1836 schrieb Lortzing zwischen den *beiden Schützen* und dem *Zaren* eine große ernste Oper auf einen Text von Robert Blum, *Die Schatzkammer des Ynka*. Lortzing erinnert sich rückblickend: »[...] nach dem günstigen Erfolge indessen, den meine <u>komischen</u> Opern hatten, wagte ich nicht, mit einer durchgängig ernsten Komposition vor das Publikum zu treten und so unterblieb die Aufführung bis auf den heutigen Tag.«[30] Seit dem Erfolg des *Zar und Zimmermann* hatte Lortzing jedoch offensichtlich seinen Platz gefunden: Er komponierte Einlagenummern für den aktuellen Theaterbetrieb (darunter viele Nummern für Possen, die Gelegenheit zu tagespolitischen Anspielungen boten), und alljährlich entstand eine Oper und dazu kleinere oder größere Werke für die gesellschaftlichen Gruppierungen, in denen er aktiv war, sowie für die Loge und für die Privattheatergesellschaft Urania in Berlin (LoWV 39–66).

Seine Opern komponierte Lortzing vor allem für Leipzig, wie er am 13. Januar 1839 Adolf Glaßbrenner erläuterte: »ich schrieb die Oper für unser Personal, denn wenn hier meine Oper nicht gefällt, so kann ich sie nirgendwo zur Aufführung bringen; [...]«.[31] Aus diesem Grunde gibt es in Lortzings *Zar und Zimmermann* keine Primadonna, sondern sechs Männerrollen

---

lerdings in den Jahren 1837–1839 noch als Herausgeber und veröffentlichte unter dem Titel *Figaro. Sammlung launiger und scherzhafter Gesänge mit Begleitung des Pianoforte* bei Julius Wunder in Leipzig eigene und fremde Kompositionen (vgl. die Übersicht bei LoWV 29).

[29] *LB*, S. 78.
[30] Aus der sog. *Autobiographischen Skizze*, vgl. Lortzing, *Sämtliche Briefe* (s. Anm. 4), Anhang 1, S. 450–451.
[31] *LB*, S. 102.

und einen Spielsopran. Bei seiner ersten Oper, den *beiden Schützen*, war dagegen wohl noch eine erste Sängerin im Leipziger Ensemble, die die Rolle der Caroline übernehmen konnte. Dagegen betont Lortzing in den Werbeanzeigen zu dieser Oper, daß sie sehr preiswert auszustatten sei, wobei er offensichtlich noch Detmolder Etatverhältnisse im Kopf hatte.[32] Aber selbst wenn eine Oper auf Bühnen mit geringem Etat ausgerichtet war, so versuchte Lortzing sie dennoch an Hoftheater und speziell nach Berlin zu verkaufen, was aber auch bedeutet, daß die Opern inhaltlich überall »vertretbar« sein mußten, und in der Tat sind von keiner der Leipziger Opern Zensurprobleme bekannt. Nachdem es Lortzing immerhin schon bei seinem zweiten Versuch gelungen war, ein Werk an die Berliner Hofoper zu bringen[33], vermerkte er in dem bereits zitierten Brief an Glaßbrenner: »jetzt hat sich die Sache schon geändert, denn der Graf hat mir geschrieben, ich möchte ihm meine ferneren Producte gleich zuschicken. Nun kann ich schon andere Kräfte [d. h. Sänger] in Anspruch nehmen.«[34] In der Tat ist die folgende Oper *Caramo oder das Fischerstechen* als »große komische Oper« sängerisch viel anspruchsvoller angelegt, vor allem Rosaura, die Tochter des Marquis, ist eine hochvirtuose, echte erste Sopranpartie.[35] Außerdem spielt die Handlung durchgängig am Hofe, und in diese Sphäre tritt ein verkleideter Bürger (Fischer); die Hofwelt wird allerdings sehr karikierend dargestellt. Doch mit dieser Oper, die Lortzing musikalisch zeitlebens als seine beste einschätzte, hatte er keinen Erfolg: Berlin schob die Aufführung hinaus, »weil *Blum's* Oper ›*Bergamo*‹ nach demselben Süjet bearbeitet« sei, und viele »*Provincial*-Bühnen« störten sich an der Ausstattung der Schlußszene, einem Leipziger Fischerstechen.[36]

---

[32] Vgl. die Anzeige in der *Allgemeinen Theater-Chronik* Jg. 6, No. 33 (17. März 1837), S. 131 und den Brief an Anton Schindler, Febr. 34: »Um wieder auf die Oper *Ali Baba* zu kommen: *Härtel* hat solche von *Cherubini* für 12000 *Francs* gekauft und verlangt von Bühnendirektoren für die Partitur 100 *Friedrichsd'or*!!! Glauben Sie wohl, lieber Freund, daß die fürstl. lippische Hofbühne davon Gebrauch machen werde? – Ich zweifle.« (*LB*, S. 69).

[33] Vgl. die Briefe an die Intendanz vom 12. April 1836 und 23. Juni 1838 und die dazu gehörenden Anmerkungen.

[34] *LB*, S. 102.

[35] Vgl. den Beitrag der Verf. zu *Caramo* in diesem Band.

[36] Vgl. den Brief an Breitkopf und Härtel vom 11. November 1840, *LB*, S. 128.

Zudem wollte kein Verleger den Klavierauszug drucken[37], so daß die Oper nach einigen durchaus erfolgreichen Aufführungen in Leipzig in Vergessenheit geriet.

Unmittelbar daran anschließend schrieb Lortzing die Fest-Oper *Hans Sachs*, seine erste nicht-komische Oper,[38] die aber sängerisch weniger exponierte Anforderungen als *Caramo* stellt. Auch diese wollte er gerne in Berlin zur Aufführung gebracht wissen, am liebsten zum Geburtstag des Königs, was ihm aber nicht gelang.[39] Diese intensiven Bemühungen um Aufführungen in Berlin gehen einher mit Engagementsbemühungen als Kapellmeister, denn obwohl es Lortzing in Leipzig sehr gut gefiel, hat er sich immer wieder bemüht, eine Stellung am Hofe zu erlangen[40], da der Hof für Künstler in dieser Zeit die größtmögliche Sicherheit, eventuell auch mit Pensionsansprüchen, bot.

Mit den nächsten beiden Opern, *Casanova* und *Wildschütz*, betrat Lortzing wiederum das komische Terrain und mit seinem Verleger Breitkopf & Härtel hatte sich inzwischen fest eingespielt, daß unmittelbar nach der Uraufführung jeweils die Klavierauszüge erschienen, die zur leichteren Verbreitung der Werke beitrugen. *Undine*, die erste romantische Oper, wurde nicht in Leipzig uraufgeführt[41], da hier inzwischen ein Direktionswechsel stattgefunden hatte und damit alle unter Ringelhardt eingespielten Verhältnisse gestört waren. Dennoch ist davon auszugehen, daß Lortzing die Oper auf Leipzig berechnet hat, zumal der Einsatz der Singstimmen durchaus den vorangehenden Opern ähnelt.

Überblickt man nun diese sieben Opern, so fällt auf, daß sie bis auf *Caramo* und mit Abstrichen *Hans Sachs* nicht dem repräsentativen Typus, sei es die Stimmen oder die Szenerie betreffend, angehören. Betrachtet man die Sujets, so könnte man allenfalls *Hans Sachs* als adelsfreundlich bezeichnen,

---

[37] Vgl. die Briefe an Trautwein vom 12. Oktober 1839 und an Schott vom 28. November und 15. Dezember 1839.

[38] *Hans Sachs* trägt bei der Uraufführung den Titel »Fest-Oper« und Lortzing bittet Anfang Juni 1844 seinen Freund Düringer ausdrücklich, diese Oper nicht als »komisch« zu bezeichnen.

[39] Vgl. den Brief an Louis Schneider vom 23. Mai 1840, *LB*, S. 122f.

[40] Vgl. auch die Bewerbungen nach Coburg und Dresden.

[41] LoWV 64. Die Uraufführung fand am 21. April 1845 in Magdeburg statt.

doch alle übrigen Opern sind eher hoheits- bzw. amts-kritisch.[42] Da es sich jedoch um komische Opern handelt, war diese Kritik offenbar auch an Hofbühnen zu goutieren.

Dabei lassen Lortzings Briefe nach zehnjährigem Aufenthalt in Leipzig durchaus eine politisch kritische Haltung erkennen. In den Briefen an seine Freunde Philipp Düringer, der 1843 nach Mannheim wechselte, und Philipp Reger, der 1844 nach Frankfurt ging, klingen erstmals politische Töne an. So schreibt er nach der niedergeschlagenen Demonstration am 12. August 1845 in Leipzig: »*Baudius* [ein ehemaliger Kollege] war hier – [...]. Er [...] lobt die östereichische Regierung über die Maaßen und hat sich Bezugs der blutigen Auftritte vom 12ten hier ganz auf die Seite der Aristokraten geschlagen. Er ist und bleibt ein inconsequenter Schweinehund.«[43] Und später schreibt er an Philipp Reger: »Hier macht das Ausweisen verschiedener Litteraten und sonstiger Männer, welche sich etwas frei aussprachen, viel Aufsehen. Wäre *Blum* nicht Bürger von *Leipzig*, so hätte auch er schon längst seinen Laufpaß, ohnerachtet der Verdienste, welche er in jenen unglücklichen Tagen durch die Macht seiner Rede sich erworben.«[44]

Diese Tendenz setzte sich bekanntlich in den nächsten Jahren fort, wobei Lortzings Anmerkungen zu den März-Ereignissen 1848 in Wien nur verschlüsselt seine Meinung erkennen lassen, da er in dieser Zeit die Zensur seiner Briefe fürchtete.[45]

1846 wechselte Lortzing ins Engagement nach Wien zu Franz Pokorny an das Theater an der Wien, einem Vorstadttheater, das immer wieder versuchte, mit seinen Aufführungen der Hofoper Konkurrenz zu machen.[46] Nach den

---

[42] Vgl. hierzu besonders Jürgen Lodemann, *Lortzing und seine Spiel-Opern* (s. Anm. 2).

[43] Brief vom 4. September 1845, *LB*, S. 254.

[44] Brief vom 21. Oktober 1845, *LB*, S. 258.

[45] Lortzing schrieb am 26. November 1848: «so viel ist gewiß, daß es schrecklich hier zu gieng und daß sich viel darüber sagen ließe, wenn man mit gutem Gewißen dem Papiere alles, was man denkt, anvertrauen könnte.« (*LB*, S. 345).

[46] Allgemeine Literatur vgl. Anton Bauer, *150 Jahre Theater an der Wien*, Zürich u. a. 1952; Raoul Biberhofer, *125 Jahre Theater an der Wien 1801–1926*, Wien 1926; Friedrich Arnold Mayer u. a., *Katalog der »Alten Bibliothek« des Theaters an der*

ersten beiden Opern zu urteilen, die Lortzing für dieses Theater schrieb, *Waffenschmied* und *Zum Großadmiral*, muß er hier im Prinzip mit einem ähnlichen Publikum wie in Leipzig gerechnet haben: Sujet und Ausführung sind seinen früheren Opern sehr ähnlich. Daß Lortzing trotz der erfolgreichen Uraufführung des *Waffenschmied* in Wien weder persönlich noch musikalisch Fuß fassen konnte, hat keine politischen Gründe: Wien war ihm zu groß und er konnte sich mit dem musikalischen Geschmack nicht anfreunden. Wenn er im Anfang auch schreibt: »Ueber die hiesigen Verhältniße außer dem Theater kann ich nicht klagen, ich habe ziemliche Bekannte und könnte allwöchentlich mehremale in Gesellschaften gehen, wenn ich wollte. [...] Freilich ist auch hier kein kollegialisches Verhältniß wie unter *Ringelhardt*, aber das gehörte auch zu den Seltenheiten und kommt so leicht nicht wieder«[47], so scheint er doch später (vielleicht auch aus finanziellen Gründen) seine gesellschaftlichen Verbindungen sehr eingeschränkt zu haben.[48] Zum Musikgeschmack schreibt Lortzing: »Ich habe überhaupt die traurige Erfahrung gemacht, das Wien, Oestereich im Allgemeinen für mich (als Opernkomponisten) kein *Terrain* ist. Das Volk kann nicht <u>reden</u> und nicht <u>spielen</u>. Es ist ein wahrer Jammer. Ueberhaupt ist der musikalische Geschmack hier der Verdorbenste. Nur italienische Musik dominirt. Deutsche Opern, wie von *Spohr*, *Marschner*, werden wohl Anstandes halber einmal gegeben, verschwinden aber gleich wieder, weil sie keinen Anklang finden. Nur Dudeley und immer Dudeley, Trillerei! [...]«[49] und später drastischer gegenüber Düringer: »Der Musikgeschmack ist hier unter dem Luder und nur italienischer Kram und Straußische Walzer effektuiren und floriren. Es ist mit einem Wort: ein Viehvolk. ———«[50]

Offensichtlich war Lortzing nicht bereit, sich diesem Geschmack zu fügen. Zwar komponierte er auch hier Werke für den täglichen Theaterbetrieb, de-

---

Wien, Wien 1928. Zur Konkurrenz mit der Hofoper vgl. Lortzings Briefe aus den Jahren 1845/1846 und seine Anmerkungen zu den Gastspielen von Jenny Lind und Giacomo Meyerbeer 1846.

[47] Brief vom 29. Dezember 1846, *LB*, S. 288.
[48] Vgl. besonders die Briefe vom 29. Mai 1847, November 1847 und 5. Dezember 1847, *LB*, S. 293-296, S. 303f. und 310f.
[49] Brief vom 29. Mai 1847, *LB*, S. 293f.
[50] Brief vom 5. Dezember 1847, *LB*, S. 308.

nen z. T. das Tagesgeschäft anzumerken ist[51], doch in den Opern wollte er sich dem »italienischen Schlendrian« nicht anpassen. Ratlos schrieb er Anfang Februar 1848 an Gollmick: »O mein lieber Freund! der arme Ko[m]ponist der auf den Ertrag seiner Werke angewiesen ist wird irre, er weiß nicht mehr, wie er's anfangen soll. Bei meinen letzten Opern [wohl *Waffenschmied* und *Großadmiral*] – die *Undine* ausgenommen – wirft man mir Seichtheit, Flüchtigkeit, Gewöhnliches [...] vor, die *Undine*, die man musikalisch höher stellt, ist ihnen langweilig und weiß Gott was noch alles.«[52] Dies Zitat läßt erkennen, daß die Wiener Verhältnisse Lortzing unsicher gemacht haben: Er hatte den direkten Kontakt zu der Opernmusik, die er schätzte, verloren, komponierte für Verhältnisse, die er nicht kannte und hatte z. B. die Uraufführung seiner letzten Oper nicht miterlebt.[53]

Die März-Ereignisse 1848 scheinen dagegen Lortzing anfangs völlig gefesselt zu haben: er komponierte zahlreiche Freiheits-Chöre[54] und sah mit Wohlwollen das Theater an der Wien zum Nationaltheater ernannt. In dieser Stimmung, die allerdings durch den drohenden finanziellen Zusammenbruch Pokornys sehr schnell wieder zerstört wurde, komponierte Lortzing seine *Regina* (LoWV 84). Diese Oper, die nach seinen eigenen Angaben »Zeit-Umstände berührt, Freiheitslieder u. d. g. enthält«[55] ist musikalisch gesehen (fast) eine »große« Oper. Von Lortzing für das Kärntnertor-Theater berechnet, stattete er sie mit hochdramatischen Partien, großen Massenszenen und nur sehr wenig gesprochenem Dialog aus. Für diese Oper also, die so »revolutionär« ist, wie keine andere seiner Opern[56], lehnte sich Lortzing an die traditionell eher höfische Gattung an. Ihrer liberalen Tendenzen wegen erlebte die Oper zu seinen Lebzeiten keine Aufführung, da sich die Verhältnisse im Oktober bekanntlich wieder änderten.

Doch Lortzings persönliche Meinung änderte sich nicht wieder, er blieb seinen demokratischen Ansichten, die sich schon in Leipzig ausgeprägt hat-

---

51 Vgl. LoWV 72, 75, 76, 78.
52 Beide Zitate im Brief an Gollmick vom 11. Februar 1848, *LB*, S. 318.
53 Vgl. die Anmerkung zu LoWV 74.
54 LoWV 80–82.
55 Brief an Breitkopf und Härtel vom 20. Oktober 1848, *LB*, S. 339.
56 Im Schlußchor heißt es »Heil Freiheit dir, du Völkerzier, dir leben wir, dir sterben wir [...]«.

ten, treu. Unmittelbar nach dem Scheitern der Revolution schrieb er: »Was uns von den Errungenschaften der Märztage noch übrig geblieben sein wird – wir müßen's halt abwarten. Viel wird's nicht sein.«[57]

Beruflich orientierte sich Lortzing ab 1849 wieder nach Leipzig, dessen Stadttheater unter dem neuen Direktor Wirsing ihm jetzt mehr entgegen kam als unter Schmidt. So schrieb er auch seine letzte abendfüllende Oper für dieses Ensemble[58], und trotz des romantischen Sujets wählte er wieder ähnliche Rollentypen wie in den früheren komischen Opern. Daß sich das erfreut aufgegriffene Engagement dort so schnell wieder zerschlug, war wohl mehr eine theaterpolitische als eine allgemein politische Entscheidung, auch wenn Lortzing gegenüber seinen Kindern im November 1849 äußert: »Bei [meinen zahlreichen Bekannten, das ist] die Bürgerkla[sse, hat das Ereignis [[die Entlassung]] viel Aufsehen] gemacht, aber [das kommt nicht in Betracht, denn wie in politicis, so hat auch hier] die Aristokratie [die Macht auf ihrer Seite ...].«[59]

Sein letztes Engagement trat Lortzing am 1. Mai 1850 beim Friedrich-Wilhelmstädtischen Theater in Berlin an, einem Haus, das vor allem Possen und »politische« Stücke spielte, wo aber in Zukunft auch eine Opernabteilung aufgebaut werden sollte.[60] Hier komponierte Lortzing, abgesehen von der Festouvertüre zur Eröffnung des Theaters, vor allem Einlagelieder und Schauspielmusik zu Possen und Berliner Lokalstücken – wie man dies von ihm als Theaterkapellmeister erwarten durfte.[61] Projekte einer Oper sind dagegen nicht belegt – Lortzing hätte sie ja auch an diesem Theater nicht aufführen können. Statt dessen komponierte er in dieser Zeit Lieder und Chöre für die sofortige Drucklegung[62] – ein Unternehmen, das er nur ungern

---

[57] Brief an Düringer vom 8. November 1848, *LB*, S. 342.
[58] *Rolands Knappen* LoWV 85.
[59] *LB*, S. 378.
[60] Lieselotte Maas, *Das Friedrich-Wilhelmstädtische Theater in Berlin unter der Direktion Friedrich Wilhelm Deichmanns in der Zeit zwischen 1848 und 1868*, Diss. Berlin (FU) 1965. Die Tatsache, daß Deichmann ihm versprochen hatte, auch Oper im Repertoire einzuführen, betont Lortzing in allen Briefen dieser Zeit.
[61] LoWV 92–94, 98–103, 108.
[62] LoWV 89, 95–97, 104–107.

aus finanziellen Gründen annahm und gegenüber Düringer folgendermaßen charakterisiert: »ich arbeite nun für die Verleger, werde von diesen <u>Hunden</u> getreten und – muß mich treten <u>laßen</u>!«[63]

Betrachtet man Lortzings Schaffen im Überblick, so fällt auf, daß es keine stringente Entwicklung aufweist: von der Disparatheit des Schaffens eines Anfängers über seine großen Opern, neben denen die zeit- und theaterpraxisgebundenen Werke Gelegenheitskompositionen bleiben, fällt es zu den Werken der letzten drei Jahre wieder ab, in denen (mit Ausnahme der *Rolands Knappen*) häufig die Gelegenheitswerke zu Hauptwerken werden und zum Schluß wiederum Schauspielmusiken seine Hauptbeschäftigung sind.

Lortzing und das bürgerliche Musiktheater? Auch nach dieser Übersicht fällt die Antwort nicht leicht. Sicherlich war Lortzing spätestens seit seiner Leipziger Zeit gesellschaftlich vor allem in die »Bürgerklasse« eingebunden und dies vielleicht auch stärker und für ihn, z. B. aus der Sicht des Berliner Hofes, diskreditierender als es ihm selbst bewußt war.[64] Doch komponierte Lortzing überwiegend für bürgerliches Publikum? Sicherlich – zu den *Rolands Knappen* sagt er: »Die Anspielungen auf den König v. Pr:, welche hier rasenden Anklang fanden, habe ich natürlich für den Druck beseitigt, so daß weiter nichts als der *Musäus'sche* König übrig geblieben ist«[65] – und der Beifall kam sicherlich aus der Leipziger »Bürgerklasse«. Doch andererseits hatte er am 9. August 1841 ein Libretto von August Gerstel mit der Bemerkung abgelehnt: »ihr Text – [...], ist mir zu bürgerlich um ihn zur Oper zu verwenden«[66]. Wichtiger scheint die Beobachtung, daß Lortzing in seinen Werken überhaupt auf Kritik reagiert: Die Berliner vermissen eine Primadonna, also schreibt er in der nächsten Oper eine solche Partie; in den *beiden Schützen* und im *Wildschütz* mißfallen die couplethaften Lieder, also schreibt er in den

---

[63] Brief vom 1. August 1850, *LB*, S. 431.
[64] Es ist auffällig, daß Berlin nach dem *Wildschütz* keine Oper Lortzings mehr angenommen hat und den *Waffenschmied* ausdrücklich dessen »bürgerlicher Tendenz halber« (Brief vom 22. Mai 1849 an Rosine Lortzing, *LB*, S. 368) ablehnte – auch alle drei Versuche Lortzings, hier eine Musikdirektoren- oder Kapellmeisterstelle zu erlangen (vgl. den Brief vom 16. Mai 1849, *LB*, S. 365f.), schlugen fehl.
[65] Brief vom 1. August 1849, *LB*, S. 374.
[66] *LB*, S. 138.

folgenden Opern sentimentale Lieder bzw. streicht das couplethafte Lied für den Druck. Und als ihm diese unmittelbare Kritik fehlte, wurde er nach eigenen Worten »irre«. Dies soll nicht heißen, daß Lortzing nicht wußte, was und wie er komponieren wollte[67], aber er komponierte für die Praxis, seine Werke sollten und mußten gefallen, sei es an reisenden Bühnen oder an kleinen und großen Hoftheatern.[68] –

Lortzing und das »bürgerliche Musiktheater«? – der Titel müßte wohl eher lauten: Lortzing und das erfolgreiche Musiktheater.

---

[67] So schreibt Lortzing am 18. September 1848 an Philipp Reger: «Ich bin gegenwärtig mit Beendigung einer neuen Oper beschäftigt – wieder ernsten Inhaltes; ich freue mich schon zu hören, wie die gelehrt sein wollenden Musiker ausrufen werden: ›wenn der Mensch doch bei seiner komischen Musik bleiben wollte!‹ ich kann ihnen aber nicht helfen, diesen armseligen Subjekten, die selbst nichts leisten können aber alles andere bekritteln – sie müßen mein neuestes *Opus* verdauen.« (*LB*, S. 338).

[68] Lortzings Musiktheater-Konzept ging bis zum *Wildschütz* und mit einigen Abstrichen auch noch bei der *Undine* und dem *Waffenschmied* auf. Zu beschreiben, warum er ab ca. 1846 seinen Platz im Opernbetrieb als Komponist (aber auch als Dirigent) nur noch eingeschränkt fand, wäre ein neues Thema.

Register

Adam, Adolphe 234, 236
  Le Brasseur de Preston / Der Brauer von Preston 241, 246, 252
  Le Chalet / Die Sennerhütte 234, 246, 253
  Giralda 246
  Le Postillon de Lonjumeau 183, 234, 246, 252
  La Reine d'un jour / Die Eintagskönigin 246
  La Poupée de Nuremberg / Die Nürnberger Puppe 247
Albrechtsberger, Georg 175
Attwood, Thomas 258
Auber, Daniel Francois Esprit 38f., 155, 213, 235, 248, 255
  L'Ambassadrice 234, 253
  Le Cheval de bronze / Das eherne Pferd 247, 252
  Le Concert à la cour / Das Concert am Hofe 246
  Les Diamants de la couronne / Die Krondiamanten 234
  Le Domino noir / Der schwarze Domino 39, 234, 241, 252, 254
  La Fiancée / Die Verlobte 235, 252
  Fra Diavolo 169, 178, 216, 237, 240, 252–254, 257f.
  Haydée 234, 246
  Leocadia 246
  Lestocq 179
  Le Maçon / Der Maurer und der Schlosser 178, 234, 245f.
  Manon Lescaut 246
  La Muette de Portici / Die Stumme von Portici 178, 235, 241, 245
  La Neige / Der Schnee 178f., 246
  Le Part du diable / Des Teufels Anteil 235
  Le Premier jour de bonheur / Der erste Glückstag 246
  Le Serment ou Les Faux-Monnoyeurs / Der Schwur oder die Falschmünzer 178f., 252
  La Sirene / Die Sirene 252
Audinot, Nicolas Médard
  Le Tonnelier / Der Fassbinder 248

Bach, Johann Sebastian 23
Baermann, Heinrich Joseph 153f., 156
Bäuerle, Adolf Johann Andreas 110, 112, 125, 177, 188
Ballmann, Max 66
Balochino, Carlo 180f.
Barbaja, Domenico 176, 181
Batton, Désiré Alexandre
  La fenêtre secrète 191
Baudius, Karl Friedrich 269
Bauernfeld, Joseph Vinzenz Edler von 154
Baumann, Carl Friedrich 240
Beaumarchais, Pierre Augustin Caron de 186, 191
  L'autre Tartuffe ou La Mère coupable 198
  La Folle journée ou le mariage de Figaro 201
  La Précaution inutile ou le barbier de Séville 198
Bechstein, Ludwig 154
Beck, Heinrich
  Die Schachmaschine 14, 21

275

Beethoven, Ludwig van
  15, 105, 175, 217, 266
  Fidelio 22, 96, 180, 217, 230
Behr, Herr 110
Bellini, Vincenzo 155, 210
  Beatrice di Tenda / Das Castell von Ursino 178f.
  I Capuleti e i Montecchi / Die Capulets und die Montagues 178
  Norma 83, 183
  I puritani 216
  Il pirata / Der Seeräuber 178
  La sonnambula / Die Nachtwandlerin 178
  La straniera / Die Unbekannte 178
Berlioz, Hector 43
  Béatrice et Bénédict 96
  Le Freyschutz 240
Berthold, Leberecht 66, 80
Berton, Henri Montan 235
  Aline, reine de Golconde / Aline, Königin von Golkonda 246, 250
Biedenfeld, Ferdinand Freiherr von 154f.
  Die Bürgschaft 155
Bierey, Gottlob Benedikt 191
Birch-Pfeiffer, Charlotte 190
Bizet, Georges
  Carmen 230, 234
Blanchard, Henri 213
Blum, Karl Wilhelm August
  Bergamo 64, 267
Blum, Robert 21, 26, 29, 72, 265, 269
  Die Schatzkammer des Ynka 266
Börnstein, Heinrich 212
Bogrioldi, Dionisio
  Il due Figaro ossia Il sogetto di una commedia 197
Boieldieu, François Adrien 248, 250f., 255f.
  Le Calife de Bagdad / Der Kalif von Bagdad 246, 253f.
  La Dame blanche / Die weiße Dame 152, 178, 234, 245, 250, 252, 258
  Les Deux nuits / Die beiden Nächte 246
  La Fête du village voisin / Der Kirchtag im benachbarten Dorfe 246
  Jean de Paris / Johann von Paris 37, 235, 246, 248
  Le Nouveau seigneur du village / Der neue Gutsherr 234, 246
  Le Petit chaperon rouge / Rotkäppchen 246
  Les Voitures versées / Die umgeworfenen Kutschen 246
Boirie, Jean Bernard Eugène Cantiran de
  Le Bourgmestre de Sardam ou les deux Pierres 46
Boulez, Pierre 23
Brassin, Louis 110
Braun, Karl Freiherr von
  Das Nachtlager in Granada 177
  Die Verjüngungs-Essenz 177
Breitkopf & Härtel (Verlag)
  64, 110, 114, 181, 241, 267f., 271
Breschnew, Leonid Iljitsch 9
Bußmeyer, Herr 214

Čajkovskij, Pëtr Il'ič
  Pikovaya dama 252
Caraffa, Michele 235
  Il due Figaro ossia Il sogetto di una commedia 197
  Le Solitaire 179
  La Prison de Edimbourg 179
Castelli, Ignaz Franz
  154–159, 161, 166, 176
  Die Macht des Liedes 153–172
Castil-Blaze, Henri de
  Robin des Bois 240
Catel, Charles-Simon 250
  Les Aubergistes / Die vornehmen Wirte 179, 246
Cherubini, Luigi 176, 246, 255, 267

Ali Baba 267
Les Deux journées / Der Wasserträger 41, 246, 250–254, 258
Eliza ou le voyage aux glaciers du Mont Saint-Bernard / Der Bernhardsberg 133f., 246f.
Faniska 246
Lodoiska 246, 250
Medée / Medea 176, 246f.
Chézy, Helmina von 83, 154, 193
Colson, Jean 238
Cook, Thomas 258
Cornet, Julius 83–85
Cornet, Madame 85

Dalayrac, Nicolas 235, 250, 255
 Adolphe et Clara / Adolph und Klara 246
 Les Deux mots / Die zwei Worte 246, 249
 Les Deux petits savoyards / Die beiden Savoyarden 246
 Gulistan, ou Le Hulla de Samarcande / Gullistan der Hulla von Samarkand 246
 Léon ou Le Château de Monténéro 246
 Macdonald 246
 Maison à vendre 253, 257
Da Ponte, Lorenzo 95–97, 100, 190f., 194, 201, 203
 Le Nozze di Figaro 190
Dargomyžskij, Aleksandr
 Kamennyi gost' 252
David, Félicien César
 Lalla-Roukh 235
Della-Maria, Dominique
 Le Prisonnier ou La Ressemblance / Das Schloss Soreto oder der Gefangene 249
Demuth, Dr. Wilhelm Heinrich 20
Derossi, Joseph 260
Devrient, Eduard 193–195

Dittersdorf, Carl Ditters von 181
 Die Hochzeit des Figaro 198
Donizetti, Gaetano 98, 203, 210, 256
 Anne Boleyn 178
 Il borgomastro di Sardaam 23, 45–61
 L'elisir d'amore / Der Liebestrank 183
 La Favorite 235
 La Fille du régiment 234, 253
 Gianni di Parigi 256
 Lucia di Lammermoor 216
 Torquato Tasso 98
Düringer, Philipp
 11, 39, 80, 83–85, 268–270, 272f.
Duni, Egidio Romualdo 255
Duport, Paul 176
 Cosimo 71
Duval, Alexandre
 La Jeunesse de Henri V. 113
Duvert, Félix-Auguste
 L'Eau de jouvence 177
Duveyrier, Anne Honoré Joseph
 Le Bourgmestre de Sardam ou Les Deux Pierres 46
Duveyrier, Charles
 La Meunière en Marly 252

Ellmenreich, Friedrike 154
Emil Hermann, Prinz zur Lippe 262
Engels, Friedrich 12
Ermold, Ludwig 119
Eschborn, Frau (von Joseph E.) 186
Eunike, Johanna 139

Favart, Charles Simon 255
Fehringer, Agathe Auguste 85
Felsenstein, Walter 16
Fétis, François-Joseph
 La Vieille 235
Fischer, Beatrix 194
Fischer, Friedrich 137, 214
Fischer-Achten, Caroline 214

277

Flotow, Friedrich Adolf Ferdinand Freiherr von   33, 35, 181, 245
  Alessandro Stradella   190
Fouqué, Friedrich de la Motte
  18, 26, 28, 67, 83, 86
Friedrich, Götz   16
Friedrich Wilhelm III., König von Preußen   16
Friedrich Wilhelm IV., König von Preußen   16, 26, 273
Fuchs-Gallenberg, Eleonore   176

García, Manuel de Popolo Vicente Rodríguez
  Il califfo di Bagdad   256
Gaveaux, Pierre
  Le Petit matelot / Der kleine Matrose   246, 253
Gensoul, Justin
  Nardir et Sélim ou Les deux artistes   157
Gerstel, August Christian   273
Gilardoni, Domenico
  Il borgomastro di Saardam   46
Girschner, Herr   175
Glaßbrenner, Adolf   63, 66, 266f.
Gluck, Christoph Willbald
  31, 176, 227, 242f.
  Iphigénie en Aulide / en Tauride   176
Goethe, Johann Wolfgang von
  16, 133, 149, 211
  Faust   174
Gollmick, Carl   37f., 50, 83, 271
Gomis, José Melchior
  Gasparo oder Der Lastträger in Granada   251
Gorbatschow, Michail   9
Gounod, Charles
  Roméo et Juliette   235
Grabbe, Christian Dietrich   18
  Don Juan und Faust   11, 23
Grétry, André Ernest Modeste
  40, 190, 235, 248, 252, 255

  L'Ami de la maison / Der Hausfreund   248
  Les Deux avares / Die beiden Geizigen   248
  Le Jugement de Midas   159
  Les Méprises par ressemblance   40
  Raoul Barbe-Bleu / Raoul, der Blaubart   246
  Richard Coeur-de-Lion / Richard Löwenherz   132, 234, 246, 257f.
  La Rosière de Salency / Das Rosenmädchen   248
  Zémire et Azor / Zemire und Azor   148
Grillparzer, Franz
  Melusina   177
Grisar, Albert
  Bonsoir Monsieur Pantalon   234
Grünberg, Mad.   110
Grüner, Franz   241
Günther-Bachmann, Caroline   109f.
Gyrowetz, Adalbert Mathias   155

Härtel, Raimund   64
Halévy, Jacques François Fromental
  L'Éclair / Der Blitz
    112, 124f., 235, 247
  La Juive   207, 235
  Les Mousquetaires de la Reine / Die Musketiere der Königin   235, 247
  Le Val d'Andorre / Das Tal von Andorra   39, 247
Hanslick, Eduard   109–112, 124f.
Hartmann, Johann Peter
  Undine   86
Haydn, Joseph   105, 175
  Streichquartett Es-Dur op. 76/6   98
Heine, Heinrich   11f.
Hérold, Louis Joseph Ferdinand
  155, 235
  La Clochette ou Le Diable page / Das Wunderglöckchen   247
  Ludovic   178, 247

Marie / Marie oder Verborgene Liebe
179, 234, 247
Le Pré aux clercs / Der Zweikampf auf der Schreiberwiese
178f., 234, 247, 252
Zampa ou La Fiancée de marbre / Zampa oder die Marmorbraut
178, 234, 247, 252
Hervé (eigentl. Florimond Ronger) 236
Herzenskron, Hermann von
183, 186, 188
Hiller, Johann Adam
Die Jagd 20, 263
Hilsdorf, Dietrich 9, 17, 27, 28
Hoch, Leopold 178
Hoch, Theresia 178
Höslinger, Clemens 196
Hoffmann, Ernst Theodor Amadeus
27f., 32, 131, 137f., 217
Undine 28
Hofmannsthal, Hugo von
Arabella 108
Holcroft, Thomas 258
Honecker, Erich 9
Horn, Edward 258
Horn, General von 262

Iffland, August Wilhelm
Figaro in Deutschland 198
Heinrich V. Jugendjahre 113–115
Isouard, Nicolas 235, 255
Cendrillon / Aschenbrödel 253
Le Billet de loterie / Das Lotterielos 246
L'Intrigue aux fenêtres / Die Intrige durch die Fenster 246
Jeannot und Colin 159, 246
Joconde ou Les Coureurs d'aventures / Joconde oder das Rosenfest 234, 246, 250
Les Rendez-vous bourgeois 234

Jeannin, Herr 212
Jelzin, Boris 9
Jünger, Johann Friedrich
Die beiden Figaro 198–202, 213
Kahn, Herr (Tenor) 214
Kálmán, Emmerich
Gräfin Mariza 22
Kauer, Ferdinand 211
Das Donauweibchen 84f.
Kayser, Philipp Christoph 133
Keller, Gottfried 26
Kelly, Michael 257
Kind, Friedrich 195
Das Nachtlager in Granada 177, 196
Kohl, Helmut 9
Konwitschny, Peter 9, 16f., 24f., 27
Kotzebue, August von 15, 129–152
Die Alpenhütte 129–152
Der Eremit auf Formentera 130
Feodora 152
Das Gespenst oder Deodata 131
Der Spiegelritter 130
Kreubé, Charles-Frédéric 235
Kreutzer, Cäcilie 181–184, 205, 214
Kreutzer, Conradin 33, 133, 144–149, 152, 155, 173–214
Adele von Budoy 175
Äsop 175
Der Apollo-Saal 175
Baron Luft 179
Die beiden Figaro 173–214
Conradin von Schwaben 175
Cordelia 175f., 178
L'Eau de jouvence / Die Verjüngungs-Essenz 177, 179
Der Edelknecht 186f., 189f., 212
Feodora 152
Der Gang zum Eisenhammer 179
Die Höhle bei Waverly 178f., 210
L'Isola disabitata / Die Insulanerinnen 177

279

Jery und Bätely 175
König Conradin 211
La Laitière de Montfermeuil 177
Libussa 176, 181, 212
Luna 177
Melusina 177–179, 199, 202f., 207
Das Nachtlager in Granada 145, 152, 173f., 178, 182f., 189, 211–213
Orest 175, 195
Taucher 175f., 178, 196
Die zwei Worte 175
Einlagen in (musik-)dramatische Werke 179
Küstner, Karl Theodor 242
Kupfer, Harry 16
Labarré, Théodore
  Der Seekadett 178
Lachner, Ignaz 33, 178
Lacy, Rophino 258
Lefrank, M. 199
Leopold II., Fürst zur Lippe 263f.
Limbach, Demoiselle 187
Lind, Jenny 83, 270
Lindpainter, Peter Joseph von 33, 153–172
  Die Amazone oder Der Frauen und der Liebe Sieg 155f., 160, 168
  Der Bergkönig 168f.
  Die Bürgschaft 155, 160
  Die Genueserin 168–171
  Die Macht des Liedes 153–172
  Sulmona 168, 170
  Der Vampyr 153–155, 161, 163, 168–170
Lobe, Johann Christian 36, 43
Loewe, Carl 133, 145
  Die Alpenhütte 148–150, 152
Lortzing, Gustav Albert
  Andreas Hofer 22, 29, 264
  Caramo 16, 36, 63–81, 267f.
  Casanova 13, 68, 70, 76, 268
  Die beiden Schützen 14, 16, 21f., 36, 40, 66–68, 70, 81, 259

Festouvertüre 272
Figaro. Sammlung launiger und scherzhafter Gesänge 266
Die Himmelfahrt 19, 26, 262
Die Jagd 20, 263f.
Lied des Serini (aus Viola) 101
Die Opernprobe 67
Der Pole und sein Kind 14, 21, 65, 263f.
Potpourri (Konzert) für Horn 26
Regina 9, 12–14, 17, 21, 24, 27, 29, 36, 42, 67, 73, 76f., 230, 271
Rolands Knappen 10f., 13, 18, 22, 27, 30, 36, 272f.
Hans Sachs 10, 13f., 20, 23, 28, 36, 64, 66, 68, 73, 76, 268
Die Schatzkammer des Ynka 266
Schillerkantate 26
Sieg der Freiheit oder Tod 23
Undine 9, 13, 17f., 21f., 25–28, 35f., 65, 67, 73, 78, 83–94, 96, 108, 112, 125, 138, 268, 271, 274
Variationen für Klavier 265
Der Waffenschmied 9, 21f., 24f., 36, 95–108, 259, 270f., 273f.
Der Weihnachtsabend 18, 22, 263
Der Wildschütz 15f., 18, 22, 25, 36., 65f., 68, 70, 78, 95f., 108, 129, 254, 268, 273f.
Zar und Zimmermann 9, 13, 16f., 20–23, 36, 45–61, 63, 65–69, 80, 108, 123, 254, 259, 266
Zum Großadmiral 65, 73, 109–128, 270f.
Lortzing, Rosine 10, 20, 110, 261
Lüthge, Kurt 37
Lutzer, Jenny 188

Mahler, Gustav 108
Maillart, Louis
  Les Dragons de Villars / Das Glöckchen des Eremiten 235, 247
  Lara 247

Mantius, Eduard 77, 80
Marchioni, Luigi 192
Marliani, Marco Aurelio
  Der Bravo 178
Marr, Heinrich 264
Marschner, Heinrich 19, 33, 170, 270
  Des Falkners Braut / La sposa promessa del falconiére 197
  Hans Heiling 41
  Kaiser Adolph von Nassau 84
  Der Vampyr 170, 258
Marvelli, Herr 181, 214
Massé, Victor
  Galathée 234
  Les Noces de Jeannette 234
Massenet, Jules Émile Frédéric
  Manon 42
Mayr, Johann Simon
  Le due giornate 256
  La rosa bianca e la rosa rossa 256
Mazères, Edouard-Joseph Ennemond
  Les Trois quartiers 239
Méhul, Etienne Nicolas 235, 250, 255
  Une Folie / Die beiden Füchse 246, 249
  Héléna / Helena 246
  Le Jeune sage et le vieux fou / Der Milzsüchtige 248
  Joseph / Joseph und seine Brüder 246, 251f., 254
  Mélidore et Phrosine 41
  Stratonice 253
  Le Trésor supposé ou Le Danger d'écouter aux portes / Der Schatzgräber 246, 254
Mejo, Fanny 214
Mejo, Franz 214
Mélesville, s. Duveyrier, Anne
Mendel, Hermann 109
Mendelssohn Bartholdy, Felix 15f.
  Antigone 15f.
Mercadante, Giuseppe Saverio Raffaele 210

Il due Figaro ossia Il sogetto di una commedia 197
Elisa e Claudio / Elise und Claudio 178
Il giuramento 83
Il Normanni a Parigi / Die Normannen in Paris 178
Merelli, Bartolomeo 181
Merle, Jean Toussaint
  Le Bourgmestre de Sardam ou Les Deux Pierres 46
Meyer, Carl 249
Meyer, Georg 262, 265
Meyer, G. M. (Verlag) 185, 196f., 214
Meyerbeer, Giacomo 187, 242f., 270
  L'Africaine 235
  Il crociato in Egitto / Die Kreuzritter in Ägypten 178
  Dinorah oder Die Wallfahrt nach Ploermel 247, 251, 257
  L'Étoile du Nord / Der Nordstern 234, 247, 251, 257
  Les Huguenots / Die Hugenotten 169, 179, 183, 235, 245
  Le Prophète / Der Prophet 235
  Robert le Diable / Robert der Teufel 152, 155, 169, 178, 235
Milder-Hauptmann, Pauline Anna 137, 175, 180
Monsigny, Pierre Alexandre
  Le Déserteur / Der Deserteur 234, 248
  On ne s'avise jamais de tout / Man sieht nicht alles voraus 248
Morlacchi, Francesco Giuseppe Baldassare
  Gianni di Parigi 197, 231, 256
Mosel, Ignaz Franz 31–33, 177, 180, 199
  Aladdin 180
  Rüdiger 180
Mosenthal, Hermann Salomon 218–220, 222

281

Mozart, Wolfgang Amadeus   15, 19, 22, 38, 59, 96, 108, 190–192, 195, 197, 202, 204, 209, 211, 242
  La clemenza di Tito / Titus   96, 190
  Cosi fan tutte   38, 190
  Don Giovanni   11, 19, 178, 193
  Idomeneo   96
  Le nozze di Figaro   37f., 95, 190–192, 194, 200
  Die Zauberflöte   12, 22–24, 55, 59, 178, 207, 245, 253f.
Mühldorfer, Joseph   84–86, 93
Müller-Heldrich, Ferdinand   119
Mulder, Richard   184
Musäus, Johann Karl August   273

Nestroy, Johann   177, 179, 220
  Lumpazivagabundus   11
Nicolai, Otto   216–228
  Die lustigen Weiber von Windsor   215–218, 221, 227

Oehrlein, Herr   187
Offenbach, Jacques   21, 236, 244, 248
  Orphée aux Enfers   236
Onslow, Georges   246
  Le Colporteur ou L'Enfant du bûcheron / Der Landkrämer oder Das Kind des Waldes   249
Ost, Frau   186

Pacini, Giovanni
  Pompejis letzter Tag   178
Paer, Ferdinando
  Camilla   256
  Le Maître de chapelle   234
Paisiello, Giovanni
  Il barbiere di Siviglia   95, 197
  La molinara / Die Müllerin   178f.
Palianti, Louis   239, 241
Panizza, Giacomo
  Il due Figaro ossia Il sogetto di una commedia   197

Pavesi, Stefano
  La donna bianca d'Avenello   256
Pendle, Karin   130, 132
Peter I., Zar von Rußland   50
Peters, Carl Friedrich (Verlag)   157, 176
Pezold, Gustav   161
Pfitzner, Hans   18
Philidor, François André   255
Pichler, August   244f., 261
Planché, James Robinson   199
Pöck, Carl Joseph   182, 214
Pokorny, Franz   269, 271
Prévost, M. E.
  Cosimo   71
Poißl, Johann Nepomuk von   242
Ponchard, Louis-Antoine-Eléonore   160
Popp, Lucia   26
Puccini, Giacomo   22

Räuber, August   263
Raimund, Ferdinand   220
  Der Verschwender   173, 177
Redern, Wilhelm Graf von   63, 267
Reger, Philipp   83–85, 269, 274
Reithmayer, Alois   184
Rellstab, Ludwig   66
Reuling, Wilhelm   155
Ricci, Luigi
  Il nuovo Figaro   192
  L'orfanella di Ginevra / Die Waise aus Genf   178
Richaud-Martelly, Honoré-Antoine   199, 201f.
  Les Deux Figaro   198
Ries, Ferdinand
  Die Räuberbraut   258
Riese, Friedrich Wilhelm   189
Ringelhardt, Friedrich Sebald   19f., 260f., 264f., 268, 270
Ringier-Fischer, Johann Rudolf   183
Robert, Ludwig   156
  Die Amazone, oder Der Frauen und der Liebe Sieg   155

Römer, Georg Christian
  *Der Bürgermeister von Sardam oder
  Die beiden Peter* 46, 48
Romagnesi, Henri 158
  Nardir et Sélim ou Les Deux artistes
  157, 167
Romani, Felice
  *Il due Figaro ossia Il sogetto di una
  commedia* 197, 202
Rossini, Gioacchino 12, 22, 158,
  178f., 192, 197, 203, 212, 235, 256
  *Il barbiere di Siviglia / Der Barbier
  von Sevilla* 178
  Le Comte Ory / Graf Ory 178
  Guillaume Tell / Wilhelm Tell
  178, 235
  *L'italiana in Algeri / Die Italienerin in
  Algier* 178
  Matilde di Shabran 256
  La scala di seta 256
  Semiramide / Semiramis 178
  Tancredi / Tankred 178

Saint-Cyrs, Révéroni de
  Eliza 134
Saint-Georges, Vernoy de
  Le Val d'Andorre 39
Saint-Hilaire, A. Vilain de
  Cosimo 71
Salieri, Antonio
  Axur re d'Ormus 175
  Palmyra 175
Saphir, Moritz Gottlieb 18, 183, 188
Schaffrian, Rosel 119
Schechner, Nanette 175
Scheiner, Ignaz Sebastian 178
Scheiner, Johann 178
Schellenberg, Arnold 119
Schiller, Friedrich
  Die Räuber 106
Schindler, Anton 185, 212, 262, 266f.
Schlegel, Friedrich 217
Schlösser, Louis 176

Schmezer, Friedrich 185, 214
Schmidt, Heinrich Maria 77
Schmidt, Karl Christian 264, 272
Schmidt, Johann Philipp Samuel
  133, 137–145, 148f., 152
Schneider, Louis 40, 64, 73, 268
Schober, Franz von 193
Schober, Giovanni (Johann Schober-
  lechner) 188
Schott, Gebrüder (Verlag)
  64, 237, 268
Schröder-Devrient, Wilhelmine
  175, 213
Schubert, Franz 103
  Des Teufels Lustschloß 129
  Erlkönig 100
  Schauspielmusik zu Rosamunde
  101
Schumann, August 212f.
Schumann, Robert 15, 189
Schun(c)k(e), Adolph 186f., 214
Schwarzbach, Mad. 110
Schwind, Moritz von 193
Scribe, Augustin Eugène 38f., 192, 256
  L'Ambassadeur 192
Sedaine, Michel Jean
  Richard Coeur-de-Lion 132
Serov, Alexander
  Mel'nichikha v Marli 252
Seyfried, Ignaz Xaver Ritter von
  Undine 85f.
Shakespeare, William 219
  The merry wives of Windsor
  218–220, 222
Sigl-Vespermann, Katharina 175
Solié, Jean-Pierre
  Le Secret / Das Geheimnis 249
Solomé, Louis Jacques 238
Sophokles 15
Soubis, Albert 234f.
Spazier, Carl 190–192

Speranza, Antonio Giovanni
  Il due Figaro ossia Il sogetto di una commedia 197
Spielberger, Friedrich Gotthilf 184, 186
Spohr, Louis 33, 154f., 270
  Jessonda 33, 166, 212
Spontini, Gaspare
  Agnes von Hohenstaufen 33
Staudigl, Joseph 188
Stöger, Johann August 178
Strauß, Johann Baptist 270
Strauss, Richard 22, 104, 108
  Der Rosenkavalier 104

Thomas, Ambroise
  Le Caid 234
  Mignon 234
Tieck, Ludwig 217
Trautwein, Traugott 64, 268
Treitschke, Georg Friedrich 177, 180, 186, 188, 190, 192, 199, 201–204, 211, 213f.
Treumann-Mette, Arthur 119, 128
Trommlitz, Herr 186

Urban, Demoiselle 187

Verdi, Giuseppe 23, 26, 98, 112, 219
  Falstaff 218–220, 222
  Nabucodonosor / Nabucco 84, 125
  La traviata 98
Vladar, Horst 173, 196
Vogl, Johann Michael 180
Vulpius, Christian August 211

Wagner, Richard 10, 12, 18, 20, 26, 33, 43, 108, 122f., 163
  Der fliegende Holländer 122f.
  Lohengrin 24
  Die Meistersinger von Nürnberg 10, 20

Waidinger, Carl 249
Wallraff, Günter 12
Warhol, Andy 26
Webber, Andrew Lloyd
  Das Phantom der Oper 23
Weber, Carl Maria von 32f., 37, 118, 121, 195, 217, 231
  Abu Hassan 259
  Euryanthe 33, 176
  Der Freischütz 17, 21, 43, 73, 96, 106, 154, 166, 178, 217, 240, 245, 250, 253f., 258
  Oberon 33, 120f., 216, 258
  Preciosa 258
  Silvana 258
Weigel, Heinzkarl 119
Weigl, Joseph 180
  Der Corsar aus Liebe 178
  Il rivale di se stesso 97
  Die Schweizer Familie 41
Weixelbaum, Josepha 187
Widemann, Heinrich 110
Wieland, Christoph Martin
  König Heinrich IV. 219
Wilhelm, Herzog von Braunschweig 182f., 196, 214
Wilhelm II., deutscher Kaiser und König von Preußen 21
Winkler, Karl Gottfried Theodor (Ps. Theodor Hell) 154
Winter, Peter von
  Das unterbrochene Opferfest 258
Wirsing, Bernhard Rudolph 272
Wutz, Maria 119

Ziegler, Friedrich Julius Wilhelm
  Liebhaber und Nebenbuhler in einer Person 96f.